OS ENDEREÇOS CURIOSOS DE *São Paulo*

MARCELO DUARTE

OS ENDEREÇOS CURIOSOS DE *São Paulo*

Este livro segue as normas do novo ACORDO ORTOGRÁFICO

PANDA BOOKS

Diretor editorial
Marcelo Duarte

Coordenadora editorial
Tatiana Fulas

Assistente editorial
Vanessa Sayuri Sawada
Juliana Paula de Souza

Assistente de arte
Alex Yamaki

Estagiária
Leika Regina Inoue

Capa e projeto gráfico
Alex Yamaki

Ilustrações
Bernardo França

Diagramação
Bruno Melnic – Estúdio Mondo
Olivia Pezzin – Estúdio Mondo

Revisão
Telma Baeza Gonçalves Dias
Carmen T. S. Costa

Colaboração
Adriana Bernardino
Ana Baars
Julie Kraunisk
Míriam de Souza e Castro Tarifa
Paula Korosue
Tomoko Tadano

Impressão
Cromosete

CIP-BRASIL. CATALOGAÇÃO NA FONTE
SINDICATO NACIONAL DOS EDITORES DE LIVROS, RJ

4.ed.
Duarte, Marcelo, 1964-
Os endereços curiosos de São Paulo/ Marcelo Duarte. – 4. ed. –
São Paulo: Panda Books, 2012. 296 pp.

ISBN 978-85-7888-176-4

1. São Paulo (SP) – Indicadores. I. Título. II. Série.

11-7357 CDD: 918.1610025
CDU: 913(816.1)

2012

Um selo da Editora Original Ltda.
Rua Henrique Schaumann, 286, cj. 41
05413-010 – São Paulo – SP
Tel./Fax: (11) 3088-8444
edoriginal@pandabooks.com.br
www.pandabooks.com.br
twitter.com/pandabooks
blog.pandabooks.com.br
Visite também nossa página no Facebook e no Orkut.

Para Manoel da Nóbrega e José de Anchieta

SUMÁRIO

UM PAULISTANO OBSESSIVO-COMPULSIVO

Coleciono endereços curiosos desde 1992. A culpada? Sharon Stone. Eu explico: *Instinto selvagem* tinha acabado de estrear na cidade e a famosa cruzada de pernas sem calcinha era o assunto preferido das rodinhas de conversa. Sharon Stone era a sedutora escritora Catherine Tramell, acusada de assassinar alguns parceiros depois de relações sexuais bem apimentadas. A arma dos crimes, este era o grande mistério, poderia ser um insuspeito furador de gelo – instrumento usado para picar o grande bloco de gelo que ela guardava no freezer. Numa reunião de pauta de *Veja São Paulo*, o editor executivo Carlos Maranhão sugeriu que procurássemos um lugar na cidade que vendesse a peça. Aproveitaríamos para contar onde localizar outras coisas difíceis da cidade. Encontramos 130 artigos e serviços inusitados, menos o tal furador de gelo. A reportagem de 26 páginas fez um enorme sucesso e eu tomei a iniciativa de continuar guardando endereços. Sempre que via algo diferente, anotava num pedaço de papel e jogava numa pasta. Quando a pasta ficou bem cheia, em 1999, nasceu o primeiro guia *Os endereços curiosos de São Paulo*. Esse lançamento também foi especial por outro motivo: marcou o nascimento da editora Panda Books. Arrisco dizer que não há em nenhuma outra parte do mundo um guia que só mostre o lado pitoresco da cidade, endereços realmente secretos, desconhecidos até por quem mora no lugar.

E aqui está a nova edição de *Os endereços curiosos de São Paulo*, com uma porção de novidades reunidas nos últimos anos. São mil endereços no total, todos atualizados. Fato é que, para encontrar tantas surpresas, me tornei um "paulistano obsessivo-compulsivo" (na verdade, já era um pouco, pois nasci aqui e nunca morei em outro lugar). Escrevo a seção "Curiocidade" em *O Estado de S. Paulo* e no *Jornal da Tarde* e apresento o boletim "É São Paulo que não acaba mais!" na Band News FM. Percorro quase trezentos quilômetros pela cidade toda semana e estou sempre de olho em fachadas, placas, faixas e muros para descobrir novidades. Também não vejo o menor problema em sair de Perdizes, onde moro, e ir até o Ipiranga para comer um hambúrguer ou convidar os amigos para apreciar um sorvete no Tatuapé. Muitas surpresas podem estar me esperando pelo caminho.

Nesta caçada implacável conto com a ajuda de toda a família. Ao menor sinal de um endereço curioso pela frente, eles sacam o bloco de papel e a caneta de dentro do porta-luvas e anotam o nome da rua ou o número de um telefone. Inúmeras vezes, já saímos em tresloucada carreira atrás de motoqueiros ou vans, que traziam os telefones de suas empresas e que não tínhamos conseguido anotar quando passaram por nós. Demos também algumas voltas em quarteirões para conferir um local que parecia interessante. Os amigos e leitores do primeiro guia também foram muito gentis em me abastecer sempre que viam algo inusitado.

O resultado de tudo isso está em suas mãos: *Os endereços curiosos de São Paulo* – um guia com todas as facilidades e também as futilidades que só as grandes metrópoles oferecem.

Viva São Paulo!

Marcelo Duarte

COMO USAR ESTE GUIA

Todos os endereços citados no livro foram descobertos por meio de um trabalho jornalístico. *Os endereços curiosos de São Paulo* é um guia totalmente independente, que não aceita qualquer tipo de inclusão publicitária paga.

Os produtos e serviços destacados nos capítulos não são necessariamente a principal atividade do estabelecimento. Em todos os casos, o objetivo foi mostrar o que cada um oferece de diferente e inusitado.

Todos os endereços foram visitados, mas a menção de produtos e serviços não significa uma indicação por parte do autor.

Essa pesquisa vem se realizando desde 1999. Todos os endereços da presente edição foram checados no último trimestre de 2011.

Para informar algum serviço curioso que não consta neste guia ou mesmo para saber de outro local que também ofereça os mesmos serviços, entre em contato com:

Panda Books
✉ Rua Henrique Schaumann, 286, conjunto 41,
Cerqueira César – São Paulo, SP – CEP 05413-010
☎ (11) 3088-8444
✯ www.pandabooks.com.br
@ editorial@pandabooks.com.br

ALUGUEL

BATERIA

Se você gosta de ouvir e, principalmente, de tocar bateria, mas por enquanto não está pensando em comprar uma para uso próprio, experimente alugar, pelo menos para avaliar se vale a pena investir na aquisição. Se seus vizinhos tapam os ouvidos toda vez que você começa a mostrar seus dotes artísticos, acabe também com esse problema. No **Instituto de Bateria Bateras Beat** é possível aprender a forma correta de tocar bateria com professores especializados.

Instituto de Bateria Bateras Beat

✉ Rua João Moura, 993, Pinheiros

☎ 3564-6061 e 8781-4184

★ www.baterasbeat.com.br

☞ seg. a sex. 9h/20h; sáb. 9h/17h

CARROS ANTIGOS

Com cerca de trinta modelos de carros disponíveis, entre novos e clássicos, a dupla **Paulo Amorim & Sergio Bertacini** oferece, desde 1991, aluguel de veículos para casamentos, bailes de debutantes e até gravações de televisão e cinema. Para empresas, também disponibilizam automóveis blindados. O modelo mais antigo na loja é um Rolls-Royce 1937, escolha certa para levar uma noiva à porta da igreja.

Paulo Amorim & Sergio Bertacini

✉ Rua Paraguaçu, 167, Perdizes

☎ 3825-4213

★ www.pauloamorimautos.com.br

☞ seg. a dom. 10h/18h

OFERECE O MESMO SERVIÇO

Starcars Rent a Car

✉ Rua Itatinga, 179, Pacaembu

☎ 3871-3897 e 9237-0761

★ www.starcars.com.br

@ info@starcars.com.br

☞ seg. a sex. 9h/11h30 e 14h30/19h; sáb. 9h/16h; dom. com hora marcada

CARROS BLINDADOS COM MOTORISTA

Maria Cristina Alberto, diretora da locadora de veículos **Maxiauto**, ficava muito preocupada quando os filhos adolescentes voltavam das "baladas" com amigos ou de táxi. "Fiz algumas reuniões com outros pais e decidi criar o expresso da Maxiauto", explica Maria, referindo-se à locação de carros blindados oferecida pela empresa. O serviço é cobrado por hora, e todos os carros (modelos Omega e Vectra) disponíveis são equipados com sirenes e megafones e vêm acompanhados de motoristas treinados em direção defensiva, com habilidades para escapadas. "Tem até jovens que usam o megafone para paquerar, mas na verdade eles servem para conversar de vidro fechado, sem ficar vulnerável", explica Maria Cristina, que acredita que a moda vai pegar. "Acho que muitos empresários vão querer usá-lo para ir ao teatro e a restaurantes."

Maxiauto

✉ Rua Afonso Braz, 579, conjunto 66/68
Vila Nova Conceição

☎ 3459-5233

★ www.maxiauto.com.br

@ maxiauto@maxiauto.com.br

☞ seg. a sex. 8h30/18h30

CARRUAGEM

Se você quer ser a Cinderela por um dia, nem precisará da ajuda de uma fada. A **Carruagens Tomaselli** oferece, além de carruagens, troles e tílburis cinematográficos com cocheiro a caráter. Você também pode escolher a raça dos cavalos que puxarão a carruagem.

Carruagens Tomaselli

✉ Rua Durval Soares da Silva, 420, Riviera Paulista
☎ 5517-6660 e 9976-7437
✯ www.carruagens.com.br
☞ seg. a dom. 8h/20h

CASAS NO EXTERIOR

Berta Martins ainda não era agente de viagens quando alugou uma casa na Flórida (Estados Unidos) para passar férias. Na época, apenas uma agência de turismo brasileira locava casas no exterior, e Berta, embora tenha ficado um pouco decepcionada com o serviço, percebeu que estava diante de uma oportunidade de negócio. Usou parte do tempo de descanso para fazer contato com a imobiliária responsável pelo aluguel da casa onde estava e revelou seu interesse em abrir uma agência de locação de imóveis no exterior. Hoje ela é proprietária da **Rent A Tour**, tem parceria com imobiliárias na Flórida, em Nova York e na Europa, e aluga casas ou apartamentos por, no mínimo, cinco dias.

Rent A Tour

✉ Rua Carneiro da Cunha, 167, conjunto 91, Vila da Saúde
☎ 5581-1400
✯ www.rentatour.com.br
@ contato@rentatour.com.br
☞ seg. a sex. 9h/18h

DECORAÇÃO RETRÔ E CENOGRAFIA

Marisa Monroe compra, vende e aluga móveis antigos e objetos cenográficos na **Maria Jovem** à rua João Moura desde 2002, mas já passou pelo Bixiga e pela praça Benedito Calixto. Bicicletas com rodas grandes como as do século XVIII dividem o espaço da loja com móveis das décadas de 1950 e 1960. Por lá, já passaram uma *jukebox* e um boneco em tamanho real de Darth Vader, vilão da série *Guerra nas estrelas*. Marisa também compra móveis, brinquedos e artigos decorativos de outras décadas. "Trabalhamos com tudo que é *vintage* e que consideramos bonito, menos roupas, pois já existem muitos brechós por aí", diz a proprietária.

Maria Jovem

✉ Rua João Moura, 1.019, Pinheiros
☎ 3088-1396
✯ www.mariajovem.com.br
@ mariajovem@uol.com.br
☞ seg. a sáb. 9h/18h

ESCRITÓRIO

Se seu negócio não vai para a frente por falta de uma secretária competente, salas para atender clientes ou qualquer outro problema relacionado à falta de espaço físico, funcionários ou equipamento, a **Locus Business Center** aluga escritórios completos, com ponto de internet, telefone e até secretária bilíngue. Há também o serviço de *office boy* e pagamento de contas, e é possível inclusive usar o endereço da empresa em cartões de visita ou confiar-lhes o recebimento de correspondência e pagamento de contas em caso de viagens longas. Empresários que vêm ao Brasil expandir seus empreendimentos e não querem perder tempo procurando salas, advogados, consultores de RH e representantes comerciais são os principais clientes.

Locus Business Center
✉ Avenida Paulista, 777, 15º andar, Bela Vista
☎ 3323-1999
✯ www.locusbc.com.br
☞ seg. a sex. 8h/18h

FANTASIAS INFANTIS

Na **Mallu Fantasias** você pode não apenas escolher entre as cerca de oitocentas fantasias disponíveis, adultas e infantis, mas também encomendar um modelo do jeito que você desejar – e, se quiser, pode até comprar a fantasia! Durante a semana, é preciso buscar a roupa um dia antes da festa e devolvê-la um dia depois. Para o fim de semana, o aluguel vale de sexta a segunda.

Mallu Fantasias
✉ Rua Cipriano Barata, 2.816, Ipiranga
☎ 2215-4846 e 2914-7086
✯ www.mallufantasias.com.br
@ mallufantasias@globo.com
☞ seg. a sex. 10h/19h; sáb. 9h/13h

JOGOS DE TABULEIRO

Cerca de quatrocentos jogos de tabuleiro – todos importados – podem ser alugados na **Funbox**, loja que, segundo os fundadores Alexandre Freitas, Wagner Rodrigues e Vanessa Santos, é a primeira ludolocadora do Brasil. Entre os produtos oferecidos, estão o alemão Dancing Eggs (lance um dado e tente equilibrar um ovo da maneira indicada) e o francês Pitch Car (corrida de carrinhos com petelecos). A locação é de uma semana, mas também dá para jogar na própria loja, pagando por hora na mesa.

Funbox
✉ Rua Vergueiro, 439, loja 27, Liberdade
☎ 2389-1841
✯ www.funbox.com.br
@ funbox@funbox.com.br
☞ seg. a qui. 14h/20h; sex. 14h/22h; sáb., dom. e feriados 10h/22h

PERUCAS E BIGODES POSTIÇOS

Loiras, ruivas, morenas, mechadas, grisalhas. É possível mudar o visual sem muito esforço. Perucas de cabelo natural podem ser alugadas na **Nilta Perucas** por um período mínimo de 48 horas. Os comprimentos, para homens e mulheres, são bastante variados. No mesmo lugar há bigodes postiços de cabelo natural e feitos sob encomenda. Para grudar no buço usa-se uma cola especial.

Nilta Perucas
✉ Rua Augusta, 2.337, Jardins
☎ 3085-9907 e 3086-3108
✯ www.niltaperucas.com.br
@ nilta@niltaperucas.com.br
☞ seg. 9h/18h; ter. a sáb. 9h/19h

PIANO

Desde 1978, a **Pianoficina Gitano** conserta, reforma e transporta pianos no bairro do Ipiranga. Outro serviço é a locação de pianos, muito usada por músicos estrangeiros que passam apenas uma temporada em São Paulo. Para o transporte de um dos dez modelos disponíveis, os funcionários da Pianoficina usam correias e plataformas com rodinhas.

Pianoficina Gitano
✉ Rua Doutor Mário Vicente, 1.672, Ipiranga
☎ 5061-1110
✯ www.pianoficinagitano.com.br
@ pianoficina@terra.com.br
☞ seg. a sáb. 8h/18h

OFERECE O MESMO SERVIÇO

A&M Pianos
✉ Rua Doutor Clementino, 590, Belenzinho
☎ 2796-3704, 8578-3150 e 9620-0286
✯ www.aempianos.com.br
@ info@aempianos.com.br
☞ seg. a sex. 8h30/18h30; sáb. 9h/16h

QUIMONOS

Quimono é a vestimenta tradicional japonesa. Seu nome vem de "ki" (usar) e "mono" (coisa), ou seja, significa "coisa para vestir". Geralmente, é caro e feito de seda, sendo que há modelos diferentes de acordo com idade e estado civil de quem o usa. O serviço de **Keiko Mishima** não é apenas alugar o quimono, mas ajudar o cliente a vesti-lo de acordo com a tradição. É preciso conhecer uma técnica antiga de amarração. Por baixo do quimono, vai uma blusa de algodão (*hadajuban*), uma de seda (*juban*) e uma espécie de anágua (*koshimaki*). "Uma pessoa experiente leva cinco minutos para vestir um quimono simples, mas poucos sabem fazer isso", conta. Sua mãe, Ishi Mishima, sempre usava a vestimenta quando morava no Japão. Ao viajar para o Brasil, passou a alugar peças para cerimônias e eventos da colônia japonesa. Após a morte da mãe, Keiko continuou o serviço.

Keiko Mishima
✉ Não divulga o endereço
☎ 3207-0882 e 8549-4441
☞ seg. a dom. 8h/21h

REALEJO

Quando a portinha da gaiola se abre, o periquito sai todo serelepe para tirar a sua sorte. A **Batuque do Gato**, na Acimação, aluga cinco diferentes realejos para festas de crianças e adultos e eventos corporativos. As caixas podem carregar, além das tradicionais previsões da sorte, mensagens personalizadas escolhidas pelo cliente. O moço que toca o realejo vai vestido com um figurino que inclui boina, calça preta com suspensório e camisa branca – no maior estilo mímico parisiense.

Batuque do Gato
✉ Avenida Turmalina, 175, conjunto 82, Aclimação
☎ 5594-7613 e 5071-3248
✯ www.batuquedogato.com.br
@ contato@batuquedogato.com.br
☞ seg. a sex. 9h/18h

ROLLS-ROYCE

Em 1963, quando completou 16 anos, **Dante Forestieri** ganhou de seu pai um Ford 1929. Hoje, ele possui uma coleção de 27 carros. Alguns já pertenceram a figuras famosas, como o Bentley 51 que foi do compositor Vinicius de Moraes, e um Rolls-Royce de 1950, cuja direção passou pelo ex-governador Adhemar de Barros e, mais tarde, foi vendido para Erasmo Carlos. Para continuar a coleção e arrumar dinheiro para a manutenção da frota, Dante resolveu alugá-los para casamentos – e só casamentos. Toda a família participa do negócio. O aluguel, de quatro horas, inclui telefone celular e motorista, que busca a noiva em casa, leva-a à igreja e depois à festa. O trabalho já lhe rendeu alguns momentos divertidos. Certa ocasião, o noivo quis dirigir o carro. Ao chegar ao bufê, os fotógrafos começaram a tirar fotos de Dante e da noiva, pensando que fosse o casal.

Dante Forestieri

✉ Rua Engenheiro Mesquita Sampaio, 90, Chácara Santo Antônio

☎ 5183-4946, 9932-8583 e 8758-8226

✯ www.danteforestieri.com.br

@ atendimento@danteforestieri.com.br

☞ seg. a sáb. 9h/17h

ROUPAS DE DANÇA DO VENTRE

Sabine Schaade é uma dançarina árabe bastante vaidosa. Ao longo dos anos, seu armário ficou lotado de roupas coloridas, com pedrarias, bustiês e cinturões. Com pena de se desfazer de peças tão bonitas, Sabine se associou à irmã e as duas começaram a alugar as roupas de dança do ventre. Modelos egípcios, importados, feitos sob medida, vestidos e conjuntos estão disponíveis na loja **Das Arábias**. Além das roupas, Sabine ainda disponibiliza acessórios, bijuterias, véus, pandeiros e candelabros. Roupas pretas são as mais procuradas, sempre com muito brilho. Cada cliente pode permanecer com a roupa por até quatro dias para ensaiar a coreografia e realizar ajustes.

Das Arábias

✉ Rua José Kileber, 250, Vila Siqueira

☎ 2809-9985 e 6928-3049

@ dasarabias.aluguel@bol.com.br

☞ com hora marcada

TOURO MECÂNICO

A **Espaço Play** pode fazer a sua casa se transformar na festa do peão do boiadeiro. A empresa, especializada em locação de brinquedos para festas, tem à disposição três touros mecânicos que podem animar qualquer aniversário. O aluguel inclui a presença de um monitor para operar a máquina. Também aluga piscinas de bolinhas.

Espaço Play

✉ Não divulga o endereço

☎ 4226-6451

✯ www.espacoplay.com

☞ seg. a sex. 9h/18h

TRAILER

Olavo de Nunzio, proprietário da **Locatrailer**, aluga e reforma trailers desde 1988. "Gostava de acampar com um grupo de amigos, até que todos mudamos para o trailer", afirma. São dois modelos da Karmann Ghia: um 640, de 1981, e um 520, de 1984. Nunzio já chegou a ter 17 trailers à disposição na loja, mas o negócio decaiu a partir de 1998, quando foi instituída a necessidade de carteira de habilitação tipo E – a mesma de motoristas de grandes carretas – para pilotar um trailer. "Eu conheci o Brasil todo a bordo de um trailer. Pena que hoje é tão difícil viajar", diz Nunzio.

Locatrailer

✉ Rua Ariabu, 542, Interlagos

☎ 5666-3019 e 5666-4740

✯ www.locatrailer.hpg.com.br

☞ seg. a sáb. 8h/18h

OFERECE O MESMO SERVIÇO

City Trailer
✉ Avenida Interlagos, 743, Interlagos
☎ 5523-7822
✯ www.citytrailer.com.br
@ citytrailer@citytrailer.com.br
☞ seg. a sex. 9h/18h; sáb. 9h/12h

TRIO ELÉTRICO

Atrás do trio elétrico só não vai quem já morreu. O mecânico baiano Juvenal P. da Silva percebeu isso em 1982, quando montou o primeiro trio elétrico em São Paulo, utilizando um caminhão Chevrolet 1964. Hoje a sua empresa, a **Sol Nascente Central de Trios Elétricos**, tem quatro trios elétricos, que são alugados para festas de rua, inaugurações e campanhas políticas. O modelo mais moderno é o Sol Nascente VI, que tem 19 metros de comprimento, 150 mil watts de potência e palco com três níveis.

Sol Nascente Central de Trios Elétricos
✉ Rua Wanderley, 1.700, Perdizes
☎ 3672-7595 e fax: 3873-7811
✯ www.solnascente.art.br
@ trioeletrico@solnascente.art.br
☞ seg. a dom. 9h/18h

BELEZA E MODA

ALFAIATARIA REQUINTADA

Filho de imigrantes italianos, **Elmo Raghi** adorava ficar à janela de sua casa em São Manuel, no interior de São Paulo, apreciando a elegância dos homens que passavam sempre de terno. Desde pequeno queria aprender a arte da alfaiataria para satisfazer uma vaidade própria: a de se vestir bem. Quando se mudou para a capital começou a tomar aulas à noite com um oficial da costura (alfaiate que finaliza as roupas). Com o tempo, Elmo abriu a própria loja na rua Augusta. Agora, depois de já ter costurado para Caetano Veloso e Gilberto Gil, tem o ateliê no bairro de Pinheiros, onde faz consertos e todo tipo de traje sob medida.

Elmo Raghi

✉ Rua dos Pinheiros, 902, sobreloja, Pinheiros
☎ 3034-4132 e 2769-9465
☞ seg. a sex. 8h/18h30; sáb. 8h/14h

OFERECE O MESMO SERVIÇO

Leonardo Trajes Masculinos

✉ Rua Joaquim Antunes, 442, Pinheiros
☎ 3085-9795 e 3061-3553
@ loja@leonardoalfaiate.com.br
☞ seg. a sex. 9h/18h; sáb. 9h/13h

BANHO DE CAFÉ

O café não faz bem apenas ao paladar, mas à pele – isso mesmo! – também. Calma! Não vá passar um cafezinho agora e jogá-lo pelo corpo, muito menos exagerar no consumo. No caso, o que ajuda é um "cosmético" à base do grão feito pela esteticista **Edy Guimarães**. Ela o mói, cozinha em banho-maria, acrescenta óleo também de café e gelatina em folha – não em pó. Em seguida, deixa esfriar. "Fica um gel geladinho", ela descreve. O preparo, porém, esconde alguns segredos. Depois, a mistura é massageada sobre o corpo e serve como um esfoliante tanto para homens como para mulheres. "A esfoliação estimula a renovação celular", explica. "Retira as células mortas." Os benefícios foram primeiro provados pelo marido dela quando o casal visitou o *spa* Lur Lur na Tailândia. Ela importou a ideia. O tratamento completo inclui ainda um banho e uma massagem opcional, que pode ser *shiatsu* ou *do-in*.

Edy Guimarães

✉ Rua Bento de Andrade, 40D, Jardim Paulista
☎ 3051-7712
✯ www.edyguimaraes.com.br
@ edy@edyguimaraes.com.br
☞ com hora marcada

BANHOS DE SAQUÊ

A terapeuta Júlia Kimie garante que não há nada como um bom saquê para regar um banho relaxante em um ofurô. Segundo ela, a bebida milenar japonesa, destilada com base no arroz, tem propriedades estimulantes e pode até influenciar a libido. "O saquê ajuda a ativar a circulação e liberar toxinas, além de adiar o envelhecimento", explica Júlia, que não fala da boca para fora: ela sofria de dores musculares e estresse quando decidiu se dedicar à procura de sua cura e da de outras pessoas com os mesmos problemas. Criou a **Kimie Massagem Terapêutica**. O banho de saquê é acompanhado de massagens nos pés, pescoço e cabeça, e toda a técnica é baseada no conceito oriental *chi* – energia responsável pelo funcionamento harmonioso do organismo.

Kimie Massagem Terapêutica
✉ Calçada Aldebarã, 160, 1º andar, Centro de Apoio II, Alphaville
☎ 4153-7167
✯ www.kimieterapeutica.com.br
@ contato@kimieterapeutica.com.br
☞ seg. a sex. 8h/21h; sáb. 8h/20h; dom. 10h/16h

BANHOS TERAPÊUTICOS

A **Magma Núcleo Terapêutico** oferece 15 tipos de banhos terapêuticos aliados à aromaterapia. O cliente é recebido por um terapeuta, que avalia cada caso. Em uma banheira de ofurô, ele relaxa por 25 minutos, com a temperatura da água a trinta graus. Os mais exóticos são o banho de leite, que resgata o lado sensível da pessoa, e o banho de vinho, que ajuda na sociabilidade e é excelente para a pele. Há também um serviço de massagem.

Magma Núcleo Terapêutico
✉ Rua Aspicuelta, 227, Vila Madalena
☎ 3816-5816 e 3813-1510
✯ www.magma.com.br
@ magmant@uol.com.br
☞ seg. 10h/19h; ter. a sex. 10h/20h; sáb. com hora marcada

BANHOS TERAPÊUTICOS ORGÂNICOS

Alecrim, hortelã, manjericão e outras ervas não são novidades na cozinha, mas e na sua banheira? Esses ingredientes naturais são parte dos banhos terapêuticos preparados pelo terapeuta holístico e antroposófico **Márcio Passos**. "O pessoal chama de banho de descarrego, mas o objetivo é mesmo retirar as energias negativas do corpo." Os kits de banho contêm maços de ervas, pétalas de rosas, sais de banho, óleos essenciais e esfoliantes, e podem ser usados na banheira, na ducha ou até mesmo no ofurô. Os produtos são orgânicos e vêm diretamente de sua fazenda em Monte Alegre do Sul, interior de São Paulo, onde também fica a sede da ONG Sociedade Rural Natureza, fundada por Márcio em 1997.

Márcio Passos
✉ Avenida Paulista, 575, conjunto 106, Bela Vista
☎ 7205-7123
✯ www.marciopassos.com.br
@ marciocpassos@uol.com.br
☞ com hora marcada

BARBEARIA À MODA ANTIGA

Navalhas não são mais usadas na barbearia **Phidias**. Foram trocadas por lâminas descartáveis – questão de higiene. Exceto por este detalhe, tudo lá continua idêntico à época da fundação, em 1965. As pias, que ficam na bancada, permitem que o cliente mergulhe o rosto. As cadeiras ainda são as mesmas. O local já teve clientes como Jânio Quadros e membros da família Safra. Hoje, ainda conta com frequentadores assíduos, como um americano que só corta o cabelo lá. "Ele só apara o cabelo duas vezes por ano, quando vem ao Brasil", conta Luís Antonio da Silva, o proprietário.

Phidias
✉ Rua Barão de Itapetininga, 88, loja 8, República
☎ 3223-6534
☞ seg. a sex. 8h30/18h30; sáb. 8h/13h

BIQUÍNIS SOB MEDIDA

Listrado, de bolinha, de Lycra, de algodão, cavado, mais clássico. Não importa o modelo ou a época, a loja **Ipanema**

Biquínis confecciona as peças na medida do gosto e do desejo do cliente. São mais de cinquenta cores de biquínis e maiôs para a praia ou para natação. A loja surgiu em 1971, quando as opções no mercado eram mais restritas. O nome vem da fama que a praia carioca tinha na época. Hoje, mesmo com a variedade que se tem à disposição, a Ipanema Biquínis mantém uma clientela fiel. "Quem gosta de escolher o modelo, a cor e o tecido, e ainda quer ter a garantia que a peça vai ser do tamanho ideal do seu corpo, vem pra cá", afirma a proprietária, Mônica de Araújo Pereira da Silva.

Ipanema Biquínis

✉ Rua Augusta, 2.690, Galeria Ouro Fino, 1º andar, loja 204, Jardins
☎ 3088-0835
@ biquinisipanema@gmail.com
☞ seg. a sex. 9h30/18h30; sáb. 9h30/13h30

OFERECE O MESMO SERVIÇO

Prisma

✉ Rua Itapicuru, 405, Perdizes
☎ 3864-2292
✉ Alameda dos Pamaris, 282, Moema
☎ 5041-1073
✯ www.monteseubiquini.com.br
☞ seg. a sex. 9h/19h; sáb. 9h/16h

BOINAS E CHAPÉUS

Tarcísio Meira, quem diria, lançou moda em São Paulo. O belga Maurice Plas confeccionava roupas de alta-costura masculina e feminina. "Estava fazendo algumas peças para o Tarcísio Meira", conta. "Quando voltei de um desfile de moda, em Paris, ele me viu com uma boina inglesa. Adorou e pediu uma igual. Foi a partir daí que comecei a costurar essas peças." A loja **Plas** foi fundada em 1954, mas só a partir de 1974 começou a vender boinas, bonés e chapéus. Suas peças estão dentro do estilo clássico europeu. "Todos os modelos têm um toque pessoal meu", explica Maurice. "Fui fazendo conforme o gosto da clientela." Mesmo que os brasileiros tenham perdido o costume de vestir acessórios na cabeça, o dono da Plas comemora o aumento da procura por chapéus e bonés. Toda semana, Maurice cria de dez a 15 modelos diferentes, além dos bonés e chapéus que vende em série, tanto para o público masculino quanto feminino.

Plas

✉ Rua Augusta, 724, Jardins
☎ 3257-9919
✯ www.plas.com.br
@ vendas@plas.com.br
☞ seg. a sex. 10h/12h, 12h30/18h30; sáb. 10h/16h

CABELEIREIRO 24 HORAS

Rogéria Aguiar conheceu salões de cabeleireiros que funcionavam 24 horas quando visitou o filho na Itália e achou a ideia interessante. Resolveu montar seu salão longe da rua Augusta, onde alguns do tipo já existem para atender no turno da madrugada garotas de programa e outros trabalhadores noturnos da região. O **Dero Cabeleireiros 24 Horas**, em Perdizes, é uma opção mais familiar para quem não tem tempo livre em horário comercial. Também é uma boa escolha para mulheres desesperadas por arrumar o cabelo. "Uma menina inventou de pintar o cabelo em casa um dia antes de uma entrevista de emprego. Ficou um desastre e ela me procurou. Depois que corrigi o estrago, ela chorou de felicidade no salão. Nunca me agradeceram tanto", diz Rogéria.

Dero Cabeleireiros 24 Horas

✉ Rua João Ramalho, 974, Perdizes

☎ 3675-5365 e 9151-3251

✯ www.derocabeleireiros.com.br

@ derocabeleireiros@uol.com.br

☞ 24 horas

CASQUETES E TIARAS

Para mudar de visual, é mais fácil usar acessórios do que ficar tingindo o cabelo. Em pleno edifício Copan, a loja do estilista **Walério Araújo** tem cerca de cinquenta opções de tiaras e casquetes – pequenos chapéus, populares nos anos 1940, que são usados de lado e presos por grampos à cabeça.

Walério Araújo

✉ Avenida Ipiranga, 200, loja 69, República

☎ 3257-1571

☞ seg. a sex. 8h/19h

CLÍNICA DE ESTÉTICA EXCLUSIVA PARA HOMENS

Homens vaidosos que sempre tiveram vergonha de se cuidar fora de casa não têm mais desculpas. A **Garagem** é uma clínica de estética especializada (e exclusiva) para homens. Na entrada há até mesmo uma espécie de bar, onde executivos podem bater papo e, quem sabe, fechar negócios. Oferecem massagens, cortes de cabelo, serviço de podólogas e manicures, avaliação dermatológica, limpeza de pele e até aplicação de botox.

Garagem

✉ Avenida Agami, 183, Moema

☎ 5052-7511 e 5052-5994

✯ www.garagemestetica.com.br

☞ ter. a sex. 10h/22h; sáb. 9h/19h

COMPRA E VENDA DE PRODUTOS VARIADOS

"Eu acho que a gente valoriza as mercadorias das pessoas." Assim Élio Ribeiro dos Santos diz que funciona o **Brechó Élio e Clair**. Lá você pode comprar um produto dando como parte do pagamento outro que você tenha em casa ou deixá-lo em consignação. "As pessoas sempre querem fazer dinheiro", acrescenta Élio. Esse jeito de negociar talvez explique a variedade de itens da loja, que vende desde eletrodomésticos, instrumentos musicais, móveis – tanto modernos como antigos –, até cristaleiras e arco oratório.

Brechó Élio e Clair

✉ Avenida Cupecê, 3.565, Cidade Ademar

☎ 5566-2170, 5565-4504, 6977-5342 e 8640-0173

✯ www.brechoelioeclair.com.br

@ brechoelioeclair@hotmail.com

☞ seg. a sex. 8h30/18h; sáb. 8h30/16h

FOTOGRAFIAS NAS UNHAS

Para não sentir saudade das pessoas queridas, tem gente que carrega fotos na carteira. Mas que tal deixar a imagem dos amigos ou do namorado à mão – literalmente? O **Red Door Salon and Spa** faz impressão de fotos em unhas. O processo é simples: a pessoa faz as unhas normalmente (retira a cutícula e aplica uma base especial) e, depois, coloca uma mão de cada vez numa impressora sem papel, para que a aplicação seja feita. O processo dura de dez segundos a 1,5 minuto. "Muitas clientes trazem fotos do marido, namorado, mas a maioria até agora imprimiu as fotos dos bichinhos de estimação", conta Robson Trindade, proprietário do salão. É preciso imprimir imagens no mínimo em duas unhas. A cliente deve levar um CD com as fotos.

Red Door Salon and Spa
✉ Rua Bueno Brandão, 113, Vila Nova Conceição
☎ 3045-5586
✯ www.reddoor.com.br
@ marketing@reddoor.com.br
☞ seg. a sex. 7h/21h; sáb. 8h/20h

LOJA DE ARTE E MODA

A **Universo Pop** surgiu por causa da Mercado Mundo Mix e, dos tempos da feira itinerante, guarda o visual descolado. "Essa coisa de misturar moda com arte já existe em vários países", conta a artista plástica argentina Li Steiner, proprietária da loja. "A ideia é que a pessoa encontre, no mesmo lugar, roupas, acessórios e móveis do seu estilo favorito." O local parece mesmo uma galeria de arte pop. Até as obras de Andy Warhol ganham um aspecto utilitário. Como assim? Há uma luminária com o formato da sopa em lata Campbell's, retratada por Warhol numa pintura. Outro ícone pop, a estrela Marilyn Monroe, está presente em espelhos e chapeleiras. Mais uma figurinha que bate ponto na seção "favoritos da casa" é o gato – é, o animal mesmo. "É um bicho que dá muita sorte para nossos clientes, inclusive para mim", diverte-se Li. Boa parte dos acessórios tem os bichanos como temática. Ela faz até retrato dos gatos das clientes.

Universo Pop
✉ Rua Augusta, 2.247, Jardins
☎ 3062-2064
@ unipop@gmail.com
☞ seg. a sáb. 10h/19h

MAQUIAGEM PROFISSIONAL

A empresa alemã **Kryolan Professional Make-up** existe há décadas, e seus produtos só podiam ser encontrados nas malas de maquiadoras que viajavam para o exterior. Foi assim que a ex-modelo Andréa Coimbra e a sócia Lisandra Zambori resolveram trazer as maquiagens profissionais para o Brasil. Além dos produtos de beleza, a empresa também fabrica itens como sangue artificial, ceras tridimensionais (alguém se lembra do nariz de Nicole Kidman em *As horas*?), tintas que permitem cobrir uma pessoa inteira e esmaltes para dentes. Por enquanto, os clientes se restringem ao meio artístico, como produções de cinema, teatro e televisão. Andréa explica que, no exterior, as maquiagens também são usadas para fins de lazer, como festas de Halloween, mas, no Brasil, isto ainda é inviável por causa do preço. Quem quiser aprender a usar as maquiagens deve marcar hora antes de visitar a loja.

Kryolan Professional Make-up
✉ Rua Silva Correia, 194, Vila Olímpia
☎ 3842-1719, 3045-0087 e 3045-5789
✯ www.kryolan.com.br
@ kryolan@terra.com.br
☞ seg. a sex. 9h30/19h

ÓCULOS PARA AUTOMAQUIAGEM

Se aplicar a maquiagem no próprio rosto já não é tarefa das mais fáceis, imagine para quem é míope. Uma boa opção para se salvar dos borrões são os óculos para automaquiagem da **Ótica Ventura**. Eles funcionam da seguinte maneira: são duas lentes articuladas que se movimentam para ficar ou não sobre os olhos. Ou seja, enquanto um olho é maquiado, o outro fica atrás das lentes, para que a mulher possa ver tudo sem problemas. "É preciso calcular a distância ideal do espelho, pois é diferente de quando se está lendo e o objeto fica a uns trinta centímetros dos olhos", explica Francisco Ventura, proprietário da ótica. Os óculos para automaquiagem já conquistaram até míopes famosas, como a jornalista Marília Gabriela. As clientes da Ventura ainda ganham um "treinamento".

Ótica Ventura
✉ Rua Bela Cintra, 1.845, Jardins
☎ 3083-7090
✯ www.oticaventura.com.br
@ oticaventura@oticaventura.com.br
☞ seg. a sex. 10h/19h; sáb. 10h/16h

Mellótica
✉ Rua da Consolação, 2.625, Cerqueira César
☎ 3081-6693 e 3086-3571
✯ www.mellotica.com.br
@ mellotica@uol.com.br
☞ seg. a sex. 9h/18h30; sáb. 9h/13h

OFERECEM O MESMO SERVIÇO

Miguel Giannini Óculos
Funciona no local o Museu dos Óculos Gioconda Giannini, único da América Latina, com mais de setecentas peças, entre elas uma coleção doada pelo ex-governador Mário Covas.
✉ Rua dos Ingleses, 108, Bela Vista
☎ 3149-4000
✯ www.miguelgiannini.com.br
@ marketing@miguelgiannini.com.br
☞ seg. a sex. 9h/19h; sáb. 9h/13h

Óptica Piero e Silvinho
✉ Alameda Tietê, 575, Jardins
☎ 3064-8249
✯ www.pieroesilvinho.com.br
@ pieroesilvinho@ig.com.br
☞ seg. a sex. 9h/20h30; sáb. 9h/13h

ÓCULOS PERSONALIZADOS

"O melhor de usar óculos é conseguir um ornamento que corrija a visão. Os modelos mais excêntricos são os mais interessantes, porque conferem à pessoa que os usa um ar divertido, dinâmico e inteligente." Esta é a opinião de Wilson Romdesso, dono da **Mellótica**, uma ótica que só vende óculos personalizados e que precisou de muito esforço para fazer sucesso: "Meu pai comprou a loja de um aposentado e teve que substituir todas as mercadorias, porque os óculos que estavam à venda eram horríveis", lembra Romdesso. "Com o tempo, fomos conseguindo novos produtos e fazendo testes para deixá-los do jeito que queríamos."

PLISSADO E NA MODA

Se você acha que plissê é coisa do passado, está enganado. Desde 1960 no mercado, **Enzo Sétera** (o ateliê leva o mesmo nome) continua vivendo de plissar tecidos. Ele faz mais de quinhentos tipos de plissado, só que todos os tecidos precisam ter no mínimo 70% de poliéster em sua composição.

Enzo Sétera
✉ Rua Talmud Thorá, 274, Bom Retiro
☎ 3222-1996
☞ seg. a sex. 7h30/17h30, com hora marcada

SABONETE COM FLORAIS

Você já pode acabar com o estresse ou com a ansiedade apenas lavando as mãos. A cabeleireira **Rosa Yemiko Uehara** fez um curso de florais de Saint Germain e criou alguns sabonetes líquidos artesanais com florais. "É uma alternativa para quem não gosta de tomar florais", diz Rosa. "O efeito do sabonete é um pouco mais demorado que as gotinhas, mas também funciona." Rosa explica que os florais de Bach têm 33 diferentes essências, contra os oitenta tipos de florais de Saint Germain. Para fazer os sabonetes, ela conta com a ajuda do irmão, Jorge Mitsuo Taira. São 18 tipos de sabonetes com florais (cada um possui dois tipos misturados). Os mais vendidos são aqueles que prometem trazer prosperidade, aliviar a ansiedade e diminuir a tensão pré-menstrual.

Rosa Yemiko Uehara

✉ Não divulga o endereço
☎ 3936-5371
@ rosareiki@yahoo.com.br
☞ ter. a sáb. 9h/18h

SPA EM CASA

Cecília Faipó é formada em Educação Física e trabalhou durante muitos anos no Spa Sete Voltas, em Itatiba, interior de São Paulo. Nesse contato com os clientes, percebeu que a maioria das pessoas tem espaço em casa para fazer exercícios regulares, mas não consegue aproveitá-lo por falta de força de vontade e orientação. Cecília decidiu partir para uma empreitada solo e criou a **Espairecer**, uma empresa que leva o *spa* até a casa das pessoas. Os interessados podem ter nutricionista particular que acompanha as refeições, cozinheira para preparar cardápios especiais, *personal trainer*, fisioterapeuta, massagista e até professor de ioga. Se a ideia for ficar em forma sem gastar tanto, a *personal trainer* oferece um vídeo pra lá de engraçado: como emagrecer usando os utensílios domésticos.

Espairecer

✉ Rua Doutor Franco da Rocha, 56, Perdizes
☎ 3871-3464
✯ www.spairecer.com.br
@ spairecer@spairecer.com.br
☞ seg. a sex. 8h/18h, com hora marcada

TRANÇADEIRA

Chris Oliveira, proprietária da **Cia. das Tranças**, conta que aprendeu o ofício observando outras trançadeiras. Ao chegar em casa, treinava no cabelo das amigas. O gosto por fazer tranças só se transformou em profissão quando Chris trançou o cabelo de um amigo que era treinador de basquete. O penteado fez sucesso e o jogador Anderson Varejão pediu o contato da cabeleireira. Quando apareceu no hotel para fazer o cabelo de Varejão, deu de cara com a reportagem do *Jornal nacional*, que estava mostrando o que os esportistas faziam quando estavam fora da quadra. "A partir daquele dia, não parei mais de somar clientes", afirma. Para Chris, uma trançadeira também precisa entender de alongamento, amaciamento e relaxamento.

Cia. das Tranças

✉ Rua Engenheiro Francisco Azevedo, 400, Perdizes
☎ 2851-8635, 3462-1229 e 9949-6758
✯ www.ciadastrancas.com.br
@ ciadastrancas@uol.com.br
☞ qua. a sáb. 10h/23h, com hora marcada

BICHOS

ADESTRAMENTO INTELIGENTE

O zootecnista Alexandre Rossi é um mestre na arte de treinamento e comportamento de animais. Ele desenvolveu técnicas para adestrar peixinhos de aquário, hamsters e até golfinhos. Num parque na Austrália, onde trabalhou, Rossi chegou a treinar cangurus e coalas. Ele conta que já passou até pela experiência de se vestir como coruja para treinar uma de verdade. Seus métodos de trabalho foram relatados no livro *Adestramento inteligente*, lançado no início de 1999. Atualmente, ele se dedica apenas a adestrar cachorros, sem castigos, na **Cão Cidadão**.

Cão Cidadão

✉ Rua Alves Guimarães, 1.006, Pinheiros
☎ 3571-8138, 3571-8306 e 7814-2633
✯ www.caocidadao.com.br
@ faleconosco@caocidadao.com.br
☞ seg. a sex. 9h/20h

AGILITY

Esse é o nome que se dá a uma corrida de obstáculos para cachorros de qualquer raça. Eles escalam rampas, saltam barras e pneus, fazem ziguezague em cilindros. Para participar, os bichos devem iniciar o treinamento a partir dos quatro meses de idade, embora só devam concorrer nas provas depois que tenham completado 15 meses. A **Alternativas Dog Show** realiza esse treinamento. Antes de começar, os animais precisam passar pelo treinamento básico de obediência. Atenção: o dono do cachorro também precisa estar em plena forma física. Durante a prova, ele corre o tempo todo, comandando os movimentos do cão.

Alternativas Dog Show

✉ Rua Tatupeba, 315, Santo André
☎ 4451-7781, 4453-1460 e 7754-0851
✯ www.alternativas.com.br
@ alternativas@uol.com.br
☞ seg. a dom. 10h/16h

ALUGUEL DE CÃES DE GUARDA

A **Palo Verde** atende principalmente empresas. Oferece dobermanns, pastores alemães e rottweilers. Os cães são treinados e passam por uma fase de adaptação junto dos seguranças. Como grande parte dos roubos em empresa é cometida por ex-funcionários, a Palo Verde encarrega-se de fazer um rodízio com seus cães treinados. Os contratos são mensais. Também presta serviços para particulares e eventos.

Palo Verde

✉ Estrada do Palma, 583, Campo Limpo Paulista
☎ 4039-1984 e 4039-1090
✯ www.canilpaloverde.com.br
@ filhotes@canilpaloverde.com.br
☞ seg. a dom. e feriados 9h/17h

AULAS DE NATAÇÃO PARA CÃES

Os irmãos Luiz Renato e Carlos Roberto Flaquer Rocha davam aulas de natação para seus cães da raça mastiff. Em 1992, o treinamento aquático passou a ser oferecido também para os animais atendidos na clínica deles. A **Lar Dog's** trabalha com cães que estão acima do peso ou que precisam de fisioterapia. Uma chácara funciona como "spa" para os cachorros que pesam mais de dez quilos. As aulas são feitas numa piscina de 1,5 metro de profundidade e acompanhadas por veterinários. Luiz Renato conta que uma cadelinha beagle perdeu quatro quilos em um mês depois da natação. Os animais fazem exercícios para fortalecer a musculatura, ganhar mais agilidade e saúde. O serviço inclui o tratamento e a estadia do animal na chácara. De acordo com o veterinário, o cliente não paga a mais por isso.

Lar Dog's

✉ Rua Doutor Bacelar, 870, Vila Clementino
☎ 5071-1792, 2276-4328 e 2275-6505
★ www.mastiff.com.br
@ lardogs@mastiff.com.br
☞ seg. a sex. 9h/19h; sáb. 9h/18h

BANCO DE SANGUE PARA CÃES

Você sabia que cachorros têm vinte diferentes tipos sanguíneos e, por não possuírem anticorpos, a chance de haver compatibilidade entre eles é altíssima? Outra coisa que possivelmente você também não saiba: o **Hospital Veterinário da Universidade Anhembi Morumbi** tem um banco de sangue de cachorros – e está precisando de doadores. Em 2005, o hospital realizou o número de 65 transfusões em animais vítimas de atropelamentos, doença do carrapato e intoxicações. "Queremos aumentar as chances de salvar a vida de mais cãezinhos", explica Márcio Antônio Moreira, responsável pelo laboratório de patologia clínica. A cada dois meses, os cachorros cadastrados são convocados para doar sangue (o intervalo entre uma doação e outra evita estresse nos bichinhos). Para participar, os cães precisam pesar, no mínimo, 27 quilos, estar vacinados e apresentar comportamento dócil. O doador ainda deve passar por uma consulta com o veterinário e realizar uma triagem de exames. "Quem topa participar tem duas vantagens: além de ajudar a salvar vidas, pode monitorar as doenças de seus cães, pois novos exames são sempre feitos", explica Moreira. Além do banco de sangue, o Hospital Veterinário da Anhembi Morumbi possui também um centro de fisioterapia. Os bichinhos (ou bichões, já que eles recebem até cavalos e vacas), normalmente recém-saídos de cirurgia, passam por correções de problemas ortopédicos, neurológicos e de obesidade.

Hospital Veterinário da Universidade Anhembi Morumbi

✉ Rua Conselheiro Lafaiete, 64, Brás
☎ 2790-4642 e 2790-4643
★ www.anhembi.br/hospital_veterinario/
@ hospvet@anhembi.br
☞ seg. e sex. 8h/17h; ter. a qui. das 8h/20h; sáb. 8h/11h

BANHO DE OFURÔ PARA CACHORROS

Ofurô, acupuntura, fisioterapia, banho hidratante. Tudo o que um *spa* deveria ter. Mas, na Pet das Meninas, todos esses serviços são dedicados aos cachorros. O ofurô, técnica milenar japonesa de imersão em água quente, tão popular entre os humanos, ganhou uma versão mini para aliviar as tensões musculares e o stress, melhorando a circulação sanguínea do cãozinho.

Pet das Meninas

✉ Rua Estados Unidos, 2179, Jardins
☎ 3062-7003 e 3375-6121
★ www.petdasmeninas.com.br
☞ seg. e sex. 9h30/18h; sáb. 9h30/17h

BARATAS, COBAIAS E CAMUNDONGOS

A bióloga Márcia de Sousa Carvalho, ou apenas **Márcia Barata**, é mesmo uma mulher de coragem: desde 1990 ela mantém uma criação de várias espécies de baratas, ratos, grilos, camundongos e larvas do besouro tenébrio, que podem chegar a sete centímetros de comprimento. Os bichinhos, que fazem parte da dieta de cobras, aves, e outros animais, são fornecidos a centros de pesquisa, pet shops e até restaurantes orientais, em que os pratos mais pedidos são uma boa farofa de grilo ou uma suculenta macarronada de larvas. Os roedores também encontram um lar como animais de estimação. Márcia entrega os bichinhos em domicílio a bordo do "Baratamóvel", uma Toyota Bandeirantes decorada com uma barata gigante sobre o teto – de mentira, é claro!

Márcia Barata

✉ Rua Friburgo, 128, Lauzane Paulista

☎ 9706-5560

✯ www.baratamovel.com.br

@ marciabaratinha@gmail.com

☞ com hora marcada

BOOK COM FOTOS DE ANIMAIS

O fotógrafo profissional **Lionel Falcon** tem décadas de profissão e já trabalhou para estrelas como Julio Iglesias e Gloria Estefan. Em 1997, resolveu mudar o foco da sua carreira. "Eu estava procurando algo mais sadio e encontrei o que eu queria fotografando animais. Eles não pedem nada em troca, só querem carinho, são mais espontâneos e não têm gente histérica em volta", diz. Argentino, Falcon mora no Brasil desde 2001 e montou seu estúdio no Pet Center Marginal. É preciso agendar o ensaio e levar o bichinho. O fotógrafo faz de 12 a 15 fotos, e o dono pode escolher cinco. A maioria dos seus modelos é de cães e gatos, mas até iguanas já ganharam seu *book*.

Lionel Falcon

✉ Avenida Presidente Castello Branco (Marginal do Tietê), 1.795, Pet Center Marginal, Pari

☎ 9829-0993

✯ www.lionelfalcon.com

@ lionelfalcon@yahoo.com

☞ com hora marcada

OFERECEM O MESMO SERVIÇO

Carol Santini

✉ Não divulga o endereço

☎ 8197-9700

✯ www.carolsantini.com.br

@ contato@carolsantini.com.br

☞ com hora marcada

Pegadas da Fama

✉ Não divulga o endereço

☎ 5071-1285 e 9901-2042

✯ www.pegadasdafama.com.br

@ contato@pegadasdafama.com.br

☞ seg. a sáb. 8h/19h

CACHORRO EM FORMA

Como um verdadeiro *personal trainer*, Fernando Keller coloca o tênis para correr com os cachorros gordinhos de seus clientes. Além dos serviços de passeio e adestramento tradicionais, a empresa de Fernando, a **Keller Dog**, possui um treinamento especial para cães que estão acima do peso. O passeio especial – que envolve caminhada, corrida e exercícios com obstáculos e brinquedos – acontece todos os dias na Praça Waldir de Azevedo, no Alto de Pinheiros, e dura de trinta a noventa minutos. "Depois de um mês o cão já fica mais disposto", garante. Em geral, a perda de peso começa a acontecer a partir do segundo mês de treinamento, mas ele avisa que os resultados variam de animal para animal. "Peço muita calma aos donos. Afinal, a saúde dos animais vem em primeiro lugar", conta ele, que aproveita a bateria de exercícios para se manter em forma também.

Keller Dog
🖂 Praça Tcheco, 27, Lapa
☎ 3564-9597
☞ seg. a sex. 9h/18h; sáb. 9h/17h

CÃO-GUIA PARA CEGOS

Transformar um cão em guia para deficientes visuais não é tarefa fácil. O animal tem que ter algumas características natas: ser saudável e meigo, sem ser líder ou tímido. A educação do cãozinho começa cedo: aos dois meses ele aprende comandos como: senta, junto, deita, e a fazer xixi e cocô no lugar certo. Quando chega aos quatro meses, o animal passa a diferenciar obstáculos de altura e largura. A partir daí, enfrenta várias situações corriqueiras que para os cegos são mais complicadas: atravessar a rua, entrar no elevador, subir ou descer uma escada rolante, pegar ônibus, até ficar apto a desobedecer ordens (o que especialistas chamam de desobediência inteligente), como, por exemplo, quando vê o poço de um elevador, ou um carro vindo na hora em que o parceiro lhe pede para atravessar a rua. A **Associação Cão-Guia de Cego** funciona com patrocínio de empresas e doa os cães para deficientes cadastrados – a fila de espera para conseguir um animal é de cerca de quatro meses.

Associação Cão-Guia de Cego
🖂 Rua Lavradio, 74, apartamento. 31B, Perdizes
☎ 3667-0288
@ sparisi@yahome.com.br
☞ seg. a sex. 9h/17h; sáb. 10h/14h

CEMITÉRIO PARA ANIMAIS

Adriana Sandonati, uma italiana que vive na Argentina, viu a ideia por lá e resolveu trazê-la para São Paulo. O **Jardim do Amigo** tem área de 20 mil metros quadrados e mais de 3 mil animais enterrados (80% deles cães). O local do jazigo varia de acordo com a espécie do animal. Há setores para gatos, papagaios, tartarugas, chinchilas, entre outros. Desde 1997 passaram a oferecer também velórios. O cemitério tem uma ambulância para buscar o bichinho no local. O corpo é enterrado sem caixão. Todo 4 de outubro o Jardim do Amigo comemora o Dia de São Francisco de Assis, protetor dos animais. Nesse dia há uma grande festa, com apresentações de adestramentos, sorteios e até bênção de um padre aos animais vivos que participam do evento. Um cliente já levou um cavalo para enterro, mas a dona não permitiu. O Jardim do Amigo só aceita animais domésticos.

Jardim do Amigo
🖂 Rua José Aguila Sanches, 64, Ambuitá, Itapevi
☎ 4144-2512, 4144-2884 e 4144-1520
✯ www.jardimdoamigo.com
@ jdamigo@ig.com.br
☞ seg. a dom. 8h/18h

CIRURGIA PLÁSTICA

Sim, a vaidade também chegou ao universo canino. A **Clínica Veterinária Edgard Morales Brito** atende cães de raça que precisam corrigir a cauda ou as orelhas. Também faz cirurgias reparadoras em animais que foram mordidos ou que sofreram queimaduras e arranhões. Seus principais clientes são shinauzers, boxers, dobermanns, pitbulls e dogues alemães.

Clínica Veterinária Edgard Morales Brito

✉ Rua Hugo Carotine, 253, Butantã
☎ 3721-8996 e 3721-1019
✯ www.edgardbrito.com
@ embrito@terra.com.br
☞ seg. a sex. 9h30/18h; sáb. 9h30/12h, com hora marcada

CLÍNICA ESPECIALIZADA EM ANIMAIS EXÓTICOS

"Atendemos aves em geral, répteis, roedores, coelhos, pequenos primatas, peixes e anfíbios", explica o veterinário Rodrigo Ferreira, proprietário da clínica **ExotiCare**, especializada em animais exóticos e silvestres. "Não aceitamos cães e gatos de jeito nenhum". Rodrigo revela que a maioria dos casos que aparecem na clínica são de problemas ortopédicos causados por acidentes. "Os mais comuns são as crianças que pisam em uma tartaruga ou os roedores que ficam presos na porta da casa". Apesar de parecer um pouco complicado, Rodrigo afirma que criar um animal exótico pode ser uma tarefa agradável e simples. "Se o proprietário procurar orientação e seguir as recomendações, é tão fácil quanto criar um cão ou um gato", garante.

ExotiCare

✉ Rua Iperoig, 351, Perdizes
☎ 3672-4155
@ exoticare@hotmail.com
☞ seg. a sex. 9h/19h; sáb. 9h/16h

CLÍNICA ESPECIALIZADA EM AVES

O **Hospital Veterinário da USP** atende gaviões, corujas, papagaios, canários, araras e até beija-flores. A clínica é muito procurada por criadores de aves. As doenças mais frequentes são respiratórias ou digestivas. Grande parte é causada por problemas de má nutrição. Outro caso comum é a pterofagia (o pássaro arranca suas próprias penas).

Hospital Veterinário da USP

✉ Avenida Professor Doutor Orlando Marques de Paiva, 87, Cidade Universitária
☎ 3091-1244
✯ www.fmvz.usp.br/hospital-veterinario
@ hovet@usp.br
☞ seg. a sex. 8h/13h

CLÍNICA ESPECIALIZADA EM EQUINOS

A **Equine Center Centro de Diagnóstico e Terapia Equina** funciona desde 1991 dentro do Jockey Club de São Paulo e utiliza a infraestrutura de seu centro cirúrgico. A clínica é comandada pelos médicos veterinários Reinaldo de Campos, Gabriel Mott e Fernanda Manzano de Campos, e oferece serviços de fisioterapia, videoartroscopia, ultrassom e até um exame médico para a compra dos cavalos. A equipe atende em domicílio se o cavalo tiver qualquer tipo de problema de locomoção, pois o aparelho de raio X é portátil. Se o animal não apresentar fraturas ou lesões articulares, o tratamento é feito à base de medicamentos. No caso de cirurgia com anestesia geral, o cavalo será operado no Jockey e permanecerá ali durante o pós-operatório. Em casos de anestesia local, a operação é feita na clínica.

Equine Center Centro de Diagnóstico e Terapia Equina
✉ Rua Bento Frias, 248, Butantã
☎ 3032-1155, 9937-1349, 9824-0435 e 7823-9819
✯ www.equinecenter.com.br
@ equinecenter@uol.com.br
☞ seg. a sex. 7h/18h; sáb. 7h/12h (atende chamados de emergência)

CLÍNICA ESPECIALIZADA EM GATOS

O relógio da recepção "mia" de meia em meia hora e há desenhinhos de gatos por todos os lados. Pudera: a **Clínica Veterinária Senhor Gato** é especializada em felinos. "Sempre tive interesse pelos gatos, pois creio que temos identificação de alma", afirma a veterinária Luciana Deschamps, também formada em música e filosofia. "Precisamos acabar com esse mito de que gatos dão azar e são traiçoeiros." A clínica tem uma sala cirúrgica equipada com os mais modernos acessórios e música para relaxar os felinos, que recebem anestesia inalatória, menos estressante e dolorosa. Oferece ainda um ambulatório e um laboratório com banco de sangue e equipamentos para exames rápidos, além de salas para tratamentos alternativos, como acupuntura, oxigenoterapia, florais e estudo de comportamento felino. No final, há uma "Cat Shop", com rações, petiscos, afiadores de unha, carpetes, brinquedos lúdicos, sabonetes, lenços umedecidos, perfumes e até a "erva do gato", uma erva de efeito alucinógeno que aguça os sentidos dos gatos e não tem contraindicação.

Clínica Veterinária Senhor Gato
✉ Rua Mateus Grou, 56, Pinheiros
☎ 3086-0737 e 3061-3853
✯ www.clinicasrgato.com.br
@ felino@uol.com.br
☞ seg. a sáb. 9h/18h

CLUBE DOS VIRA-LATAS

A bancária aposentada Cida Lellis mora com 350 cachorros numa chácara de 3,5 mil metros quadrados em Ribeirão Pires, na Grande São Paulo. "Os cães são as melhores companhias que qualquer pessoa pode ter porque são muito sinceros", disse Cida. "O ser humano é diferente. Ele pode sempre acabar aprontando com você." Em 2002, quando se aposentou, ela transformou esse sentimento no **Clube dos Vira-Latas**, grupo que resgata animais das ruas ou que sofrem maus-tratos. Além dos cachorros, a entidade cuida de gatos. "Começamos com trinta animais na minha casa, que ficava no centro de Ribeirão Pires", conta Cida. "Mas os vizinhos reclamavam do barulho e acabei comprando uma chácara." Cida só lamenta a dificuldade em captar recursos. Ela mantém o lar com arrecadações e doações de "padrinhos". "Já tivemos meses em que não fechamos as contas", lamenta.

Clube dos Vira-Latas
✉ Não divulga o endereço
☎ 4824-7430
✯ www.clubedosviralatas.org.br
@ facebook@clubedosviralatas.org.br
☞ com hora marcada

COMEDOURO PARA AVES

Durante o dia, sabiás, rolinhas, maritacas e bem-te-vis visitam a praça

Villaboim e o parque Buenos Aires, em Higienópolis, para se alimentar, dando um espetáculo de beleza aos visitantes. O responsável pela façanha é o ex-taxista Cleber Borges, dono da **Natureza Livre**, empresa que fabrica desde 1997 comedouros para pássaros. Ao visitar uma avicultura, teve a ideia de comprar uma gaiola e aumentar o espaço entre os arames, para que só pássaros circulem. O comedouro é equipado com dez poleiros, três bebedouros, duas tigelas para banho, dois bebedouros para beija-flor e dois recipientes para ração. Tem ainda um suporte no mastro para evitar a presença de ratos. Cleber também cobra uma taxa de manutenção mensal, que inclui duas visitas semanais, limpeza, ração e frutas (trinta bananas, três mamões, duas mangas e seis maçãs). Nas praças públicas, o comedouro é deixado para demonstração.

Natureza Livre
✉ Rua Chaporã, 78, Casa Verde
☎ 3857-0290 e 9648-0002
✯ www.naturezalivre.com.br
@ naturezalivre@naturezalivre.com.br
☞ seg. a sex. 8h/12h e 13h30/18h

CONVIVÊNCIA COM ANIMAIS

Fazer com que as crianças tenham contato com os animais de fazenda (vaca, porco, ganso, ovelha, pato, búfalo, entre outros) e aprendam a diferenciar mamíferos de ovíparos, por exemplo. Esta é a proposta da **Cia. dos Bichos**, minifazenda inaugurada em 1997 e que, hoje, tem 17 espécies distribuídas pela sua área de 25 mil metros (um alqueire). "Aqui a gente faz uma coisa bem pessoal, os monitores conversam muito com as crianças, que também entram no cercado de alguns animais", explica Andréa Paula Machado, mulher de Thomas Glens, idealizador e criador do espaço. Filho de pais dinamarqueses, Thomaz conheceu essa forma de aproximar os pequenos dos bichos nas visitas aos zoológicos de Copenhague.

Cia. dos Bichos
✉ Estrada de Capuava, 2.990, Granja Viana
☎ 4703-3548 e 4616-7349
✯ www.ciadosbichos.com.br
@ cia@ciadosbichos.com.br
☞ seg. a sex. com hora marcada (apenas para grupos escolares); sáb., dom. e feriados 10h/17h (aberto ao público)

COSMÉTICOS PARA CÃES ALÉRGICOS

A vida de um cachorro não é nada fácil. Veja só: aguentar passantes que flertam com suas belas donas e levar umas pisadas na cauda de vez em quando pode ser muito estafante. Para dar uma levantada na autoestima dos caninos, a **Pet Society** fabrica e vende hipoalergênico que pode ser usado por cães e gatos. É recomendado para animais que já passaram das quatro semanas de idade. Todos os produtos vêm em embalagem reciclável e podem ser diluídos.

Pet Society
✉ Não divulga o endereço
☎ 0800-7722702
✯ www.petsociety.com.br
@ petsociety@petsociety.com.br
☞ seg. a sex. 8h/17h

OFERECE O MESMO SERVIÇO

Perigot
✉ Avenida Sena Madureira, 870, Vila Mariana
☎ 3782-2625
✯ www.perigot.com.br
@ perigot@perigot.com.br
☞ seg. a qui. 8h/18h; sex. 8h/17h

CRECHE PARA CACHORROS

Vai, assume: você fica com o coração partido ao ver a expressão do seu cachorro quando o abandona em casa! Para solucionar o seu problema, e principalmente o dele, a **Pet Life** criou em 2003 a creche para cachorros. "Aqui o animal chega e vai embora feliz. Não queremos que ele fique estressado", afirma Renata de Menezes Coigliano, sócia de Carolina Capovilla no negócio. Também, com uma rotina de passeios, sociabilização com outros cães e com os funcionários, tendo à disposição um quarto, caminha, brinquedos e petiscos, quem vai ficar triste?! "Os donos relatam que o animal fica desesperado quando o motorista da creche atrasa", conta Renata. Para que o atendimento seja o mais personalizado possível, é necessário que os donos preencham uma ficha apontando todos os hábitos do cão, que ainda fará alguns exames. Filhotes sem vacinação completa não são aceitos. Renata e Carolina juntaram-se a Marcos Magalhães Duarte e Orlando Ferra Mola para abrir uma filial em Moema, onde há clube com piscina para os peludos.

Pet Life
✉ Rua Visconde de Nacar, 147, Real Parque
☎ 3758-1366 e 7810-1111
@ petlife.vet@gmail.com
☞ seg. a sex. 8h/19h; sáb. 9h/16h

CUIDADOS COM O AQUÁRIO

A **Água e Estilo** faz aquários de canto (triangular) e quadro (preso à parede), além, é claro, do tradicional formato retangular. Eles são projetados pelo artista plástico Nelson Hideo Higashi, em parceria com o arquiteto Cláudio Valente, para interagir com a decoração da casa e com a personalidade do cliente. A empresa também oferece a manutenção – avulsa ou periódica – do lar dos peixinhos, quando são feitos testes (pH, amônia, nitrito, nitrato, carbonato e cálcio) e a troca parcial da água. A loja também tem peixes à venda, com destaque para o bandeira, palhaço (o Nemo, do filme *Procurando Nemo*), naso, anêmonas, caranguejos e camarões.

Água e Estilo
✉ Rua Francisco Leitão, 254, casa 2, Pinheiros
☎ 3083-3726
✯ www.aguaeestilo.com.br
@ contato@aguaeestilo.com.br
☞ seg. a sex. 9h/18h

DENTISTA PARA COELHOS, MACACOS E SAGUIS

Os primeiros pacientes foram cães e gatos para tratamento de cáries. Aos poucos, a **Odontovet** foi atendendo outros animais. Se o seu coelho sofre com o crescimento desmedido dos incisivos, basta uma revisão bimestral para um desgaste corretivo. Saguis que apresentam problemas com a troca da dentição de leite recebem atendimento especial.

Odontovet
✉ Avenida Magalhães de Castro, 12, Butantã
☎ 3816-2450
✯ www.odontovet.com
@ odontovet@odontovet.com
☞ seg. a sex. 8h/17h

DERMATOLOGISTA

A **Vet Imagem** é uma clínica que cuida dos problemas de pele de cachorros, gatos, iguanas e até cobras. O mais comum é a dermatite crônica. A Vet Imagem faz vários testes (incluindo exames enviados para os Estados Unidos) para descobrir as causas de alergias dos animais.

Vet Imagem
✉ Avenida Pompeia, 500, Pompeia
☎ 3873-6740 e 3864-6590
✯ www.vetimagem.com.br
@ infooeste@vetimagem.com.br
☞ seg. a sex. 9h/18h30; sáb. 9h/15h30, com hora marcada

ELETROCARDIOGRAMA, RAIO X E ULTRASSONOGRAFIA

Cães e gatos também podem passar por um *check-up* completo. O **Hospital Veterinário Rebouças** faz todos os exames, desde que venham acompanhados de um pedido do veterinário. O eletrocardiograma e o raio X são realizados na hora. Apenas a ultrassonografia deve ser marcada com antecedência. Os procedimentos são iguais aos dos exames realizados em seres humanos.

Hospital Veterinário Rebouças
✉ Avenida Rebouças, 861, Jardins
☎ 3062-3011 e fax: 3087-3099
✯ www.vetreboucas.com.br
@ vetreboucas@vetreboucas.com.br
☞ 24 horas

EQUOTERAPIA

Os cavalos são muito importantes nos tratamentos de crianças de três a 17 anos portadoras de deficiências físicas e mentais, como paralisia cerebral, autismo e síndrome de Down. A equoterapia, nome que se dá a esse método, é aplicada pelo **Regimento de Cavalaria Nove de Julho da Polícia Militar**. O trabalho conta com a participação de fisioterapeutas, psicólogos, pedagogos e instrutores de equitação. Os resultados físicos, motores e psicológicos começam a aparecer entre quatro e seis meses de tratamento. Inscrições gratuitas.

Regimento de Cavalaria Nove de Julho da Polícia Militar
✉ Rua Jorge Miranda, 238, Luz
☎ 3315-0003
@ equoterapia@policiamilitar.sp.gov.br
☞ seg. a qua. 13h/18h

OFERECE O MESMO SERVIÇO

Vida Equitação e Ecoterapia
✉ Não divulga o endereço
☎ 9685-7294
@ vida.ecoquo@terra.com.br
☞ seg. a sex. 7h/19h

ESTEIRA ERGOMÉTRICA PARA CAVALOS

Numa viagem aos Estados Unidos, o veterinário Silvio Piotto viu uma esteira ergométrica para cavalos e contou a novidade para a **Empretec**, que fabrica equipamentos veterinários desde 1970. José Carlos Nurchis, dono da empresa, desenvolveu então o primeiro modelo nacional. O equipamento é vendido principalmente para clínicas veterinárias, para o Jockey Club e para a cavalaria da Polícia Militar. A esteira tem velocidade de até 65 quilômetros por hora, máximo alcançado por um cavalo. Mede 1,50 X 6 metros e pesa 1.200 quilos. Com ela, os veterinários conseguem conferir o batimento cardíaco e os pontos de dor do animal. Além do diagnóstico completo, o animal pode ser filmado em movimento. Outra novidade é a esteira ergométrica com água e hidromassagem. A água ajuda na recuperação de animais que sofreram acidentes. Esse equipamento força o cavalo a caminhar. Vendas apenas sob encomenda.

Empretec

✉ Rua Antonio Bonito, 100, Jardim Munhoz, Guarulhos

☎ 2423-7511

✯ www.empretec.com.br

@ empretec@empretec.com.br

☞ seg. a sex. 7h40/17h30

ESTRELA-DO-MAR

Aos cinco anos, William Sugai montou seu primeiro aquário. Só que, aos dez, quando muitas crianças estão desistindo da brincadeira, ele começou a vender seus filhotes de peixes ornamentais para lojistas. Hoje, o empresário e biólogo vende espécies exóticas na **Ecoanimal** – loja especializada em peixes, plantas e outros animais aquáticos. Na lista dos mais exóticos, William comercializa duas espécies de estrelas: a estrela-do-mar azul e a chocolate chip. Outros exemplos de animais raros são os peixes marinhos tang black e o anjo imperador.

Ecoanimal

✉ Rua Alice Macuco Alves, 35, Alto de Pinheiros

☎ 3021-2650 e 3021-8049

✯ www.ecoanimal.com.br

@ diretoria@ecoanimal.com.br

☞ seg. a sex. 10h/18h; sáb. 10h/17h

FARMÁCIA DE MANIPULAÇÃO VETERINÁRIA

A primeira farmácia de manipulação veterinária, a **Droga Vet**, existe desde 2004 e já funciona em sete capitais brasileiras. Os serviços prestados por farmácias de manipulação humana e veterinária são basicamente os mesmos. "Preparamos medicamentos sob medida", diz a farmacêutica Tatiane Nakayama Bognar. "Levamos em consideração a raça, o tamanho e o peso do animal para manipular o remédio." Tatiane é responsável por preparar biscoitos, lenços umedecidos e pastas orais com princípios ativos para cuidar dos animais. "Os médicos estão acostumados com a manipulação humana, mas os veterinários ainda desconhecem o serviço e são mais resistentes", diz a também farmacêutica Sandra Schuster, proprietária da rede.

Droga Vet

✉ Avenida Pacaembu, 981, Pacaembu

☎ 3667-0044

✯ www.drogavet.far.br

☞ seg. a sex. 9h/19h; sáb. 9h/13h

GERIATRA

Um conselho para quem tem um cão com mais de sete anos: fazer um *check-up* anual, incluindo eletrocardiograma e exame de sangue, para controlar as funções hepáticas e renais do bichinho. Graças aos avanços da medicina veterinária e aos bons tratos que muitos cães recebem em casa, a expectativa de vida dos animais está aumentando. A **Pet Pillow** tem uma orientação especializada em geriatria canina. As doenças mais comuns em animais já velhinhos são problemas cardíacos, neurológicos, de coluna, insuficiência renal ou hepática, artrose, bico de papagaio, surdez, cegueira e câncer de mama ou de testículo.

Pet Pillow
✉ Rua Vieira Maciel, 67, Jardim Paulista
☎ 3885-6185 e 3885-5199
@ petpillow@uol.com.br
☞ seg. a sex. 8h/19h; sáb. 8h/17h

HANDLER

Esse é o nome dado ao profissional que prepara e apresenta os cães em exposições e concursos. O **Sunshine Kennel** realiza o trabalho desde 1976. Os animais permanecem um período em suas instalações para receber treinamento, por exemplo, de como andar na passarela. Antes de se apresentar, o candidato também passa por uma sessão de banho e tosa. As raças que mais participam dessas competições são o poodle, o fox terrier, o dogue alemão e o dobermann.

Sunshine Kennel
✉ Estrada do Caiapiá, 2.793, Cotia
☎ 4616-8232
✯ www.sunshinekennel.com.br
@ sunshine@sunshinekennel.com.br
☞ seg. a sex. 9h/17h

HEMODIÁLISE PARA CÃES E GATOS

Leptospirose, tártaro, hipertensão, doenças metabólicas ou transmitidas por carrapatos: esses são apenas alguns dos fatores que causam insuficiência renal em animais domésticos. A doença impede que o rim desempenhe sua função normal de filtrar o sangue. A gravidade de cada caso varia e depende do seu tipo: aguda ou crônica. Desde 1997, a clínica veterinária **Renal Vet** é a única em São Paulo que realiza a hemodiálise, procedimento que retira as toxinas acumuladas diretamente do sangue. Em alguns casos, assim como em humanos, a sobrevivência do animal depende inteiramente da realização do tratamento; em outros, a hemodiálise previne que lesões existentes no rim se agravem, prolongando a vida dos bichinhos.

Renal Vet
✉ Rua Heitor Penteado, 99, Sumarezinho
☎ 3875-2666 e 3872-5138
✯ www.renalvet.com.br
@ renalvetsaopaulo@yahoo.com.br
☞ seg. a sex. 9h30/18h; sáb. 9h/18h

HOMEOPATIA VETERINÁRIA

Nem sempre os remédios tradicionais solucionam o problema do seu animalzinho. “Às vezes a origem está em desequilíbrios emocionais e psicológicos", acredita a veterinária **Regina Motta**, para quem a solução pode estar na homeopatia. Formada pela USP, Regina tornou-se veterinária homeopata após ter feito curso de especialização na Argentina, em 1986. "Em teoria, serve para todas as doenças. Mas não há milagres. De cirurgias, fraturas, não tem como escapar do procedimento normal. É preciso usar o bom senso." Nas consultas, ela conversa com os "pais" para verificar se o "filho" tem mudanças de comportamento. A favor da homeopatia pesam o menor custo do tratamento e a ausência de efeitos colaterais. Além de receitar gotas e glóbulos aos bichinhos, Regina ainda é fotógrafa e tem como hobby clicar os pets.

Regina Motta

✉ Alameda dos Tupiniquins, 310, Moema

☎ 3884-3734 e 3887-4619

✯ www.homeopatiaparaanimais.com.br; www.fotopatas.com.br (estúdio de fotos)

@ gimotta@uol.com.br

☞ seg. a sex. 9h/18h; sáb. 9h/13h

OFERECEM O MESMO SERVIÇO

Centro Médico Veterinário

✉ Rua Heitor Penteado, 2.135, Pompeia

☎ 3672-3633 e 3672-3378

☞ seg. a sáb. 9h/18h; 1º dom. de cada mês: 9h/12h, com hora marcada

Dr. Célio Hiroyuki Morooka

Caso o dono do paciente não possa pagar pela consulta, é encaminhado à Escola Paulista de Homeopatia, onde as consultas são gratuitas.

✉ Avenida Fagundes Filho, 1.021, Saúde

☎ 5585-9428

☞ seg. a sex. 9h/12h e 14h/18h; sáb. 9h/15h

Dr. Marcos Fernandes

✉ Rua Ezequiel Ramos, 216, Mooca

☎ 2215-0901

✯ www.marcosfernandes.vet.br

@ meduardo@usp.br

☞ com hora marcada

HOSPEDAGEM PARA GATOS

A **Casa do Gato** hospeda o bichano na ausência da família. Os anos em contato diário com o animal de estimação a ensinaram, por exemplo, que os gatos gostam de música clássica e *new age* durante o cochilo. Outra preferência é por tecidos leves. Por isso, os brinquedos são bolinhas de pelúcia e ratinhos de feltro – "Borracha eles odeiam!". Todas as janelas são teladas para que ninguém entre nem saia do local. Quanto à alimentação, a Casa do Gato oferece ração e água filtrada, purificada e imantada. Ainda assim, se houver problema, o local conta com a assistência de um veterinário. "O banho é obrigatório na saída. Aqui é também um centro de estética felina e tem que se sair limpo e cheiroso", impõe Marisa, que conhece o trato e as técnicas para evitar as unhadas. A saída e a entrada, para a comodidade do cliente, pode ser com o Taxi Cat. Ela ainda mantém um gatil (equivalente a canil, só que para gatos) onde cria as raças persa, himalaia, exótico e silver – "o mais lindo".

Casa do Gato

✉ Não divulga o endereço

☎ 2098-0854 e 7112-4807

✯ www.casadogato.com.br

@ miaurisa@casadogato.com.br

☞ seg. a sex. 9h/18h; sáb. 10h/14h, com hora marcada

HOSPITAL VETERINÁRIO

Alguns lugares em São Paulo facilitam a vida dos proprietários de animais, porque, além da consulta veterinária e do diagnóstico clínico detalhado, realizam todo o tratamento necessário para cachorros e gatos. O **Pet Care Hospital Veterinário**, por exemplo, tem um centro cirúrgico com anestesia inalatória, serviço de odontologia, oftalmologia e fisioterapia, além de salas de raio X e ultrassonografia.

Pet Care Hospital Veterinário

🖂 Avenida Giovanni Gronchi, 3.001, Morumbi
☎ 3743-2142
✯ www.petcare.com.br
@ petcare@petcare.com.br
☞ seg. a sex. 8h/21h; sáb. e dom. 8h/17h; plantão 24 horas

OFERECE O MESMO SERVIÇO

Koala Hospital Animal

🖂 Avenida Brigadeiro Luís Antônio, 4.869, Jardim Paulista
☎ 3057-2112
✯ www.koalahospital.com.br
☞ 24 horas

LABORATÓRIO VETERINÁRIO

Se você levar seu cãozinho para fazer um ultrassom ou um raio X na **Provet**, pode dar a sorte de encontrar um leão na sala de espera ou, quem sabe, um grupo de chimpanzés... O laboratório especializado em diagnóstico veterinário costuma receber os bichos do Zoológico de São Paulo que precisam fazer exames. Os médicos são extremamente pacientes e o pessoal da faxina não se cansa de limpar a sujeirada que os animais fazem enquanto esperam para ser atendidos. Realizam também ecocardiogramas e eletrocardiogramas.

Provet

🖂 Avenida Aratãs, 1.009, Moema (e mais dois endereços)
☎ 3579-1427
✯ www.provet.com.br
@ provet@provet.com.br
☞ seg. a sex. 8h/21h; sáb. 8h/16h. Exames de sangue: seg. a sex. 8h/20h; sáb. 8h30/16h

LHAMAS

Já imaginou comprar um casal de lhamas? **Miguel Frederico Coatti** tem para vender. Entre as lhamas, o macho tem o pescoço mais peludo que a fêmea. Cada macho pode ter um harém que se compõe de vinte a trinta fêmeas e consegue reproduzir com todas elas. Em seu sítio, Coatti também cria minipôneis, minivacas, minimulas e minicabras.

Miguel Frederico Coatti

🖂 Rua Zilig, 235, Portaria 2, Sete Praias
☎ 5674-0779 e 7338-8686
@ animalissimo@terra.com.br
☞ seg. a sex. 8h30/17h30, com hora marcada

MANEQUINS DE CACHORROS

A ideia veio do empresário Fábio Gubeissi que, certa vez, ao deparar com um dobermann na rua, pensou: “Que animal bonito! Parado dessa forma parece um modelo”. Surgiu então a ideia de criar uma linha de manequins caninos. Pioneira mundial na área, a **Dog Models** fabrica bonecos de cachorros em fibra de vidro para facilitar a exibição de produtos em pet shops, feiras e exposições. A empresa também oferece o serviço “Eternize seu Animal”, por meio do qual os donos enviam fotos de seus cães para encomendar uma réplica fiel, que pode ser feita em qualquer material escolhido.

Dog Models

✉ Rua dos Ingleses, 454, 1º andar, Morro dos Ingleses

☎ 3542-6518, 3285-5817 e 9912-0488

✯ www.dogmodels.com.br

@ fabio@dogmodels.com.br

☞ seg. a sex. 9h/18h

MINIVACAS

Elas são de uma raça diferente, medem menos de um metro e pesam cerca de 75 quilos. São as minivacas criadas por **Mauro Souza Aranha**. Por causa de seu tamanho, elas são bastante procuradas por donos de pequenas chácaras e sítios. O melhor é que as minivacas também produzem leite.

Mauro Souza Aranha

✉ Não divulga o endereço

☎ 3331-9054 e 9973-5787

✯ www.polobrasil.com.br

@ polobrasil@polobrasil.com.br

☞ seg. a sex. 8h/18h

NATAÇÃO COM PISCINA AQUECIDA

Na hora de fazer fisioterapia, os cães não precisam mais enfrentar a água gelada. A **Pet Solution** tem uma piscina aquecida para esse tipo de trabalho. A veterinária Priscila Sanches, uma das donas, explica que alguns animais já têm trauma da água e a piscina fria só aumentaria o problema. "É como numa escola de natação: quando está mais frio, a temperatura da água é mais quente; e quando está mais quente, mais fresca", afirma. "Se não for assim, não há quem consiga colocá-los na água." Cada animal entra na piscina, no máximo, uma vez por semana. A limitação foi estabelecida pois cada vez que o cão cai na água precisa tomar banho e isso pode afetar a oleosidade natural da pele dele. Cada sessão é de meia hora. "Como veterinária, sempre trabalhei com recuperação de animais com algum problema fisioterápico", diz a outra sócia, Paula Vasconcellos. "Sempre acreditei que a piscina é um bom tratamento porque não tem tanto impacto quanto caminhar." Os dois tratamentos mais comuns são o de displasia, doença que afeta as articulações das patas traseiras dos cães, e o da obesidade.

Pet Solution

✉ Rua Campevas, 639, Perdizes

☎ 3675-4137

☞ seg., ter. e qua. 8h/15h; qui. 8h/17h; sáb. 10h/13h

OFTALMOLOGISTA

Os problemas oftalmológicos mais frequentes em cães e gatos são a catarata e o glaucoma. Para o tratamento dessas doenças, os animais passam primeiro por um teste: colocam-se obstáculos dentro de uma sala para o animal desviar. Se ele não conseguir, passará por um exame mais detalhado do globo ocular. Para que as doenças não se agravem, provocando a cegueira, o **Pet Care Hospital Veterinário** especializou-se na área e realiza cirurgias. Correção de pálpebras também é comum.

Pet Care Hospital Veterinário

✉ Avenida Giovanni Gronchi, 3.001, Morumbi
☎ 3743-2142
✯ www.petcare.com.br
@ petcare@petcare.com.br
☞ 24 horas

OPERAÇÃO ANTISSEQUESTRO PARA CÃES

O "senta-deita-rola" no adestramento canino já se tornou coisa do passado. Mais que companhia e diversão dentro de casa, os melhores amigos do homem já podem oferecer também segurança aos seus donos. Não se trata apenas de latidinhos estridentes para os estranhos que passam pelo portão, mas de treinamento antissequestro. Quem garante é Marcelo Cardoso, profissional da área de adestramento desde 1990 e proprietário da **Han Dog**. "Nesses tempos de insegurança, o cachorro pode ser mais uma ajuda contra o crime", afirma. Mas não é qualquer raça canina que tem condições de se tornar um guarda-costas. "Ele precisa ser rápido, ágil e obediente", explica. "Para mim, o cão ideal é o american staffordshire terrier." O curso costuma ter dois anos de duração e as aulas são realizadas nas casas dos próprios clientes – estes devem sempre estar presentes durante o adestramento. Cardoso também trabalha com treinamentos antienvenenamento – os cães aprendem a comer em horário e local certos, evitando ingerir alimentos suspeitos.

Han Dog

✉ Rua Pitoresca, 45, Vargem Grande Paulista
☎ 9666-4882 e 7257-7040
✯ www.handog.com.br
☞ com hora marcada

ORTOPEDIA E ABERRAÇÕES DE COMPORTAMENTO

Na área de ortopedia da **Clínica Veterinária Oswaldo Pasqualin**, os principais causadores de problemas são atropelamentos, quedas de grandes alturas e defeitos de crescimento. Aparelhos para imobilização e talas podem ajudar o animal a se recuperar logo. Dependendo da gravidade do caso, a cirurgia é a única solução. Pasqualin cuida também das chamadas aberrações de comportamento, como morder o dono da casa, ser feroz com a família, comer fezes, destruir objetos. O tratamento é feito em duas fases. Na primeira, o animal perde o velho costume e, então, é treinado para outra atividade. O sucesso do tratamento depende da ajuda dos membros da família.

Clínica Veterinária Oswaldo Pasqualin

✉ Rua Conselheiro Rodrigues Alves, 635, Vila Mariana
☎ 5573-0045 e 5571-2072
@ olpasqualin.vet@superig.com.br
☞ seg. a sex. 9h/19h; sáb. 9h/18h

PÁ PARA NÃO SUJAR AS RUAS

De acordo com a lei nº 13.131 do município de São Paulo, todos os proprietários de animais que não limpam as ruas depois que seus cãezinhos fazem as necessidades estão sujeitos a pagar uma multa. Apesar de a punição nunca ter sido aplicada, não é civilizadamente correto sair de casa sem as chamadas pás coletoras – há várias opções, por exemplo, na **Cobasi**. Afinal de contas, mesmo sem correr o risco de ser pego por um fiscal do Centro de Controle de Zoonoses, é bem provável que você passe vergonha se alguém pegar seu animalzinho no flagra.

Cobasi
✉ Rua Manoel Velasco, 90, Vila Leopoldina (e mais dez endereços)
☎ 3831-8303
✯ www.cobasi.com.br
@ comercial@cobasi.com.br
☞ seg. a sáb. 8h/22h; dom. 9h/20h

PADARIA PARA TOTÓS E BICHANOS

Se você busca um sofisticado bolo confeitado para comemorar o aniversário do seu pet, as prateleiras da **The Dog Bakery** têm quitutes que agradarão aos mais exigentes cães e gatos. As delícias são preparadas com ingredientes naturais, que não interferem na saúde dos animais. Corantes, conservantes químicos, açúcar e sal não entram. E mais: os doces também podem ser consumidos pelos donos! Alguém se candidata?

The Dog Bakery
✉ Avenida Lacerda Franco, 92, Aclimação
☎ 3399-2000
@ carlospadariapet@hotmail.com
☞ seg. a sáb. 9h/18h

PEDIGREE

O *pedigree* é a certidão de nascimento do cachorro. Ele garante a procedência e a filiação dos animais. O **Kenel Clube de São Paulo** funciona como um cartório para esses casos. Registra ninhadas, faz transferências de propriedade, reconhece *pedigrees* estrangeiros (o animal passa a ter um número de identificação no Brasil) e homologa títulos de concursos e exposições. Quem quiser registrar filhotes de seu animal deve primeiro abrir uma empresa. Depois escolhe até seis sobrenomes que serão investigados nos cartórios caninos. Se não houver nenhum parecido, os cachorrinhos recebem a certidão.

Kenel Clube de São Paulo
✉ Rua Cancioneiro Popular, 499, Brooklin
☎ 5184-1164 e fax: 5583-9305
✯ www.kcsp.com.br
@ kcsp@uol.com.br
☞ seg. a sex. 9h/18h; sáb. 9h/12h

PET SITTER

Se você está sem tempo de levar seu cãozinho ao veterinário ou vai viajar e não tem onde deixá-lo, ele estará em muito boas mãos aos cuidados de **Susana Giraudon Monteiro**. A *pet sitter* toma conta de animais de pequeno, médio e grande porte, contanto que sejam mansos, na casa do próprio dono. Você pode escolher também deixar seu cão ou gato na casa dela, desde que sejam de pequeno porte. Além disso, Susana leva os bichos para passear. Em caso de viagem, é necessário fazer a reserva com certa antecedência, para que ela se familiarize com os animais.

Susana Giraudon Monteiro
✉ Não divulga o endereço
☎ 5543-1816, 7837-4413 e 9261-1990
☞ com hora marcada

OFERECE O MESMO SERVIÇO

Cãominhando
✉ Rua Hugo Carotini, Butantã
☎ 2506-6487 e 5523-1070
✯ www.caominhando.com.br
☞ com hora marcada

PLANO DE ASSISTÊNCIA FUNERÁRIA PARA ANIMAIS

Antigamente era assim: depois que o animalzinho "batia as patas", o dono procurava um terreno baldio para enterrá-lo ou o deixava com um veterinário – e a carcaça ia parar em algum lixão. O plano de assistência funeral do **Clube Pet Memorial** foi criado para acabar com essa improvisação. Tanto que conta com 5 mil associados, entre cães, gatos, hamsters, papagaios e pássaros. "Fizemos uma pesquisa e descobrimos que a maior parte das pessoas prefere o crematório ao enterro num cemitério", conta Carlos Alberto Molina, diretor da empresa. "Por isso, criamos um crematório exclusivo para animais de estimação." O Clube Pet Memorial oferece dois planos. No primeiro, além do funeral, o dono do bichinho recebe uma carteirinha que dá descontos de até 20% na rede credenciada de clínicas veterinárias, pet shops e farmácias. O plano imediato só é vendido quando o animal morre. O proprietário aciona o serviço de remoção, feito por uma equipe treinada, 24 horas por dia. Um médico veterinário acompanha a cremação. No Clube Pet Memorial, o associado conta com uma capela e duas salas para velório. Também estão incluídas as urnas para o transporte das cinzas do animal.

Clube Pet Memorial
✉ Escritório: Avenida Brigadeiro Luís Antonio, 1.041, conjunto 11
☎ 3243-1511
☞ seg. a sex. 8h/18h
✉ Clube: Avenida Sadae Takagi, 860 (saída da Rodovia dos Imigrantes, quilômetro 20), São Bernardo do Campo
☎ 4343-0000
☞ seg. a sex. 8h/18h, sáb. dom. e feriados 9h/17h
★ www.petmemorial.com.br
@ comunica@petmemorial.com.br

POMBOS-CORREIO

Diferentemente do que se pensa, os pombos-correio não vão a qualquer lugar. Eles apenas conseguem voltar para o lugar em que nasceram, guiados pelo desejo de rever seu companheiro ou seus filhotes. Para criá-los, é preciso pegar seus ovos e fazer com que os filhotes nasçam em casa. Os ovos podem ser chocados por pombos comuns. Um mês depois do nascimento, as aves já estarão voando em cima da casa. Dali a seis meses, sairão para passeios mais longos. A **Sociedade Columbófila A Rolinha** indica criadores selecionados. Um deles é **Brasílio Marcandoro**, que aluga cada pombo por cinco reais para qualquer destino na cidade de São Paulo – mas atenção: a ave parte da casa dele e volta para lá. A Sociedade Columbófila A Rolinha também oferece o serviço de revoadas de pombos para solenidades. A mais simples, com cinquenta pássaros, sai por trezentos reais.

Sociedade Columbófila A Rolinha
✉ Rua Luminárias, 63, Vila Madalena
☎ 3672-8897 e 3862-2529
☞ seg. a sex. 13h/15h e a partir das 20h

Brasílio Marcandoro
✉ Não divulga o endereço
☎ 3865-9802 e 3862-2529
☞ seg. a sex. 17h/22h

PRESENTES

Dois presentes muito chiques para o seu cãozinho ou gatinho. A **Grifes & Design**, loja especializada em objetos de decoração das mais badaladas grifes do mundo, trouxe para o Brasil um comedouro de porcelana com detalhes em ouro, da Versace. Assim, seu pet pode ter uma refeição servida em prato de rei. Já a badalada grife oferece, além de coleiras e guias com monograma LV, as sacolas Sac Chien, próprias para levar o animalzinho para um passeio no shopping.

Grifes & Design
✉ Alameda Gabriel Monteiro da Silva, 819, Jardim América
☎ 3062-1251
✯ www.grifesedesign.com.br
@ gd@grifesedesign.com.br
☞ seg. a sex. 10h/19h; sáb. 10h/16h

OFERECE O MESMO SERVIÇO

Louis Vuitton
✉ Rua Haddock Lobo, 1.587, Jardins (e mais três endereços)
☎ 3088-0833, 3862-2529 e fax: 3083-4126
✯ www.louisvuitton.com.br
@ store_haddocklobo@br.vuitton.com
☞ seg. a sex. 10h/19h30; sáb. 10h/18h

PROFESSORES DE CANTO PARA CURIÓS

Eles são famosos por seu canto melodioso, com notas parecidas com as de um violino. Por isso, um bom curió – geralmente os que conseguem cantar por até dois minutos sem parar – chega a valer verdadeiras fortunas. Um dos criadores mais famosos é o ex-jogador de futebol Rivellino, que ficou muito abalado com a morte de um pássaro de grande qualidade, o Cyborg. Como tornar um curió campeão? Nesse mercado, existem CDs especiais de treinos de curiós filhotes e até manutenção de canto para os pássaros adultos. Os "curiozeiros", como são chamados os criadores, colocam os CDs com o canto mais perfeito que encontram para que os filhotes aprendam por meio da repetição. Ainda é possível ter um "professor de canto". O curió adulto, que canta com maestria, se torna tutor dos filhotes, que recebem as primeiras aulas aos três meses de idade. O CD de preparação toca praticamente o dia inteiro. São dez minutos de música por vinte de descanso. "Os curiós devem ser criados longe de outros pássaros porque eles são capazes de imitar outros cantos", adverte **Darcio Botelho**, coordenador da Feosp (Federação Ornitológica de São Paulo), dono de cem curiós.

Darcio Botelho
✉ Não divulga o endereço
☎ 5681-9500 e 9946-3515
✯ www.criadourobrasinha.com.br
@ criadourobrasinha@uol.com.br
☞ sáb. e dom. com hora marcada

OFERECE O MESMO SERVIÇO

Curió&Cia
✉ Rua Embuaçu, 635
☎ 5539-5897
✯ www.curioecia.com.br
@ curioecia@gmail.com
☞ seg. a sáb. 9h/18h

PSICÓLOGA

O casal vivia com um sério problema. Seu dogue alemão insistia em sentar-se no meio dos dois no sofá. E não havia jeito de tirá-lo dali. Eles procuraram, então, a doutora **Hannelore Fucks**, veterinária desde 1955 e psicóloga de animais. As sessões duram noventa minutos. De vinte a trinta cães e gatos são atendidos por mês em seu consultório. O dogue alemão foi treinado novamente e agora está obediente. "Meu trabalho é tratar psicologicamente do animal em função do seu dono e do ambiente onde vive", diz a doutora. "Por isso, visito a casa ou chamo a família inteira, incluindo os empregados, que podem estar batendo nele. Consigo mudar o comportamento do dono, nessa conversa sobre o bichinho." Hannelore conta que uma cliente chegou a perguntar se não poderia ser feita a terapia com ela e com o cão ao mesmo tempo. Também trabalha com homeopatia e florais de Bach.

Hannelore Fucks
✉ Rua Corumbá, 109, Sumaré
☎ 3863-9214
@ afucks@amcham.com.br
☞ com hora marcada

OFERECE O MESMO SERVIÇO

Dog Walker
✉ Não divulga o endereço
☎ 5094-0541
✯ www.dogwalker.com.br
@ katia@dogwalker.com
☞ com hora marcada

RAÇÃO VEGETARIANA PARA CÃES

Cães vegetarianos? Por que não? Quando essa pulguinha se instalou atrás da orelha do nutricionista George Guimarães, ele passou a comercializar ração vegetariana (ou vegana) para cães em seu restaurante, o **Vegethus**. O próprio restaurante segue a linha de comida natural. Todas as receitas são livres de produtos que tenham origem animal. Vegetariano desde os quatro anos, George conta que a ideia do restaurante surgiu em 2003. "Queria mostrar para as pessoas que é possível comer bem mesmo sendo vegetariano ou vegano." Em busca de livros, novas receitas e produtos naturais, George costuma viajar para os Estados Unidos e para a Inglaterra. "Lá a população de vegetarianos é bem maior que no Brasil e a oferta de produtos, mais ampla", explica. Os benefícios da ração vegetariana para os totós são poucos. Quem sai ganhando mesmo são os donos. A ração diminui o odor das fezes do animal, não tem aquele cheiro característico de comida de cachorro e pode ser usada como alternativa para os que são alérgicos à carne.

Vegethus
✉ Rua Haddock Lobo, 187, Consolação
☎ 2306-2116
✯ www.vegethus.com.br
@ vegethus@vegethus.com.br
☞ almoço: seg. a sex. 11h30/15h30; sáb., dom. e feriados 11h30/16h. Jantar: seg. a qui. 18h/22h; sex. e sáb. 18h/23h30; dom. e feriados 18h/20h

REDE PARA PEGAR MORCEGOS

Pode parecer estranho que esses pequenos bebedores de sangue assombrem uma cidade como São Paulo, mas as redes para morcegos são bastante procuradas na **Casa das Redes**. Feita com fios de poliamida, que mais parecem finas linhas de seda, ela tem 7 X 3,5 metros e deve ser presa por estacas. A proteção contra os vampirinhos custa 110 reais. A loja também oferece redes para a captura de pássaros, para pesca e de proteção.

Casa das Redes
✉ Avenida Doutor Gastão Vidigal, 2.161, Vila Leopoldina
☎ 3837-0666
✯ www.casadasredes.com.br
@ casadasredes@casadasredes.com.br
☞ seg. a sex. 8h30/18h30; sáb. 8h/14h30

REGISTRO DE SOBRENOME PARA PET

Para tornar o animal realmente parte da família, é só pedir uma certidão de nascimento na **Seu Pet com Sobrenome**. No documento, registrado em cartório, o bichinho ganha oficialmente o sobrenome dos donos. A empresa também faz outros tipos de papéis, todos com valor legal: certificado de batismo, atestado de óbito, certidão de casamento e até o testamento do pet.

Seu Pet com Sobrenome
✉ Rua José Bonifácio, 278, 1º andar, Sé
☎ 3103-0813
✯ www.seupetcomsobrenome.com.br
☞ seg. a sex. 8h30/17h

REPELENTE DE POMBO

O parapeito de sua janela está se transformando na Praça de São Marcos, em Veneza? Xô, pombos! A **Albrasil** vende um gel que repele o pouso de pombos: a substância é pegajosa e incomoda as aves, impedindo que elas façam ninhos no local. O repelente tem validade de seis meses a um ano.

Albrasil
✉ Avenida Rebouças, 239, Jardins
☎ 3088-7072
✯ www.albrasil.com.br
@ josy@albrasil.com.br
☞ seg. a sex. 8h30/17h30; sáb. 9h/13h

RESGATE PARA ANIMAIS

Depois dos táxi-dogs para as visitas ao veterinário e ao banho e tosa, agora os bichos também podem contar com uma ambulância só para eles. O médico veterinário Oscar Sils transformou seu carro particular – uma Blazer Executive – no **Osgate Resgate Veterinário**, uma ambulância para resgatar animais vítimas de atropelamento, queimaduras, quedas, fraturas múltiplas, paradas respiratórias, cardíacas e acidentes em geral. A ambulância dos pets não faz feio se comparada à dos humanos: tem monitor cardíaco, desfibrilador (aparelho para reavivar a vítima com choque), exaustores, cilindro de oxigênio e três maletas para atendimentos de emergência. Entre os bichinhos já salvos pelo Osgate estão a pit bull Tamy, que teve o fêmur fraturado por causa de um atropelamento, e a gata Caçulinha, que apareceu em casa com o maxilar quebrado e o olho direito saltado da órbita. As duas passam bem. Agora, Oscar quer construir uma frota de ambulâncias para atender animais de médio e grande portes, com atendimento feito em um ônibus convertido em centro cirúrgico. Outra novidade serão as motos. "Enquanto o carro não chega, posso mandar um veterinário de moto para um pré-atendimento", conta Oscar. O serviço da Osgate atende os animais "particulares" e também clínicas veterinárias.

Osgate Resgate Veterinário
✉ Rua Iraúna, 891, Moema
☎ 5531-9790 e 8133-3231
✯ www.resgatevet.com.br
@ resgatevet@resgatevet.com.br
☞ seg. a sex. 9h/18h; plantão médico

RESORT PARA CÃES

Planejando tirar férias num resort? Pois o seu cachorrinho também tem direito à mesma mordomia. Na Vila Sônia funciona o **In-Cão Clube Canino**. Com 2 mil metros quadrados, o local oferece nove diferentes instalações. Logo na entrada, está uma área onde os cães ficam livres para gastar energia – lugar destinado para a realização do programa *day care* (quando os donos não têm espaço suficiente em suas residências para que seu animal de estimação se exercite). Há também serviço de banho e tosa. As casinhas que abrigam os pets enquanto seus donos estão viajando ficam no centro do resort. "Nossa intenção é mostrar aos clientes que, se deixarem seus pets aqui, eles tirarão férias da mesma forma que os donos", conta o proprietário Sérgio Incao.

In-Cão Clube Canino

✉ Rua Santa Crescência, 180, Vila Sônia
☎ 3751-2951
✯ www.incao.com.br
@ incao@incao.com.br
☞ seg. a sáb. 9h/16h

SEXAGEM E EXAME DE PATERNIDADE DE AVES

A maioria das aves não apresenta dimorfismo sexual, ou seja, diferença visível entre os sexos. A identificação sexual das aves é útil para formar casais ainda filhotes. Também há uma vantagem financeira. Nas espécies de pássaros que cantam, os machos são mais valorizados do que as fêmeas. Para a sexagem feita na **Unigen**, o dono só precisa coletar quatro penas do peito do animal. Depois do envio do material, o resultado sai em cinco dias úteis. Outro serviço é o exame de paternidade de pássaros. "É procurado principalmente por criadores de espécies protegidas, como curió ou papagaio, já que é preciso provar ao Ibama que os filhotes nasceram em cativeiro, não foram capturados", diz o funcionário Adriano Alberto. Nos dois exames, é fornecido certificado com nome, sexo, código de identificação (se houver) e nome dos pais do passarinho.

Unigen

✉ Rua Doutor Zuquim, 1.720, conjunto. 4, Santana
☎ 2979-1528
✯ www.unigen.com.br
@ unigen@unigen.com.br
☞ seg. a sex. 9h/18h; sáb. 9h/12h

TRATAMENTO DE ALERGIA

Quando chega o inverno, os bichos começam a sofrer com as alergias. O **Cepav** tem um departamento especializado em detectar e diagnosticar alergias por meio de exame de sangue com *know-how* importado dos Estados Unidos. O sangue é submetido a inúmeros agentes causadores de processos alérgicos. As causas mais comuns são, na ordem, pulgas, pó, carpete, lã, algodão e fumaça de cigarro. Os cães costumam ter irritação de pele, enquanto os gatos apresentam problemas respiratórios, como os seres humanos.

Cepav

✉ Rua Tanabi, 185, Água Branca
☎ 3872-9553
✯ www.cepav.com.br
@ info@cepav.com.br
☞ seg. a sex. 8h30/18h

VENDA DE PAPAGAIOS

A **Casa do Papagaio** tem 16 tipos de aves nacionais e exóticas à venda, todas de um criadouro em Itatiba, com duzentos viveiros. A venda é permitida desde 1997 apenas por criadouros e lojas legalizados. O campeão de venda continua sendo a ave que empresta o nome à loja. Os louros são vendidos com três ou quatro meses, depois que as penas nascem e que comem sozinhos. Quando os papagaios estão em falta, quem chama a atenção são os loris, parentes próximos. São pequenos e agitados – para dar conta de um, é preciso ter o mesmo pique que ele.

Casa do Papagaio

✉ Rua Manoel Velasco, 58, Vila Leopoldina
☎ 3835-5160
✯ www.casadopapagaio.com.br
@ casadopapagaio@terra.com.br
☞ seg. a sáb. 11h/20h; dom. 11h/19h

VETERINÁRIO DE ANIMAIS SILVESTRES

A **Vet Brooklin**, comandada pelas veterinárias Ana Maria Faklen e Jane Rocha, já atendeu ursos, gaviões, lagartos, aves raras, coalas, entre outros bichos. Para criar um animal selvagem ou silvestre, o interessado deve ter uma autorização do Ibama. Vivendo fora de seu hábitat, esses animais adoecem com mais facilidade.

Vet Brooklin

✉ Rua Fausto Delduque, 90, Brooklin
☎ 5542-0154
✯ www.vetbrooklin.com.br
☞ com hora marcada

VETERINÁRIO EM CASA

O veterinário Dalton Alexandre Ishikawa adaptou um furgão Sprinter para atender cães em domicílio. O carro, equipado com escrivaninha, cadeira, armários, climatizador de ambiente, caixas para transporte de animais, balança, focinheiras, além de medicamentos, ajuda o dr. Dalton a driblar o trânsito no dia a dia: "É importante que seja possível resolver o maior número de problemas no local, porque a locomoção em São Paulo é difícil", explica. Segundo Dalton, também especialista em pediatria canina, o grande diferencial do **Veterinário Domiciliar** é a forma de trabalho: "As clínicas curam, mas na casa dos clientes é possível prevenir doenças. Fica mais fácil saber se os cães estão em locais com umidade, higiene e ventilação adequadas também".

Veterinário Domiciliar

✉ Avenida São José, 1.400, Vila dos Remédios
☎ 3687-0364 e 9945-5680
✯ www.pediatriacanina.com.br
@ dr_dalton@pediatriacanina.com.br
☞ seg. a sex. 9h/19h; sáb. 9h/17h; dom. 9h/12h

CASA

ABRIDOR DE PINHÃO

Chega o mês de junho e São João começa a ser homenageado em festas regadas a muito quentão, vinho quente, bolo de milho e pinhão. Mas haja paciência para descascar a semente dura, não é? Esse esforço não é mais necessário com o Pinholino, um descascador feito especialmente para pinhões. Vendido pela **Utilplast**, ele é feito de alumínio e separa o pinhão da casca sem amassar o conteúdo. Depois que o alimento estiver cozido, é só colocá-lo, ainda quente, na cavidade do Pinholino e pressionar a parte superior do utensílio.

Utilplast
✉ Rua Doutor Mario Ferraz, 507, Itaim Bibi
☎ 3078-0121
✯ www.utilplast.com.br
@ contato@utilplast.com.br
☞ seg. a sex. 10h/19h; sáb. 10h/18h

ALMOFARIZ PARA COZINHA

Para quem tem o hábito de triturar os próprios condimentos para fazer temperos na cozinha, os almofarizes de mármore à venda na **Artmix** são uma boa opção. Os utensílios têm entre dez a 14 centímetros e também estão disponíveis em granito e porcelana.

Artmix
✉ Rua Oscar Freire, 261, Cerqueira César
☎ 3079-5998 e 3064-8991
✯ www.artmix.com.br
@ sac@artmix.com
☞ seg. a sex. 10h/20h; sáb. 10h/19h

ANÃO DE JARDIM

Há alguns anos, na França, um grupo de desocupados criou um movimento de "libertação dos anões de jardim". Era pura pirraça, mas a reação das pessoas, desoladas após terem as suas pequenas estátuas roubadas, acabou com os furtos. Os "nanoterroristas" descobriram que, *kitsch* ou não, os anões de jardim têm público fiel e apaixonado. A história vale também para os gramados de São Paulo. Para comprar um, ou vários, uma opção é a loja **Jardins Modernos**, que oferece os sete anões da Branca de Neve, anões músicos, cogumelos, sapos que tocam viola e garças – todos de cimento e coloridos. Entre os anões, com sessenta centímetros de altura e de oito a 12 quilos, os mais vendidos são o Dunga e o Feliz. A Branca de Neve é uma "gigante" de um metro. Para quem quiser levar o conjunto com os oito personagens, há uma promoção especial.

Jardins Modernos
✉ Avenida dos Bandeirantes, 3.000, Campo Belo
☎ 5531-3475
✯ www.jardinsmodernos.com.br
@ jardinsmodernos@hotmail.com
☞ seg. a sex. 8h/18h; sáb. 8h/17h

APARELHO PARA SUBIR ESCADA

Chega a idade e aquele sobe e desce de escada num sobrado pode ser uma tarefa um tanto exaustiva. A **Surimex** vende um equipamento que resolve esse problema. Trata-se de uma cadeirinha que anda num trilho instalado na parede que acompanha a escada. Ela se adapta a qualquer tipo de escada e suporta até 120 quilos. A empresa também oferece plataformas e até uma *scooter* desmontável para deficientes físicos.

Surimex
✉ Rua Tabapuã, 826A, Itaim Bibi
☎ 3168-6408, 3168-9137 e fax: 3168-6399
✯ www.surimex.com.br
@ surimex@uol.com.br
☞ seg. a sex. 9h/18h

ARRUMAÇÃO DE BAGUNÇA

Desde pequena, Silvia Nogueira Pires arrumava os armários bagunçados das amigas – e separava as roupas por cor e por estação do ano. Já adulta, Silvia abriu a **Sem Bagunça**, empresa que faz um pouco de tudo por quem não tem tempo (ou vontade) para cuidar de casa. Silvia começou pelos armários. Agora, prepara até enxovais e coordena mudanças de famílias em apuros. "Se fosse em outra época, diriam que é serviço de empregada, mas as mulheres não têm nem tempo para ensiná--las", justifica. O trabalho pode levar até 15 dias, dependendo do tamanho da bagunça.

Sem Bagunça
✉ Não divulga o endereço
☎ 8283-0077
✯ www.sembagunca.com
@ sembagunca.sil@gmail.com
☞ com hora marcada

ARRUMAÇÃO DE CAMA EM DOMICÍLIO

Deve ser uma insatisfação muito grande gastar uma fortuna em roupas de camas importadas, e elas não ficarem com a cara que tinham no mostruário da loja. A **Trousseau**, loja de itens requintados para enxoval, deu um jeito de resolver esse problema criando um serviço de arrumadeira em domicílio, que treina o *staff* de empregadas da sua casa para deixar a cama impecável, igual à das vitrines. "Tem alguns macetes que dão o toque", revela Romeu Trussardi, dono da empresa. Um deles é borrifar água com álcool – relação de um para três – sobre o lençol e passar a mão. "Fica melhor que passado a ferro", diz. O empresário, que garimpa produtos diferenciados na Ásia e ilhas da costa italiana, explica que na maioria dos casos uma visita é suficiente, mas requer manutenção periódica. A aula tem um preço, mas dependendo do valor da conta gasto com produtos, a loja pode assumir o custo. Hebe Camargo já recebeu uma dessas professoras em sua casa.

Trousseau
✉ Alameda Gabriel Monteiro da Silva, 912, Jardim América
☎ 3083-4240
✯ www.trousseau.com.br
☞ seg. a sex. 10h/19h; sáb. 10h/16h

ARTE INDIANA

O ateliê de arte de Grace **Knoblauch** foi fundado pelos seus pais, Peter e Maria José. "Há algum tempo, fiz uma viagem à Índia, a convite de um empresário rico chamado Anil", conta ela. Durante os dias em que ficou lá, Grace desvendou o universo indiano e o transformou em arte. "Em todos os palácios, os tetos são cobertos de mandalas", diz. "Tirei muitas fotos e fiz adesivos com essas mesmas pinturas." Uma técnica usada por Grace é o "espatulado acrílico". Ela usa massa para fazer uma textura. "Com a luz, o relevo forma um jogo de luz e sombra", explica. Uma das imagens feitas com a técnica é Laksmi, mulher que segura duas flores de lótus, símbolo da prosperidade. "Nos negócios, traz abundância e dinheiro.

Em casa, representa a esposa ideal, com a beleza e a sensualidade. As mulheres que procuram essa imagem são guerreiras e delicadas ao mesmo tempo" avisa.

Knoblauch Atelier de Arte

✉ Não divulga o endereço
☎ 5561-2632
★ www.knoblauch.com.br
@ contato@knoblauch.com.br
☞ seg. a sex. 9h/18h, com hora marcada

ARTE RELIGIOSA

Já faz parte da estratégia de venda de Roberto Lazzaro. Quando o cliente entra na **Lartigiano**, ele acompanha tudo por um monitor. "Só quando vejo que a pessoa começou a procurar alguém é que vou atender", conta. "Odeio aqueles vendedores que ficam empurrando produtos." A loja funciona na casa de Lazzaro Gidone, pai de Roberto, que iniciou o negócio em 1951, quando chegou da Itália. Roberto vende quinhentos artigos feitos em estilo fiorentino: cruzes, capelas redondas e retas, vias-sacras, capelas barrocas e bizantinas, quadros, oratórios, porta-Bíblia e bandejas. Nessa técnica, a madeira é gravada de forma artesanal com ferramentas de aço ou bronze – pressionadas diretamente na peça. As estampas têm como tema principal a religião católica, mas a Lartigiano também trabalha com gravuras pagãs sob encomenda.

Lartigiano

✉ Rua Cristiano Viana, 188, Pinheiros
☎ 3082-5955
★ www.lartigiano.com.br
@ contato@lartigiano.com.br
☞ seg. a sex. 8h/18h; sáb. 8h/12h

ARTESANATO POLITICAMENTE CORRETO

Feita por adolescentes e adultos excepcionais, a linha de artesanato da **Adere** (Associação para Desenvolvimento, Educação e Recuperação do Excepcional) inclui produtos de papel reciclado, como porta-retratos, álbum de fotos, blocos, pastas e cartões, além de bandejas, porta-copos e cestas feitas de cipó e em um tear manual usando fios kraft (uma espécie de papel) e rami (fio vegetal).

Adere

✉ Rua Contos Gauchescos, 86, Vila Santa Catarina
☎ 5562-4523 e 5562-4276
★ www.adere.org.br
@ adere@adere.org.br
☞ seg. a sex. 8h/17h

ARTIGOS INDÍGENAS

Bom programa de índio, sem trocadilho, é visitar a **Casa do Amazonas** e conhecer um pouco de nosso país com a produção das tribos brasileiras. Entre cerâmicas, cestas, utensílios domésticos, esteiras e outros artigos, pode-se descobrir a história de tribos de todo o Brasil. Há artigos de Tocantins, Pará, Rondônia, Mato Grosso, Acre e, claro, do Amazonas. "Onde tem índio, estamos atrás para comprar artesanato", diz uma das proprietárias, Noriko Hamakawa. Descendente de japoneses, ela mantém a loja desde 1979, sempre no bairro de Moema.

Casa do Amazonas

✉ Alameda dos Jurupis, 460, Moema
☎ 5051-3098
★ www.arteindigena.com.br
@ casadoamazonas@terra.com.br
☞ seg. a sex. 9h/18h; sáb. 9h/13h

AUTOMAÇÃO DE RESIDÊNCIAS

Imagine um mundo em que a proteção do entorno da casa é feita por meio de sensores que acionam automaticamente o sistema de alarme caso alguém ultrapasse os limites definidos. No caso de um cano estourado, um circuito eletrônico instalado no rodapé do cômodo acusa o início do alagamento e imediatamente a água do imóvel é cortada. Se a família viajar, um programa reproduz a rotina das pessoas, de modo a dar a sensação de presença na residência. Essas não são possibilidades tecnológicas futuristas. São serviços já existentes no mercado, sob o nome de automação. "Para que ela seja completa, ainda é preciso programá-la enquanto a casa está sendo projetada", conta Ricardo Brunialti, engenheiro da **Cynthron Automação de Ambientes**. No entanto, a automatização da iluminação e da segurança já pode ser feita com a casa pronta. Outro campo de atuação da empresa é buscar soluções para esconder a parafernália de aparelhos eletrônicos. "Se na década de 1980 a moda era mostrar, hoje as pessoas querem esconder", diz Ricardo, que precisa correr atrás de equipamentos sem fio ou resolver pela forma mais prosaica: um forro de gesso.

Cynthron Automação de Ambientes

✉ Rua do Rocio, 423, 18º andar, Vila Olímpia
☎ 3846-8100
✯ www.cynthron.com.br
@ cynthron@cynthron.com.br
☞ seg. a sex. 9h/18h

OFERECE O MESMO SERVIÇO

Taag – The Automation Associate Group

✉ Rua do Rocio, 463, Vila Olímpia
☎ 2134-0600
✯ www.taagbrasil.com.br
☞ com hora marcada

BANHEIRA DE MADEIRA

As banheiras de madeira, excelentes para quem tem pouco espaço em casa, conservam a temperatura da água por mais tempo. Têm forma cônica, tamanhos variados e são feitas de cedro, madeira que não estraga em contato com a água. Uma banheira tem uma vida útil de dez a 12 anos, garante o arquiteto e designer Wilson Will Alves. Ele é o proprietário da **Will Artes e Artesanato**, que faz as peças sob encomenda. Cada uma demora de 15 a vinte dias para ser entregue. A diferença das banheiras de Will para as tradicionais banheiras de ofurô é que as dele não têm aquele banquinho no fundo. Will desenvolveu um interior angular, que permite à pessoa ficar bem acomodada.

Will Artes e Artesanato

✉ Escritório: Rua Cerro Corá, 613, 2º andar, Lapa
☎ 3021-2084
☞ seg. a sex. 8h/22h, com hora marcada
✉ Loja: Estrada Municipal do Espigão, 1.047, Granja Vianna
☎ 4612-0954
☞ seg. a sex. 10h/19h
✯ www.willarte.com.br
@ will@willarte.com.br

BANHEIRA DE OFURÔ

Os japoneses garantem que é uma das melhores terapias que existem. Pode-se passar horas dentro de uma banheira de ofurô. Diferentemente dos modelos ocidentais, esta é mais funda e menos longa, ideal para ficar sentado. A **Denko** tem 15 tamanhos, que variam de 0,68 metro a 1,21 metro de comprimento. Elas podem ser de fibra ou de madeira. A instalação é simples. Puxa-se um fio de 220 volts para o aquecedor de imersão e coloca-se o respectivo fio terra: é só encher a banheira.

Denko

✉ Rua São Paulo, 45, Liberdade

☎ 3208-7853

☞ seg. a sex. 8h30/18h; sáb. 8h30/13h

BUTIQUE PARA MESA DE JANTAR

Lia Ferreira Borges trabalhou como publicitária durante 28 anos. Mas sua vida deu uma guinada em 1999, num dia em que ela procurava toalhas de mesa para sua casa. "Não encontrei o que eu queria e as vendedoras não me deixavam ver bem o produto", lembra. "Não dá para escolher uma toalha de dois metros num balcãozinho apertado, levando cotoveladas de outras clientes." Foi assim que nasceu em 2001 a **Roupa de Mesa**. No centro da loja, ela colocou uma mesa de madeira rústica, espaçosa o suficiente para mostrar todas as suas peças. As toalhas de mesa, guardanapos de tecido, jogos americanos e os "caminhos", usados para enfeite ou para servir, são feitos de tecidos naturais, como algodão e linho, além do refinado crivo de linho italiano. Há divertidos guardanapos de cores berrantes (*pink* e verde-limão) e jogos americanos de chitão, bem coloridos. Tudo ali foi criado e desenvolvido por Lia.

Roupa de Mesa

✉ Rua Fidalga, 73, Vila Madalena

☎ 3811-9715

@ roupademesa@uol.com.br

☞ seg. a sex. 10h/18h; sáb. 10h/14h

OFERECE O MESMO SERVIÇO

Mesalinho

✉ Rua Francisco Leitão, 409, Pinheiros

☎ 3065-8519

★ www.mesalinho.com.br

@ mesalinho@mesalinho.com.br

☞ seg. a sex. 9h/19h

COLCHÃO DE CRINA DE CAVALO

Colchões de mola, ortopédicos, semi-ortopédicos. Esses tipos tradicionais estão lá, mas a **Bettoni** tem algumas surpresas menos ortodoxas. Na loja é possível encomendar modelos de crina vegetal (feitos com as fibras de um coqueiro), puro algodão, e capim. Nada mais exótico, porém, que a versão com crina de cavalo. O proprietário, João Bettoni, explica que são usados 18 quilos de fios (mistura-se também crina de boi), tratados para perder o cheiro. "O resultado é compensador", afirma ele. "É um colchão mais fresco, que não retém suor nem xixi de bebê."

Bettoni

✉ Rua Augusta, 2.917, Jardins

☎ 0800-109600, 3085-3826 e fax: 3083-4057

★ www.colchao.com.br

☞ seg. a sex. 9h30/17h

COLCHÕES JAPONESES

O Japão é um país conhecido por suas tradições milenares, passadas de geração a geração. Uma delas é a técnica de enchimento utilizada na fabricação dos futons, colchões de algodão que também podem ser utilizados como cobertores. No Brasil, a **Futon Company** utiliza uma versão adaptada, com látex, para seus produtos. Camas, sofás e até poltronas duplas são revestidos com o acolchoado oriental. Também são vendidas luminárias em papel vegetal do tipo *washi* e almofadas de seda.

Futon Company
✉ Rua Mateus Grou, 370, Pinheiros
☎ 3083-6212
✯ www.futon-company.com.br
@ saopaulo@futon-company.com.br
☞ seg. a sex. 10h/19h; sáb. 10h/16h

OFERECE O MESMO SERVIÇO

Tsuruya No Futon
✉ Rua dos Estudantes, 49, Liberdade
☎ 3209-0668
☞ seg. a dom. 9h/18h
✉ Rua da Glória, 294, Liberdade
☎ 3208-3850
☞ seg. a dom. 10h/18h
✯ www.tsuruya.com.br
@ tsuruya@tsuruya.com.br

CÚPULAS DE ABAJUR SOB MEDIDA

Depois de trabalhar por cinco anos em uma loja de abajures como auxiliar de cúpula, **Ana Hahn** decidiu abandonar a vida em São Miguel Paulista e se mudar para Pinheiros. "Aqui é que estão os artistas. Como eu queria montar uma fabricação própria, não poderia continuar na zona leste", conta. Ana monta sob encomenda, artesanalmente, cúpulas para luminárias. É o cliente quem escolhe as medidas e os materiais. O abajur mais caro que Ana já vendeu era de pergaminho legítimo. A pequena vitrine já é uma grande conquista para a proprietária. "Foi com muita fé que cheguei até aqui. Vim para Pinheiros com apenas vinte reais em minha conta. Cheguei a morar nos fundos enquanto a loja ficava na frente", conta Ana, que hoje vive em um apartamento alugado na região. De São Miguel Paulista, o trabalho de Ana foi parar em luxuosas festas, bares, restaurantes e eventos. "Faço trabalhos para arquitetos e decoradores também", explica. Mas não é só para a alta sociedade que Ana trabalha. Há produtos para todos os gostos e bolsos.

Ana Hahn
✉ Rua Artur de Azevedo, 1.405, Pinheiros
☎ 2579-6592 e 9465-1871
@ analuciahahn@terra.com.br
☞ com hora marcada

DECORAÇÃO DE ELEVADORES

Como o tamanho de apartamentos e casas vêm diminuindo, muitos decoradores precisam ficar criando ideias para pequenos espaços. Mas também não precisava exagerar, né? A empresa **Vitrilev** se especializou na decoração de... elevadores. Quem teve a ideia foi Ronaldo Silva, que abriu a empresa em 1994, depois de trabalhar durante dez anos numa firma de manutenção e conservação de elevadores. "Não havia quem fizesse o embelezamento", diz. "Quando quebrava um espelho ou piso, era difícil arrumar, pois um marceneiro comum não mexe com isso." A decoração do elevador é chamada de modernização estética. Trata-se de troca de revestimento, colocação de espelho de cristal, corrimão ou aparador de espelho, piso de granito natural específico (com um centímetro de espessura), além de modernas botoeiras de aço inox escovado com luminoso. A Vitrilev também coloca indicador eletrônico da posição dos andares e viva-voz de comunicação entre portaria e elevador.

Vitrilev

✉ Rua Lomas Valentinas, 347, conjunto 1, Jardim Saúde
☎ 5078-7768 e 5071-9265
✯ www.vitrilev.com.br
@ contato@vitrilev.com.br
☞ seg. a sáb. 8h/17h

DESCUPINIZAÇÃO

Voltada exclusivamente aos cupins, a descupinização implica a infiltração de produto químico na madeira de móveis e estruturas. Não confunda com a desinsetização, que é usada para combater insetos rasteiros (pulgas, baratas e formigas). Uma das empresas que oferece este serviço é a **Kobayashi**. Um técnico vai até o local e avalia a infestação – a visita é gratuita. Feito o orçamento e aprovado pelo cliente, será agendado um dia para a aplicação na madeira, pois é necessário afastar as pessoas por 12 horas, já que a substância é tóxica. Os cupins, no entanto, podem voltar a atacar. Por isso, a cada seis meses, o técnico visita o imóvel. Este acompanhamento faz parte da garantia de dois anos dada ao tratamento. A Kobayashi também faz a desratização (combate a ratos).

Kobayashi

✉ Rua Frederico René Jaegher, 759, Interlagos
☎ 5666-6677
✯ www.kobayashipragas.com.br
@ kobayashi.pragas@bol.com.br
☞ 24 horas

OFERECEM O MESMO SERVIÇO

Osaka

✉ Rua Manoel Soares Sebastião, 172, Interlagos
☎ 5667-4000
✯ www.osaka.com.br
@ comtato@osaka.com.br
☞ 24 horas

Termipest

✉ Rua Maria Adelina França Whitaker, 31, Cidade Dutra
☎ 5660-7771
✯ www.termipest.com.br
@ termipest@termipest.com.br
☞ 24 horas

FACAS ESPECIAIS

Primeiro, o nome de alguns clientes: a Swat, polícia especial dos Estados Unidos; unidades de elite do Exército, Marinha e Aeronáutica do Brasil. Segundo, o destino de algumas encomendas: Japão, Espanha, Alemanha, Estados Unidos, entre outros. Por fim, o produto: as facas **Zakharov**, feitas com uma liga tão especial quanto secreta, e as melhores do mundo para o seu criador, o ucraniano radicado em São Paulo Piotr Zakharov. O modelo Viúva Negra, por exemplo, é uma polivalente que faz as vezes de degrau, navalha e serrote. Para churrasco, existe a Conxu, que tem tamanho providencial de quarenta centímetros. Com 35 centímetros só de lâmina, a Sashimi, especial para culinária japonesa, mostra uma das principais vantagens da marca Zakharov: maior durabilidade de corte.

Zakharov
✉ Avenida Jabaquara, 201, Jabaquara
☎ 2276-0348
✯ www.zakharov.com.br
@ facasartesanais@gmail.com
☞ seg. a sex. 9h/18h; sáb. 9h/15h

FAMÍLIA VENDE TUDO

Pessoas que estão de mudança ou que simplesmente resolveram se desfazer de toda a mobília abrem suas portas para uma grande venda no fim de semana. Faixas colocadas nas ruas próximas a casa e anúncios em jornais atraem os clientes. Uma delas é a **Meredith Promoções**. O pagamento é feito na hora e o transporte fica por conta do comprador. Algumas empresas que organizam esses eventos também cadastram os interessados e enviam convites.

Meredith Promoções
✉ Alameda Gabriel Monteiro da Silva, 398, Jardim América
☎ 3083-6395
✯ www.meredithpromocoes.com.br
@ chalhub@osite.com.br
☞ seg. a sex. 9h/17h

FLORES DE SEDA IMPORTADAS DA CHINA

Rosas, tulipas, orquídeas, margaridas, flores do campo... Wagner Chang abriu a **Casa Real Flores**, em 1996, na rua 25 de Março, importando da China as flores artificiais, feitas de seda. A floricultura conta ainda com uma filial maior, na rua Florêncio de Abreu. Chang diz que as flores artificiais são procuradas por pessoas que gostam de decorar a casa, mas não querem ter trabalho cuidando das plantas, ou que não acertam a mão ao mexer com flores naturais. Além disso, as flores artificiais não dependem de época. Igrejas e eventos também fazem grandes encomendas. Chang importa ainda flores emborrachadas, mais realistas (e mais caras), e frutas de isopor. A floricultura oferece cursos de arranjos, com decoradores.

Casa Real Flores
✉ Rua Florêncio de Abreu, 441, Centro
☎ 3229-1313
✉ Rua 25 de Março, 954, Centro
☎ 3311-9367 e 3229-5767
✯ www.realflor.com.br
@ realflor@terra.com.br
☞ seg. a sex. 8h30/17h45; sáb. 8h30/13h45

FLORES SECAS

Cansado do desperdício de flores que via na época em que trabalhava com coroas e buquês, o ex-floricultor Silvio Roberto Ramos resolveu então recolher as pétalas que caíam no chão ou que murchavam e secá-las. Foi o início do negócio que envolve hoje boa parte da família. Quem der uma passada na **Casa das Flores Secas** poderá encontrar, além das flores, uma grande variedade de folhas, frutas, sementes e também musgos, tudo seco e para ser usado como arranjo de decoração. "Aprimoramos as técnicas que víamos em revistas importadas com as plantas que tínhamos à disposição", conta Roberto, que usa desde as técnicas mais simples, como a secagem no varal, às mais complexas, com o uso de agentes químicos.

Casa das Flores Secas
✉ Rua da Cantareira, 1.152, Luz
☎ 2692-8993
✯ www.srflores.com.br
@ casadasfloressecas@hotmail.com
☞ seg. a sex. 8h/18h; sáb. 8h/16h

FONTES D'ÁGUA

O recifense Paulo Roberto de Melo começou sua vida em São Paulo em 1995, recolhendo lixo nas ruas. Alguns objetos eram consertados e depois vendidos como antiguidades. O negócio deu tão certo que, um ano depois, Paulo alugou um imóvel e o batizou de Brechó das Antiguidades. Em 2004, a casa ganhou o nome atual: **Brechó das Fontes**. "Recolhia fontes d'água e também as consertava para vender", conta. "Como o produto começou a ser muito procurado, resolvi fabricá-las por conta própria." Hoje, o carro-chefe da loja de Paulo são, justamente, as fontes d'água. Além dos quarenta modelos para pronta entrega, Paulo afirma que é capaz de fazer qualquer outro modelo. "O cliente pode trazer o desenho que o construo", diz. Por encomenda, o prazo de entrega é de até 15 dias. "Já fabriquei fontes de 15 centímetros a dois metros", explica. As peças são produzidas com resina, cimento, isopor e bloco leve de cimento celular. "É um trabalho que exige paciência e criatividade", afirma Paulo. Uma parte da loja ainda é dedicada exclusivamente às antiguidades. "Continuo no ramo", diz o ex-catador e agora empresário.

Brechó das Fontes
✉ Avenida Alcântara Machado, 1.867, Mooca
☎ 9385-8012
☞ seg. a sex. 9h/17h; sáb. 9h/13h

GARAGEM DE HOT WHEELS

Um colecionador de Curitiba encomendou uma estante para seus carrinhos. Os donos da fábrica de móveis acharam o serviço pequeno e não queriam atendê-lo. Não é que o sujeito insistiu tanto que o serviço acabou saindo! A estante fez tanto sucesso que, em 2006, a fábrica deu lugar à **Main Box** – a primeira fábrica de estantes e caixas para colecionadores de carrinhos Hot Wheels, em São Paulo. "Descobrimos que o Brasil era muito carente nesse nicho", afirma Ivan Bella Freire de Carvalho, um dos sócios. "Somos o segundo país que mais compra Hot Wheels no mundo, mas não tínhamos fornecedores de estantes para eles." Desse modo, em menos de um ano, eles abandonaram a atividade inicial e se especializaram na área. Hoje, a Main Box vende caixas, estojos e estantes. "Vendemos desde peças sem acabamento a peças com divisória de acrílico e espelho no fundo." Como a procura vem crescendo, a fábrica passou a criar também peças para qualquer tipo de colecionador. "Já fizemos estantes para soldadinhos de chumbo, garrafas e até para uma coleção de corujas", avisa Ivan.

Main Box
✉ Rua General Góis Monteiro, 164, Sumaré
☎ 3871-3094
✯ www.mainbox.com.br
@ contato@mainbox.com.br
☞ seg. a sex. 9h/18h; sáb. 10h/17h

GRADES PANTOGRÁFICAS

Lembra daqueles elevadores antigos cujas portas se abriam feito sanfona? Aquilo são grades pantográficas, que há muito foram aposentadas nos elevadores. Mas elas ainda resistem – e bem. Portas e janelas com os tradicionais losangos de metal são a especialidade da **Sepetiba**. Além de aumentar a segurança da casa ou do prédio, as grades são bem mais bonitas. No caso das portas sanfonadas, ocupam menos espaço na hora de abrir, pois correm sobre um trilho.

Sepetiba
✉ Avenida Doutor Mauro Lindenberg Monteiro, 168, Galpão 2, Osasco
☎ 3601-5110 e 3601-2806
✯ www.sepetiba.com.br
@ pantografica@sepetiba.com.br; serralheriasepetiba@terra.com.br
☞ seg. a sex. 7h/12h e 13h/17h

LADRILHOS HIDRÁULICOS

Nos pisos do Teatro Municipal e do Solar da Marquesa de Santos foram usados ladrilhos hidráulicos feitos à mão. Coloridos, eles eram comuns em igrejas antigas e casarões. Sumiram na década de 1970, quando a cerâmica passou a ditar moda, mas voltaram a ser feitos pela **Ornato Nossa Senhora da Penha**. As matérias-primas básicas são cimento branco e pó de mármore. Por serem muito trabalhados, só é possível preparar de trinta a quarenta peças, de 20 X 20 centímetros, num dia. A Ornato também participou da reforma do Mosteiro de São Bento, da Bolsa do Café em Santos, do Museu de Belas-Artes no Rio, e até de um castelo em Amsterdã, na Holanda.

Ornato Nossa Senhora da Penha
✉ Rua Capitão João Cesário, 116, Penha
☎ 2646-4495, 2646-4233 e 2647-0488
☞ seg. a qui. 8h/18h; sex. 8h/17h

OFERECE O MESMO SERVIÇO

Dalle Piagge
✉ Rua Paulo Franco, 458, Alto da Lapa
☎ 3834-9896
✯ www.dallepiagge.com.br
@ ladrilhos@dallepiagge.com.br
☞ seg. a sex. 8h/18h; sáb. 9h30/14h

LÂMPADAS COM FORMATOS DIVERTIDOS

Uma vela acesa pode demorar para queimar por inteiro, mas uma lâmpada que imita a chama da vela dura muito mais. A **Comercial e Importadora Paulista** tem velas em formatos bem ecléticos, como as de cruz, que servem para decorar igrejas e funerárias, as que lembram rosas e orquídeas, usadas em decorações de festas, e as de "foguinho", que imitam a chama das velas e fazem o maior sucesso nas festas juninas. "O pessoal usa muito para substituir as velas, pois fica mais barato e rende mais", explica o gerente Joel Soares. As lâmpadas são todas de três watts.

Comercial e Importadora Paulista
✉ Rua Santa Ifigênia, 584, Centro
☎ 3224-0300
✯ www.paulistalampadas.com.br
@ vendas@paulistalampadas.com.br
☞ seg. a sex. 8h/18h; sáb. 8h/13h

LENHA PARA LAREIRA

A **Desfrutar** trabalha com dois tipos de lenha: nó de pinho (que demora mais para queimar e ainda é mais barata) e eucalipto (queima mais fácil). A lenha, já cortada, é vendida em feixes de trinta centímetros cúbicos. Pode ser encomendada também em sacos de 15 a 16 quilos. A empresa entrega em domicílio.

Desfrutar

Avenida Sumaré, 1.840, Perdizes
3673-9898
www.desfrutarflores.com.br
seg. a sáb. 8h30/18h

LIMPEZA DE CHAMINÉ

As chaminés de lareira ficam entupidas e certamente não é culpa de nenhum Papai Noel. Jura Nogueira, uma das sócias da **Serv-Lar Lareiras**, informa que o maior problema são animais que caem no buraco (principalmente gatos e passarinhos). Diferentemente do que se imagina, nem todas as chaminés de lareira obedecem ao padrão linha reta vertical, comum nos Estados Unidos. Para ganhar espaço e se adaptar aos projetos das casas, as chaminés fazem curvas pelas paredes e são bem mais estreitas. A Lareiras Servlar usa um equipamento especial que vai abrindo caminho por esse circuito sinuoso. Além disso, oferece todos os apetrechos externos para construir e manter uma lareira.

Serv-Lar Lareiras

Rua Gaspar Coqueiro, 76, Santo Amaro
5511-9060, 5511-9054 e fax: 5511-7957
www.servlareira.com.br
@ servlareira@servlareira.com.br
seg. a sex. 8h/12h e 13h/18h

LUSTRES ANTIGOS

Aqueles enormes lustres e vistosos candelabros nunca saem de moda e dão um charme especial em grandes ambientes. Na **Lustres Antigos**, eles ainda têm lugar de destaque. A loja trabalha com modelos importados da Itália, Inglaterra e França. Têm normalmente de 24 a sessenta lâmpadas. A Lustres Antigos também faz restauração.

Lustres Antigos

Rua Doutor Melo Alves, 37/39, Jardins
3082-8613
Rua da Consolação, 2.885/2.893, Cerqueira César
3081-2218
www.jairlustresantigos.com.br
@ jair@jairlustresantigos.com.br
seg. a sex. 9h/12h30 e 13h30/18h; sáb. 9h/13h

OFERECE O MESMO SERVIÇO

Anticas

Rua Presciliano da Silva, 65, Pirituba
2369-3755, 6544-7873 e 9454-9131
seg. a sex. 10h/18h

MÁQUINA DE TRICÔ LANOFIX

A máquina automática de tricô **Lanofix** era objeto de desejo nos anos 1960. Chegaram aqui pelas mãos do ítalo-brasileiro Antônio Pieroni, que trouxe o primeiro modelo, fabricado em Milão, para o Brasil nos anos 1950. No ano de 1967, por causa do aumento das vendas, a Lanofix abriu uma fábrica em Santo André, mas perdeu força quando as similares japonesas ingressaram no mercado. Entrou com o pedido de falência em 1983, mas manteve a marca. A loja da Lanofix, em São Paulo, oferece suporte técnico e cursos de tricô, corte e costura. Quem comanda a marca desde 1992 e importa modelos novos do Japão é Gabriela Moraes. Certa vez, Gabriela foi surpreendida por uma senhora que tinha o modelo mais antigo, a Minitex, de 1950: "A máquina estava conservadíssima e ela veio aqui para aprender a tricotar na máquina que pertenceu à mãe dela".

Lanofix

✉ Rua 24 de Maio, 77, sobreloja 45, Centro
☎ 3223-4900
✯ www.lanofix.com.br
@ info@lanofix.com.br
☞ seg. a sex. 9h/18h; sáb. 9h/13h

MINIATURAS

As irmãs Mila e Adriana Poci Cabral são anãs que sempre tiveram uma paixão por artigos em miniatura. Elas decidiram abrir, em 1993, a **Casinha Pequenina**. A loja atrai colecionadores que apreciam os mínimos detalhes de uma casinha de boneca: o quarto, a sala, a mesa e até mesmo o banheiro. Tudo o que tem em uma casa tradicional, mas bem pequenininho. Também é possível encontrar réplicas fiéis de santos barrocos e uma joaninha de três milímetros. As peças são feitas artesanalmente.

Casinha Pequenina

✉ Shopping Eldorado, 1º subsolo, loja 1.015
☎ 3815-0515
@ milapoci@ibest.com.br
☞ seg. a sáb. 10h/22h; dom. 14h/20h

MINIATURAS DE CADEIRAS

O designer **Rubens Dittrich** ganha a vida vendendo cadeiras que não servem para sentar. Os móveis têm no máximo dez centímetros. Dittrich copia o design de cadeiras famosas – são cinquenta modelos no total –, usando materiais como latão, aço, acrílico e até mármore. Ele trabalhava no setor de desenvolvimento de produtos de uma empresa de cadeiras – ficava encarregado dos protótipos. Um dia, a diretoria da empresa decidiu dar miniaturas de cadeiras como brinde aos clientes. Dittrich foi escalado para a tarefa e fez três modelinhos que encantaram a todos. Em 2002, largou o emprego para trabalhar apenas com as cadeirinhas.

Rubens Dittrich – Marco500 (representante)

✉ Rua Brigadeiro Galvão, 996, Barra Funda
☎ 3660-2500
✯ www.marco500.com.br
@ marco500@marco500.com.br
☞ seg. a sex. 8h30/17h30

OFERECE O MESMO SERVIÇO

Desmobília

✉ Praça Mateus Grou, 401, Pinheiros
☎ 3062-3408
✯ www.desmobilia.com.br
@ sp@desmobilia.com.br
☞ seg. a sex. 10h/19h; sáb. 10h/14h

MONUMENTOS DE VIDRO

"Ando sempre com uns curativos nos bolsos." A precaução tem razão de ser. O artista **Laércio Stancari** já perdeu a conta de quantas vezes cortou os dedos mexendo com cacos de vidro. Mas isso faz parte de seu trabalho. Ele faz réplicas de monumentos famosos com pedacinhos de vidro. Para esculpir a Torre Eiffel, usou 702 caquinhos de vidro transparente em três meses de dedicação. O Taj Mahal, da Índia, levou 4.576 pedacinhos de vidro e consumiu cinco meses de trabalho. "Sempre que meus amigos quebram alguma coisa em casa, eles me trazem os cacos", conta Laércio. "Uso apenas cacos de vidro de janela." Para esculpir miniaturas de igrejas, aviões, barcos e prédios, o artista chega a trabalhar 18 horas nos fins de semana. Usa imagens da internet para conseguir todos os ângulos necessários do monumento. O escultor também faz peças sob encomenda. Laércio quebrou seu próprio recorde com a réplica da Casa Branca, que possui 8.518 pedaços de vidro e demorou seis meses para ficar pronta.

Laércio Stancari
✉ Não divulga o endereço
☎ 6977-3071
@ laercio.stancari@gmail.com
☞ com hora marcada

MOSAICOS

Soltos, são apenas cacos de vidro ou de cerâmica. Um pouco de paciência e uma boa dose de talento e criatividade podem inovar aquele cantinho da casa que anda meio apagado. Na **Oficina de Mosaicos** você pode encomendar seu mosaico, levando desenho próprio ou contando com a ajuda das arquitetas da loja, para dar um charme a mais em coisas que parecem simples. Um bom exemplo são os números de casa ou uma moldura para o espelho.

Oficina de Mosaicos
✉ Rua Nestor Pestana, 60, Centro
☎ 3814-9590
✯ www.oficinademosaicos.com.br
@ oficinademosaicos@oficinademosaicos.com.br
☞ seg. a sex. 9h/19h; sáb. 10h/14h

MÓVEIS DE PNEUS

Daniel Beato produz cinzeiros, cadeiras, lixeiras, sofás e floreiras com pneus desde 2004. "Tinha uma pilha de pneus velhos em casa e decidi dar uma finalidade a tudo aquilo", conta. O projeto, que começou de forma solitária, acabou dando origem à ONG **Arte em Pneus**. Atualmente Daniel confecciona quarenta modelos de cadeiras e bancos, utilizando parafusos, mangueiras, madeira, tecidos e, claro, pneus. "Quando corto a borracha para montar uma nova peça, as ideias vão surgindo, mudando o design", explica ele, que já arrumou também trabalho como cenógrafo de TV. Quem trabalha ao lado de Daniel é Josimar Santos Silva. "Já retirei cerca de 1.500 pneus das ruas. Faço minha parte para contribuir com a natureza", orgulha-se. Josimar ministra aulas de capacitação para menores infratores na Casa, ex-Febem, do bairro do Belém. Matéria-prima para esse tipo de arte é o que não falta. Os artistas recebem doações de borracharias, de amigos, e até do fabricante Goodyear.

Arte em Pneus
✉ Avenida Pires do Rio, 3.321, Itaquera
☎ 2773-7696 e 9719-2722
✯ www.arteempneus.org.br
@ arteempneus@hotmail.com; arteempneus@arteempneus.org.br
☞ com hora marcada

MÓVEIS E ARTESANATOS DE TODO O BRASIL

A loja **Espaço Brasil** vende mesas, armários e aparadores feitos de madeira retirada da demolição de casas no Paraná e em Santa Catarina. Os móveis são fabricados em Minas Gerais e há artesanatos de todo o Brasil, inclusive do Acre e de Roraima. Entre os objetos inusitados, uma coleção feita somente com latas de óleo.

Espaço Brasil
✉ Alameda Franca, 1.167, Jardins
☎ 3063-0965
✯ www.lojaespacobrasil.com.br
@ espaco-brasil@uol.com.br
☞ seg. a sex. 10h/19h; sáb. 10h/15h

MÓVEIS E OBJETOS ANTIGOS

Desde criança, **Juliana Benfatti** tentava convencer os pais a não usar móveis modernos em casa, já que logo perderiam seu valor para invenções mais recentes. "Com as peças antigas, isso nunca aconteceria", diz Juliana. Na década de 1980, passou a colaborar com antiquários, até finalmente abrir a loja com seu nome. Lá, têm um jardim na porta de uma casa recheada de móveis antigos – mas não por isso ultrapassados. Alguns são comuns, como estantes e mesas, enquanto outros chamam a atenção. É o caso de uma escultura de palmeira feita em bronze que tem cerca de 2,5 metros de altura.

Juliana Benfatti
✉ Rua Sampaio Vidal, 786, Jardim Paulistano
☎ 3083-7858
✯ www.julianabenfatti.com.br
@ ju@julianabenfatti.com.brr
☞ seg. a sex. 9h30/18h30; sáb. 10h/14h

MÓVEIS E OBJETOS DE DECORAÇÃO FEITOS DE PAPEL

Parece até brincadeira, mas o designer Nido Campolongo resolveu ganhar dinheiro vendendo papel nas suas mais diferentes formas. Com a matéria-prima, criou móveis, cortinas, tapetes e persianas que podem ser tranquilamente usados como objetos de decoração, e não como um enfeite com duração limitada. Tudo isso pode ser encontrado na **Galeria do Estúdio Nido Campolongo.**

Galeria do Estúdio Nido Campolongo
✉ Rua Tupi, 843, Pacaembu
☎ 3826-7901, 9281-6278 e 9458-3704
✯ www.nidocampolongo.com.br
@ producao@nidocampolongo.com.br
☞ seg. a sex. 14h/18h

OFERECE O MESMO SERVIÇO

Ateliê Arte em Papel
✉ Rua Cônego Eugênio Leite, 722, Pinheiros
☎ 3086-3935
✯ www.artempapel.com.br
@ artempapel@gmail.com
☞ seg. a sex. 12h/20h; sáb. 12h/18h

MÓVEIS FEITOS COM A FRENTE DE CARROS

Os apaixonados por carros não se incomodariam em poder levar o modelo dos sonhos para dentro de casa. Alguns até adorariam ficar dentro da máquina, fosse para descansar ou trabalhar. Pois bem, essa possibilidade existe! O designer **Antônio de Mitry** transformou a frente de um Porsche Spyder 550 – sim, aquele imortalizado pelo ator James Dean – em dois móveis: uma poltrona e uma mesa. Profissional autônomo, Antônio presta serviço para a empresa Fibral, que possui o molde para réplica do mítico veículo, e deu outra finalidade a esse produto. Foram fabricadas seis peças e outras já estão encomendadas. Outros carros também podem ser adaptados. "É só trazer a frente de um Gol ou de um Cadillac que eu os transformo!"

Antônio de Mitry
✉ Não divulga o endereço
☎ 3842-1107, 9124-0088 e fax: 3842-7603
☞ seg. a sex. 9h/18h

ÓLEO DE NEEM

O óleo de Neem, importado da Índia, está chamando a atenção dos paulistanos por acabar com a praga das formigas caseiras. "É um produto milenar", conta o técnico agrícola Edson Marquisepe, da **Qualifertil**. "Os hindus o usavam como repelente e também como inibidor de apetite." Os indianos acreditam que o Neem é capaz de curar doenças e tem funções de analgésico, antitérmico e anti-inflamatório. Por ser um produto 100% natural, obtido por meio da prensagem dos frutos, o óleo pode ser aplicado sem problemas em hortas caseiras. O óleo controla a maior parte dos insetos em jardins e em vasos. São três tamanhos: cem mililitros, um litro e cinco litros. Cada cem mililitros do produto deve ser diluído em dez litros de água.

Qualifertil
✉ Avenida Imperatriz Leopoldina, 1.630, Vila Leopoldina
☎ 2167-4650
★ www.qualifertil.com.br
☞ seg. a sex. 8h/18h; sáb. 8h/12h

PEÇAS PARA COMPLETAR FAQUEIRO

O tempo passa e, não tem jeito, sempre some um garfo, a colher entorta irremediavelmente e... onde foram parar as facas mesmo? Comprar um faqueiro novo pode ser uma solução quando se fala de um conjunto normal, mas haja bolso para substituir aquele faqueiro de prata de lei.

A **Robles** faz qualquer peça de prata de lei, na quantidade desejada, em vinte dias, depois de aprovado o orçamento.

Robles
✉ Alameda Itu, 1.598, Jardins
☎ 3082-4334 e 3085-0837
★ www.robles.com.br
@ robles@robles.com.br
☞ seg. a sex. 9h/18h; sáb. 9h/13h

PORCELANA BRANCA

A porcelana branca é utilizada principalmente para quem faz ou fez curso de pintura, além de bares e restaurantes. A **Scrimin & Filho** oferece jogos completos ou peças avulsas das marcas Schmidt, Real, Guarulhos, Teixeira, Pozanee, Vera Cruz e Germe. Um dos itens mais vendidos no momento é a sorveteira para potes de dois litros da Kibon. A Scrimin também tem porcelana faiança das marcas Ferreira e Mara.

Scrimin & Filho
✉ Rua João Ramalho, 1.214, Perdizes
☎ 3862-6821, 3672-1959 e fax: 3865-5250
@ lescrim@uol.com.br
☞ seg. a sex. 9h/18h; sáb. 9h/13h

PRODUTOS ANTIALÉRGICOS

Você sabia que o seu colchão é habitado por 15 milhões de ácaros? Eles adoram lugares quentes e se alimentam de partes microscópicas de pele que as pessoas perdem o tempo todo. A **Alergoshop** vende capas antiácaros para colchões e travesseiros. A loja, criada em 1994, tem cem itens testados por alergologistas. Há uma linha completa de cosméticos e o Alivisting, creme que alivia picadas de insetos.

Alergoshop
✉ Rua Cerro Corá, 2.052, Vila Romana
(e mais três endereços)
☎ 3022-2920 e 0800-122276
✯ www.alergoshop.com.br
@ alergo@alergoshop.com.br
☞ seg. a sex. 9h/18h; sáb. 9h/13h

ROSAS EM CAIXAS

Você pode ser tradicional levando o buquê na mão ou fazer como nos filmes românticos americanos e mandar uma caixa de rosas. A **Aldeia das Flores** prepara as flores em caixas sem visor (é para ser surpresa, não é?), papel com motivos florais, de estampas delicadas, e laço de cetim. Especializada em arranjos artísticos e artesanais, a loja faz outras combinações com vinhos, taças, bombons e até CDs. O cliente sugere o seu próprio arranjo ou escolhe entre os modelos catalogados num álbum do local. E não se preocupe com o que parece impossível: a loja já arrumou um buquê com rosas pretas para o Dia das Bruxas e outro com rosas verdes para um palmeirense.

Aldeia das Flores
✉ Rua São Benedito, 1.909, Alto da Boa Vista
☎ 5181-3188, 8713-8899 e fax: 2597-8889
✯ www.aldeiadasflores.com.br
@ atelie@aldeiadasflores.com.br
☞ seg. a sex. 9h/19h; sáb. 9h/16h

SACA-LÂMPADAS

Se você está com problemas para trocar aquela lâmpada que fica num lugar muito alto, a **Higiene e Cia.** tem a solução. Primeiro você compra o cabo, que pode ter de um a 12 metros. Depois encaixa na ponta o saca-lâmpadas, uma peça que agarra a lâmpada queimada. O cliente também pode usar o cabo com outras duas peças adaptáveis: a cesta para colher frutas ou o cortador de galhos.

Higiene e Cia.
✉ Rua Maria Carolina, 730, Jardins
☎ 3815-7988
✯ www.higienecia.com.br
@ higiene@higienecia.com.br
☞ seg. a sex. 9h/18h; sáb. 9h/13h

TINGIMENTO DE TAPETES

Seu tapete sujo e desbotado pode ser lavado e tingido, trazendo brilho novo ao ambiente. A **Tinturaria Paulista** faz o serviço. O mesmo processo é usado com carpetes, cortinas e roupas.

Tinturaria Paulista
✉ Rua Bartira, 655, Perdizes
☎ 3862-2636 e 3862-7749
☞ seg. a sex. 8h/17h; sáb. 8h/12h

VENTILADORES RETRÔ

Fala-se muito da modernidade, mas os objetos de design em estilo retrô estão em alta. A loja de decoração **Veste Casa** lucra no verão com a venda de ventiladores no estilo dos anos 1950. A loja vende, desde 2003, estilosos aparelhos. Um deles é o modelo com pedestal. Cromado, com tripé em formato de estrela e trinta centímetros de diâmetro, ele é o mais vendido da loja. Tanto que há sempre uma pequena fila de espera e a entrega demora até 15 dias para ser feita. Os fixos para o teto saem um pouco mais caros. "O que os clientes mais gostam é que a peça não interfere na decoração do ambiente", diz Mara Badke, sócia de Milton Andrian no negócio. "Teve uma cliente que comprou um para colocar no banheiro porque não suportava o calor do secador de cabelos." Além dos ventiladores, a casa vende também tapetes, poltronas, cadeiras e sofás. O forte são as réplicas de móveis de designers famosos, que tiveram os modelos colocados em domínio público. A fábrica da loja fica em Campinas (SP).

Veste Casa

✉ Alameda Gabriel Monteiro da Silva, 334, Jardim Paulistano

☎ 3061-5347 e 3085-1936

✯ www.vestecasa.com.br

@ vestecasa@vestecasa.com.br

☞ seg. a sáb. 10h/18h30

COMIDAS, BEBIDAS E AFINS

AÇAFRÃO DE OURO

Algumas das delícias do Mercado Municipal: açafrão-do-mediterrâneo. Esse tempero vale quanto pesa. O grama dessa erva é mais cara que a do ouro. Importada de Alicante, na Espanha, um pequeno fio desse açafrão é capaz de temperar uma *paella* que serve até 25 pessoas.

Gf Temperos

✉ Rua Cantareira, 306, Mercado Municipal da Cantareira, rua F, boxe 21, Parque Dom Pedro
☎ 3228-1854
☞ seg. a sáb. 8h/16h

ALIMENTOS ORGÂNICOS

Antes de mergulhar o garfo em uma salada orgânica é bom saber que o fato de esses alimentos não conterem conservantes ou agrotóxicos não quer dizer que não precisam ser bem esterilizados antes de ser consumidos. Produzidos na terra sem pesticidas, os alimentos orgânicos estão mais sujeitos a ataques de insetos, e por isso é comum encontrar larvas e ovos nas folhas e nos frutos. Normalmente, duram mais que os produtos tradicionais. Segundo especialistas, um pé de alface orgânico, por exemplo, pode permanecer em boas condições por quase uma semana. Na **Sabor Natural** você encontra frutas, verduras, legumes, grãos, farináceos e até frango orgânico (produzido sem hormônio).

Sabor Natural

✉ Avenida Leôncio de Magalhães, 1.297, Jardim São Paulo
☎ 2977-4304
✯ www.sabornatural.com.br
@ natural.sabor@gmail.com
☞ seg. a sex. 10h/18h; sáb. 9h/14h

OFERECE O MESMO SERVIÇO

Associação de Agricultura Orgânica

✉ Avenida Francisco Matarazzo, 455, Parque da Água Branca, Água Branca
☎ 3875-2625 e fax: 3872-1246
✯ www.aao.org.br
@ atendimento@aao.org.br
☞ ter., sáb. e dom. 7h/12h

ANTEPASTOS

Uma das características dos boxes do Mercadão é o atendimento personalizado. Sempre simpáticos e atenciosos, os vendedores oferecem uma pequena porção do produto à venda para o cliente saborear. Essa gentileza conquista o consumidor, que acaba levando alguma coisa. Essa receita de sedução foi levada à risca pela família **Pécora** para vender os seus antepastos, como patês de bacalhau, *funghi*, aliche e a *caponata* à dom Salerno: uma mistura que leva berinjela, pimentão, alcaparra e azeitona.

Comércio Laticínios Pécora

✉ Rua Cantareira, 306, Mercado Municipal da Cantareira, Parque Dom Pedro, rua C, boxes 13/15
☎ 3228-8828
☞ seg. a sáb. 6h/17h

ARRANJOS DE FRUTA

Tem gente que acha que presentear com flores é gastar dinheiro à toa. Afinal, depois de poucos dias, elas estarão murchinhas. A **Segredos da Fruta** decidiu trocar as flores por frutas e passou a oferecer lindos arranjos que podem ser consumidos. As cestas são produzidas com seis tipos de frutas: melão, abacaxi, uva, morango, maçã e banana. Em algumas embalagens, as frutas são cortadas em formatos diferentes ou recebem cobertura de chocolate ou coco. "O formato e a aparência das frutas é que compõem o visual", explica Ricardo Guzzo, criador da empresa. No catálogo, há cestas para ocasiões especiais, como visita à maternidade, Dia das Mães, Páscoa e Dia dos Namorados. As cestas são montadas no mesmo dia em que serão entregues e duram cerca de 48 horas se guardadas na geladeira. "Usamos apenas frutas frescas, prontas para consumo", afirma Guzzo. "Com o tempo, acredito que as pessoas passarão a mandar frutas em ocasiões especiais, que têm o mesmo visual das flores e que são apetitosas".

Segredos da Fruta

✉ Não divulga o endereço
☎ 3675-7828 e 3862-1359
✯ www.segredosdafruta.com.br
@ segredosdafruta@gmail.com
☞ seg. a sex. 9h/18h; sáb. 9h/13h (com hora marcada)

ARROZ E TEMPEROS TAILANDESES

A **Mercearia Towa** tem uma infinidade de produtos orientais, incluindo verduras e legumes pouco conhecidos por aqui. Um dos produtos mais procurados é o arroz tailandês, mais perfumado que o tradicional. Entre os temperos tailandeses, o destaque fica para o molho feito de ostras.

Mercearia Towa

✉ Praça da Liberdade, 113, Liberdade
☎ 3105-4411, 3106-3349 e fax: 3104-3713
✯ www.mbtowa.com.br
@ mbtowa@yahoo.com.br
☞ seg. a dom. 8h/20h

ARTIGOS HÚNGAROS

Kecskeméti Barack é uma aguardente de damasco, produzida na região húngara de Kecskeméti. A explicação didática é uma das estratégias usadas pelos funcionários do **Empório Húngaro** para contornar a complicação linguística que envolve o nome dos seus produtos. O Empório Húngaro foi fundado por Gyorgy Bernard, membro do consulado da Hungria no Brasil entre 1988 e 1994. A importadora é especializada em produtos finos tradicionais do país. O item mais vendido é o Tokaji, o famoso e suave vinho húngaro. Também fazem sucesso o licor amargo feito de ervas finas e os sucos de frutas com sabores inusitados, como cassis preto. Para adquirir os produtos, é só entrar em contato e pedir um catálogo.

Empório Húngaro

✉ Rua da Paz, 956, Chácara Santo Antônio
☎ 5181-6298 e 2597-0881
✯ www.emporiohungaro.com.br
@ contato@emporiohungaro.com.br
☞ seg. a sex. 9h/19h; sáb. 10h/14h

ARTIGOS NORDESTINOS

Na campanha presidencial de 1994, o então candidato Fernando Henrique Cardoso experimentou um prato diferente em Petrolina (PE). Depois de lamber os beiços, perguntou o nome da comida. Descobriu que era buchada de bode. Se o presidente for jantar na sua casa e você quiser preparar o prato, comece passando na **Casa do Norte**, loja especializada em produtos nordestinos. Ela tem carne de bode (sob encomenda), carne de carneiro, jabá, farinha, dendê e rapadura, entre outros artigos.

Casa do Norte

✉ Rua São Silvestre, 558A, São João Clímaco

☎ 2940-2214

☞ seg. a sáb. 8h/19h; dom. 8h/13h

ARTIGOS SÍRIO-LIBANESES

As surpresas podem começar pelos temperos. O **Empório Akkar**, especializado em comida sírio-libanesa, tem água de flor, pimenta síria e *zattar*. Entre os cereais, há pistache, amêndoa torrada, grão de bico torrado e todos os tipos de trigo. Outros produtos bastante procurados são as conservas (fava, *homus*, *babaganouche* e berinjela com nozes), os doces (*ataif*, *fataer*, doce de semolina, *belewa*, *knefe* e o exclusivíssimo doce de figo) e os sucos (tamarindo, rosa, tâmara, romã e concentrado de romã). Para completar, o Empório Akkar oferece algumas bebidas árabes, como o *arak* e o *halawi*.

Empório Akkar

✉ Rua Comendador Afonso Kherlakian, 165, Centro

☎ 3228-7188 e fax: 3326-3711

✯ www.emporioakkar.com.br

@ emporioakkar@hotmail.com
emporioakkar@terra.com.br

☞ seg. a sex. 8h/17h30; sáb. 8h/14h; dom. 9h/13h

OFERECEM O MESMO SERVIÇO

Empório São Jorge

✉ Rua Desembargador Eliseu Guilherme, 322, Paraíso

☎ 3889-8449 e 3889-8427

☞ seg. a sex. 8h30/19h; sáb. 8h30/18h30; dom. 9h/16h

Empório Syrio

✉ Rua Comendador Abdo Schahin, 136, Centro

☎ 3228-3640 e 3228-7651

✯ www.emporiosyrio.com.br

@ emporiosyrio@emporiosyrio.com.br

☞ seg. a sex. 8h30/18h; sáb. 8h30/15h

Maxifour

✉ Rua Júlio Ribeiro, 66, Brás
(e mais dois endereços)

☎ 2799-0000

✯ www.maxifour.com.br

@ vendas@maxifour.com.br

☞ seg. a sex. 7h/18h; sáb. 7h/15h

BISCOITOS DA SORTE PERSONALIZADOS

Ao abrir um biscoitinho da sorte, o felizardo descobriu que havia ganho um carro. Ou, então, no lugar da mensagem, uma garota encontrou uma aliança. Essas foram algumas das surpresas criativas encomendadas por clientes da **Hakuna Matata**, que fabrica biscoitos da sorte em São Paulo. "Trabalhamos com 2 mil mensagens diferentes, mas o cliente também pode criar a sua", diz Sahib Tsuzaki, um dos sócios. As mensagens são frases de horóscopo misturadas com a sabedoria do I-Ching. "Antes eram apenas frases do horóscopo, mas as pessoas diziam que estavam fracas", explica Sahib. "Depois, colocamos só o I-Ching, mas todos acharam difíceis. Decidimos misturar as duas." O biscoito da sorte é uma criação dos chineses no final do século XII. O país estava em guerra contra os mongóis e, para despistar o inimigo, eles enviavam os planos de guerra dentro de bolos em forma de meia-lua. Feito de farinha, açúcar, gordura de coco, fermento, ovo em pó e água, o biscoito é vendido em embalagens de trezentas unidades. O cliente também pode criar até 54 tipos diferentes de mensagens.

Hakuna Matata
✉ Rua Alvarenga Peixoto, 238, Vila Anastácio
☎ 3832-0692 e 3644-6347
★ www.hakuna.com.br
☞ seg. a sex. 8h/18h

BISCOITOS QUEBRADINHOS

São Paulo está cheia de lojas que vendem roupas, sapatos e até eletrodomésticos com pequenos defeitos. Mas, você conhecia uma que oferece biscoitos, panetones e colombas pascais que não passaram no controle de qualidade? Acredite: a **Bauducco** vende produtos com defeitos em suas lojas de fábrica. Há também uma em Guarulhos. Os biscoitos são encontrados em maior abundância. E quais são os defeitos? "Geralmente estão amassados ou um pouquinho quebrados", avisa uma das atendentes. Os pacotes são transparentes, o que facilita o trabalho de escolha. Colombas e panetones com defeito também são encontrados na loja por menos da metade do preço das lojas.

Bauducco
✉ Rua Rubino de Oliveira, 58, Brás
☎ 2292-0982
★ www.bauducco.com.br
☞ seg. a sex. 9h/18h; sáb. 9h/14h30

BOLACHAS DECORADAS

Filha de mãe quituteira e pai artista, a pedagoga Fernanda Ribeiro uniu as duas vocações. Ainda adolescente, começou a fabricar biscoitos decorados, inicialmente dados de presente aos amigos mais próximos. Depois de ter feito o maior sucesso num bazar beneficente, em 2001, ela conquistou clientes e fôlego para inaugurar a **Bolachas Decoradas Fernanda Ribeiro**, que comercializa os biscoitinhos artesanais, decorados com glacê real – feito com ovos, açúcar e anilina comestível. A decoração mais pedida, no entanto, são os desenhos convencionais de flores, alianças, corações e nomes, geralmente para casamentos. Há também pedidos mais exóticos, como ursinhas em poses eróticas ou fachadas de casas e lojas da Vila Madalena. A confeiteira só se recusa a fazer desenhos de personagens conhecidos, porque o glacê líquido não permite traços muito definidos. As delícias decoradas são sempre de baunilha, mas Fernanda também vende bolachas nos sabores paçoca e flor de laranjeira.

Bolachas Decoradas Fernanda Ribeiro
✉ Rua Mourato Coelho, 1.134, Pinheiros
☎ 3815-3757 e 8259-7525
★ www.bolachasdecoradas.com.br
☞ seg. a sex. 8h/18h

BOLO COM FOTO COMESTÍVEL

Além dos tradicionais "parabéns" e "felicidades", é possível colocar uma foto colorida do próprio homenageado no bolo de aniversário. Confeccionada com a ajuda de um computador e de uma impressora importada, a imagem comestível é feita de tinta e película especiais. A foto deve ser entregue com cinco dias de antecedência. A **Bolos & Cia.** também faz bombons de chocolate personalizados. Os bombons, do tamanho do Alpino, são vendidos por cento.

Bolos & Cia.

✉ Rua Francisco Marinho, 401, Casa Verde
☎ 3856-0469 e 3881-8383
✯ www.bolosecia.com.br
@ bolosecia@bolosecia.com.br
☞ seg. a sáb. 9h/17h30

BOLO DE CERVEJA PRETA

Parece ser um bolo de chocolate como outro qualquer, mas é muito mais que isso. É um bolo de cerveja preta. "Ele é superamargo, feito com chocolate belga e cerveja preta no recheio", conta Maya Midori, *chef* do **Les Delices de Maya** – uma mistura de bistrô, café e doceria. "Recomendo para quem aprecia mesmo o chocolate", diz Maya. Ela cozinha desde os dez anos. Sonhava em fazer faculdade de gastronomia, mas se formou em educação física. Trabalhou como *personal trainer* de pacientes com deficiência física. Maya recomenda o brigadeiro de panela, que ganhou também as versões café e pistache. "Ele vem dentro de uma panelinha", explica. "É um ótimo presente quando você é convidado para jantar na casa de alguém."

Les Delices de Maya

✉ Rua Mourato Coelho, 1.044, Vila Madalena
☎ 3813-3498
☞ seg. a sex. 10h/19h30

BOLO NO PALITO

Os *chefs* Patrícia e Michael Brock pensaram em uma forma bem prática de comer bolo. Em pé, sem garfo e prato, e sem deixar cair migalhas. O resultado é uma espécie de "picolé quadrado" feito de bolo. Há três sabores: amendoim, brownie e sacher (bolo de chocolate umedecido com licor de framboesa, ganache de chocolate e compota de framboesa).

Jean et Marie

✉ Rua Professor José Benedito de Camargo, 74, Itaim Bibi
☎ 3044-1197
✯ www.jeanetmarie.com.br
@ jeanetmarie@jeanetmarie.com.br
☞ ter. a sáb. 10h/19h

BOLOS ARTÍSTICOS

Em 1989, a artista plástica Maria Luiza Ricci transformou o hobby de decorar bolos em negócio. A arte foi aprimorada: figuras eram esculpidas no próprio bolo pronto, geralmente decoradas com marzipã, glacê ou *fondant*. Hoje, dona de um catálogo com centenas de tipos de escultura, ela montou a **Luiza Ricci Bolos Artísticos**, onde, além das encomendas, podem ser adquiridos bolos prontos e doces de marzipã em formatos variados, inclusive eróticos. Embora a maior parte dos pedidos seja para chás de bebê e festas de crianças, Maria Luiza aceita encomendas para todos os tipos de eventos, incluindo casamentos. O próprio cliente pode inventar um modelo de escultura. Ela conta que já fez de tudo em forma de bolo: uma cama com um casal transando, mulheres nuas, homens de sunga, troncos masculinos com a calça semiaberta, seios, o rosto de um menino narigudo e até um pé com joanete.

Luiza Ricci Bolos Artísticos

✉ Alameda Campinas, 737, Jardins
☎ 7547-0299
✯ www.luizaricci.com
@ luizaricci@gmail.com
☞ seg. a sex. 13h/18h; sáb. 10h/14h

OFERECEM O MESMO SERVIÇO

Cris e Katia Cake Designers
✉ não divulga o endereço
☎ 3744-0197
✯ www.criskatia.com.br
☞ com hora marcada

Cecília Bolos
✉ Alameda Estados Unidos, 42, Alphaville
☎ 4191-2927 e 9614-8496
@ ceciliabolos@uol.com.br
☞ com hora marcada

Flávia Millás
✉ não divulga o endereço
☎ 4169-5532
✯ www.flaviamillas.com.br
@ flaviamillas@flaviamillas.com.br
☞ com hora marcada

Jussara Hefter Guedes
As encomendas devem ser feitas pelo menos duas semanas antes da festa, e o cliente escolhe se prefere pegar o bolo ou se ele deve ser entregue no local.
✉ Rua Antonio Lucas de Oliveira, 7, Santo Amaro
☎ 5548-9956
@ vjkguedes@hotmail.com
☞ seg. a sex. 9h/18h; sáb. 8h/12h

Nininha Sigrist
Além dos bolos, ela faz docinhos decorados. Recomenda-se telefonar com trinta dias de antecedência.
✉ não divulga o endereço
☎ 3726-2000
✯ www.nininhasigrist.com.br
@ vendas@nininhasigrist.com.br
atendimento@nininhasigrist.com.br
☞ seg. a sex. 9h/18h; sáb. 8h/12h

Seli Rigazzi
✉ Não divulga o endereço
☎ 3744-3514 e 3501-6065
✯ www.selirigazzi.com.br
@ seli@selirigazzi.com.br
☞ com hora marcada

BUREKA

Nas férias de verão, ainda na Bulgária, Lona Levi gostava de ajudar sua mãe, Rebeca, na cozinha. Aos 17 anos, já sabia todas as receitas da família. Nove tipos de doces e sete de salgados – incluindo a famosa e deliciosa *bureka* – podem ser encontrados na **Casa Búlgara**. O restaurante foi fundado em 1975, um ano depois de a imigrante chegar ao Brasil. Lona faz diariamente as compras da casa e administra os cinco empregados, com a ajuda da filha, Shoshana Baruch. A Casa Búlgara vende cerca de 120 *burekas* por dia. O salgado é feito com massa bem fininha e nove diferentes recheios – batata, espinafre, carne, frango e berinjela com queijo búlgaro são alguns deles. Para a sobremesa, charuto de chocolate com banana, strudel com queijo búlgaro, folhado de nozes e damasco, entre outros.

Casa Búlgara
✉ Rua Silva Pinto, 356, Bom Retiro (e mais dois endereços)
☎ 3222-9849
☞ seg. a sex. 9h/18h; sáb. 10h/14h

BUTIQUE DE AZEITES

Desde 1998, a **7 Molinos Café, Pães e Tapas** seleciona os melhores azeites da região do Mediterrâneo e os distribui para suas cerca de cinquenta lojas ao redor do mundo. A rede francesa chegou a São Paulo trazendo azeites de países como Itália, França, Espanha, Portugal, Grécia e até Croácia, Tunísia e Israel. Além dos azeites, todos devidamente etiquetados com informações sobre sua origem, ocupando uma parede inteira, a loja tem temperos, ervas finas, geleias, pastas de azeitona, biscoitos e as tortas de azeite espanholas, além de peças de cerâmica e livros. Há uma mesa de degustação e uma *boulangerie* especializado em cozinha mediterrânea.

7 Molinos Café, Pães e Tapas
✉ Alameda Lorena, 1.914, Jardim Paulista
☎ 3063-4433 e 3081-2988
@ silene7molinos@yahoo.com.br
☞ ter. a dom. 8h/22h

CAFÉ DA HELLO KITTY

Quem ama a Hello Kitty não pode deixar de conhecer o **Sanrio Café**. Lá, tudo faz referência à gatinha criada em 1974 pela designer Yuko Shimizu, da Sanrio. Os pães de mel, por exemplo, são no formato da cabeça da personagem, enquanto o rosto dela é retratado nas mesinhas coloridas. São servidos doces como alfajor, bombons de chocolate maciço e cookies – quase todos os alimentos têm versões rosas (pelo menos na embalagem). Para beber, café expresso, *cappuccinos*, *mocaccinos*, frapês e *milk-shakes*. O local, inaugurado em agosto de 2009, tem capacidade para vinte pessoas e costuma ter fila de espera aos fins de semana.

Sanrio Café
✉ Bourbon Shopping, piso Turiassú, loja 22
☎ 2768-6637
✯ www.sanrio.com.br/cafe
@ bourbon@sanrio.com.br
☞ seg. a sáb. 10h/22h; dom. 14h/20h

CARA E LÍNGUA DE BACALHAU

Do bacalhau, aproveita-se o corpo inteiro. Os *gourmets* vão além e procuram a língua e a cara do peixe, iguarias difíceis de serem encontradas. Essas partes são servidas com grão de bico e batata. Elas estão à venda no **Empório Chiappetta**, tradicional casa paulistana, inaugurada em 1908. Uma olhada atenta nas prateleiras revela outras preciosidades, como as cascas de *escargot* e a tâmara espanhola, entre os 7 mil produtos em estoque.

Empório Chiappetta
✉ Rua Cantareira, 306, Mercado Municipal da Cantareira, boxe G8, Parque Dom Pedro
✉ Shopping Eldorado, piso térreo, loja 116
☎ 3228-1497 e 4257-2107
✯ www.emporiochiappetta.com.br
@ sac@emporiochiappetta.com.br
☞ seg. a sáb. 6h30/16h

CARAMELOS PERSONALIZADOS

Barcelona, Nova York, Moscou, Amsterdã, Lisboa, Taipei, Tóquio e Seul. Depois de estrear em todas estas cidades, a **Papabubble** chegou a São Paulo em 2010. No balcão, as balas são preparadas em frente aos clientes, que podem degustá-las ainda quentinhas. Cada sabor tem um desenho diferente. Dá para encomendar padrões personalizados para dar de lembrancinha em festa. Para escrever o nome do aniversariante, são permitidas no máximo 12 letras. O pedido deve ser feito com um mês de antecedência.

Papabubble
✉ Rua dos Pinheiros, 282, Pinheiros
☎ 2768-2282
✯ www.papabubble.com.br
@ papabubblesp@gmail.com
☞ seg. a sex. 10h/18h; sáb. 11h/15h

CARANGUEJO GIGANTE

Esse crustáceo vem dos mares do Chile e da Espanha. Chega a medir até quarenta centímetros de largura e a pesar três quilos. Quando disponível para venda, sai rapidinho. Pelo tamanho e peso, alimenta bem até cinco adultos.

Ki-Peixe

✉ Rua Cantareira, 306, Mercado Municipal da Cantareira, rua A, boxes 2 e 8, Parque Dom Pedro
☎ 3312-0088 e delivery: 3312-0066
✯ www.kipeixe.com.br
@ kipeixe@kipeixe.com.br
☞ Atacado: seg. a sáb. 6h/17h; dom. 6h/16h.
Varejo: seg. a sáb. 5h/18h; dom. e feriados 6h/16h

CARNE DE JACARÉ

Se você quer preparar em casa alguma daquelas carnes servidas nos restaurantes mais finos, procure o **Porco Feliz**. Apesar do nome, o açougue do Mercado Municipal vende carne de jacaré, javali, capivara, avestruz, faisão, coelho, galinha-d'angola e outros animais menos exóticos. Para quem tem escrúpulos ecológicos, vale lembrar que as carnes são comercializadas com a devida autorização, além de inspecionadas pelo SIF.

Porco Feliz

✉ Rua Cantareira, 306, Mercado Municipal da Cantareira, rua E, boxe 26, Parque Dom Pedro
☎ 3315-0180 e delivery: 3315-0180
✯ www.porcofeliz.com.br
@ porcofeliz@mercadomunicipal.com.br
porcofeliz@uol.com.br
☞ seg. a sex. 6h/16h

CARNE DE RÃ

Para os que gostam de variar o cardápio, a carne de rã pode ser uma boa pedida. Apesar de caro, principalmente porque a produção ainda não cobre a procura do mercado, é um alimento muito saboroso e nutritivo. Seu gosto está entre o do peixe e o do frango. Contém todos os aminoácidos necessários ao homem e pode ser preparado de várias maneiras. Ela está à venda na **Red & White** e pode ser usada do molho de macarronada à moqueca. Trazida da Ásia para o Ocidente pelos romanos, a rã, por possuir alto valor proteico, é muito bem-vinda também como receita médica para crianças com palato aberto e para pacientes com bronquite e anemia.

Red & White

✉ Rua Leão XIII, 23, Jardim São Bento
☎ 2256-5598 e 2236-8718
@ duartetoninho@hotmail.com
☞ seg. a sáb. 8h/20h; dom. 8h/13h

CARNES DIFERENTES

O **Empório Casa Sabor** vende filé mignon, maminha, coxas de frango, carne de porco. Falando assim, parece até que o estabelecimento é um açougue comum, mas as prateleiras também estão abarrotadas com carne de galinha-d'angola, carneiro, capivara, avestruz, javali, rã, codorna e jacaré. Alexandre Fernandes Machado, proprietário, é criador de avestruzes desde 1998. No Casa Sabor, o cliente pode escolher qualquer carne à venda e consumi-la em uma das mesas dispostas no local. Alexandre e seus funcionários preparam e servem o alimento na hora, sem nenhum custo adicional. "É importante, já que nem todos sabem preparar as carnes especiais. E tem gente que simplesmente não tem vontade de assar carne de jacaré em casa".

Empório Casa Sabor

✉ Rua Francisco Marengo, 1.005, Tatuapé
☎ 2227-1935
✯ www.casasabor.net
@ contato@casasabor.net
☞ seg. a sáb. 9h/20h; dom. 9h/14h

CEREJAS VERDES

Postas a dormir em licor de menta, as cerejas ganham a cor verde e são tão doces quanto as vermelhas. Aliás, as vermelhas também são curtidas, mas em maraschino. Elas podem ser encontradas na **Cruzília**

Cruzília

✉ Rua Cantareira, 306, Mercado Municipal da Cantareira, rua E, boxe 16 , Parque Dom Pedro
☎ 3228-0814
✯ www.cruzilia.com.br
☞ seg. a sex. 6h/16h

CHANKONABE

O que um lutador de sumô come para manter a forma (no caso, forma de barril)? A resposta pode surpreender muita gente. O **Restaurante Bueno** serve a *chankonabe*, caldeirada preferida dos lutadores. "Todo mundo acha que ela é pesada, mas é justamente o contrário", explica o proprietário Fernando Yoshinobu Kuroda. "Ela é leve e balanceada, preparada com verduras, legumes, carne com osso e macarrão." Fernando lutou profissionalmente no Japão por 12 anos e chegou à elite, a categoria mais alta do sumô. "Quando voltei para o Brasil, em 2003, fui trabalhar em um restaurante japonês, mas ele era muito tradicional e antiquado", conta. "No Japão, as casas são diferentes. Por isso, resolvi abrir um negócio mais moderno." O Bueno é decorado com fotos da época em que Waka Azuna, nome de luta de Fernando, ainda era um sumotori. "Chegamos a vender sessenta porções por dia", conta Fernando. "Ele é o nosso principal prato, mas também vendemos muitos petiscos e o *okonomiyaki*." Os petiscos de carne de porco, espinafre japonês ou picanha grelhada são os preferidos da clientela. O *okonomiyaki*, uma espécie de panqueca, serve duas pessoas.

Restaurante Bueno

✉ Rua Galvão Bueno, 458, Liberdade
☎ 3203-2215
☞ ter. a dom. e feriados 18h/23h

CHOCOLATE COM A CARA DO FREGUÊS

Uma foto pode ser impressa em barras, bombons, pirulitos e moedas pela empresa **ChocoPrint**. A tecnologia norte-americana imprime, com alta definição, imagens inteiras em chocolates ao leite. Para isso, a ChocoPrint utiliza uma fina camada de açúcar, chamada *ice sugar*, para imprimir com corantes comestíveis (são mais de 14 milhões de cores!) as imagens que o cliente desejar. O chocolate fica até levemente mais doce após receber a figura. Guilherme Soter, gerente de negócios, afirma que o processo todo – selecionar a imagem, imprimir e embalar – leva três minutos. As moedas de chocolate são as mais vendidas.

ChocoPrint
✉ Rua Baluarte, 406, Vila Olímpia
☎ 3853-7806
✯ www.chocoprint.com.br
@ vendas@chocoprint.com.br
☞ seg. a sex. 8h/17h

Sweet Brazil
✉ Alameda Raja Gabaglia, 155, Vila Olímpia
☎ 3842-0006 e 3845-5568
✯ www.sweetbrazilchocolates.com.br
@ sweetbrazil@sweetbr.com.br
☞ seg. a sex. 9h/18h

CHOCOLATES COLORIDOS

Que tal um chocolate em forma de coração pintado inteiro de vermelho ou amarelo? Isso e mais uma porção de outros alimentos e objetos podem ser encontrados na **Anusha Chocolates**. Para ocasiões ou somente para presentear, a empresa prima pela arte na coloração perfeita de chocolates.

Anusha Chocolates
✉ Rua Comendador Miguel Calfat, 420, Vila Nova Conceição
☎ 3045-6054
✯ www.anushachocolates.com.br
@ encomendas@anushachocolates.com.br
☞ seg. a sex. 10h/20h

CHOCOLATES PERSONALIZADOS

A **Sweet Brazil** faz chocolates em qualquer formato e tamanho. Pode ser a logomarca de uma empresa, o nome de um homenageado ou ilustrações. As ideias ficam por conta do cliente. Tem também chocolates que podem servir de lembranças de maternidade, com formato de chupetas, alfinetes, mamadeiras e pirulitos de urso. Se você estiver em dúvida entre presentear com flores ou chocolates, a Sweet Brazil sugere o pão de mel em formato de rosa ou margarida.

CHOCOLATES PROMOCIONAIS

A **Chocologo Brasil** faz os chamados chocologos. Isso mesmo: logotipos de chocolate. A fábrica nasceu do casamento de dois sócios – um fazia guloseimas caseiras e outro era dono de uma empresa de formas – e atende principalmente empresas que querem dar brindes para funcionários e clientes, e casais à procura de lembrancinhas para o casamento.

Chocologo Brasil
✉ Rua Doutor Nogueira Martins, 625, Saúde
☎ 5587-5856, 2081-4682 e 7895-1767
✯ www.choco-logo.com.br
@ feabrindes@terra.com.br
☞ seg. a sex. 8h/18h

CHOURIÇO SEM SANGUE

O nome é o mesmo, a aparência é semelhante, mas não tem o principal – o sangue que é temperado com cebola. Vendido na **Tenda 19**, esse chouriço, na verdade, é *chorizo*, linguiça curada feita na região da Galícia, na Espanha.

Tenda 19
✉ Rua Cantareira, 306, Mercado Municipal da Cantareira, rua F, boxe 19, Parque Dom Pedro
☎ 3326-2584
✯ www.mercadaomunicipal.com.br
☞ seg. a sáb. 6h/16h; dom. 8h/13h

CHURROS E MAÇÃ DO AMOR

A maçã do amor é uma invenção paulistana. O espanhol José Maria Farre Angles desembarcou no Brasil em 1954 e, cheio de dificuldades, criou o doce no ano seguinte para conseguir sobreviver. As maçãs do amor eram vendidas em praças, feiras e festas juninas. Mas ela ficou conhecida de verdade quando Angles participou da primeira UD (feira de utilidades domésticas), em 1960. O nome foi uma referência à maçã que expulsou Adão e Eva do Paraíso. Atualmente, Leandro Lopes Farre, neto de Angles, comanda a **Casa do Churro**, no Tatuapé. Aliás, Angles também foi o homem que revolucionou o churro. A massa é a mesma do churro típico da Espanha. Mas, em vez de servi-lo em roda, ele cortou e passou a recheá-lo, quando tinha um ponto nas Lojas Brasileiras, na rua Direita, em 1974. A Casa do Churro existe desde 1991 e seus carros-chefes são os recheios de doce de leite, chocolate, goiabada, geleia de morango e catupiry. "Meu avô patenteou estas criações", conta Leandro. "Mas, como só ambulantes vendiam os doces, não dava para cobrar *royalties* deles. Agora ela já é de domínio público."

Casa do Churro

✉ Rua Rodrigues Barbosa, 232, Tatuapé

☎ 2671-7180 e 2671-9044

☞ seg. a qui. 10h/22h; sex., sáb., dom. e feriados 10h/23h

COMIDA SEM GLÚTEN

Algumas pessoas são portadoras da chamada doença celíaca, ou seja, apresentam intolerância ao consumo de glúten – encontrado no trigo, aveia, centeio, cevada e malte. "Quando você descobre que tem essa doença, parece que o mundo acaba", conta Marilis Maldonado Morais. "Mas aí você aprende a contornar a situação." Ela é proprietária da **Sem Glúten Marilis**, loja que produz alimentos especiais desde 2000. Marilis também é celíaca e descobriu a doença em 1997. "Passei a pesquisar produtos no mercado, mas não os encontrava", desabafa. A solução foi botar o pé na cozinha. Marilis fez até um curso de "culinária sem glúten" na Argentina. Hoje, ela prepara pão de forma, bolachinhas, massa de macarrão, e até de pizza. O trabalho é feito sob encomenda e entregue às residências de segunda a sexta-feira.

Sem Glúten Marilis

✉ Rua Cachoeira, 623, Belenzinho

☎ 2692-6244

✯ www.marilis.com.br

@ marilis@semgluten.com.br

☞ seg. a sex. 8h/17h; sáb. 9h/12h

CONGELADOS LIGHT

Fazer dieta definitivamente não é a melhor coisa do mundo, e ter que pensar em um cardápio light desanima ainda mais quem quer perder peso. Os pratos da **Condieta** já vêm prontinhos e congelados. São 42 tipos de porções de baixa caloria, elaborados pela nutricionista Ana Maria Pita Lottenberg, para uma ou duas pessoas. Para começar, o cliente responde a um questionário que revela se já faz dieta e se conta com acompanhamento médico, para que a atendente possa sugerir as combinações para o cardápio. Entre as delícias estão almôndegas, pimentões recheados, carne assada, rocambole, estrogonofe de frango, moqueca, truta, além de omeletes, sopas, verduras e massas. Um prato para uma pessoa com estrogonofe de carne, purê de batata e nabo e mix de legumes, por exemplo, tem 293 calorias. Para os "formigões" de plantão, a Condieta oferece sobremesas pouco calóricas, como o doce de abóbora (conquenta quilocalorias) e tortinhas de abacaxi, ameixa ou maçã (de sessenta a 85 quilocalorias). Os pratos vêm em embalagens que podem ir ao micro-ondas.

Condieta
✉ Rua Cristiano Viana, 412, Pinheiros
☎ 3068-8230 e fax: 3088-9377
✯ www.condieta.com.br
@ condieta@uol.com.br
☞ seg. a sex. 8h/18h; sáb. 10h/14h

CONGELADOS VEGETARIANOS

Pioneira no mercado de produtos vegetarianos e orgânicos, a **Alternativa Casa do Natural** surgiu em 1978. Durante esse tempo, a loja cresceu e diversificou sua atuação: no mesmo lugar, funciona uma lanchonete, um restaurante e um entreposto de alimentos congelados. "As pessoas estão mais preocupadas com a alimentação e a qualidade de vida", diz Elena Martins, uma das sócias. Trabalhando somente com uma linha ovolactovegetariana (sem carnes, mas com ovos, leite e derivados), a empresa oferece diferentes opções de congelados, como a feijoada vegetariana e o risoto de shitake orgânico.

Alternativa Casa do Natural
✉ Rua Fradique Coutinho, 910, Pinheiros
☎ 3816-0706
✯ www.alternativacasadonatural.com.br
☞ seg. a sex. 9h/22h; sáb. e feriados 10h/18h

DOCE DE BURITI NA CAIXINHA

Vindo diretamente do interior do Piauí, a porção do doce de buriti pesa quatrocentos gramas e a caixinha é revestida com a própria fibra da árvore. Vendido no **Mercado Mucinipal da Lapa**, seu gosto azedinho não atrai apenas os nordestinos que vivem em São Paulo.

Mercado Municipal da Lapa
✉ Rua Herbart, 47, boxe 70, Lapa
☎ 3836-6628
☞ seg. a sex. 8h/19h; sáb. 8h/18h

DOCES COM FRUTOS DA AMAZÔNIA

O *slogan* da marca **Frutos da Amazônia** é: "produtos ecologicamente gostosos". Lá são produzidos doces, biscoitos e geleias a partir de frutos exóticos da floresta amazônica colhidos por pequenos agricultores ou por associações de ribeirinhos e cooperativas. No Natal, a grande sensação é o panetone de cupuaçu embalado com um papel especial que conta a lenda do Muiraquitã – uma espécie de talismã da floresta que dá sorte no Ano-Novo. Durante a Páscoa, o maior sucesso é a colomba de cupuaçu. Já no Dia dos Namorados, é possível encontrar bombons que contam a história do boto-cor-de-rosa. Há também espécies desconhecidas de frutos, como o bacuri e a taberebá.

Frutos da Amazônia
✉ Rua Aziz Jabur Maluf, 59, Vila Clementino
☎ 5571-4738
✯ www.frutosdaamazonia.com.br
@ frutos@frutosdaamazonia.com.br
☞ seg. a sex. 9h/18h; sáb. 9h/16h
(ligar para confirmar)

DOCES FABRICADOS COM ÁGUA-BENTA

Dá para dizer que as bombinhas de chocolate fabricadas pela **Forte Sabor**, comandada pela doceira Magali Botelho Forte, são "divinas". Magali recebia sempre a visita de um cliente especial na loja de congelados que tinha na Vila Mascote. "O padre Marcelo Rossi passava por lá para comer e conversar comigo", conta. "Ele adora meus salgados e doces." Magali começou a frequentar as missas de padre Marcelo e teve uma ideia. Além da farinha e dos ovos, ela usa também água-benta na fabricação da massa. "Todos os dias, às nove da manhã, eu ligo o rádio no padre Marcelo e, durante o programa, ele benze a água", explica. Hoje ela vende 2 mil bombinhas por semana, além de carolinas, quindins, bolos e tortas – todos feitos com água-benta. "Cheguei aqui por causa da minha grande fé", afirma. Os produtos abençoados da Forte Sabor estão à venda em vários pontos da cidade, entre eles, na **Casa Santa Luzia**.

Forte Sabor
✉ Não divulga o endereço
☎ 5677-3874 e 8879-6890
☞ com hora marcada

Casa Santa Luzia
✉ Alameda Lorena, 1.471, Jardim Paulista
☎ 3897-5000
✯ www.santaluzia.com.br
@ sac@santaluzia.com.br
☞ seg. a sáb. 8h/20h45

DOCES PERSONALIZADOS

É difícil enjoar de brigadeiro, beijinho, cajuzinho e outras delícias... mas, se você quiser reciclar a mesa das festas, Lílian Tognato e Andréa Rangel, da **L & A Personal Cakes**, podem ajudá-lo. A dupla faz uma série de doces diferentes, como o fondado: o nome vem da casquinha dura de açúcar, o *fondant*, que envolve o recheio (que pode ser de nozes, coco ou pistache). O docinho é decorado com um copo de leite ou a inicial do nome do aniversariante. Outra opção são os doces modelados de acordo com as figuras escolhidas pelo cliente. Se a criança quer um jardim – mote recorrente em festas infantis –, surgem abelhas, joaninhas e outros bichinhos. Toda essa sofisticação, no entanto, não diminui a popularidade dos docinhos tradicionais já citados. "Eles são nosso carro-chefe!", afirma Andréa. Mais recentemente, eles ganharam a companhia de outras delícias, como o bicho de pé (doce à base de leite condensado, gelatina de morango, corante e manteiga), o sensação (inspirado no chocolate da Nestlé) e o prestígio, de coco. Elas também fazem bolos decorados. O serviço é oferecido sob encomenda.

L & A Personal Cakes
✉ Não divulga o endereço
☎ 3673-8054 e 9914-4252
✯ www.lapersonalcakes.com.br
@ contato@personalcakes.com.br
☞ seg. a sex. 9h30/17h

DOCES SOB ENCOMENDA

Foi da habilidade culinária de Ená Sá Fortes que, na década de 1960, nasceu a **Mariza Doces**. Hoje, sua neta Silvia Chuaire é uma das administradoras da casa que, com exceção dos fornos e batedeiras, não utiliza máquinas no preparo dos quitutes. Uma das especialidades é o bolo de coco com recheio de geleia de damasco e cobertura de trufas. Para os interessados em fazer encomendas, há um *showroom* com direito a degustação e uma pequena loja na entrada do estabelecimento.

Mariza Doces
✉ Rua Padre Garcia Velho, 56, Pinheiros
☎ 3815-6699
✯ www.marizadoces.com.br
@ atendimento@marizadoces.com.br
☞ Loja do ateliê: seg. 9h/17h; ter. a sex. 9h/18; sáb. 9h/13h. Showroom: atendimento com hora marcada para degustação: seg. 9h/16h; ter. a sex. 9h/17h; sáb. 9h/12h

DOCINHO PUXA-PUXA

Nascida em Beirute, Líbano, Frida Turkie veio com oito anos para o Brasil. Cresceu vendo a mãe cozinhando, mas nunca se interessou pela culinária. Foi preciso viajar para a Inglaterra, casar e ver o marido passando fome para aprender a cozinhar. Quando voltou para São Paulo, Frida fez uma leva de marrom-glacê para os amigos: "Nossa, os doces fizeram o maior barulho! Mas o marrom-glacê havia acabado e eu não tinha como fazer mais. Então minha família orientou: "Fala que você tem outros tipos", lembra. Desde então ela não parou mais de inventar doces que se tornaram vedetes em festas de ricos e famosos. O puxa-puxa (cubo de caramelo envolto com avelã, amêndoa e pistache banhado de chocolate) é o carro-chefe das vendas da **Les Marrons**.

Les Marrons
✉ Rua Fonseca Teixeira, 112, Cidade Jardim
☎ 3031-5273 e 3032-3812
✯ www.fifidoces.com.br
☞ seg. a sex. 9h/18h
(é preciso encomendar com antecedência)

EMBALAGENS DE CHOCOLATE COM O NOME ESTAMPADO

Elas têm feito o maior sucesso em festas e eventos. Embalagens de barrinhas de chocolate ao leite podem levar nome e foto do aniversariante ou até do presenteado. O brinde original, criado pela **Next Gift**, pode ser encontrado em sete diferentes embalagens e três tamanhos: mini, com 12 gramas, médio, com trinta gramas, e grande, com sessenta gramas. É preciso fazer a encomenda com três dias de antecedência.

Next Gift
✉ Rua Bartira, 555, Perdizes
☎ 3868-4585
✯ www.nextgift.com.br
@ contato@nextgift.com.br
☞ seg. a sex. 9h/18h

EMBUTIDOS FINOS

A **Casa Godinho** faz questão de manter os ares e hábitos das antigas mercearias, onde se compravam os molhados finos. Inaugurada em 1928, a mercearia mantém ainda as prateleiras e os balcões de madeira. É na Godinho que o cliente encontra linguiças como o salpicão português (puro lombo, temperado no vinho tinto e páprica), a alheira (pão, frango e especiarias) e a húngara *landjaeger* (carne de porco e de vaca). Os fãs da cozinha alemã deparam com a raiz-forte, usada no tempero do arenque e outros peixes, o *kraeuterkaese* (queijo fundido com ervas) e a linguiça branca *bratwurst*.

Casa Godinho

✉ Rua Líbero Badaró, 340, Centro

☎ 3105-1625 e fax: 3104-1520

✉ Rua da Cantareira, 306, rua F, boxe 2, Parque Dom Pedro

☎ 3228-6895

★ www.casagodinho.com.br

@ casagodinho@casagodinho.com.br

☞ seg. a sex. 7h/19h; sáb. 7h/14h

ERVILHAS TORRADAS

Crocantes e salgadinhas, as ervilhas torradas vêm ganhando espaço nos pratinhos de petisco servidos para acompanhar uma cervejinha gelada no Mercadão. A novidade veio pelas mãos de um coreano que vende a iguaria para seu Pasquale Florio, o dono do box **Alemas Gêneros Alimentícios**.

Alemar Gêneros Alimentícios

✉ Rua Cantareira, 306, Mercado Municipal da Cantareira, rua B, boxe 1, Parque Dom Pedro

☎ 3228-0872

★ www.mercadaomunicipal.com.br

@ portalmercadao@mercadomunicipal.com.br

☞ seg. a sáb. 6h/17h

ESPECIARIAS

Para os leigos, é um mar de nomes complicados e sem sentido. Cardamomo, segurelha, zimbro, *zattar*, macis, endro não parecem combinar com sua pretensa função – realçar o sabor de vários pratos. "Os *gourmets* sabem quanto essas especiarias são importantes", afirma Telma Regina Borghi Loureiro, gerente da **Empório de Grãos Termutis**. Com paciência ela vai explicando que a papoula é muito usada pelos húngaros em doces e pães, o endro serve para temperar peixes na Índia e na Europa, e o tomilho pode ser usado na sopa de feijão. É conversa para cinquenta tipos diferentes de pós, sementes e folhas.

Empório de Grãos Termutis

✉ Rua Cantareira, 306, Mercado Municipal da Cantareira, rua L, boxe 11, Parque Dom Pedro

☎ 3227-8210

@ mammacarolina@yahoo.com.br

☞ seg. a sex. 6h/16h; dom. 7h/14h

FACA PARA CORTAR SUSHI

Cortar um salmão ou um robalo para fazer *sashimi* (peixe cru japonês) não é tão simples quanto parece. Ou melhor, não é nada simples. Além de ter habilidade e saber qual a melhor forma de cortar o peixe, é preciso uma faca especial. Os *sushimen* gostam da de aço carbônico, porque mantém a afiação por mais tempo. Essas facas da **Yoi** normalmente têm fio só de um lado, pois para cortar o peixe na culinária japonesa é estritamente proibido passar a faca mais de uma vez, fazendo aquele vai e volta típico dos açougueiros ou dos churrasqueiros com facas pouco afiadas.

Yoi

✉ Rua dos Estudantes, 64 e 73, Liberdade

☎ 2668-0278 e 3208-2828

★ www.yoi.com.br

☞ seg. a sáb. 9h/19h; dom. 9h/18h

FEIJOADA PARA VIAGEM

Já é possível comer a famosa feijoada do **Bolinha** em Nova York, Paris ou Istambul. Não, o restaurante da Cidade Jardim não aumentou seu sistema de delivery. Na verdade, José Orlando Paulillo, dono do Bolinha, passou a oferecer uma embalagem chamada *coolchill*, própria para transporte de alimentos congelados. "Alguns estrangeiros queriam levar a feijoada para os amigos e parentes", conta Paulillo. Ao chegar a seu destino, o prato pode ser aquecido tanto no micro-ondas quanto em um forno convencional. Ela pode ser guardada ainda por seis meses no freezer sem perigo de estragar.

Bolinha
✉ Avenida Cidade Jardim, 53, Cidade Jardim
☎ 3061-2010
✯ www.bolinha.com.br
@ feijoada@bolinha.com.br
sac@bolinha.com.br
☞ seg. a dom. 10h/24h

FLORES COMESTÍVEIS

As flores, coloridíssimas, são utilizadas principalmente para enfeitar saladas, embora possam ser ingeridas. Muitas delas são ricas em vitaminas A, B, C, E. Podem ser nastúcios, calêndulas e amores-perfeitos, entre outras. A **Casa Santa Luzia** as disponibiliza, dependendo da época do ano. São vendidas em bandejas fechadas que contêm de dez a vinte flores. A compra do produto é feita de plantadores de Atibaia e Itatiba.

Casa Santa Luzia
✉ Alameda Lorena, 1.471, Jardins
☎ 3897-5000, 0800-555844 e fax: 3088-0663
✯ www.santaluzia.com.br
@ santaluzia@santaluzia.com.br
sac@santaluzia.com.br
☞ seg. a sáb. 8h/20h45

FRUTAS EXÓTICAS

Que tal saborear um mangostin? Ou preparar um molho de pitaya para seu filé de frango? Para os amantes de frutas que desejam experimentar algo diferente, a **Banca do Juca** tem opções nacionais e importadas, como o kino, um maracujá africano cheio de pontas, ou três variedades de caqui. A banca foi criada pelos irmãos Pedro e Benedito Cruz e se chamava Frutícola 13 de Maio até a época da novela *A próxima vítima*, em que Tony Ramos interpretava Juca, dono de uma banca de frutas (justamente a dos irmãos Cruz) no Mercado Municipal. A novela acabou, mas o nome ficou, e fotos penduradas pela banca mostram Juca em ação. A banca tem serviço de entrega em domicílio.

Banca do Juca
✉ Rua Cantareira, 306, Mercado Municipal da Cantareira, rua I, boxes 23 e 25 , Parque Dom Pedro
☎ 3228-1508 e 3227-0448
✯ www.bancadojuca.com.br
@ vendas@bancadojuca.com.br
☞ seg. a sáb. 5h/17h; dom. 5h/16h

FRUTOS DO CERRADO

Mama-cadela é uma frutinha alaranjada e adocicada que lembra a amora. Cresce no cerrado do Centro-Oeste brasileiro e são altas as chances de um paulistano nunca ter ouvido falar dela. No entanto, lá está um picolé sabor mama-cadela à venda na **Frutos do Brasil**. São cerca de cinquenta sabores, que vão desde os comuns chocolate, coco branco e morango até gabiroba, araticum (fruta-do-conde) e cajá-manga. Esta última é tão azeda que é preciso colocar um pouco de sal no picolé para neutralizar o sabor – a sorveteria oferece sachês de sal e canela. Fundada em 1996, em Goiânia, a marca chegou a São Paulo por meio do restaurante de culinária sul-matogrossense Sobaria, na Vila Mariana. Com o sucesso dos sabores inusitados, o proprietário do estabelecimento, Jean Haddad, resolveu inaugurar a primeira loja Frutos do Cerrado no imóvel ao lado.

Frutos do Brasil

✉ Rua Áurea, 351, Vila Mariana
(e mais seis endereços)

☎ 5084-8014

★ www.frutosdocerrado.com.br

@ contato@sobaria.com.br

☞ seg. a dom. 10h/23h

GULOSEIMAS HÚNGARAS

Vera Cristina Méró Santucci faz doces húngaros para festas da colônia. Ela adora participar de feiras como a do Memorial do Imigrante para não ficar sempre no mesmo grupinho. Ela quer divulgar a culinária da terra de sua mãe, que também era doceira. Recheios de semente de papoula moída, cozidas com leite e açúcar, nozes picadas, damasco e frutas vermelhas são os mais disputados nas guloseimas de Vera, que tem dois filhos morando na Hungria. Vera faz parte da **Casa Húngara** que foi criada em 1986 por Eva Piller. Eva trocou Budapeste por São Paulo em 1949. Hoje, o centro de convivência da colônia que ela fundou tem até um grupo de escoteiros, que recebe as instruções em húngaro para incentivar o ensino e manter a língua viva. Já o grupo de dança, Tánc-Haz, se apresenta ao redor do mundo. A programação para os adultos é toda em língua húngara – filmes húngaros são exibidos gratuitamente todo mês. A comunidade promove festivais gastronômicos a cada três meses e vende comida típica congelada. A Casa ajuda ainda a sustentar um centro para idosos.

Casa Húngara

✉ Rua Gomes de Carvalho, 823, Vila Olímpia

☎ 3849-0293

★ www.ahungara.org.br

@ info@ahungara.org.br

☞ seg. a dom. 9h/18h, com hora marcada

HAMBÚRGUER DE CALABRESA, PICANHA E SALMÃO

Parece até cardápio de lanchonete. O açougue **Central de Carnes Santa Bárbara** tem sete sabores diferentes de hambúrgueres prontos: picanha, alcatra, fraldinha, frango, cordeiro, calabresa e salmão. "Os meus clientes pediam opções diferentes e resolvemos investir nessas novidades", conta Sidney Alves Moreira, um dos proprietários da casa. Os hambúrgueres são vendidos por quilo. O sucesso é tão grande, que cada nova receita é submetida ao julgamento dos clientes; só fica no cardápio o que for aprovado pelo público. A casa também tem acessórios para churrasco e, para quem não tiver tempo de acender a churrasqueira nos fins de semana e feriados, a Central de Carnes Santa Bárbara assa espetos e peças de carne ao gosto do freguês.

Central de Carnes Santa Bárbara

✉ Rua dos Três Irmãos, 524, Morumbi

☎ 3721-2682, 2176-8400 e 3721-2511

★ www.stabarbara.com.br

☞ seg. a sáb. 8h/19h; dom. e feriados 8h/14h

KOURABIEDES

A terapeuta holística Lígia Schincariol foi casada por vinte anos com um descendente de gregos. Nessa época, acabou aprendendo a receita dos *kourabiedes*, biscoitos gregos amanteigados de amêndoas e cobertos com açúcar. A inspiração para começar a produzir os doces sob encomenda veio de um amigo, o DJ Gregão – ele faleceu dois dias antes de um almoço grego que tinha combinado elaborar com a família de Lígia. No dia destinado ao almoço, Lígia se determinou a pensar em como seria sua marca – assim surgiu a Kourabiedes. Ela mesma faz sob encomenda os doces, que têm formato de coração.

Kourabiedes

✉ Não divulga o endereço
☎ 8164-5400
✯ www.kourabiedes.blogspot.com
@ ligiaschincariol@gmail.com
☞ com hora marcada

DOCES ITALIANOS

Fundada em 1914, a **Basilicata Laurenti** fez fama com seus especialíssimos doces italianos. Os principais são a *sfogliatella* (creme de ricota e frutas), o *canolie* (creme de ricota, frutas cristalizadas e pistache) e a *pastiera de grano* (ricota, trigo em grão e frutas cristalizadas).

Basilicata Laurenti

✉ Rua Treze de Maio, 614, Bela Vista
☎ 3289-3111
✯ www.basilicata.com.br
@ comercial@basilicata.com.br
☞ seg. a sáb. 7h/20h; dom. e feriados 7h/14h

LASANHAS DE TODOS OS TIPOS

Quantos tipos de lasanha você conhece? No ateliê **Tutti Lasagna**, Elisa Gorlafaz faz 13 diferentes recheios, que vão do espinafre ao salmão. Na verdade, ela garante ter setenta receitas diferentes de lasanha, mas colocou no cardápio apenas as que saem mais. "Se o cliente quiser pedir algo diferente, podemos conversar", garante. "Sou filha de italianos e morei oito anos na Itália", diz. "Aprendi a cozinhar com a minha avó, Bruna Bigazzi, e com a minha mãe, Ana Rosa Gorla." As lasanhas são congeladas e aguentam no freezer por até dois meses. "O meu forte é que eu entrego em casa", diz Elisa. Mas a Tutti Lasagna também recebe visitas com hora marcada "Trabalho em uma casinha bem charmosa", conta. "A decoração é toda rosa. Quando o tempo está bonito, gosto de conversar com os clientes embaixo da jabuticabeira que temos no quintal."

Tutti Lasagna

✉ Rua Pascoal Vita, 130, Vila Madalena
☎ 8263-8484 e 7715-9583
✯ www.tuttilasagna.com.br
@ tuttilasagna@tuttilasagna.com.br
☞ com hora marcada

LINGUIÇAS ESPECIAIS

Desde 1949, Luiz Trozzi, mais conhecido como **Gijo**, comanda a fabricação de linguiças artesanais em seu açougue, próximo à estação Vila Mariana do metrô. Dono de uma personalidade extrovertida, ele enche a boca e fala com gosto de seu produto: "É uma coisa ímpar, não existe igual. São as melhores do mundo". Na pequena loja há uma antiga balança e fotos de sessenta, oitenta e até cem anos atrás, que mostram as transformações da região. Entre os quase trinta tipos de linguiça vendidos, está a famosa romana: a receita leva alcaparras, nozes, azeitona grega e uvas-passas.

Gijo
✉ Rua Doutor Pinto Ferraz, 16, Vila Mariana
☎ 5579-2935 e 5904-3694
✯ www.gijolinguica.com.br
☞ seg. a sáb. 8h/19h30; dom. 7h/13h

OFERECEM O MESMO SERVIÇO

Empório Mr. Joséf
✉ Rua Cantareira, 306, Mercado Municipal da Cantareira, rua E, boxe 15 , Parque Dom Pedro
☎ 3228-3104
✯ www.mrjosef.com.br
@ mrjosef@mrjosef.com.br
☞ seg. a sáb. 6h/16h; dom. 8h/15h

Rei das Linguiças
✉ Rua da Paz, 808, Chácara Santo Antônio
☎ 5182-2628
✯ www.reidalinguica.com.br
@ contato@nobreeventos.com.br
☞ ter. a sex. 9h/19h; sáb. 9h/16h; dom. 9h/14h

MAÇARICO PARA CREME BRÛLÉE

Não se sabe se originado na França ou na Espanha, onde é conhecido como creme catalão, o creme *brûlée* é um doce feito com creme de leite, ovos, baunilha, e coberto com açúcar queimado. Sobremesa clássica, requer um maçarico especial para queimar o açúcar. O aparelho, importado dos Estados Unidos, é de plástico e muito fácil de ser utilizado: basta acender uma chama, alimentada por gás de isqueiro. Pode ser encontrado na **Spicy**.

Spicy
✉ Shopping Iguatemi, piso 3, loja 88
☎ 0800-168388, 3031-1413 e fax: 3861-3252
✯ www.spicy.com.br
@ gerenteigu@spicy.com.br
☞ seg. a sáb. 10h/22h; dom. 14h/20h

MACROBIÓTICA

Um dos primeiros restaurantes macrobióticos de São Paulo, o **Integrão** apresenta em seu cardápio arroz integral, cereais, trigo em grão, sal marinho, mel, própolis, missô, *shoyu* (molho de soja), doces com mel e açúcar mascavo e uma completa linha de chás. Quem frequentava mais no início eram atores e intelectuais; hoje os clientes são jovens e executivos que procuram uma alimentação mais saudável, recomendada por muitos médicos. Os macrobióticos evitam carne vermelha, ovos, tomate, berinjela, repolho. As verduras mais usadas nessa culinária são escarola, acelga, almeirão, couve. E a carne é de soja. Livros naturais especializados em macrobiótica são vendidos lá.

Integrão
✉ Rua Joaquim Antunes, 377, Pinheiros
☎ 3088-3335 e fax: 3085-3707
✯ www.integrao.com.br
@ integrao@gmail.com
☞ seg. a sex. 12h/19h30; sáb. 12h/16h30

MASSA FOLHADA

Doces com massa folhada são sempre irresistíveis. Principalmente para quem não tem problemas com a balança. A **Arosa** vende o produto em rolos de trezentos gramas a 2,8 quilos. Ela pode ser utilizada na preparação de *strudels*, tortas, bolos, salgados, pastéis, tortinhas e mil-folhas. Um aviso: cada cem gramas de massa folhada contêm 346 calorias.

Arosa
✉ Avenida Sabiá, 158, Moema
☎ 5051-0325
✯ www.arosa.com.br
@ moema@arosa.com.br
☞ seg. a sex. 9h/18h; sáb. 9h/13h

MASSAS DIFERENCIADAS

Comandada pela *chef* Ana Soares, a **Mesa III** fornece massas exclusivíssimas para alguns dos mais transados restaurantes da cidade. Todas elas estão à venda para o público, em embalagens de quinhentos gramas, frescas ou congeladas. Entre as suas criações estão o *capelletti* de mortadela, pimenta verde e sálvia; o *raviolini* de bacalhau e rúcula; o *panzerotti* de *cottage* e berinjela defumada. Há também molhos para acompanhar as massas, saladas feitas sob encomenda e sobremesas.

Mesa III
✉ Rua Alves Guimarães, 1.464, Pinheiros
☎ 3868-5500
✯ www.mesa3.com.br
@ atendimento@mesa3.com.br
☞ seg. a sex. 9h/19h; sáb. 9h/16h; dom. e feriados 9h/14h

MORANGO COM FEIJÃO

Morango misturado com feijão? Um doce japonês chamado *ichigo daifuku* traz esta estranha combinação – e faz muito sucesso, garante a proprietária da **Itiriki Bakery**, Memi Kuo. Para fazer o doce, existem dois segredos: a escolha do morango e... muita paciência. É que são necessárias cinco horas de preparo. "Se o cozinheiro não for experiente, pode levar um dia inteiro", diz Memi. O *ichigo daifuku* é um morango coberto com pasta doce de feijão, envolto com massa de arroz. Esta é apenas uma das delícias dessa padaria em estilo oriental.

Itiriki Bakery
✉ Rua dos Estudantes, 24, Liberdade
☎ 3277-4939
✯ www.bakeryitiriki.com
☞ seg. a dom. 8h/18h; feriados 8h/18h

MORANGO EM QUALQUER ÉPOCA DO ANO

Quem adora morango não precisa mais esperar o frio chegar para se deliciar com a frutinha. Criado por Júlio César Feltrin em 2003, o **Disk Morango** faz entregas o ano todo. Júlio resolveu abrir o negócio depois de vender sua padaria. "Às vezes ficava difícil achar morango para os doces da panificadora. Aproveitei que já conhecia bastante gente do ramo e fui atrás", conta. Ele se associou a produtores de Minas Gerais, Atibaia, Jundiaí e do Ceagesp, e entrega em qualquer lugar de São Paulo, desde que o pedido seja de no mínimo cinco caixas (com quatro cumbucas de morango cada). A única coisa que varia entre uma estação e outra é o preço.

Disk Morango
✉ Não divulga o endereço
☎ 9776-7501 e 3765-1166
☞ ter., qui. e sáb. 6h/14h

OVAS E CARNES ESPECIAIS

Ovas de peixe-voador, ouriço-do-mar, salmão e truta. Tudo isso pode ser encontrada em potes de oitenta gramas na **Sea House**, especializada em frutos do mar. A casa dos Jardins garante um cardápio espetacular para seu banquete.

Sea House
✉ Alameda Lorena, 1.267, Jardins (mais dois endereços)
☎ 3064-6404
✯ www.seahouse.com.br
☞ seg. a qui. 12h/15h30 e 18h30/23h; sex. 12h/15h30 e 18h30/24h; sáb. 12h/16h e 18h30/24h; dom. e feriados 12h30/16h e 18h30/22h30

PÃES DO MOSTEIRO

O que você acha de poder levar para casa pães e bolos feitos pelas mãos abençoadas de um monge – detentores de receitas históricas, capazes de fazer o mais impávido dos fiéis cair em tentação? Uma pequena loja logo na entrada do **Mosteiro São Bento**, mantida pelos próprios monges, oferece, ao lado de livros, textos, medalhinhas e demais artigos religiosos, as delícias preparadas por eles. "No início os monges faziam os pães para consumo próprio, mas como os produtos foram muito bem-aceitos pelos visitantes, resolveram vender na loja", conta a vendedora Sueli. O leque de opções não é vasto, mas faz qualquer um cair no pecado da gula. O bolo Dom Bernardo leva pêssego, nozes, café e gengibre, entre outros ingredientes. O Santa Escolástica, maçã, nozes e canela. No bolo dos Monges vai banana, ameixas e leite condensado. Há duas opções de pães: o São Bento, feito com mandioquinha; e o de mel, recheado com geleia de morango. Na data em que se comemora a Páscoa, são produzidas rosquinhas.

Mosteiro São Bento
✉ Largo São Bento, s/nº, Centro
☎ 3328-8799
☞ seg. a sex. 7h/18h; sáb. 7h30/12h; dom. 11h/12h
✉ Rua Barão de Capanema, 416, Jardins
☎ 3063-0522
☞ seg. a sáb. 9h/18h30
✯ www.padariadomosteiro.com.br
@ mosteiro@mosteiro.org.br

PÃES ESPECIAIS

As 4.500 padarias da cidade de São Paulo oferecem hoje os mais diversos tipos de pão. Baguetes recheadas, ciabatas e croissants já fazem parte do cardápio de quase todas. A **Italianinha** tem como especialidade os pães italianos recheados, em 18 sabores.

Italianinha
✉ Rua Rui Barbosa, 121, Bela Vista
☎ 3289-2838 e 3141-4166
✯ www.padariaitalianinha.com.br
@ padariaitalianinha@bol.com.br
☞ seg. 14h/20h; ter. a sáb. 7h/20h; dom. 7h/15h

PÃES PARA O ANO-NOVO JUDAICO

Os cristãos comemoram a virada do ano no dia 31 de dezembro, de acordo com o calendário grego. Já os judeus comemoram a virada do ano nos dias 4 e 5 de outubro. O *Rosh Hashaná*, o Ano-Novo judaico, é celebrado com alimentos-símbolo como o mel, a maçã e também o *barches* (*Chalah Aguláh*), um pão em formato redondo ou trançado que, por não ter fim ou começo, representa a continuidade. "Esse pão é como se fosse o panetone para os cristãos", conta Christina Hatt, proprietária da **Confeitaria Christina**, tradicional doceria que, desde 1972, produz apenas sob encomenda o *barches* nos formatos redondo, trançado e trançado-redondo, com massa semidoce ou salgada, e em sete versões, mas sempre de acordo com a tradição religiosa. Além do quitute judaico, a Confeitaria Christina oferece bolos, tortas e tudo o que há de bom em uma loja do tipo.

Confeitaria Christina

✉ Rua Vieira de Moraes, 837, Campo Belo
☎ 5044-5400 e 5561-2354
✯ www.confeitariachristina.com.br
☞ seg. a sex. 8h/20h; sáb., dom. e feriados 8h/19h

PANELAS CAPIXABAS

As panelas da **Casa Bandeirante** são produzidas em Goiabeiras, no Espírito Santo. Feitas de argila e banhadas com tanino, elas realçam o sabor dos alimentos e mantêm a temperatura do cozido por quase uma hora, segundo os vendedores, após serem retiradas do fogão.

Casa Bandeirante

✉ Rua Cantareira, 306, Mercado Municipal da Cantareira, rua F, boxes 4 e 6, Parque Dom Pedro
☎ 3227-6700 e 3313-1630
@ toto.veiga@hotmail.com
☞ seg. a sáb. 6h/16h; dom. 6h/14h

PANETONE O ANO INTEIRO

Se você aguarda ansiosamente pelo Natal só para comer o tradicional bolo italiano, saiba que a **Di Cunto** o vende durante todo o ano. A opção Pandoro dispensa uva passa e frutas cristalizadas, mas sofistica a massa e tem cobertura de açúcar impalpável (de confeiteiro processado com amido de milho).

Di Cunto

✉ Rua Borges de Figueiredo, 61, Mooca (e mais três endereços)
☎ 2081-7100
✯ www.dicunto.com.br
@ mail@dicunto.com.br
☞ seg. 12h/19h; ter. a sáb. 9h/19h; dom. 8h30/17h

PANETONES CHINESES

Durante o mês de setembro, um produto muito especial invade as prateleiras de mercados especializados em produtos chineses no bairro da Liberdade. É o bolo da lua, tradicionalmente trocado durante os festejos do Festival de Meio de Outono chinês. "É o panetone deles", simplifica um dos funcionários brasileiros da **Mei Sim**, loja especializada em produtos chineses. Empilhadas no meio da loja, as caixas vermelhas e douradas, importadas de Hong Kong, carregam de quatro a seis unidades. Os mais tradicionais são de pasta de feijão doce, lótus e castanha, mas também há versões de frutas e uma recheada com gema de ovo. As caixas são escritas em chinês – para saber o sabor do bolo, é preciso ler o adesivo que traz a tradução em português. "É uma torta da sorte, toda a família come para trazer alegria e prosperidade", tenta explicar em português vacilante a gerente da Mei Sim, Linda Chin.

Mei Sim

✉ Praça da Liberdade, 83, Liberdade (e mais quatro endereços)
☎ 3105-9800
✯ www.meisim.com.br
@ meisim@meisim.com.br
☞ seg. a dom. 9h/21h

PANETONES DECORADOS

Marcela Sanchez tem a receita para acabar com a mesmice dos panetones. Ela decora panetones com bonequinhos de Papai Noel, árvores, bonecos de neve, anjinhos, velas e outros símbolos natalinos, todos comestíveis, feitos com glacê real e pasta americana. Marcela aprendeu o ofício com a mãe, que tinha uma escola de culinária. Depois fez um curso de decoração artística na Argentina. O forte da Marcela são as aulas que dá sobre decoração de bolos, cuja duração varia de três dias a quatro meses. Muitas de suas alunas viraram professoras também. No Natal, os pedidos são tantos que ela costuma contratar alguns assistentes.

Marcela Sanchez

✉ Avenida Coronel Sezefredo Fagundes, 3.350, Vila Cachoeira
☎ 2996-3451
✯ www.marcelasanchez.com
@ vendas@marcelasanchez.com
☞ seg. a sex. 9h/17h

PÃO DE CACHAÇA

Com auxílio de um técnico especializado do Senai, a **Padaria Pão do Parque** lançou o pão de cachaça. O sabor tem feito sucesso – são noventa vendidos diariamente. A unidade pesa em torno de trezentos gramas e mede trinta centímetros.

Padaria Pão do Parque

✉ Avenida Doutor Cândido Mota Filho, 588, Vila São Francisco (e mais dois endereços)
☎ 3628-8111
✯ www.paodoparque.com.br
@ paodoparque@paodoparque.com.br
☞ seg. a dom. 6h/22h30

PATISSERIE DE BOMBAS

Bomba não é só de chocolate. Pelo menos na **La Bombe**, existem 13 sabores das famosas *eclairs*: pistache, damasco, amêndoa, doce de leite uruguaio, jabuticaba... e, claro, chocolate. Mariana Araújo, uma das sócias, é formada em gastronomia e faz as bombas artesanais todos os dias com ingredientes como creme de pistache italiano, chocolate Valrhona e baunilha natural.

La Bombe

✉ Rua dos Pinheiros, 223, Pinheiros
☎ 2628-7667
✯ www.labombe.com.br
@ mariana@labombe.com.br
☞ seg. a sáb. 11h/20h

PATO LAQUEADO

Nascida em Hong Kong, Kelly Wong aprendeu a preparar o pato laqueado (também chamado de pato de Pequim) com o sogro. A dona do **Hi Pin Shan** faz questão de ressaltar que o preparo é um pouco diferente do tradicional chinês. Em seu restaurante, o pato é descongelado, temperado com corante chinês, mel e amido de milho (para que sua pele fique crocante), sempre de um dia para o outro. Depois desse período de descanso, como o pato "murcha", ele é inflado com uma bombinha, para que a sua pele volte à forma original. O pato é então pré-assado no forno durante trinta minutos e só depois é frito. De acordo com Kelly, a pele frita deve ser colocada dentro de uma panqueca fininha, pincelada com molho de missô e cebolinha, embrulhada e degustada como se fosse um petisco.

Hi Pin Shan
✉ Rua Padre Chico, 190, Pompeia
☎ 3675-2270
✉ Rua Doutor Ivo Define Frasca, 95/99, Vila Olímpia
☎ 3845-7167 e 3849-1191
★ www.hipinshan.com.br
☞ ter. a sáb. 11h/14h30 e 18h/22h

OFERECEM O MESMO SERVIÇO

Ton Hoi
✉ Avenida Professor Francisco Morato, 1484, Butantã
☎ 3721-3268
★ www.tonhoi.com.br
@ tonhoi@hotmail.com
☞ qua. 19h30/22h; qui. a sáb. 12h/14h30 e 19h30/22h; dom. 12h/14h30

China Lake
✉ Rua Marechal Deodoro, 525, Santo Amaro
☎ 5524-7921 e 5687-0998
★ www.chinalake.com.br
☞ seg. a qui. 12h/15h e 18h30/22h30; sex. e sáb. 12h/15h e 18h30/24h; dom. 12h/16h e 18h30/22h30

PIZZA DE OITO COBERTURAS

Para acabar com a angústia dos clientes na hora de escolher sabores de pizza, **O Artesão Pizzaria** criou duas "pizzas degustação". Cada uma tem oito pedaços com coberturas diferentes. "Assim, o cliente pode pedir o sabor que mais gostar numa versão inteira na vez seguinte", diz Leonardo Massarelli, autor da ideia. O grande segredo é como dividir os ingredientes com tanta precisão. "É uma pizza trabalhosa", afirma Lourdes, mãe de Leonardo. "Temos um aparelho que auxilia na montagem." A engenhoca tem hastes de metal que garantem que os ingredientes não se misturem. Massarelli contou com a ajuda da *chef* Lenita Hiraki para harmonizar os diversos sabores. "Acredito muito em inovação, mas estava receoso", segreda Leonardo. "Agora só tenho o que comemorar."

O Artesão Pizzaria
✉ Rua Caraíbas, 432, Perdizes
☎ 3873-9757 e 3801-3698
★ www.oartesaopizzaria.com.br
@ contato@artesaopizzaria.com.br
☞ restaurante: ter. a qui. 18h/23h30; sex. a dom. 18h/24h. Delivery: ter. a sex.18h/23h30; sáb. a dom. 18h/24h

OFERECE O MESMO SERVIÇO

Santa Pizza
✉ Rua Harmonia, 117, Vila Madalena
☎ 3891-0301
★ www.santapizza.com.br
@ contato@santapizza.com.br
☞ Delivery: seg. a dom. 19h/23h. Restaurante: dom. a qua. 19h/24h; qui. a sáb. 19h/1h

PIZZAS COM ESCUDOS DE TIMES

Seu time venceu um jogo importante? Você pode comemorar o feito com uma pizza. Pode ser um pedaço de Corinthians, de São Paulo, de Palmeiras ou de Santos. A criação das redondas futebolísticas é de Alexandre Ayres, dono da **Pizza in Festa**, empresa que organiza pizzadas em casas, apartamentos ou onde os clientes pedirem. O trabalho dos escudos dos times é todo feito com catupiry e corante comestível. "Queria fazer uma brincadeira com meus clientes", conta ele, torcedor do Palmeiras. "Futebol é um tema que todo mundo se interessa, e nesse tipo de negócio é sempre preciso inovar." Qualquer time pode ser homenageado, e não apenas os de São Paulo. Ao todo, a Pizza in Festa oferece um cardápio com vinte diferentes recheios. Fica responsável também pela montagem de toda a estrutura da festa, incluindo antepastos, fornos, pratos e talheres. Para contratar o serviço, é preciso fechar um pacote mínimo de vinte pizzas, que serve até trinta pessoas. Alexandre também faz pizzas doces e sua mais nova criação é uma de paçoca, recheada com um creme que mais parece uma musse de paçoca.

Pizza in Festa
✉ Não divulga o endereço
☎ 3901-1938 e 9164-0811
✯ www.pizzainfesta.com.br
@ pizzainfesta@pizzainfesta.com.br
☞ seg. a sex. 9h/18h

PLACAS DE SUSPIRO

Ao pensar em preparar um delicioso bolo de suspiros com morango e chantili, muita gente desiste porque fazer o suspiro dá o maior trabalho. Mas ele pode ser comprado pronto. **A Quituteira** vende placas de suspiro no tamanho 25 X 28 centímetros.

A Quituteira
✉ Rua Professor Alfonso Bovero, 1.121, Perdizes
☎ 3673-2528 e fax: 3864-8086
✯ www.aquituteira.com.br
@ aquituteira@uol.com.br
☞ seg. a sex. 8h/18h; sáb. 8h/17h

PRATOS ARMÊNIOS

As voluntárias da **Sociedade Beneficente de Damas Brasil-Armênia** preparam e vendem todas as semanas pratos da culinária armênia. Todas as quintas-feiras, desde 1990, um grupo de 22 mulheres com idade média de setenta anos se reúne para cozinhar em benefício dos dez leitos da Casa de Repouso Hai Oknutian Miutian. Entre 6h30 e meio-dia, as alegres senhoras preparam pratos como o *manti* (uma espécie de capelete típico, que pode ser servido em sopas, com molho ou coalhada) e o *dolma* (berinjela, pimentão e abobrinha recheados com carne e arroz). Fazem também pastéis folhados de queijo, palmito e frango, esfihas de carne ou queijo, charutos de folhas de uva e quibes de bandeja. Outro prato famoso é o *suboreg*, uma espécie de lasanha, com massa amanteigada e recheada com mussarela e queijo fresco. "Temos uma produção pequena, vendemos para o pessoal do bairro", diz Vitória Dadian Pandjarjian, voluntária que iniciou o trabalho.

Sociedade Beneficente de Damas Brasil-Armênia
✉ Rua Dona Elfrida, 264, Imirim
☎ 2976-5029
☞ seg. a sex. 9h/18h

PRATOS ARMÊNIOS CONGELADOS

A **União Geral Armênia de Beneficência** dá aquele empurrãozinho para quem gosta da culinária típica e tem preguiça de botar o pé na cozinha. Toda segunda-feira, um grupo de senhoras da comunidade se reúne voluntariamente para preparar quitutes armênios, que são vendidos congelados. O cardápio conta com *suboreg* (massa folhada com recheio de queijo), pastéis folhados, além de esfihas, quibes, charutos de folha de uva, repolho e couve. "Nossa cozinha lembra muito a árabe, mas a diferença está no tempero e no preparo", revela o gerente administrativo da Ugab, Gabriel Nalbandian. A maior parte dos consumidores dos pratos é jovem, descendente de armênios. "Eles não têm tempo para ficar na cozinha", conta Nalbandian. "Muitos compram dezenas de pratos e estocam em suas geladeiras." Todo o lucro dos pratos é revertido a quarenta famílias carentes da comunidade. "Trabalhamos sem a intenção de ganhar dinheiro", explica. "Cozinhamos para manter viva uma tradição."

União Geral Armênia de Beneficência

✉ Rua Natingui, 1.545, Pinheiros
☎ 3814-9299
✯ www.ugab.com.br
@ ugabbrasil@terra.com.br
☞ seg. 8h/17h; ter. a dom. com hora marcada

PRATOS PARA DIETA SOB ENCOMENDA

O restaurante **La Hortelana** apresenta um serviço diferenciado para quem vive na correria e não tem como seguir as sempre difíceis dietas alimentares. Basta apresentar um regime prescrito por um nutricionista ou por um endocrinologista que a equipe de Luciana Bonachela prepara os pratos exatamente como estão especificados. Eles podem ser levados na casa ou no escritório do cliente ou podem ser comidos ali mesmo. Cansada da vida enfadonha que levava num escritório de advocacia, Luciana resolveu abrir um negócio que lhe desse prazer. "Eu era uma daquelas que não tinha condições de preparar os pratos que os nutricionistas sugeriam por falta de tempo", conta. "Virei vegetariana e resolvi adotar uma alimentação mais saudável. Agora ofereço essa oportunidade a todos os meus clientes."

La Hortelana

✉ Avenida Alfonso Bovero, 696, Perdizes
☎ 3871-9191
☞ seg. a sex. 11h30/15h30; sáb. 12h/16h

PRODUTOS JUDAICOS

Zilda e Ana Gonçalves, mãe e filha, eram feirantes na rua Mato Grosso, em Higienópolis. Cansadas de acordar tão cedo, decidiram tentar outro negócio: alugaram um bar na esquina das ruas Itambé e Sergipe e o transformaram em uma pequena mercearia especializada em frios e laticínios. Como perceberam que a maioria dos clientes da **Zilana** (nome que deram à loja juntando os seus) era judia, apostaram nesse filão. O sucesso foi tão grande que as duas passaram a viajar constantemente para Israel para aprender cada vez mais a respeito das tradições do país. Zilana é uma das maiores casas especializadas de São Paulo (e o curioso é que as duas são católicas) e tem até garçons que falam o ídiche (idioma dos judeus).

Zilana

✉ Rua Itambé, 506, Higienópolis
☎ 3257-8671 e 3256-5053
☞ seg. a sex. 8h30/19h; sáb. 8h30/15h; dom. 8h30/14h

PRODUTOS KOSHER

O pequeno mercado **All Kosher** abriu suas portas para atender a uma demanda bem específica: a de judeus ortodoxos que só consomem alimentos aprovados pelo rabino. Para que isso aconteça, é necessário seguir algumas regras no preparo. Primeiro, não utilizar carne de porco ou crustáceos nos pratos e, em segundo, não misturar carne e leite em nenhum momento. Entre as opções oferecidas estão o *guefilte fish*, tradicional bolinho de peixe, o *borscht*, uma sopa de beterraba, e o *farfel*, uma massa de macarrão cortada em cubos. A casa também tem itens especiais para o *Pessach*, a Páscoa hebraica.

All Kosher
✉ Alameda Barros, 391, loja 12, Santa Cecília
☎ 3825-1131 e fax: 3667-0059
@ alko@terra.com.br
☞ seg. a sex. 8h30/18h30

PRODUTOS NATURAIS

Quando foi fundada por José Vanin e Bartolomeu Lamanna em 1949, as especialidades da **Casa do Arroz Integral** eram as mais improváveis variedades de arroz. Na década de 1980, quando as grandes redes de varejistas foram abertas nas Marginais, a Casa teve que encontrar uma saída para não afundar com a concorrência. “Então começamos a vender tudo o que constava na lista da clientela naturalista da casa, além do arroz”, conta Vicenzo Capotorto, atual proprietário do estabelecimento. Hoje são mais de setecentos itens à disposição, 120 vendidos a granel. É possível encontrar levedo de cerveja, guaraná em pó, gergelim nativo (escuro, mais raro), farinha de castanha de caju e de maracujá, o mais recente dos infindáveis modismos alimentares. Há também café sem cafeína, açúcar mascavo, mel, geleias e biscoitos, entre outros produtos. Quem não pode ingerir bebidas alcoólicas, pode saborear os vinhos e espumantes sem álcool.

Casa do Arroz Integral
✉ Avenida Mercúrio, 86, Centro
☎ 3311-7877 e 3313-2053
✯ www.emporiodoarrozintegral.com.br
@ prod.naturais@terra.com.br
☞ seg. a sex. 8h/18h; sáb. 7h/15h

PRODUTOS PARA DIABÉTICOS

Os diabéticos, além de pacientes crônicos, precisam ser eternamente muito pacientes. Da descoberta dos primeiros sintomas ao teste diário do nível de insulina no sangue, precisam estar atentos a tudo: atividades físicas regulares, medicação, controle e, principalmente, reeducação e dieta alimentar. Sabendo dessa realidade e das necessidades dos portadores do diabetes – um dos sócios é diabético –, foi fundada a **Dia a Dia**, dedicada e especializada no fornecimento de produtos e serviços exclusivamente para diabéticos. A loja fica localizada estrategicamente no bairro dos Jardins, bem próxima de hospitais, clínicas e consultórios médicos, que são os seus naturais parceiros. Conta com outras lojas que fornecem de medicamentos a livros de receitas.

Dia a Dia
✉ Alameda Lorena, 1.338, Jardins
☎ 3064-8572 e 3083-0751
✯ www.diaadia.com.br
@ jardins@diaadia.com.br
☞ seg. a sex. 8h/18h; sáb. 9h/13h

PRODUTOS TÍPICOS DO PARÁ

Diz o folclore popular que as frutas paraenses têm um alto poder afrodisíaco.

Será? Se quiser experimentar, a **Açaí da Diana** oferece açaí, cupuaçu, bacuri e murici. Vende também ingredientes para pratos típicos do Pará, como jambu (um tipo de verdura), pimenta, camarão e caranguejo. A dona, Diana Helena, traz peixes da região, como dourado, tamuatá e pirarucu. A loja tem também a maniçoba (cozido que leva alguns ingredientes da feijoada, folhas de mandioca e goma de tapioca). Faz entregas gratuitas para locais próximos.

Açaí da Diana

✉ Rua João Francisco Bellegardi, 136, Penha
☎ 2684-0881, 2684-1716, 3533-3460 e 8435-8358
✯ www.coisasdopara.com.br
@ tudodopara@hotmail.com
☞ seg. a sáb. 9h/18h

QUEIJOS

Na **Laticínios Pirâmide**, além dos mais tradicionais meia-cura, provolone e parmesão, é possível encontrar gorgonzolas vindos da Argentina, da Dinamarca ou da Alemanha, queijo de cabra holandês, o *emmenthal* suíço, o *brie* francês e muitas outras variedades nacionais ou importadas, como o tipo rambol com damasco. A banca sempre vendeu queijos, porém está diversificando suas opções, oferecendo vários tipos de tira-gosto, como castanha-de-caju, nozes e o "amendoim viagra", com pimenta – até a cor é diferente –, além de frutas desidratadas ou cristalizadas, *funghi*, cereais e azeites.

Laticínios Pirâmide

✉ Rua Cantareira, 306, Mercado Municipal da Cantareira, rua D, boxes 1, 3 e 5, Parque Dom Pedro
☎ 3326-2055 e fax: 3311-8286
@ latpiramide@uol.com.br
☞ seg. a sáb. 6h/16h; dom. 7h/14h

SORVETE DE RAPADURA

Quando o assunto é criar sabores diferentes, a doceria **Sweety Ice** não gosta de ficar para trás. Faz sorvete de pimenta, mel, capim-santo, chá verde e até lichia. Mas a novidade criada para este verão é o sorvete de... rapadura. "Foi ideia de um cliente", conta Cristina Penafiel, uma das sócias. "Como atendemos muitos restaurantes, tem sempre gente querendo um sabor novo para incrementar uma sobremesa." O sorvete de rapadura é feito com melaço da cana-de-açúcar sobre uma base de creme. O gosto fica igualzinho. "A única diferença é que o sorvete é molinho", brinca Cristina. "Sorvete de rapadura é comum no Nordeste. Um cliente entrou aqui e fez a maior festa quando descobriu que o tínhamos também."

Sweety Ice

✉ Rua Três Irmãos, 134, Morumbi
☎ 3725-9888 e 3722-5323
☞ seg. a sex. 9h/19h30; sáb. 10h/14h
✉ Rua Alves Ribeiro, 414, Cambuci
☎ 3207-5833
☞ seg. a sex. 9h/18h; sáb. 10h/14h
✯ www.sweetyice.com.br

SORVETE VEGAN

O veganismo é uma filosofia de vida que respeita os direitos dos animais. Por isso, seus seguidores não usam produtos que tenham sido testados em bichos e também abominam qualquer forma de exploração animal. Nessa lista, portanto, o leite de vaca está incluído. Opa, então, sorvete nem pensar? Calma, veganos! **A Sorveteria Soroko** desenvolve uma linha especial feita com leite de soja. Chegam até a isolar um freezer inteiro para que os sorvetes veganos não tenham contato com os tradicionais. O casal Anatolie Soroko – filho de imigrantes russos – e a mulher, Maria Regina, desenvolvem quarenta sabores – um terço de veganos. A dupla abusa da criatividade. Sabores inusitados não faltam: cerveja, tamarindo, pétalas de rosa, caipirinha, abóbora com coco, kiwi, cupuaçu, batata-roxa e até figo seco. Invencionices como o olho de sogra e o beijinho também têm lugar garantido por lá. Quem desenvolve os sabores é Maria Regina. "Ela possui um excelente paladar e é a única capaz de dar o ponto certo na massa dos gelados", orgulha-se Anatolie. "Muitos tentam copiar nossos sorvetes, mas não conseguem dar o ponto correto."

A Sorveteria Soroko
✉ Rua Augusta, 305, Consolação
☎ 3258-8939
☞ seg. a dom. 12h/22h

SORVETES DE GORGONZOLA E MANJERICÃO

Fundada em 1972, a **Sorveteria Damp** começou com cerca de dez sabores tradicionais. "Agora, temos mais de noventa.", diz Dalmira Soares Domizi, a proprietária. Por encomenda de restaurantes, criaram sabores brasileiríssimos, como rapadura, tapioca e abóbora com coco. Outros sorvetes são bem incomuns: manjericão, gorgonzola com nozes, queijo cuia com melado doce e pimenta rosa, tomate seco e alecrim são alguns deles. Toda a produção, garante Dalmira, é feita com ingredientes escolhidos cautelosamente: "Usamos apenas o melhor. Nossa farinha de tapioca, por exemplo, vem direto do Pará", explica. O estabelecimento só tem capacidade de oferecer em esquema *self-service* 48 sabores de uma vez. Por isso, alguns deles só aparecem em determinados dias da semana ou são vendidos apenas sob encomenda.

Sorveteria Damp
✉ Rua General Lecor, 512, Ipiranga
☎ 2274-0746
★ www.dampsorvetes.com.br
@ contato@dampsorvetes.com.br
☞ seg. a dom. 10h/19h

OFERECE O MESMO SERVIÇO

Nostro Gelato
✉ Rua Antonio Macedo Soares, 1.138, Campo Belo
☎ 5041-3022 e 2532-2022
★ www.nostrogelato.com.br
@ contato@nostrogelato.com.br
☞ seg. a dom. 11h/19h

SORVETES EXÓTICOS

Você já experimentou sorvete de saquê com coco? Ou de limão com manjericão? Essas são algumas das novidades criadas pela **Gelée**. Mariângela Dias começou no ramo depois de receber um convite do Empório Santa Maria para criar uma linha de gelados. Viajou o mundo atrás de receitas e hoje prepara quarenta sabores bem inusitados. Produz sorvetes à base de leite de soja para intolerantes à lactose, de caramelo com flor de sal, coco com tapioca, goiabada cascão, pão de mel, queijo com goiabada, marzipã, pera com marrom-glacê e até lichia. "Estou sempre aprimorando meus sabores." Sob encomenda, faz outros tantos, como os sorvetes de pétalas de rosas e de azeite. Doceira, Mariângela aprendeu a arte do preparo de sorvetes em escolas francesas. Para aproveitar melhor as criações, ela ensina: "Depois de tirar o sorvete do freezer, espere sempre de três a cinco minutos antes de saboreá-lo. Assim o sabor fica acentuado". Quem quiser provar deve procurar os produtos na **Casa Santa Luzia**, no **Empório Santa Maria** e também no **Varanda Frutas**.

Gelée

✉ Rua Atílio Innocenti, 829, Itaim Bibi
☎ 3044-9597 e 3045-0267
✯ www.gelee.com.br
@ gelee@gelee.com.br
☞ seg. a sex. 10h/19h

Empório Santa Maria

✉ Avenida Cidade Jardim, 790, Jardins
☎ 2102-7700 e 3706-5211
✯ www.emporiosantamaria.com.br
☞ seg. a sáb. 8h/22h; dom. 8h/21h

Casa Santa Luzia

✉ Alameda Lorena, 1.471, Jardim Paulista
☎ 3897-5000
✯ www.santaluzia.com.br
@ sac@santaluzia.com.br
☞ seg. a sáb. 8h/20h45

Varanda Frutas

✉ Praça Deputado Dario de Barros, 401, Cidade Jardim
☎ 3035-5855
✯ www.varanda.com.br
☞ seg. a sáb. 6h/2h; dom. e feriados 7h/2h

Varanda Frutas 2

✉ Rua Olimpíadas, 360, térreo, loja 120, Vila Olímpia
☎ 3016-1620
✯ www.varanda.com.br
☞ seg. a sáb. 7h/22h; dom. 8h/22h

SUBMARINO GREGO

Sabe como os gregos enfrentam o forte calor de verão? Além de picolés ou sucos gelados, eles gostam mesmo é de um doce de baunilha típico, servido numa colher, para ser mergulhado em água gelada antes de ser saboreado. Este ritual valeu ao doce o apelido de "submarino". Quem mantém esta tradição viva em São Paulo é **Vasiliki Samiotis**, filha de gregos. O doce é feito com água, açúcar, baunilha e vinagre; tudo perfumado depois com mastiha, uma especiaria grega. O doce de baunilha fica uma pasta branca, consistente, endurece semelhante a um marshmallow quando fica frio. A receita utilizada por Vassiliki já passou por três gerações de família e é cheia de segredinhos: "Precisa estar na temperatura certa e fazer o movimento certo para ficar branquinho e gostoso". No Brasil, além de ser consumido à moda grega, ele também pode adoçar o café ou acompanhar cerejas e chocolates.

Vasiliki Samiotis

✉ Não divulga o endereço
☎ 2309-7723
@ vasiliki.kom@gmail.com
☞ seg. a sáb. 9h/20h

SUPERMERCADO ORIENTAL

No **Marukai** você se sente realmente no Oriente. A loja é uma espécie de supermercado de produtos orientais e tem mais de 13 mil itens vindos do Japão e da China. É possível encontrar refeições congeladas de pratos típicos, *bentôs* (pratos prontos, como se fosse o nosso PF) e alimentos estranhos, como miojo doce, ameixa salgada em conserva (*umeboshi*), isca de peixe desidratada, balas de flor, de sal (acredite!) e extrafortes de limão (que alguns compram só para pregar peças, porque é quase impossível terminar de chupá-las). Outro item inusitado é o *nigauri* ("pepino amargo", em japonês), que tem gosto de jiló e aparência de espiga de milho.

Marukai
✉ Rua Galvão Bueno, 34, Liberdade
☎ 3341-3350 e 3209-2251
✯ www.marukai.com.br
@ marukai@marukai.com.br; pedidos@marukai.com.br
☞ seg. a dom. 8h/20h

OFERECEM O MESMO SERVIÇO

Mercearia O. G.
✉ Rua Três Rios, 245, Bom Retiro
☎ 3326-1419 e 3229-4022
☞ seg. a sáb. 8h15/20h15; dom. 8h30/15h

Oriental
✉ Rua dos Estudantes, 38, Liberdade
☎ 3209-8830 e 3208-6979
☞ seg. a dom. 7h30/19h30

TACACÁ

Iguaria típica da culinária amazônica, o tacacá é muito apreciado nos estados do Amazonas e do Pará. Em São Paulo, é servido diariamente no restaurante **Amazônia**, criado pelo ator e *chef* de cozinha paraense Paulo Leite. O tacacá é feito à base de molho de tucupi, espécie de caldo extraído da mandioca, temperado com sal, alho e pimenta. Salgado e de gosto forte, é sempre servido quente, incrementado com bastante camarão seco, vindo do Maranhão, e com jambu, uma erva regional que deixa a boca levemente anestesiada. O toque final fica por conta da chamada "goma", o amido da mandioca, cujo aspecto estranho pode assustar os clientes mais sensíveis, mas que se contrapõe à acidez do tucupi. No Amazônia, Paulo calcula vender de oitenta a cem cuias de tacacá por semana.

Amazônia
✉ Rua Rui Barbosa, 206, Bela Vista
☎ 3142-9264 e 9121-6196
✯ restauranteamazonia.wordpress.com
@ restauranteamazonia@yahoo.com.br
☞ seg. a dom. 12h/13h; qua. a sáb. 19h/23h30

TEMPEROS

Ao entrar na **G. Frederico & Cia.**, o cliente se vê rodeado pelo aroma das cerca de setecentas variedades de temperos à venda. Eles vêm de todos os cantos do mundo, como América Central, Indonésia, Bulgária, Argentina, Tur-quia, Estados Unidos – sem esquecer, é claro, dos temperos nacionais –, e vão desde o trivial orégano até preciosidades como o açafrão espanhol e curiosidades como o anis-estrelado e a semente de papoula, que você pode usar sem preocupação, porque ela não tem poderes alucinógenos. Os funcionários estão sempre prontos para recomendar a melhor opção para o prato que você quer preparar.

G. Frederico & Cia.
✉ Rua Cantareira, 306, Mercado Municipal da Cantareira, rua F, boxes 21 e 23, Parque Dom Pedro
☎ 3228-1854
☞ seg. a sáb. 6h/16h; dom. 7h/14h

TORTA DE SORVETE

A **Torta de Sorvete** é um dos orgulhos da gastronomia porto-alegrense. Boa notícia: a sobremesa, inventada em 1987, pode ser encontrada em churrascarias rodízio de São Paulo, como Jardineira Grill, Vento Haragano, Alpha Grill e em algumas unidades da rede Montana Grill. Má notícia: o paulistano só pode escolher entre dois sabores disponíveis. A tradicional de creme tem massa de suspiro e recheio de sorvete de creme, enquanto a Marta Rocha leva sorvetes de baunilha e de chocolate, nata, doce de ovos, merengue e amêndoas. É possível também encomendar a famosa torta diretamente do fabricante.

Torta de sorvete

✉ Rua Doutor Luiz Migliano, 2.050, conjunto 27, Morumbi
☎ 3739-0821
✯ www.tortadesorvete.com.br
@ vendas@tortadesorvete.com.br
☞ seg. a sex. 11h/17h

TUCUPI

Tucupi é o caldo que sai da casca da mandioca-brava depois que ela é cozida e amassada no pilão. Esse processo precisa ser bem-feito, porque a mandioca-brava possui um veneno, o ácido cianídrico, que pode causar intoxicação. O tucupi é usado na elaboração de um prato famoso na região Norte do país, em especial no estado do Pará – o Pato com Tucupi. O **Empório 493** vende o extrato em garrafas de dois litros e dá um conselho: o caldo do tucupi tem de estar bem amarelo; se escurecer um pouco é porque estragou.

Empório 493

✉ Rua Cantareira, 306, Mercado Municipal da Cantareira, rua A, Parque Dom Pedro boxes 1 e 3
☎ 3228-4471
☞ seg. a sáb. 6h/17h; dom. 6h/16h

UÍSQUE

Cansado da ciranda financeira do mercado, o empresário Luiz Gustavo trocou uma empresa de *factoring* (antecipa o pagamento de cheques pré-datados e duplicatas mediante a cobrança de uma taxa) por uma adega, **Companhia do Uísque**, especializada na bebida dos lordes: o uísque. Mesmo não sendo fã do puro malte escocês, Luiz fez uma pesquisa de mercado e descobriu que poderia ganhar dinheiro atendendo uma clientela exigente. São mais de 2 mil itens – um acervo para escocês nenhum botar defeito. Entre as preciosidades nas prateleiras, o Glenfiddish: o primeiro *scotch* comercializado no mundo. Uma dica: todo uísque importado legítimo vendido na América Latina tem dosador. "Isso é uma norma internacional", explica o empresário. Para os mais estudiosos e apreciadores da bebida, a simples verificação do perfume já é suficiente para definir se a garrafa tem boa procedência. Mas isso é só para poucos bons apreciadores...

Companhia do Uísque

✉ Avenida Jandira, 263, Moema
☎ 5055-6000
✯ www.ciadowhisky.com.br
@ atendimento@ciadowhisky.com.br
☞ seg. a sáb. 9h/20h

CONSERTOS, REFORMAS E RESTAURAÇÕES

APARELHOS DE GINÁSTICA

Os principais clientes da **Kiko's Assistência Técnica** são academias, condomínios e hotéis. A empresa fabrica e conserta esteiras, bicicletas ergométricas, estações de musculação e todo tipo de aparelhos de ginástica nacionais e importados. O atendimento é feito apenas na casa do cliente.

Kiko's Assistência Técnica
✉ Avenida Escola Politécnica, 109, Rio Pequeno
☎ 3714-5086 e fax: 3766-5217
✯ www.fitnesstec.com.br
@ fitnesstec@fitnesstec.com.br
☞ seg. a sex 8h30/17h30

OFERECE O MESMO SERVIÇO

Kraft
✉ Rua Paineiras, 195, Jardim do Lago
☎ 5521-4480
@ kraftmanutencao@uol.com.br
☞ seg. a sex. 9h/17h30

BIJUTERIAS

Além de ser uma loja repleta de variedades, a **Multi Bijoux** oferece um serviço de conserto e reforma de brincos, colares, pulseiras e broches. Caso você tenha uma bijuteria em casa que saiu da moda, os funcionários da loja indicam o que é possível fazer com o material para não jogá-lo fora. Também colocam apliques em sapatos e vendem produtos antialérgicos para brincos.

Multi Bijoux
✉ Rua Monte Alegre, 360, Perdizes
☎ 3862-8503 e 3864-5245
☞ seg. a sex. 9h/18h; sáb. 9h/13h

BOLSAS, CALÇADOS E MALAS

Malas e bolsas sem alça estão com os dias contados. A **Sapatos em Manutenção** pinta e refaz alças, troca rodinhas e forros de malas e bolsas velhas. Sapatos e tênis também podem se transformar. A loja troca, aumenta e diminui saltos, remove e substitui solas e revestimentos. Além disso, os sapatos apertados podem ser laceados, aumentando de meio a um número, dependendo do calçado. A proprietária, Rosely Brancaglione, realiza também muitos serviços para *drag queens*, confeccionando botas com saltos cada vez maiores. No mesmo local, há uma butique de sapatos, bolsas e cintos e produtos argentinos para manutenção do couro. A mercadoria pode ser retirada e entregue na casa do cliente, mas esse serviço é restrito aos bairros Pinheiros, Moema, Jardins, Vila Nova Conceição, Itaim e Morumbi.

Sapatos em Manutenção
✉ Rua Capitão Prudente, 237, Pinheiros
☎ 3817-5422 e 3817-5673
✯ www.sapatosonline.com.br
@ sapatos@sapatosonline.com.br
☞ seg. a sex. 9h/18h30

OFERECEM O MESMO SERVIÇO

Centro dos Consertos de São Paulo
Conserta apenas malas.
✉ Rua Barão de Itapetininga, 50, conjunto 112, Centro
☎ 3255-2069, 3255-1493 e 3484-4343
✯ www.centrodosconsertossp.com.br
@ ccspsandroluz@ig.com.br
☞ seg. a sex. 8h/17h30

Rb Conserto de Bolsas
✉ Rua Augusta, 2.366, Jardins
☎ 3085-8761
☞ seg. a sex. 10h/17h

CADEIRA DE ESCRITÓRIO

Você sabia que as cadeiras de escritório também devem passar por revisões periódicas? Apesar de não terem "andômetro" para marcar a quilometragem, as voltas pelo chão das empresas, consultórios, hospitais e escolas desgastam o rodízio (jogo de rodinhas), que pode quebrar a qualquer momento, deixando o "motorista" na mão. Outras peças que sempre dão problema é o coxim (aquela borracha que fixa o encosto na base) e a que controla a regulagem de altura. A cadeira também pode ter a alma (nome técnico que se dá à estrutura de ferro no interior da cadeira revestida com espuma injetada) quebrada. Todos esses consertos podem ser feitos na **A&T – Araújo e Telles**.

A&T – Araújo e Telles
✉ Rua Aurélia, 1.352, Lapa
☎ 3672-4685
☞ seg. a sex. 9h/18h

CAIXAS REGISTRADORAS

"Tem gente que adoras carros. Outros são aficionados por iates. Eu tenho certo amor por caixas registradoras". A frase é de Joaquim Cordeiro de Souza, de sessenta anos, especialista em restaurar caixas registradoras antigas. Ele logo avisa que seu trabalho não inclui a manutenção dos aparelhos eletrônicos utilizados nas lojas hoje em dia, e sim restaurar as máquinas à manivela de antigamente. Joaquim é um dos proprietários da **A Nacional Registradora**, que vende aparelhos próprios para pontos de venda. Ele conta que as máquinas antigas, hoje, servem apenas como decoração. Mesmo assim, ainda tem gente que procura seus serviços querendo que uma máquina à manivela volte a funcionar. Durante suas restaurações, o maior esforço é para deixar as máquinas mais o mais parecidas possível com a forma original. Atualmente, Joaquim restaura, em média, duas máquinas por mês.

A Nacional Registradora
✉ Rua Barão de Jaguara, 967, Cambuci
☎ 3341-1822
✯ www.anacional.com.br
@ anacional@anacional.com.br
☞ seg. a sex. 8h30/17h30; sáb. 8h30/13h30

CANETAS ANTIGAS

É muito difícil encontrar lugar para reabilitar aquela caneta de estimação que seu bisavô lhe deu com todo amor e carinho. Enquanto boa parte das lojas de conserto de canetas recusa pedidos por falta de peças de reposição, a **Especialista em Canetas** aproveita o estoque formado ao longo dos anos. Lá, por exemplo, o proprietário Ito Alfredo Leber já recuperou, entre outras raridades, uma tinteiro a vácuo Sheaffer Triumph, de 1942; uma Pelikan M400, de 1935; e uma Watermans, de 1928. Mont Blanc e Parker são outras marcas frequentes em sua oficina.

Especialista em Canetas
✉ Rua Boa Vista, 314, Centro
☎ 3107-3819
☞ seg. a sex. 8h30/18h30

OFERECEM O MESMO SERVIÇO

Caneteria Borges
✉ Shopping Eldorado, 1º subsolo, loja 1.020
☎ 3814-2520
✯ www.borgesgravador.com.br
@ borges@borgesgravador.com.br
☞ seg. a sáb. 10h/22h

Central de Canetas e Consertos
✉ Rua São Bento, 290, 2ª sobreloja, sala 5, Centro
☎ 3106-3168
✯ www.marianoprieto.com.br
@ marianoprieto@marianoprieto.com.br; saopaulo@marianoprieto.com.br
☞ seg. a sex. 9h/18h; sáb. 9h/12h

O Médico das Canetas
✉ Rua Barão de Paranapiacaba, 51, Centro
☎ 3104-0015
✉ Rua Marconi, 67, República
☎ 3255-2027
✯ www.omedicodascanetas.com.br
@ contato@omedicodascanetas.com.br
☞ seg. a sex. 8h30/18h; sáb. 9h/13h

Ravil Canetas
✉ Rua Augusta, 2.633, loja 19, Cerqueira César
☎ 3082-6532 e 3064-0382
✉ Avenida São João, 33, Centro
☎ 3106-0723, 3104-2134 e 3104-6609
✯ www.ravil.com.br
☞ seg. a sex. 9h/18h; sáb. 10h/14h

CARRINHOS DE BEBÊ

José Alves trabalha no ramo de artigos para crianças. Ele é uma espécie de "mecânico" de carrinhos de bebê. Atendendo mamães de primeira, de segunda, de terceira e de muitas viagens, ele chega a consertar cerca de quarenta peças por mês. Seu trabalho é praticamente artesanal: conserta peças quebradas, troca o estofado, retira o forro velho, muda o tecido. "Serviço não falta", comemora José, que montou a **Baby King** e comanda uma equipe de três pessoas e que também trabalha como assistência técnica de algumas empresas famosas de produtos infantis. A peça mais antiga que José já consertou foi um carrinho que tinha mais de trinta anos, verdadeira relíquia. "A avó queria que a netinha recém-nascida usasse", conta, orgulhoso. "Demorei trinta dias para deixá-lo pronto e ficou lindo!"

Baby King
✉ Rua Turiassu, 1.218, Perdizes
☎ 3673-7357
☞ seg. a sáb. 9h/18h
✉ Rua Tuiuti, 2.618, Tatuapé
☎ 2091-2766
☞ seg. a sáb. 9h/18h

OFERECE O MESMO SERVIÇO

Alô Bebê
✉ Avenida Radial Leste, 2.932, Mooca (e mais 12 endereços)
☎ 3648-3000
✯ www.alobebe.com.br
☞ seg. a sex. 9h/19h30; sáb. 9h/18h; dom. e feriados 11h/17h

CARRO INUNDADO

Qualquer um que dirija na cidade de São Paulo está sujeito a ter seu carro inundado. "Molhou, resolva logo!", enfatiza Takao Kawano, dono da **Auto 274**. "Se deixar passar alguns dias, o cheiro de mofo de um carro inundado é difícil sair." Só há tempo para levar o veículo ao mecânico e ao autoelétrico. Takao é imperativo: "Jamais ligue o carro! Com a água, pistão, anéis, câmbio e a parte elétrica podem ser danificados", justifica. Feitas as visitas, é hora da faxina. Antes, porém, o banco, carpete e console são tirados. O feltro acima do assoalho precisa ser trocado, o chão recebe um bactericida e depois é pulverizado. Se a enchente chegou à altura dos bancos, então as espumas serão lavadas com produto desinfetante e, em seguida, centrifugadas. Ao fim, ficam secando ao sol.

O tempo para entregar o carro ao cliente varia de um dia a três semanas. Alguns modelos novos vêm com uma esponja, o chamado "isolante termoacústico", que demora para ser recuperada, mas alivia o bolso, já que trocá-la sai caro.

Auto 274
✉ Rua Rodrigo Vieira, 274, Vila Mariana
☎ 5572-2125 e 7810-0789
@ takaokwn@uol.com.br
☞ seg. a sáb. 8h/18h

CASACO DE PELE

O ateliê oferece serviços de revisão, limpeza, conserto e reforma, além de uma câmara fria onde os casacos permanecem em sala fechada e climatizada. Para este serviço é cobrada uma mensalidade que tem o valor estipulado conforme o tipo de pele e a quantidade de peças. Utilizando técnicas adequadas para cada tipo de pelo é possível reformar ou transformar o casaco ou qualquer outro artigo de pele, atualizando o modelo ou simplesmente colocando-o nas medidas.

Luiz Mori Ateliê Peles
✉ Rua Barata Ribeiro, 190, conjunto 54, Bela Vista
☎ 3257-0248 e 3120-6203
✯ www.pelesluizmori.com.br
@ contato@pelesluizmori.com.br
☞ seg. a sex. 8h/17h; sáb. com hora marcada

COLCHÕES

Os vendedores da **Tok Spuma** garantem que já não se fazem mais colchões como antigamente. Por isso, nada melhor do que reformar aquele colchão velho, mesmo que já esteja até meio surrado pelo tempo. Durante o processo de reforma (que pode ser feito com qualquer tipo: mola, espuma, ortopédico), os colchões são totalmente desmontados: separa-se o tecido, as molas, a cobertura. Depois, verifica-se o que precisa de substituição. Alguns modelos ganham até um antimofo, se o cliente quiser. O trabalho custa um terço do preço de um colchão novo e demora mais ou menos oito horas – dá para levar a peça e buscá-la no mesmo dia.

Tok Spuma
✉ Rua Herval, 526/532, Belém
☎ 2693-2448 e 2693-2395
✯ www.tokspuma.com.br
@ tokspuma@terra.com.br
☞ seg. a sex. 9h/19h; sáb. 9h/16h

OFERECE O MESMO SERVIÇO

Angel Colchões Piccadilly
✉ Rua Turiassu, 1.032, Perdizes
☎ 3875-7510, 3672-4166 e 3875-4531
@ www.angelcolchoes.com.br
☞ seg. a sex. 9h/18h; sáb. 9h/13h

CONTROLE REMOTO

A **Casa do Controle Remoto** tem todo tipo de peça para fazer funcionar de vez aquele controle que está falhando: suportes, molas, teclados, capas... O conserto garante que os aparelhos voltem novos em folha. Se não der certo mesmo assim, controles novos originais e "genéricos" estão à venda.

Casa do Controle Remoto
✉ Rua General Osório, 256, Santa Efigênia
☎ 3335-5850
✯ www.casadocontroleremoto.com.br
☞ seg. a sex. 8h/18h; sáb. 9h/13h

CRISTAIS

As mãos de Severino José da Silva, o Bill, estão cheias de cicatrizes. "Não uso luvas, pois preciso de firmeza e precisão", diz ele. "Mesmo assim, muitas peças são delicadas demais e acabam estourando. Sempre aviso o cliente do risco." Bill trabalha desde 1982 com lapidação e reforma de cristais. O trabalho é minucioso e o barulho, intenso. Ele usa diversas máquinas, lixas que cortam, modelam e deixam o cristal polido e novinho em folha. Se a peça quebrou, Bill usa uma cola especial transparente, muito mais discreta que resina. Uma peça sem conserto pode se transformar em outro objeto em suas mãos criativas. Duas taças quebradas viram um porta-canetas. Outra taça dá vida a um sininho. Um trabalho da **Bill Cristais** fica pronto em, no máximo, uma semana, dependendo da dureza do cristal e do tipo de problema da peça. É preciso enviar fotos por e-mail para saber se o restauro é possível.

Bill Cristais

✉ Rua Padre Garcia Velho, 153, Pinheiros
☎ 3031-6229
@ cristaisbill@hotmail.com
☞ seg. a sex. 9h/19h; sáb. 9h/16h,
com hora marcada

FOTOS ANTIGAS

Algumas fotos não resistem à ação do tempo. Desbotam, rasgam ou simplesmente envelhecem. No **Laboratório da Memória Fotográfica** há um serviço especializado em restaurações e reproduções fotográficas. É feita uma análise para diagnosticar os reparos necessários, e o prazo da recuperação depende do estado de conservação. Costuma demorar vinte dias. O orçamento sai na hora. Casos de perda de negativos, colorização e montagem são atendidos.

Laboratório da Memória Fotográfica

✉ Rua General Jardim, 658, térreo, Centro
☎ 3256-8880 e 3231-2512
✯ www.restaurafoto.com.br
@ studioma@terra.com.br
☞ seg. a sex. 9h/18h; sáb 9h/19h,
com hora marcada

FUSCA VERSÃO RETRÔ

Eric Martins é especialista na customização de carros, especialmente o Fusca. À frente da escuderia **BadBug**, ele e uma equipe de oito pessoas transformam o carro mais vendido do mundo num modelo com ares retrô, conhecido como Rat Road. Inspirados no Ford 32, do filme *American Graffiti*, eles rebaixam o teto, avançam a roda em trinta centímetros, mudam peças, ajeitam o motor. Pintura fosca, faróis em destaque, acabamento rústico, rodas largas e outros apetrechos fazem parte do universo de Eric, que é dono de um belo Fusca preto transformado por ele mesmo. O que os clientes de Eric mais perguntam é sobre a documentação dos veículos transformados. Ele afirma que não há problemas: o carro é visto como uma espécie de "invenção" e a documentação necessária sai pelo Inmetro.

BadBug

✉ Rua Caio Graco, 216, Lapa
☎ 3871-3508
✯ www.badbug.com.br
☞ seg. a sex. 9h/18h

GELADEIRAS ANTIGAS

Se você quer que a geladeira herdada de sua avó volte a funcionar para ter uma cozinha modernosa e cheia de estilo, aqui vai uma boa notícia. A **Geladeiras Antigas Ernesto** restaura modelos de decádas passadas. O dono da oficina, Ernesto Nunes Machado, garante que deixa qualquer geladeira como nova, incluindo as fabricadas nas décadas de 1920 e 1930. Ele faz nova pintura, isolamento térmico e, se houver necessidade, troca as peças. A maior dificuldade, diz Machado, é justamente localizar essas peças. Para isso, ele vive fuçando em ferros-velhos e desmancha outras geladeiras que não têm conserto. O tempo para restaurar uma geladeira é de um mês.

Geladeiras Antigas Ernesto
✉ Rua Simpatia, 222, Vila Madalena
☎ 3034-4865
✯ www.geladeirasantigas.com.br
@ geladeirasantigas@yahoo.com.br
☞ seg. a sex. 9h/18h

GUARDA-CHUVAS

Mal as nuvens carregadas aparecem no céu e já surgem pela cidade as bancas de guarda-chuvas, a maioria vendidos a baixo custo. O barato, porém, às vezes sai caro. Uma tempestade mais forte e eles já viram ao contrário. Qualquer problema, seja com o tecido, armação, cabo ou acabamento, Guilhermo Salazar pode resolver. Boliviano naturalizado brasileiro, ele é proprietário da loja **El Condor**. No ofício desde meados de 1960, Guilhermo não só conserta como vende guarda-chuvas e sombrinhas. Há desde os caros modelos italianos e japoneses até outros mais em conta. "Existem classes sociais diferentes, preciso atender a todas", reconhece. "Não é miserável quem pede a reforma. O guarda-chuva pode ter valor sentimental: relíquia deixada pela avó, presente do pai ou do namorado." No mesmo endereço também funciona uma papelaria.

El Condor
✉ Avenida Prestes Maia, 750, Luz
☎ 3229-5284
☞ seg. a sex. 8h/18h; sáb. 9h/12h

OFERECEM O MESMO SERVIÇO

El Grecco Guarda-Chuvas
✉ Rua Tabapuã, 756, Itaim Bibi
☎ 3078-2954 e fax: 3078-8671
☞ seg. a sex. 7h/19h; sáb. 9h/14h

Vai Chover Guarda-chuvas
✉ Avenida Morumbi, 8.575, Santo Amaro
☎ 5535-4133
☞ seg. a sex. 9h/18h; sáb. 9h/16h

INSTRUMENTOS DE SOPRO

Todos os seus instrumentos de sopro ganham os cuidados da **Ébano Music**. Profissionais do Brasil inteiro, como o saxofonista e flautista Derico, do programa de Jô Soares, além dos músicos das bandas de Roberto Carlos e do Skank deixam seus instrumentos aos cuidados da oficina. Os problemas mais comuns são amassados, molas e sapatilhas gastas, afinação e regulagem de parafusos. A loja também vende flautas, saxofones, trompetes, trombones e afins, e acessórios.

Ébano Music
✉ Rua Teodoro Sampaio, 784, Pinheiros
☎ 3062-8974 e 3891-0496
✯ www.ebanomusic.com.br
@ contato@ebanomusic.com.br
☞ seg. a sex. 9h30/18h30; sáb. 9h30/16h

OFERECE O MESMO SERVIÇO

Music Business
Rua Paulo Orozimbo, 800, Aclimação
3208-4826, 3208-1408 e fax: 3207-5913
www.musicbusiness.com.br
seg. a sex. 9h/18h

ISQUEIROS RESTAURADOS

Você gosta de fumar com classe, inclusive de acender seu charuto ou cigarro com elegância, mas sabe que esse objeto que literalmente "dá a luz" é frágil. **O Rei dos Isqueiros** conserta seu precioso objeto. Se não tiver mais jeito, pelo menos dá para escolher entre um dos modelos à venda na loja.

O Rei dos Isqueiros
Avenida Brigadeiro Faria Lima, 2.355, loja 27, Jardim Paulistano
3814-2146 e 3814-1479
www.oreidosisqueiros.com.br
@ oreidosisqueiros@oreidosisqueiros.com.br
seg. a sex. 9h30/18h30; sáb. 10h/13h

JOIAS

Nina e Elen Guindo são duas irmãs que resolveram montar uma sociedade, logo depois que perceberam que tinham certa habilidade na criação e restauração de joias. **Nina Joalheira** divulga os seus préstimos na rede de cabeleireiros Jacques Janine e só atende sua clientela em domicílio.

Nina Joalheira
Rua Oscar Freire, 686, 1º andar, sala 4, Cerqueira César (e mais15 endereços)
3624-4397
Shopping Pátio Higienópolis
3823-2841
www.ninajoalheira.com.br
@ info@ninajoalheira.com.br; higienopolis@ninajoalheira.com.br
com hora marcada

LAMBRETAS, MOTOS E SCOOTERS

Na década de 1960, não havia nada mais romântico que um passeio de lambreta. Pois muita gente ainda anda com o coração acelerado por causa da pequena motocicleta. Osmani de Souza comprou a sua primeira lambreta, uma Li 61, em 1987, e o que seria apenas mais uma companheira para umas voltinhas por aí acabou virando uma paixão: ele logo comprou mais seis exemplares. Como eram muito antigas, as lambretas quase sempre precisavam de reparos. Cansado da falta de paciência dos mecânicos, ele resolveu arregaçar as mangas e, em 2000, abriu a **Oficina Lambretta D'Época**. Mais que uma oficina, o local se transformou num verdadeiro reduto dos anos 1960, com móveis, geladeira, cartazes e outros objetos da época, e até mesmo capacetes da marca Lambretta. O lugar também abriga as quarenta lambretas de sua coleção. O trabalho de restauração demora cerca de quatro meses, mas quem não quiser esperar esse tempo todo pode levar uma lambreta na hora na **Motocicletas e Lambretas D'Época**. A loja de Luiz Carlos Latorre vende lambretas desde 1975 e tem relíquias como uma LD Luxo 1958 e modelos mais modernos, como as Vespas, que saíram de fabricação em 1993, além de acessórios.

A Motocicletas e Scooters faz entregas por Sedex no país inteiro e também no Uruguai, Argentina e Paraguai.

Oficina Lambretta D'Época

✉ Rua Apedia, 23B, Jaraguá
☎ 3946-5675 e 8245-0365
★ www.lambrettadepoca.com
@ contato@lambrettadepoca.com
☞ seg. a sex. 8h/18h, com hora marcada

LIVROS RAROS

O famoso velho ditado aconselha a não julgar um livro pela capa. Mas, se a capa estiver caindo aos pedaços, fica difícil segui-lo ao pé da letra. **Liège Monteiro**, conhecida por muitos colecionadores como restauradora de bonecas antigas, feitas de biscuí, tem também um trabalho cuidadoso na recuperação de livros raros. Quando recebe um livro, geralmente bem antigo, com furos na capa e nas folhas, a primeira coisa a fazer é desmontá-lo. Liège analisa o que pode ser feito e monta um orçamento. Liège aprendeu as técnicas de preenchimento dos buracos nas folhas mais antigas e amareladas na Espanha. O volume mais detonado que recebeu foi um livro sobre Direito Mercantil, de 1820, que demorou um ano e meio para ficar pronto. Liège também é artista plástica e faz capas para álbuns de fotografias, fôlderes e trabalhos de conclusão de curso. São capas elaboradas, pensadas conforme a necessidade e personalidade do cliente. Liège também faz encadernações.

Liège Monteiro

✉ Alameda Tietê, 90, casa 3, Jardins
☎ 3085-8715
★ www.liegemonteiro.com.br
☞ seg. a sex. 9h/18h; sáb. 10h/13h

LUSTRES ANTIGOS

O que sempre iluminou pode voltar a ter brilho próprio. A empresa **Thiago Lustres** reforma peças antigas e novas. Em 1975, Josinaldo Farias de Lima e sua mulher, Marlene Figueiredo de Lima, chegaram a São Paulo, vindos de Guarabira (PB). Josinaldo começou fazendo consertos gerais, até se especializar em lustres. Abriu seu próprio negócio em 1994. A Thiago Lustres começou num corredor da casa onde moravam em Pinheiros, na rua Inácio Pereira da Rocha. Anos depois os dois tiveram que se mudar para uma casa maior e construíram também uma fábrica nos fundos. Mas, se o seu nome é Josinaldo, por que a loja se chama Thiago? "É uma homenagem ao nosso filho Thiago, que perdemos quando tinha dez anos", explica ele. Tudo é feito sob encomenda. Há modelos inspirados no Nordeste, como um com folhas e laranjinhas secas. Pode-se mudar tudo: a cor, a base e os acessórios dos lustres, abajures, lanternas e arandelas, menos o ferro da base. "Assim, o cliente sempre sai daqui com a peça que mais combina com o espaço que tem", explica Marlene. Para as reformas, Josinaldo costuma ir até a casa do cliente para fazer o orçamento.

Thiago Lustres

✉ Rua Inácio Pereira da Rocha, 167, Vila Madalena
☎ 3031-7220
★ www.thiagolustres.com.br
☞ seg. a sex. 9h/18h; sáb. 9h/15h

OFERECEM O MESMO SERVIÇO

Atelier de Restauração Milton Zilli

✉ Rua da Consolação, 2.163, Centro
☎ 2804-0922 e 9313-5062
☞ seg. a sex. 9h30/17h30; sáb. 9h30/13h

Lustres Antigos
✉ Rua da Consolação, 2.893, Cerqueira César
☎ 3081-2218
✉ Rua Doutor Melo Alves, 39, Jardins
☎ 3082-8613
✯ www.jairlustresantigos.com.br
@ jair@jairlustresantigos.com.br
☞ seg. a sex. 9h/12h30 e 13h/18h; sáb. 9h/13h

Restauração de Lustres
✉ Rua Pereira do Lago, 50, Vila Gomes
☎ 3537-3132, 3726-2889
✯ www.restauralustres.com.br
@ restauralustres@gmail.com
☞ seg. a sáb. 8h/18h30

MADEIRAS ANTIGAS

O Velhão restaura madeiras antigas, como pinho-de-riga, peroba-rosa, cedro e imbuia. Os casos mais frequentes são móveis e portas infestados de cupins ou que apodreceram devido à má conservação e ao tempo. Muitas das peças restauradas passam por um banho num tanque de soda por 48 horas para que as partes podres se descolem da madeira. O passo seguinte é enxertar madeira nova. A equipe de O Velhão constitui-se de sessenta ajudantes, e é muito procurada por antiquários, arquitetos e engenheiros.

O Velhão
✉ Estrada de Santa Inês, 3.000, Mairiporã
☎ 4485-1964, 4485-4195, e fax: 4485-1330
✯ www.velhao.com.br
@ velhao@velhao.com.br
☞ seg. a sex. 8h/17h30

MÁQUINAS DE COSTURA

Modelos importados fabricados há mais de cinquenta anos como a Singer JA canadense e a alemã Pfaff já foram arrumados pela **Príncipe Assistência de Máquinas de Costura**. A empresa é especializada em consertos e reformas e é preciso que o cliente leve as máquinas à oficina.

Príncipe Assistência de Máquinas de Costura
✉ Rua Professor Araújo Coelho, 641, Jardim Líbano
☎ 3904-7776
☞ seg. a sex. 8h/17h

MÁQUINAS DE ESCREVER

A curiosidade de Ronaldo Oliveira foi o ponto de partida para um negócio que começou em 1981. Ao comprar uma máquina de escrever antiga e descobrir que poucas pessoas ainda se dispunham a consertá-la, ele prometeu: "Da próxima vez, eu mesmo faço!". E fez. Além dos reparos, a **Ronaldo Oliveira Colecionador & Restaurador** também compra e vende peças para colecionadores.

Ronaldo Oliveira Colecionador & Restaurador
✉ Rua do Carmo, 178, sala 11, Centro
☎ 3104-4831
☞ seg. a sáb. com hora marcada

OFERECEM O MESMO SERVIÇO

Agil
✉ Rua Tabatinguera, 416/418, Centro
☎ 3106-3828, 3105-8644 e 3104-9816
☞ seg. a sex. 8h/17h30; sáb. 8h/12h

Pema
✉ Rua do Carmo, 156, Centro
☎ 3105-0329
☞ seg. a sex. 8h/17h30

Condez

✉ Rua do Carmo, 112, 4º andar, comjunto 41, Centro

☎ 3106-7315 e 3241-2425

✯ www.condez.com.br

@ condez@comdez.com.br

☞ seg. a sex. 8h/12h e 13h/17h

MÁQUINAS FOTOGRÁFICAS ANTIGAS

Existem oficinas que consertam e restauram tipos diferentes de câmeras fotográficas analógicas, incluindo as mais antigas. Uma delas é a Medaglini, fundada em 1962 pelo imigrante italiano Rolando Fortunato Medaglini, de 84 anos. Os sócios de Rolando, Eldes Marques, de 63 anos, da Silva e Jaurez Soares, setenta, consertam máquinas de qualquer época. Porém, se forem digitais, só as profissionais. Segundo Jaurez, os consertos mais difíceis são os de máquinas que precisam ser desmontadas para lubrificar. Já os mais simples são de obturador e troca de engrenagens. Ele garante que o diagnóstico do problema é instantâneo. "É tudo mecânico, não é um troço eletrônico em que você perde um tempo só pra descobrir onde está o defeito." Atualmente, a Medaglini faz, em média, oito consertos por mês. Cada serviço pode demorar de duas horas a dois dias.

Medaglini

✉ Rua Sete de Abril, 125, 2º andar, sala 212, República

☎ 3255-7976 e fax: 3258-9162

✯ www.consertomaquinafotografica.net.br

☞ seg. a sex. 8h30/18h20; sáb. 8h30/12h30

OFERECEM O MESMO SERVIÇO

Ana Tec

✉ Rua Sete de Abril, 125, 1º andar, sala 112, República

☎ 3259-2387

☞ seg. a sex. 8h/18h; sáb. 9h/13h

Trentini

✉ Rua José Bonifácio, 29, 4º andar, sala 43, Sé

☎ 3242-3801

☞ seg. a sex. 9h/19h; sáb. 9h/13h

MARIDO DE ALUGUEL

"Maridos: ruim com eles, pior sem eles? Então que tal dar uma variada?" Essa é a proposta de Valdir José Peres, mais conhecido como **Billy, o Marido de Aluguel**. Billy espalhou faixas pela cidade inteira com os seguintes dizeres: "Um homem versátil em sua companhia". Em seu site, ele oferece seus serviços, que vão de pequenos reparos – regulagem e instalação de portas de armários, colocação de fechaduras e dobradiças, varais e pinturas, instalação de tomadas, interruptores, extensões, lustres, lâmpadas e luminárias – a motorista em viagens e passeios. "Eu tive essa ideia depois de ter visto algo parecido num programa de TV americano", conta Billy, que antes tinha uma transportadora e decidiu colocar as ideias em prática. "Eu não enrolo, mesmo porque a cliente está ali do lado o tempo todo." Ele só aconselha que os trabalhos específicos, como o de encanador, sejam feitos por alguém especializado. Billy atende a chamados em qualquer lugar da cidade.

Billy, o Marido de Aluguel

✉ Não divulga o endereço
☎ 3924-2032 e 9198-4554
✯ www.maridoaluguel.com.br
@ billy@maridoaluguel.com.br
☞ com hora marcada

OFERECEM O MESMO SERVIÇO

Praquemarido

✉ Avenida Água Fria, 503, Santana
☎ 2182-7000
✯ www.praquemarido.com.br
@ atendimento@praquemarido.com.br
☞ seg. a qui. 8h/12h e 13h/18h; sex. 8h/12h e 13h/17h

Marido de Aluguel

✉ Rua Marquês de Recife, 191, Freguesia do Ó
☎ 3924-2032 e 9198-4554
✯ www.maridodealuguel.com
@ billy@maridoaluguel.com.br
☞ 24 horas

MÁRMORES E GRANITOS

Basta um escorregão na hora da mudança e pronto: lá se vai metade do tampo de mármore da mesa. Antes de pensar em substituir a peça, uma boa ideia é consultar uma empresa de restauração de mármores e granitos, como a **Karina Mármores**. Dependendo do problema, é possível reconstruir o objeto quebrado com um rejunte quase imperceptível.

Karina Mármores

✉ Fábrica: Estrada do M'Boi Mirim, 1.860, Socorro
☎ 5514-1872, 5514-1409
@ comercial@pedraskarina.com.br
☞ seg. a sex. 8h15/18h; sáb. 8h/13h
✉ Showroom: Alameda Gabriel Monteiro da Silva, 278, Jardim América
☎ 3791-0832
@ showroom@pedraskarina.com.br
☞ seg. a sex. 8h/18h
✯ www.pedraskarina.com.br

MÓVEIS

A maioria dos móveis usados pode ficar praticamente nova depois de uma reforma ou de um conserto bem-feito. Mas antes de enviar sofás, cadeiras e mesas para a recauchutagem, peça um orçamento detalhado que inclua o tipo de serviço que será feito em cada peça. Dependendo do acabamento, a recuperação pode exigir a reforma completa do móvel, e aí o preço pode não compensar. Além dos consertos, a **Nova Laqueação** faz envelhecimento com laca (uma espécie de resina), que deixa os móveis com um ar mais sóbrio.

Nova Laqueação

✉ Rua Professor Leitão da Cunha, 2.117, Pacarariba
☎ 5512-0458
☞ seg. a sex. 8h/18h

OFERECEM O MESMO SERVIÇO

Tapeçaria e Empalhamento Marques

✉ Rua Gurupa, 47, Vila Romana
☎ 3673-3326
☞ seg. a sex. 8h/18h

A Capela Móveis Antigos
✉ Rua Cardeal Arcoverde, 1285, Pinheiros
☎ 3813-9892 e 3037-7506
✯ www.capelamoveisantigos.com.br
@ contato@capelamoveisantigos.com.br; capelamoveisantigos@hotmail.com
☞ seg. a sex. 9h/18h; dom. 10h/18h

Pronto-Socorro das Cadeiras
✉ Rua dos Chanés, 271, Indianópolis
☎ Estúdio: 2722-6317; Showroom: 5093-9254
✯ www.cadeiraquebrada.com.br
@ atendimento@cadeiraquebrada.com.br
☞ seg. a sex. 7h30/17h

MÓVEIS COLONIAIS BRASILEIROS

São peças com até quatrocentos anos, que atravessaram várias gerações. Por isso, ninguém quer saber de se livrar delas e apela para uma boa reforma. Vale procurar um especialista como **Josué Luna**, que faz restauração de móveis brasileiros do período colonial (séculos XVI a XVIII). É um trabalho meticuloso. Após avaliar o estado geral do móvel, Luna faz um levantamento sobre a época da peça. Depois parte em busca do que precisa, geralmente encontrado em depósitos de materiais de demolição, para reparar o estrago. A principal dificuldade é localizar uma madeira tão antiga quanto a original. Em vez de substituir a peça inteira, Luna prefere reconstruir a parte danificada, o que exige muito trabalho. Demora mais, mas nenhum cliente reclama.

Josué Luna
✉ Rua dos Franceses, 82, Morro dos Ingleses
☎ 3286-0182
☞ seg. a sex. 8h/18h; sáb. 9h/13h

MÓVEIS DE FIBRAS NATURAIS

A **Kashimir Decorações** vende e recupera móveis de fibras naturais, como junco, cana-da-índia e rattan, e faz preços especiais para redes de hotelaria e atacado. O junco, também chamado de cipó titica pelos índios do Amazonas, é um vegetal formado por um parasita que vive no cocô dos pássaros. Nas fábricas, o junco sofre um processo de lavagem com soda cáustica em tambores apropriados. Depois de limpo, suas fibras passam por um processo de amolecimento. Para virar um móvel, o fabricante prepara uma estrutura de ferro e um artesão faz o tecimento.

Kashimir Decorações
✉ Rua Coriolano, 1.278, Lapa
☎ 3676-0613
✯ www.kashmirdecoracoes.com.br
@ contato@xadrezgigante.com.br
☞ seg. a sex. 9h/18h; sáb. 9h/16h

OBJETOS DE COURO

O **Centro de Recuperação e Conservação do Couro** restaura todos os tipos de objetos de couro: bolsas, calçados, casacos e até sofás e cadeiras. Em couro liso eles garantem um serviço com 100% de eficácia, mas quando se trata de chamois, antílope, camurça e nobuk, nem sempre todas as manchas são fáceis de ser removidas.

Centro de Recuperação e Conservação do Couro
✉ Rua Santa Justina, 47, Vila Olímpia
☎ 3842-6975
✯ www.centrodocouro.com.br
@ nomar@centrodocouro.com.br
☞ seg. a sex. 9h/18h; sáb. 9h/13h

OBRAS DE ARTE

Para **Ruy Tolosa Barreto**, a restauração de uma obra de arte simboliza resgatar seu significado, seu potencial expressivo. Segundo ele, o restaurador não é um artista, pois dedica-se a uma obra já feita. Ruy é formado em engenharia, faculdade que lhe ensinou tudo sobre materiais, e fez pós-graduação em arquitetura. "A arte é um grande desafio", diz ele. "Os trabalhos mais complicados são os mais saborosos, porque exigem pesquisa, estudo e troca de informações com outros restauradores."

Ruy Tolosa Barreto

✉ Não divulga o endereço

☎ 3032-1008

☞ seg. a sex. 10h/13h e 14h30/18h

OBRAS EM GESSO E CIMENTO

O gorro do Zangado e o sapato do Mestre, que enfeitam a fachada do seu jardim, estão quebrados? Não se preocupe, porque a **Art Barro** encobre as rachaduras com massa plástica e durepox, deixando a turminha da Branca de Neve em perfeito estado. Vasos e esculturas são a especialidade da casa.

Art Barro

✉ Avenida Washington Luiz, 2.900, Jardim Marajoara

☎ 5686-7530 e 5524-4430

✉ Rodovia Raposo Tavares, km 24, Granja Viana

☎ 4702-2345

✯ www.loja-artbarro.com.br

@ artbarro@loja-artbarro.com.br

☞ seg. a sex. 8h/18h; sáb. 8h30/18h

PANELAS ELÉTRICAS

Se aquela sua panela elétrica japonesa quebrou, leve-a até o **Denki Gamá**, assistência técnica comandada por Sandro Marcelo Freire. Ele aprendeu o ofício com um imigrante japonês e posteriormente decidiu abrir o próprio negócio. A maioria das panelas que passam por suas mãos é especialmente para preparar arroz, mas as mais modernas servem para preparar outros alimentos também. Sandro diz que os problemas mais comuns são causados por erros do usuário, que liga a panela na tensão elétrica errada, deixa cair água onde não deve ou danifica o teflon com talheres. Além das panelas, Sandro também conserta micro-ondas e garrafas elétricas, chamadas "potto".

Denki Gamá

✉ Rua Galvão Bueno, 17, Shopping Trade Center, 1º andar, Liberdade

☎ 3272-9657

@ denkinabe@hotmail.com; consertopanelaeletrica@hotmail.com

☞ seg. a dom. 10h/19h

PAPEL

Seja para recuperar aquela carta de amor escrita de seu avô para sua avó há tantas décadas ou para conservar um livro raro, é só recorrer ao **Ateliemas**, especializado em restauração e conservação de documentos. Eles trabalham com materiais como papel, couro, pergaminho e madeira, dominam técnicas de encadernação de várias épocas e ensinam como armazenar papéis antigos de maneira adequada para sua conservação.

Ateliemas

✉ Não divulga o endereço

☎ 3875-1816

✯ www.ateliemas.com.br

@ madamelo@bol.com.br

☞ seg. a sex. 9h/18h; sáb. com hora marcada

PANELAS

Flávia Guimarães é formada em biologia, mas virou especialista em panelas. "Sim, panela também é uma ciência", afirma. Na sua loja, **Oficina da Panela**, ela repõe cabos, troca puxadores, arranja tampas, desamassa o metal e restaura o *teflon* (substância antiaderente que não deixa a comida grudar no fundo da panela). Os clientes levam ainda um manualzinho para conservar o *teflon* por mais tempo: "lavar a panela com detergente, secar com um pano, untar a parte interna com margarina ou óleo e colocar no fogo baixo por dois minutos. Depois, retirar a panela e secar o excesso com um papel toalha".

Oficina da Panela

✉ Rua Genebra, 251, Bela Vista
☎ 2361-7130
✯ www.oficinadapanela.com.br
@ contato@oficinadapanela.com.br
☞ seg. a sex. 9h/18h; sáb. 9h/13h

PARA-BRISAS

Comum no Japão e nos Estados Unidos, o reparo de para-brisas chegou também a São Paulo. Não há a necessidade da retirada do vidro e o conserto leva de trinta minutos a duas horas. O custo fica em média 30% mais barato que a troca tradicional. A **Euro Roger** utiliza-se de uma técnica importada da Áustria, que consiste na injeção de um líquido químico nas rachaduras, tornando-as imperceptíveis e impedindo que se alastrem pelo para-brisas (laminado). O ideal é reparar o estrago até no máximo 48 horas após o surgimento das primeiras trincas.

Euro Roger

✉ Avenida General Mac Arthur, 1.726, Jaguaré
☎ 3765-0486 e 3765-1076
✯ www.rogers.com.br
@ rogers@rogers.com.br; euroger@bol.com.br
☞ seg. a sex. 8h/18h; sáb. 8h/13h

PEÇAS DE VIDRO

Aquele vaso de cristal, relíquia de família, caiu acidentalmente no chão e quebrou. Você resolveu lavar os copos da Bohemia comprados na sua lua de mel em Praga e um deles lascou. Não se desespere. A **Espaço Zero** restaura peças de vidro depois de uma avaliação de sua equipe de especialistas. Os preços variam de acordo com o estado da peça e sua origem – vidro ou cristal, nacional ou importado. A restauração da lasca de um copo sai por três reais, enquanto um molde de vaso pode sair até por 1.200 reais. Os principais clientes são proprietários de bufês e antiquários.

Espaço Zero

✉ Rua Goiás, 167, Pacaembu
☎ 3661-8658
✯ www.espacozero.com.br
@ espacozero@espacozero.com.br
☞ seg. a sex. 9h/18h30; sáb. 10h30/14h

PERSIANAS

A **Arthur Decorações** é especializada em reforma e lavagem de persianas. Os problemas mais frequentes com as persianas são no cordão, no giro e na haste. A própria loja retira a persiana para fazer a lavagem.

Arthur Decorações

✉ Rua Francisco Leitão, 64, Pinheiros

☎ 3088-8222

✉ Alameda Gabriel Monteiro da Silva, 1.040, Jardim América

☎ 3087-5834

★ www.arthurdecor.com.br

☞ seg. a sex. 8h/18h

OFERECE O MESMO SERVIÇO

Persianas Potiguar

Faz conserto e reposição de persianas de alumínio, PVC e madeira, além de trocar correias e molas.

✉ Rua Tutoia, 1.035, Paraíso

☎ 3884-8645 e 3885-7932

☞ seg. a sex. 8h/18h

PIANO

Isabel Maria Monroe Uwarow era uma exímia pianista e foi obrigada a vender seu instrumento em uma época de orçamento apertado. O incidente serviu para ela perceber que o comércio de artigos musicais poderia ser rentável e, assim que o caixa voltou a encher, abriu a **Pianíssimo**, na Penha. Hoje, a loja fica na Vila Madalena e oferece serviços de venda, afinação, transporte e restauração de pianos antigos. Isabel faleceu em 2008 e quem toca o negócio agora são suas filhas, Alexandra e Bárbara. "Não queremos parecer museu. Vários comerciantes têm galpões cheios de pianos com aparência de coisa antiga", explica Alexandra. A restauração é feita no galpão da Penha, onde tudo começou. Os produtos são descupinizados em estufa, higienizados e envernizados. De acordo com Alexandra, esse trabalho foi realizado no instrumento mais valioso da loja: um piano Steinway ¾ de cauda, de 1860. Só existem cinquenta unidades do modelo no mundo.

Pianíssimo

✉ Rua Inácio Pereira da Rocha, 280, Vila Madalena

☎ 3032-0878 e 3097-0517

★ www.pianissimopianos.com.br

@ pianissimo@pianissimopianos.com.br

☞ seg. a sex. 10h/19h30; sáb. 9h/17h

PINTURAS A ÓLEO

O **Instituto Domingo Tellechea de Conservação e Restauro** foi criado em 1985. Além do trabalho de restauração, o instituto pesquisa novas técnicas e materiais destinados à preservação de obras de arte e bens culturais. Participou, por exemplo, da restauração de um grande número de obras da Pinacoteca do Estado. Já a **Casa do Restaurador** oferece cursos de especialização para restauradores e pessoas da área. As atividades incluem arte sobre papel, restauração de pinturas em tela, madeira ou metal, imagens sacras, móveis e molduras antigas. Todos os cursos são intensivos e têm duração de vinte dias a dois meses.

Instituto Domingo Tellechea de Conservação e Restauro

✉ Rua Monsenhor Ariovaldo de Oliveira, 60, Vila Olímpia

☎ 3849-4251

★ www.institutotellechea.com.br

☞ seg. a sex. 8h/17h

Casa do Restaurador

✉ Rua Nhu-Guaçu, 357, Campo Belo

☎ 5090-3699

✉ Rua dos Três Irmãos, 475, Morumbi

☎ 3721-6529 e 3722-5049

★ www.casadorestaurador.com.br

@ info@casadorestaurador.com.br

☞ seg. a sex. 9h30/18h30; sáb. 9h30/15h

PRATARIAS E METAIS

A **Casa Verra** tem uma porção de curiosidades no seu currículo, mas a mais impressionante, com certeza, é a restauração de um apartamento inteirinho, de setecentos metros quadrados. O dono gostava tanto de metais que tinha em todas as paredes filetes prateados e dourados. O único problema é que as empregadas não tinham mais tempo para cozinhar ou lavar, porque passavam o dia polindo as paredes da casa. Depois de um banho de verniz especial, o imóvel nunca mais precisou de polimento. A Casa Verra faz também reposição de talheres para faqueiros, conserto de estátuas metálicas, banho de ouro, além de comprar e vender pratarias antigas.

Casa Verra

✉ Rua Graúna, 190, Moema

☎ 5533-8114 e 5096-4667

✯ www.casaverra.com.br

☞ seg. a sex. 9h30/18h

PRONTO-SOCORRO DE CADEIRAS

O arquiteto Alpheu Nascimento lembra do dia em que um cliente entrou no seu ateliê com uma cadeira de madeira álamo toda quebrada. Eram 34 pedaços colocados dentro de um saco plástico. "Quando ele me entregou aquele monte de cacos, duvidei que conseguiria refazer aquela cadeira", conta. A partir daquele dia, Alpheu descobriu que não havia mais missão impossível para ele. Para esse serviço foram necessários dois meses de trabalho, muitos pinos e até um engessamento. Nascimento se tornou um especialista na recuperação de cadeiras danificadas. Além de recuperar pernas bambas, encostos danificados e estofados puídos pelo tempo, ele também injeta uma resina especial para que as peças danificadas fiquem com cara de novas. Em sua oficina, não se usa cola, pregos ou parafusos. Para buscar suas "pacientes" em estado precário, o **Pronto-Socorro de Cadeiras** possui duas ambulâncias. Na verdade, são duas kombis, que fazem a retirada dos móveis na casa dos clientes para a restauração. Antes de irem para o pronto-socorro, os assentos são analisados por dois consultores. "Essa avaliação é essencial para sabermos que tipo de tratamento faremos", justifica. Alpheu trabalha com uma equipe de 17 restauradores – sete deles são parentes seus.

Pronto-Socorro de Cadeiras

✉ Rua dos Chanés, 271, Indianópolis

☎ 2722-6317, 8151-9122 e 7812-1743

✯ www.cadeiraquebrada.com.br

@ atendimento@cadeiraquebrada.com.br

☞ com hora marcada

QUADROS ANTIGOS

O húngaro Ferenc Kiss já trabalha no ramo há bastante tempo e se emociona com toda restauração que realiza, porque acredita que de cada ajuste nasce uma nova arte. A preocupação de Kiss é, acima de tudo, manter as características da obra original. Na **Arte Atelier**, o artista realiza desde nova pintura de verniz até sutil costura em uma tela rasgada.

Arte Atelier

✉ Rua Marquês de Itu, 559, Vila Buarque

☎ 3362-2812 e 3222-6141

@ artedeferenckiss@gmail.com; arte.atelier@uol.com.br

☞ seg. a sex. 9h/19h; sáb. 9h/13h

OFERECE O MESMO SERVIÇO

Ateliê Eneida Wrolli
✉ Rua Natingui, 604, conjunto 55, Vila Madalena
☎ 3813-7100 e 9911-0551
@ restaurando@uol.com.br
☞ com hora marcada

RÁDIOS ANTIGOS

Sabe aquele rádio de válvulas velho e enorme que o seu bisavô deixou de herança? Ele tem conserto! **Luciano de Barros** é especializado no conserto de rádios da década de 1930 em diante, principalmente das marcas Philco, Zenith e RCA. Luciano arruma também aparelhos de som antigos (Marantz e Macintosh).

Luciano de Barros
✉ Rua Almirante Inhaúma, 544, Lapa
☎ 3831-6077
☞ com hora marcada

RÁDIO DE CARROS ANTIGOS

Muitos colecionadores de carros antigos não abrem mão de peças e acessórios originais. Por isso, existe uma oficina especializada na reforma e no conserto de rádios de carros antigos. A **BR70** faz o conserto e adaptações de rádios e até toca-fitas (sim, eles ainda existem!). Gilson Senedezi, proprietário da oficina, muitas vezes não encontra botões para substituir e os fabrica manualmente. Ele procura imagens de propagandas antigas na internet e em revistas especializadas para desenhar o formato dos botões. Gilson conta que a maioria dos clientes faz questão de manter a aparência original do rádio, mas, às vezes, chegam pedidos mais inusitados. Foi o caso do dono de um Fusca que pediu para que o modelo original do rádio que ele queria consertar fosse mantido, mas que os botões ficassem todos vermelhos.

BR70
✉ Rua Juiz de Fora, 469, Vila Ema
☎ 2024-5185 e 9748-1115
✯ www.br70.com.br
@ cadillac56@terra.com.br
☞ seg. a sex. 8h/18h, com hora marcada

RELÓGIOS ANTIGOS

Houve uma época em que os relógios não tinham marca. Levavam apenas o nome do relojoeiro que o fabricou. Relíquias dos séculos XVII e XVIII que Baltazar Joaquim de Paula, do **Centro dos Relógios Antigos**, conserta. Pelas suas mãos já passaram uma legítima criação de John Taylor, montada na Inglaterra em 1740, e um alemão Rensie do início do século. Os pacientes do Centro, no entanto, não precisam ser centenários. Relógios de pulso têm boa acolhida na oficina. Só precisam ter mecanismo a corda, cada vez mais raros e muito difíceis de consertar.

Centro dos Relógios Antigos
✉ Rua Rocha, 93, Bela Vista
☎ 3289-5633
✯ www.centrodosrelogiosantigos.com.br
☞ seg. a sex. 8h/17h30; sáb. 8h/12h

OFERECEM O MESMO SERVIÇO

Galeria do Relógio Antigo
✉ Rua Afonso Braz, 618, Vila Nova Conceição
☎ 3842-4000
@ relogio.antigo@ig.com.br
☞ seg. a sex. 8h/18h; sáb. 9h/13h

Jan Josef Drabek Relojoeiro
✉ Avenida Santo Amaro, 1.817, loja 16, Moema
☎ 5542-7424 e 9629-6597
☞ seg. a qui. 10h/15h

Relojoaria da Vila
✉ Rua Fradique Coutinho, 612, Vila Madalena
☎ 3031-7634
✯ www.relojoariasp.com.br
@ ismarferreira@hotmail.com
☞ seg. a sex. 8h/18h; sáb. 8h/13h

RELÓGIOS CUCO

Se o cuco já não sai de sua casinha com o mesmo entusiasmo, a **Giudice Relojoeiros** dá um jeito. Além de consertar relógios cuco, de pulso e de bolso, a loja é especializada nos de parede e em carrilhões há mais de quarenta anos.

Giudice Relojoeiros
✉ Rua Piratininga, 660, Brás
☎ 3208-9293
☞ seg. a sex. 9h/17h

ROUPAS EM DOMICÍLIO

Hora de tirar aquela roupa que precisa de conserto do fundo do armário. E nem precisa sair de casa. A **Herô Costureiras** envia uma equipe especializada até sua residência. É uma boa alternativa para quem tem pouco tempo e nenhuma habilidade com linha e agulha. Depois de uma avaliação, as roupas são levadas para a loja e o serviço fica pronto em quatro dias. Isso só vale para um mínimo de dez peças. E não é um serviço barato.

Herô Costureiras
✉ Alameda dos Arapanés, 1.259, Moema
(e mais sete endereços)
☎ 5044-8275
✯ www.heromultiservice.com.br
@ info@heromultiservice.com.br
☞ seg. a sex. 8h/19h; sáb. 9h/13h

OFERECE O MESMO SERVIÇO

Doutores da Construção
✉ Avenida Engenheiro Luís Carlos Berrini, 1.681, 7º andar, Brooklin
☎ 3103-2900
✯ www.doutoresdaconstrucao.com.br
☞ seg. a sex. 8h30/18h30

TÊNIS

Ele foi seu companheiro inseparável durante vários anos. Juntos foram para todos os lados e ele jamais deixou você na mão. Mas agora está velhinho, todo enrugado, e mesmo que você esfregue aquela escovinha de tanque uma centena de vezes, o brilho não será o mesmo. É, parece que o bom e velho tênis está precisando de aposentadoria... Nada disso, no **Hospital do Tênis** o seu velho amigo pode ser revitalizado. Sola, cadarço, bico e uma higienização capaz de substituir o chulé por um cheirinho de novo. O processo de recuperação leva em média três dias.

Hospital do Tênis
✉ Rua Fradique Coutinho, 264, Pinheiros
☎ 3062-1679 e 3898-1539
☞ seg. a sex. 8h/18h; sáb. 9h/14h

TRAJES SOCIAIS MASCULINOS

Maurício Messias, proprietário da **Ferrari Reformas**, é da terceira geração de uma família que atua no ramo da alfaiataria e reformas em trajes sociais masculinos. Com passagem pela Itália no início dos anos 1990, onde foi fazer curso de especialização na sua profissão, hoje é procurado por "grandes executivos", que quando emagrecem ou engordam procuram Maurício para acertar suas peças. O cerzido invisível (técnica que incorpora o remendo à trama do tecido, tornando-o quase imperceptível) é outra especialidade da casa e atrai muitos clientes.

Ferrari Reformas
✉ Rua Augusta, 2.192, sala 2, Jardins
☎ 3064-1399 e 8567-5101
✯ www.alfaiatariaitaliana.com.br
☞ seg. a sex. 9h/18h; sáb. com hora marcada

OFERECE O MESMO SERVIÇO

Motocicletas e Lambretas D'Época
✉ Rua General Osório, 701, Santa Ifigênia
☎ 3331-2852 e 3331-2841
✯ www.latorremotocicletas.cjb.net
@ latorremotocicletas@ig.com.br
☞ seg. a sex. 8h/18h; sáb. 8h/12h30

TELEFONES ANTIGOS

"Cair a ficha" é uma expressão bastante usada pelos jovens. Mas poucos chegaram a usar as fichas que faziam funcionar os antigos orelhões. Hélio Forte relembra com saudade desse tempo e do tempo de outras preciosidades do mundo dos telefones. Ele está no ramo de restaurações de aparelhos telefônicos desde 1974 e hoje comanda a loja-oficina **ETL Eletrônica e Telecomunicações**. O cliente pode encontrar ali aparelhos que datam de 1880. Hélio tem os chamados "grilos italianos" e originais da Dinamarca, mas garante que os mais bonitos e de melhor qualidade vêm da Suécia. Na vitrine, ele exibe um modelo inventado para navios, em 1917. Só foram fabricadas 15 peças e hoje, no mundo todo, só existem três. O fone pesa mais de cinco quilos. Hélio, que foi o restaurador oficial do Museu do Telefone de São Paulo, faz também réplicas de aparelhos a partir apenas de uma fotografia da peça. Tem clientes na Holanda, na Suíça e em alguns países da África. Para quem pensa que ele vive do passado, uma curiosidade: Hélio não sai de casa sem seu celular com duas linhas.

ETL Eletrônica e Telecomunicações
✉ Rua Dona Antônia de Queirós, 91, Consolação
☎ 3259-3126
☞ seg. a sáb. 10h/20h

TRANSFORMAÇÃO DE ROUPAS EM GERAL

A ordem no ateliê **Conserto de Roupas Jardim América** é a transformação de roupas em desuso, como vestidos de noiva e de debutante. Mas se o zíper da sua calça soltou, não se preocupe, porque eles dão um jeitinho também.

Conserto de Roupas Jardim América
✉ Alameda Ministro Rocha de Azevedo, 1.082, Jardins
☎ 3082-0620
☞ seg. a sex. 9h/18h e sáb. 9h/12h30, com hora marcada

VENDA E MANUTENÇÃO DE TOCA-DISCOS

Se você está querendo ressuscitar aquela versão em vinil do seu artista favorito, mas seu aparelho não está em condições de funcionamento, a **Catodi** tem tudo para resolver seu problema. Fundada em 1957, a loja atravessou as três eras do hoje quase extinto aparelho de toca-discos: o nascimento, no final dos anos 1940; o auge, nos anos 1960 e 1970; e sua queda, dos anos 1990 em diante, massacrado pelas praticidades apresentadas pelo CD. A loja faz manutenção completa, incluindo troca de todas as correias e borrachas, sem contar a famigerada agulha. Nos casos mais graves, é aplicada uma demão de tinta. "O ácido úrico das nossas mãos estraga a pintura dos toca-discos", explica o gerente Luiz Peres. Caso a engenhoca não tenha solução mesmo, você pode apelar para a compra de modelos novos, cuja demanda parte principalmente dos DJs.

Catodi

✉ Rua Santa Ifigênia, 398, Centro
☎ 3362-2388, 3221-3537 e fax: 3221-3945
✯ www.catodi.com.br
@ catodi@catodi.com.br
☞ seg. a sex. 9h/17h45; sáb. 9h/14h15

CRIANÇAS

ACADEMIA DE GINÁSTICA

Especializada em crianças de dois a 12 anos, a **Bem Me Quer Sports – Academia de Crianças** tem aulas de judô, sapateado, circo e balé, além de outros esportes convencionais, como natação, vôlei e futebol. Há um programa especial também para o atendimento de crianças deficientes. Já na **My Gym**, as aulas, divididas por faixa etária, atendem a crianças de seis semanas a 13 anos de idade. No programa Fraldinha, por exemplo, dedicado aos mais novos, exercícios simples, músicas e balanços são as atividades principais. Crianças de até três anos devem ser acompanhadas pelos pais.

Bem Me Quer Sports – Academia para Crianças

✉ Rua Quatá, 140, Vila Olímpia
☎ 3044-1108 e 3842-3220
✯ www.bmqsports.com.br
@ bmqsports@uol.com.br
☞ seg. a sex. 8h/17h

My Gym

✉ Rua Guaipá, 871, Vila Leopoldina (e mais dois endereços)
☎ 3641-8046
✯ www.mygymbrasil.com.br
@ kids@mygymbrasil.com.br; vilaleopoldina@mygymbrasil.com.br
☞ seg. a sex. 8h30/17h30; sáb. 9h/12h30

ARTES PLÁSTICAS

Pular corda, brincar com espadas, rolimã e gira-gira. Fazer arte? Só se forem artes plásticas. A professora Walkiria Barone faz com que as crianças brinquem no quintal da **Casa Imaginária** para se inspirarem durante a oficina, que possui duração de duas horas e se chama Pequenos Artistas Pintam Grandes Artes.

Casa Imaginária

✉ Rua Piraí, 327, Lapa
☎ 8103-3649
☞ com hora marcada

AULAS E SHOW DE CIÊNCIAS

Por que a Terra gira? Por que a água do mar é salgada? Muitos pais já devem ter se sentido em apuros ao tentar responder às perguntas feitas por seus filhos. Para matar a curiosidade da criançada, a franquia canadense **Mad Science** veio a São Paulo com muitas ideias. Presente em vinte países, a Mad Science se propõe a ensinar química, física e biologia para crianças entre seis e 12 anos. Para tornar a ciência um assunto atraente, eles contam com professores pouco convencionais. Cientistas malucos comandam as aulas ou as apresentações. Abusam de efeitos visuais para incrementar o aprendizado.

Mad Science

✉ Não divulga o endereço
☎ 5505-2656, 3467-6656 e 7846-0663
✯ www.madscience.com.br
@ mad@madscience.com.br
☞ com hora marcada

BANHEIRA DE OFURÔ

Na **Kan Tui Ofurô**, é possível comprar uma banheira para crianças de até dez anos, em formato de sapo ou panda, criada pelo proprietário Marcos Motta. É preciso encomendar a banheira, que pesa cerca de 12 quilos, tem capacidade para 35 litros, fica pronta em pouco mais de um mês e é feita artesanalmente, usando cedro-rosa. Depois de encomendada, a fabricação demora de vinte a trinta dias. A instalação e a manutenção são simples, e a Kan Tui dá dicas de banhos para os pequenos.

Kan Tui Ofurô

✉ Rua Emílio de Souza Doca, 25, Vila Santa Catarina
☎ 5505-4433
✯ www.banheiraofuro.com.br
@ contato@banheiraofuro.com.br
☞ seg. a sex 8h/12 e 13h/17h

BONECA DE PANO

Qual o destino de uma menina que tem nome de boneca e passa a infância e a adolescência num quarto cor-de-rosa, com bonecas em todos os cantos? Se você respondeu brincar de boneca a vida inteira, acertou em cheio. E foi exatamente isso que aconteceu com a artista plástica **Suzy Gheler**. Desde 1979, ela vem se especializando em criar bonecos e figuras de pano, aproveitando retalhos de roupa e espuma acrílica. O negócio começou por acaso quando Suzy fez uma boneca para sua filha. Depois das primeiras encomendas, vieram convites para decorar vitrines e ela passou a criar personagens e inventar cenários com base em temas predeterminados. Numa exposição na Estação Júlio Prestes, por exemplo, ela reproduziu uma orquestra do século VIII com trinta músicos.

Ateliê Suzy Gheler

✉ Rua Doutor Virgílio de Carvalho Pinto, 199, Pinheiros
☎ 3088-6922
✯ www.suzygheler.com.br
@ suzy@suzygheler.com.br
☞ seg. a sex. 8h/18h

BONECAS DIFERENCIADAS

Barbie e Susi que se cuidem. Na **Preta Pretinha**, as bonecas negras e orientais são as que fazem mais sucesso. A loja foi inaugurada em 2004 pela estudante de psicologia Antonia Joyce Venâncio, que teve a ideia de vender bonecas de outras etnias ainda na infância. "Quando eu e minhas irmãs éramos pequenas, a gente sempre perguntava por que não existiam bonecas negras", conta Antonia. A linha Bonecas da Inclusão tem representações de várias etnias, como muçulmanas, indianas, judias. Essa linha também aborda a diversidade, trazendo bonecas obesas, anoréxicas, portadoras de síndrome de Down, cadeirantes e com deficiência. "Muitas das pessoas que compram são profissionais da educação e querem usar o brinquedo para ajudar no aprendizado das crianças." As bonecas são artesanais, feitas de pano e de vinil.

Preta Pretinha

✉ Rua Aspicuelta, 474, Vila Madalena
☎ 3812-6066 e 3031-5385
✯ www.pretapretinha.com.br
@ contato@pretapretinha.com.br
☞ seg. a sáb. 10h/18h

BRECHÓ

Maria Augusta e Vanessa Brandão inauguraram o primeiro brechó chique infantil. O **Era Uma Vez Outra Vez** é uma ideia que surgiu pelo fato de que as crianças, e principalmente os bebês, usam durante pouquíssimo tempo roupas e acessórios. São vendidos produtos importados para bebês das marcas Tyrol, Halloween, Green, Paola da Vinci e Mc Kids. Todas as roupas são lavadas com sabão neutro, os acessórios estão em ótimo estado de conservação e os brinquedos funcionam perfeitamente. Além de comercializar os produtos importados de primeira linha por um preço muito mais em conta, o brechó aceita roupas seminovas em consignação por uma comissão de 50%.

Era Uma Vez Outra Vez
✉ Rua Ministro Godói, 1.169, Perdizes
☎ 3673-6826
✯ www.eraumavezoutravez.com.br
☞ seg. a sex. 9h/18h; sáb. 9h/15h

OFERECE O MESMO SERVIÇO

O Bolota
✉ Rua Fradique Coutinho, 825, Pinheiros
☎ 3812-4310
✯ www.bolota.com.br
@ contato@bolota.com.br
☞ seg. a sex .10h/18h30; sáb. 10h/16h

BRECHÓ COM MARCAS FAMOSAS

No brechó infantil **Repeteco** não é raro encontrar lindos vestidinhos da Daslu ou da Dior. Mães de primeira viagem costumam comprar roupinhas em excesso para o recém-nascido e muitas nem chegam a ser usadas. Para conseguir essas preciosidades, a própria dona Elizabeth Pinho Casaes é quem faz a triagem de tudo o que lhe é oferecido. "Sei que muitas mães não gostam de roupas usadas, mas eu só ofereço o que está novinho", explica. Há de casaquinhos de lã a fantasias de princesa. Algumas roupas, carrinhos, berços, bebê-conforto, cadeirinhas e até uma babá eletrônica com monitor ainda carregam a etiqueta. Peças como berços e cômodas importados ficam embalados para serem mais bem transportados. No segundo andar da loja, Elizabeth oferece ainda modelos de coleções passadas da famosa marca para gestantes, Zazou. Elas custam 70% do preço original.

Repeteco
✉ Rua Ribeiro do Vale, 495, Brooklin
☎ 5531-1012
✯ www.repeteco.com.br
@ repeteco@repeteco.com.br
☞ seg. a sex. 9h/18h; sáb. 9h/16h

BRINQUEDOS ANTIGOS

As vitrines de brinquedos da **Galeria Itapetininga** certamente farão qualquer marmanjo resgatar a infância. Cada uma delas é especializada em épocas específicas. Os Comandos em Ação, bonecos do Batman e personagens da série *Guerra nas estrelas* mostram a preferência de **Luciano Reis** pelo período de transição entre os anos 1980 e 1990. **Eduardo França** tem paixão por aviões, mas arranjou espaço nas prateleiras para os bonecos do Chaves e para os discos do Bozo e do Spectroman. Já na vitrine de **Alcides Martini**, a especialidade são as miniaturas de carros e trens em metal. Há uma Lotus Climax de 1960 e um kit para montar a Williams de Ricardo Patrese. O destaque, no entanto, vai para o "precursor do Lego", os brinquedos Mecano – no Brasil foram lançados como Mecbras. O espaço de **Marcelo Antunes Patti** valoriza a indústria nacional com o carrinho a pilha pega-pega da Trol, dos anos 1970, e o Forte Apache da Gulliver.

Galeria Itapetininga
✉ Rua Barão de Itapetininga, 273, República
☎ 3259-6515 e 3259-6517
☞ seg. a sex. 8h/20h; sáb. 8h/16h

Luciano Reis
✉ Rua Barão de Itapetininga, 273, Galeria Itapetininga, República
☎ 8874-7372
☞ seg. a sex. 8h/20h; sáb. 8h/16h

Eduardo França
✉ Rua Barão de Itapetininga, 273, Galeria Itapetininga, República
☎ 7429-2887
☞ seg. a sex. 8h/20h; sáb. 8h/16h

Alcides Martini
✉ Rua Barão de Itapetininga, 273, Galeria Itapetininga, República
☎ 9971-3751
☞ seg. a sex. 8h/20h; sáb. 8h/16h

Marcelo Antunes Patti
✉ Rua Augusta, 2.883, Cerqueira César
☞ ter. e qui. 11h/13h
✉ Rua Sete de Abril, 356, Centro
☞ seg., qua. e sex. 11h/19h
☎ 3255-3236 e 9126-6411
✯ www.pattitoys.com.br
@ mapatti@ig.com.br

OFERECEM O MESMO SERVIÇO

Alemão Brinquedos Antigos
✉ Rua Joaquim Távora, 719, Vila Mariana
☎ 5549-1747
✯ www.alemaobrinquedosantigos.xpg.com.br
☞ seg. a sex. 8h/18h, com hora marcada

Francisco Flávio Pacheco
✉ Avenida Paulista, 1.578, banca 64, Bela Vista
☎ 3082-4081
✯ www.museudosbrinquedos.wordpress.com
☞ dom. 10h/16h

BRINQUEDOS DE LATA

Nos fundos de sua casa, o arquiteto **Sidnei Paulo Diana** montou uma pequena oficina para restaurar brinquedos antigos. Sua especialidade são os modelos de lata feitos até a década de 1970. Também troca cordas, arruma brinquedos corroídos por pilhas estouradas e faz rodinhas para vagões. No caso de carrinhos de lata, Sidnei faz funilaria com estanho. "Os brinquedos modernos são descartáveis", diz. "Apesar da dificuldade, os antigos podem ser recuperados."

Sidnei Paulo Diana
☎ 3884-1202
✯ www.brinquedosraros.com.br
@ sidnei@brinquedosraros.com.br
☞ com hora marcada

BRINQUEDOS DE MADEIRA

As histórias que cercam o surgimento das empresas em São Paulo são surpreendentes. Imaginar que uma fábrica de brinquedos começou com um pequeno caminhão de madeira para distrair os filhos, com certeza, não é comum. Mas foi exatamente isso que aconteceu quando a contadora Astrid Dudeck resolveu juntar algumas sobras de madeira no quintal e construir um carrinho para os filhos. O caminhãozinho era simples, mas fez sucesso na vizinhança. Aí vieram os pedidos dos amigos dos filhos, dos primos, e em poucos dias Astrid passava mais tempo cortando e entalhando ripas de madeira do que debruçada nas contas de receitas e despesas das empresas para as quais prestava serviços. O negócio cresceu. O fundo do quintal foi trocado por uma fábrica que confecciona mais de cem brinquedos diferentes de madeira. Assim surgiu a **Holzmeister**. Ah, os caminhõezinhos continuam lá, mas agora dividem as prateleiras com bonecos, balanços, postos de gasolina, carrinhos de boneca, carros, trenzinhos e quebra-cabeças.

Holzmeister
✉ Avenida Vereador José Diniz, 1.182, Alto da Boa Vista
☎ 3473-9626
✯ www.holzmeister.com..br
@ vendas@holzmeister.com.br
☞ seg. a sex. 10h/18h; sáb. 10h/17h

BRINQUEDOS DIFERENCIADOS

Bonecas de pano, animais de madeira, casinhas, fogãozinho, bancada de marcenaria, chapéu que vem com cola e bordados para enfeitá-lo, cavalo de pau, fantasias e livros infantis. Resumindo: brinquedos incomuns às crianças desta geração videogame. A filosofia da **Fábrica Livros e Brinquedos** é justamente incentivar os baixinhos a gostarem de outras diversões, e não só as que passam na televisão. A loja é separada por seções e por idades. Na de aventura, por exemplo, há bumerangues, petecas, binóculo, kit jardinagem... Já na seção de memória, a molecada vai conhecer os brinquedinhos do início do século, que pertencem ao acervo e não estão à venda.

Fábrica Livros e Brinquedos
✉ Rua Aspicuelta, 135, Vila Madalena
☎ 3034-3044
✯ www.fabricaideias.com
@ fabricaideias@fabricaideias.com
☞ seg. a sáb. 10h/18h

BRINQUEDOS E KITS PARA CIENTISTAS MIRINS

A lojinha do **Museu de Microbiologia do Instituto Butantan** oferece mais do que tradicionais suvenires como lápis, réguas e camisetas de recordação. Ali é possível encontrar kits de cientistas. São cinco opções de brinquedos, incluindo um voltado para os professores e quatro para jovens. Os kits começaram a ser vendidos em 2002 e o estoque é abastecido à medida que vão sendo montados pelos próprios biólogos do Museu. Um dos brinquedos mais requisitados é o Polícia Científica, que ensina até a fazer um retrato-falado. A ideia de produzir os brinquedos educativos foi do professor Isaias Raw, nomeado diretor do Instituto Brasileiro de Educação, Ciência e Cultura, em 1952. Nessa época foram criados os primeiros experimentos de química, eletricidade e biologia. "O que fazemos agora é uma releitura dos kits, adaptando os brinquedos para os tempos atuais", conta Gláucia Colli Inglez, coordenadora do Museu de Microbiologia.

Museu de Microbiologia do Instituto Butantan
✉ Avenida Vital Brasil, 1.500, Butantã
☎ 2627-9540 e 3726-7222, ramal 2155
✯ www.butantan.gov.br/home/museu_microbiologia.php
@ museumicrobiol@butantan.gov.br
☞ ter. a dom. 9h/16h30

CARTEIRAS ESPECIAIS PARA DEFICIENTES

A **Carci Indústria e Comércio de Aparelhos Cirúrgicos e Ortopédicos** desenvolve equipamentos para reabilitação física desde 1966. A empresa fabrica uma cadeira especial que pode ser utilizada na escola por crianças e adolescentes com algum tipo de deficiência física. Um suporte adaptado funciona como carteira e facilita as atividades em sala de aula. A empresa possui mais de dez modelos desenvolvidos para deficientes e excepcionais. Atende hospitais, escolas e qualquer pessoa interessada. O orçamento pode ser feito pelo endereço eletrônico e por telefone.

Carci Indústria e Comércio de Aparelhos Cirúrgicos e Ortopédicos

✉ Rua Doutor Siqueira Campos, 246, Liberdade
☎ 3346-2100
✯ www.carci.com.br
@ vendas@carci.com.br; asc@carci.com.br
☞ seg. a sex. 8h20/17h30; sáb. 8h30/12h

CASA NA ÁRVORE

Proprietário da **Lao Engenharia Sustentável**, empresa especializada em produtos de *playground*, o engenheiro civil Venceslao Napolitano fabrica casas de árvore. Cerca de 15 modelos estão à disposição dos clientes, mas o engenheiro garante que é capaz de viabilizar qualquer projeto. Antes da construção, Napolitano e um engenheiro agrônomo ou florestal visitam a casa do interessado e avaliam o projeto. "Não é qualquer árvore que aguenta uma casinha", afirma. Além da vistoria na árvore, o engenheiro entrevista os moradores para descobrir o perfil dos futuros proprietários do imóvel nas alturas. O perfil do usuário é fundamental para determinar os itens de segurança. O prazo de entrega e construção é de um mês. Além da casa, a empresa também fabrica escorregadores, rampas, plataformas e acessos, que podem ser interligados ao projeto nas árvores.

Lao Engenharia Sustentável

✉ Rua Napoles, 365, Jardim Colibri, Cotia
☎ 4617-3400
✯ www.laoengenharia.com.br
@ atendimento@laoengenharia.com.br
☞ seg. a qui. 7h/17h; sex. 7h/16h

CONSERTO DE BRINQUEDOS

O **Hospital das Bonecas, Brinquedos e Games** conserta brinquedos desde 1947. Vale a pena levar o brinquedo, principalmente quando há valor sentimental envolvido. O hospital é uma assistência técnica autorizada dos principais fabricantes. Para brinquedos antigos, a loja faz uma adaptação das peças. Os brinquedos podem ser retirados em casa. Nesse caso, o funcionário vai vestido de médico e o carro é pintado como se fosse uma ambulância.

Hospital das Bonecas, Brinquedos e Games

✉ Rua Capitão Avelino Carneiro, 110, Penha (e mais dois endereços)
☎ 2647-7516 e 2646-6869
✯ www.hospitaldasbonecas.com.br
@ emergencia@hospitaldasbonecas.com.br
☞ seg. a sex. 9h/18h; sáb. 9h/13h

OFERECEM O MESMO SERVIÇO

Clinigames

✉ Estrada do Campo Limpo, 4.298, sala 3, Campo Limpo
☎ 5842-1070
@ clinigames@hotmail.com
☞ seg. a sex. 11h/18h30; sáb. 11h/17h

Henry Schmit

✉ Alameda Lorena, 882, Jardim Paulista
☎ 3898-3287 e 9997-0070
@ henry7265@gmail.com
☞ seg. a sex. 10h/18h30 e sáb. 10h/15h30

SOS das Bonecas, Brinquedos e Games
✉ Rua da Mooca, 2.636, Mooca
☎ 2618-1682
✉ Rua Alonso Calhamares, 17, Tatuapé
☎ 2671-5802
@ sosdasbonecas@uol.com.br
☞ seg. a sex. 9h/18h; sáb. 9h/13h

CULINÁRIA

Aprender a cozinhar é um ótimo programa para crianças entediadas nas férias. Além de poderem ajudar a mãe a fazer o jantar, elas se divertem. Neste período, e em datas como o Dia das Crianças, a **Escola Wilma Kövesi de Cozinha** faz cursos que atendem os pequenos, na maioria de nove a 14 anos. Eles aprendem a preparar uma refeição completa, com entrada, prato principal e sobremesa – sempre com a supervisão de um adulto.

Escola Wilma Kövesi de Cozinha
✉ Rua Cristiano Viana, 224, sala 1, Pinheiros
☎ 3082-9151 e 3063-1592
★ www.wkcozinha.com.br
@ betty@wkcozinha.com.br
☞ seg. a sex. 9h/18h30

OFERECEM O MESMO SERVIÇO

A Nossa Cozinha
✉ Rua Assis Brasil, 99, Brooklin
☎ 5533-4181 e 5092-9023
★ www.anossacozinha.com.br
@ contato@anossacozinha.com.br
☞ seg. a sex. 8h/17h

Atelier Gourmand
✉ Rua Bela Cintra, 1.783, Consolação
☎ 3060-9547
★ www.ateliergourmand.com.br
@ cliente@ateliergourmand.com.br
☞ seg. a sex. 8h/18h

Gastrô Gourmet
✉ Rua Tinhorão, 122, Higienópolis
☎ 3666-7111
★ www.gastrogourmet.com.br
@ gastro@gastrogourmet.com.br
☞ seg. a sex. 11h/15h30

Helô Doces
✉ Rua Lira, 75, Vila Madalena
☎ 3814-4854
★ www.helodoces.com.br
@ helodoces@uol.com.br
☞ seg. a sex. 9h/18h; sáb. 9h/14h

Vivian Feldman Atelier Escola
✉ Rua Caminha de Amorim, 219, Vila Madalena
☎ 3021-3418
★ www.vivianfeldman.com.br
@ feldman.vivian@gmail.com; rosesb.atelier@gmail.com
☞ seg. a sex. 9h/18h

CURSO DE ANIMAÇÃO EM 3D

Personagens animados sempre arrancam suspiros dos espectadores quando aparecem em algum comercial de TV ou na tela do videogame. Pois saiba que criar heróis e monstrinhos em três dimensões e colocá-los em movimento é uma profissão em ascensão no Brasil. Na escola de computação da **Cadritech**, um aluno aplicado, em cinco meses, aprende o que é preciso para entrar nesse mercado. Mas atenção: a coisa não é tão simples assim. A boa notícia é que os animadores brasileiros são muito bem-vistos lá fora. "É um funcionário com uma visão generalizada, mais versátil", explica Francisco Tripiano, dono da empresa. A idade média dos futuros designers também chama a atenção. Já houve alunos de 11 anos matriculados na escola.

Cadritech
✉ Rua Afonso Celso, 552, 3º andar, Vila Mariana
☎ 3318-4888
★ www.cadritech.com.br
@ info@cadritech.com.br
☞ seg. a sex. 8h30/20h; sáb. 9h/15h

CURSO DE COSTURA

Pequenas pessoas usam pequenas máquinas de costura. Não, não é Liliput, mas a **Love Blankie**, primeira escola de costura para crianças em São Paulo. Na matrícula, o aluno recebe um kit com linhas, agulhas, tesoura, dedal, fita métrica e outros itens que usará durante o curso. Ao fim de casa aula, os aprendizes levam para casa uma peça que produziu, como almofadas, aventais e vestidos para bonecas.

Love Blankie
✉ Rua Domingos Leme, 17, Vila Nova Conceição
☎ 3846-4160 e 7857-6428
★ www.loveblankie.com.br
@ fernanda@loveblankie.com.br
☞ seg. a sex. 9h/18h; sáb. 9h/13h

CURSO DE DANÇA INDIANA

A bailarina Andréa Prior teve formação clássica, mas descobriu a dança indiana e começou a dar aulas em 1997, em um templo *hare krishna*. Quando algumas mães vieram pedir que ela desse aulas para os filhos, Andréa resolveu abrir uma turma para crianças. Hoje, ela ensina no **Espaço Rasa** – palavra em sânscrito que pode significar desde "sentimento" até a impressão que uma obra de arte causa. Andréa, que vai à Índia periodicamente para se atualizar, explica que a dança indiana ajuda as crianças ao estimular a coordenação motora, e elas podem usar a criatividade ao improvisar com as posições de mão usadas na dança para contar histórias. A idade mínima é de cinco anos e, com duas aulas de uma hora por semana, em um ou dois anos é possível dançar bem. Por enquanto, Andréa só tem alunas, mas diz que os meninos também têm lugar.

Espaço Rasa
✉ Rua Heitor Penteado, 220/236, estúdio 16, Sumarezinho
☎ 3868-2612
★ www.espacorasa.art.br
@ andrea_prior@uol.com.br; contato@espacorasa.art.br
☞ seg. a sex. 15h/20h; sáb. 10h/13h

CURSO DE DJ

Alguns deles precisam de banquinhos para alcançar o topo da mesa onde fica a *pick-up*. Mesmo assim, adoram o curso de DJ para crianças oferecido pela **E-DJs**. A professora (e DJ) Lisa Bueno não ensina aos pequenos toda a funcionalidade da máquina cheia de botões. "Trabalhamos coordenação motora, ritmo e familiarização com o equipamento", afirma. Logo que começam, as crianças já fazem *scratchs* ao som de música eletrônica. O curso é mensal.

E-DJs
✉ Rua 24 de Maio, 116, 1º andar, loja 16
☎ 3331-0898
★ www.e-djs.com.br
@ e-djs@e-djs.com.br
☞ seg. a sex. 10h/20h; sáb. 10h/18h

CURSO DE MUSICALIZAÇÃO PARA BEBÊS

Quanto mais cedo, melhor. Foi baseado nesse conceito e na própria história que o músico Rubens Gianotti Pimentel criou o curso de musicalização para crianças do **Music Center Núcleo de Ensino Mu-sical**. Rubens ainda nem era nascido, mas já escutava música de qualidade: sua mãe é pianista e, quando estava grávida, tocava para ele. Aos 13 anos, ele se transformou no organista mais novo da América Latina; depois, cursou direito, só para poder fazer mestrado em música. Bebês de apenas oito meses podem ingressar na escola e aprender a desenvolver a audição, a sensibilidade musical, além de noções básicas de ritmo e melodia.

Music Center Núcleo de Ensino Musical
✉ Rua José Maria Lisboa, 921, Jardins
☎ 3889-9084
✯ www.music-center.art.br
@ mc@music-center.art.br
☞ seg. a sex. 8h/22h; sáb. 8h/16h

DAY CARE

São lugares que funcionam como creches, mas não é preciso pagar taxa de inscrição nem mensalidade. A mãe deixa a criança ali quando precisa, sem a necessidade de avisar antes, e paga por hora. Os *day care* têm completa infraestrutura de diversão e atividades pedagógicas, além de servir lanche para a garotada. Alguns endereços espalhados pela cidade:

Catavento
Aceita crianças de três meses a seis anos.
✉ Rua Caetés, 52, Perdizes
☎ 3864-6823 e fax: 3801-3358
✯ www.catavento.com.br
@ faleconosco@catavento.com.br
☞ seg. a sex. 7h30/19h

Espaço Lúdico
Aceita crianças de seis meses a seis anos.
✉ Rua Barão do Bananal, 603, Pompeia
☎ 3872-3386
✯ www.espacoludico.com.br
@ espacoludico@espacoludico.com.br; sonia@espacoludico.com.br
☞ seg. a sex. 7h30/19h

Materna Escola
Aceita crianças de três meses a dez anos.
✉ Alameda Dona Tereza Cristina, 225, São Bernardo do Campo
☎ 4337-3764
✉ Rua Gonçalo Fernandes, 86, Santo André
☎ 4436-6995
✯ www.maternaescola.com.br
@ materna@maternaescola.com.br
☞ seg. a sex. 7h/19h

ENXOVAL DE BEBÊ COM MONOGRAMA

Menina ou menino? Muitas mães preferem esperar o momento do parto para saber o sexo do bebê. Se esse não for o seu caso, o enxoval com monogramas nas roupinhas pode ser preparado pela **Maria Beatriz Gil**. Também são produzidas lembranças para a maternidade e artigos de decoração com bordados em ponto cruz.

Maria Beatriz Gil

✉ Rua Moacir Miguel da Silva, 609, casa 5, Jardim Bonfiglioli

☎ 3037-7236

☞ seg. a sáb. 8h/18h, com hora marcada

ENXOVAL PARA PREMATUROS

Existem poucas lojas especializadas em enxoval para bebês prematuros. Uma delas é a **Baby's Market**. A proprietária, Priscila Munhoz, acredita que a concorrência é pouca porque ninguém prepara um enxoval desse tipo. "Os poucos clientes que procuram as roupinhas especiais estão fazendo uma compra de emergência, depois que o bebê já nasceu", diz ela. "As pessoas não planejam o enxoval de um filho prematuro, é inesperado". A loja vende roupas para bebês entre 1,7 e 2,5 quilos, com numeração única. A variedade, no entanto, é menor. "Nem todas as fábricas apostam nesse segmento", diz Priscila. Já na **Iroma Baby**, a fabricação é própria. Irma Osello, gerente da loja, afirma que as futuras mães que enfrentam gravidez de risco costumam encomendar as roupas especiais antes mesmo de a criança nascer. "Dá muito mais trabalho para fazer", diz Irma. "As máquinas não são preparadas para fazer golas e punhos tão pequenos".

Baby's Market

✉ Rua Doutor Alceu de Campos Rodrigues, 554, Itaim Bibi

☎ 3045-2667

☞ seg. a sex. 9h/18h30; sáb. 9h30/13h

Iroma Baby

✉ Rua Professor Vahia de Abreu, 88, Vila Olímpia

☎ 3846-5956 e 2638-9168

✯ www.enxovaldebebe.com.br

@ iromababy@iromababy.com

☞ seg. a sex. 10h/18h; sáb. 9h/14h

ESCALADA

Crianças com menos de seis anos escalando paredes? Calma, não é perigoso. Na **Casa de Pedra**, elas podem acompanhar os pais na subida – desde que usando a cadeirinha especial disponível para aluguel na academia. Crianças mais velhas podem escalar os paredões de até 14 metros com orientação dos monitores.

Casa de Pedra

✉ Rua Venâncio Aites, 31, Pompeia (e mais três endereços)

☎ 3873-8178

✯ www.casadepedra.com.br

@ atendimento@casadepedra.com.br

☞ seg. a sex. 16h/23h; sáb. e dom. 14h/20h

ESGRIMA

O **Projeto Atleta do Futuro, da ONG Projeto Nova**, oferece aulas de esgrima para crianças de 13 a 17 anos no Conjunto Desportivo Constâncio Vaz Guimarães, no Ibirapuera. São 15 vagas por turma – nem sempre preenchidas. As aulas vão de março a dezembro (as matrículas acontecem no mês de fevereiro). "O fato de estar num bairro de poder aquisitivo alto acaba dificultando o acesso de mais crianças", diz Flávio Alberto da Silva Júnior, coordenador da ONG. "As crianças carentes costumam procurar esportes como basquete, vôlei e futebol. Modalidades que os fazem imaginar que, um dia, poderão jogar em um time grande e ajudar a família."

Projeto Atleta do Futuro, da ONG Projeto Nova

✉ Rua Manoel da Nóbrega, 1.361, Conjunto Desportivo Constâncio Vaz Guimarães, Ibirapuera

☎ 3887-3500

@ ginasioibirapuera@ig.com.br

☞ seg. e qua. ou ter. e qui. 14h/15h

OFERECE O MESMO SERVIÇO

Academia Paulista de Esgrima
✉ Rua Araújo, 154, 1º andar, República
☎ 8482-3000 e 9258-5235
✯ www.academiapaulistadeesgrima.com.br
@ c.pitangueiras@uol.com.br
☞ ter. e qui. 17h/22h.

ETIQUETAS BORDADAS

As crianças voltaram às aulas. Depois de gastar uma pequena fortuna com o material escolar e o uniforme, não esqueça que tudo precisa ser devidamente identificado. Quem não quiser se dar ao trabalho pode contar com a ajuda de Eliana Niski, da **CI Bordados**. Ali, numa portinha no bairro do Brás, ela faz etiquetas de identificação em papel transfer. Eliana começou criando etiquetas para seus sobrinhos. Depois, para os amigos dos sobrinhos. E os amigos dos amigos... O tamanho normal é de seis centímetros de comprimento por um centímetro de altura e desenhos como borboletas e solzinhos podem ser incluídos. Os pedidos devem ser feitos em larga escala: pelo menos trinta etiquetas. O nome da criança pode ser impresso ou bordado na etiqueta. Depois, como qualquer transfer, basta passar o ferro quente contra o tecido.

CI Bordados
✉ Rua Sampson, 351, Brás
☎ 2796-6921 e 2292-5177
@ cibordados@cibordados.com.br; bordados@cibordados.com.br
☞ seg. a sex. 8h/17h

LAVAGEM DE BICHO DE PELÚCIA

Crianças pequenas adoram seus bichos de pelúcia... Adoram jogá-los para cima e para baixo, pegá-los com a mão suja de chocolate, fazê-los de gato-sapato. Coitados! É muito difícil limpar as marcas de tantas travessuras. Alguns bonecos, principalmente os importados, aguentam a batalha dentro de uma máquina de lavar roupa normal. A maioria, no entanto, precisa de tratamento especial. Para não estragar o tecido, depois da lavagem, a **Vip** seca os bichinhos numa estufa especial. O mais inusitado acontece na hora de fazer o orçamento. A loja cobra por centímetro de comprimento do bicho. Para os papais, a Vip apresenta um serviço especial em gravatas, que são desmontadas antes da lavagem. Pode-se trocar a entretela e pedir o alargamento ou estreitamento do modelo. O local faz ainda limpeza de mosquiteiros, sacos de dormir e velas de barco.

Vip
✉ Shopping Jardim Sul, piso térreo, loja 140 (e mais três endereços)
☎ 3743-1779
✯ www.viplavanderia.com.br
@ vip@viplavanderia.com.br
☞ seg a sáb. 10h/22h; dom. 14h/20h

MAQUIAGEM, CABELO E UNHA EM FESTA

Cibele dos Santos Oliveira é filha de pai desenhista e mãe manicure. Pode-se dizer que aproveita a hereditariedade como poucos: trabalha como manicure em festas infantis, fazendo minidesenhos nas unhas das crianças. Pinta Brancas de Neve, corcundas de Notre-Dame, escudos de times e até reproduções de obras famosas de Renoir e Monet. Cibele, proprietária do **Pincel Mágico**, faz até mil unhas por festa (com um pincel de estimação que ela mesma afinou), além de oferecer serviços de maquiagem e cabelo.

Pincel Mágico
✉ Não divulga o endereço
☎ 4063-2024
✯ www.pincelmagico.com.br
@ contato@pincelmagico.com.br
☞ seg. a sex. 8h/18h; sáb. 8h/13h

MASSAGEM

A técnica se chama *shantala* e foi criada em Calcutá, na Índia. A terapeuta **Etles Maziero** iniciou o trabalho há sete anos, em São Paulo. A massagem em bebês diminui as dores de cólicas e proporciona um sono mais tranquilo. Etles também faz massagens em crianças de até nove anos, associadas a cromoterapia e aromaterapia. Desse modo, mesmo aqueles anjinhos, que não param um segundo, recuperam a calma e o estresse vai embora. A técnica ajuda ainda crianças com fobias e emocionalmente abaladas. Etles recomenda uma sessão de massagem por semana. Ela também oferece cursos aos sábados para pais que queiram aprender a massagear as crianças em suas casas.

Etles Maziero
✉ Rua Doutor Neto de Araújo, 363, Vila Mariana
☎ 5579-2920, 5572-1331 e 9940-9073
☞ seg. a sex. 8h/19h30

OFERECE O MESMO SERVIÇO

Toque da Borboleta
✉ Não divulga o endereço
☎ 2918-7915 e 8281-9028
✯ http://mariagiannotti.sites.uol.com.br
@ mariagiannotti@uol.com.br
☞ seg. a sex. 9h/18h

MATERIAL DE CIÊNCIAS

Com a **Didática Center**, o professor mergulha em 4 mil artigos de laboratório, pesquisas escolares e científicas. Há de tudo um pouco: de um conta-gotas com ponta curva a um coração de plástico desmontável, passando por pipetas, buretas e tubos de ensaio de todos os tamanhos. A lista inclui também um crânio de plástico e um esqueleto completo, em tamanho natural, com seus 206 ossos (depois de encomendado, é preciso esperar mais ou menos trinta dias). Para conhecer os produtos, é preciso requisitar visita de um representante comercial à escola.

Didática Center
✉ Rua Coronel Joaquim Ferreira Lobo, 152, Vila Nova Conceição
☎ 3849-8677
✯ www.didaticacenter.com.br
@ vendas@didaticacenter.com.br
☞ seg. a sex. 8h30/18h

PAPINHAS ORGÂNICAS

Entre os seis meses e três anos de idade, a criança devora diariamente várias porções de papinha. Não seria bom se o produto fosse totalmente orgânico? O **Empório da Papinha**, com sede em Moema, tem um cardápio baseado na formação de bons hábitos alimentares nos bebês. No cardápio, refeições à base de frutas, sopas com ou sem pedaços e sobremesas. A Linha Family, a mais popular da loja, tem 30 opções para os bebês. O Empório da Papinha faz entrega em domicílio.

Empório da Papinha
✉ Rua Açocê, 648, Moema (e mais cinco endereços)
☎ 5051-4343
☆ www.emporiodapapinha.com.br
☞ seg. a sex. 9h/18h; sáb. 9h/15h

PATINAÇÃO

Embora seja recomendável, não é necessário que a criança saiba andar de patins ao entrar no curso de patinação da academia **Competition**, que atende os pequenos de sete a dez anos de idade. Nas aulas, que acontecem três vezes por semana, o professor ensina a turma a fazer manobras e transpor obstáculos. O próprio aluno deve levar equipamento (patins, joelheiras, capacete e cotoveleiras).

Competition
✉ Rua Oscar Freire, 2066, Pinheiros (e mais dois endereços)
☎ 3060-5555
☆ www.competition.com.br
@ contato@rentatour.com.br
☞ seg. a sex. 6h/23h; sáb. 10h/16h; dom. 10h/16h

ROUPAS PARA BEBÊS ROQUEIROS

Kiss, Led Zeppelin, Metallica e Iron Maiden não lembram nem um pouco música de ninar, mas fazem sucesso entre os bebês – ou, pelo menos, entre os papais roqueiros. A **Baby Rock** vende camisetas, gorrinhos e até chupetas inspiradas no rock. Bandas e caveirinhas estão na maioria das peças, que são estampadas com tinta à base d'água em tecido 100% algodão para não irritar a pele dos pequenos. A proprietária, Renata Morales Vilela, teve a ideia quando engravidou de seu primeiro filho, Cauet. No entanto, só colocou a marca em funcionamento na segunda gravidez, quando nasceram os gêmeos Rafael e Pietro. É ela mesma quem desenha as estampas da loja, procurando sair dos clichês das camisetas de rock.

Baby Rock
✉ Rua Azevedo Soares, 495, Tatuapé (e mais dois endereços)
☎ 2385-8165
☆ www.babyrock.com.br
@ contato@babyrock.com.br
☞ seg. a sex.10h/17h; sáb. 10h/15h

SIMULAÇÃO DE PILOTAGEM

A **Delta 5** ensina gente grande a pilotar aviões. Uma das ferramentas é a simulação de voos em Boeing e Airbus, sob supervisão de pilotos de verdade. Para quem ainda não tem a idade de aprender a pilotar de verdade, é a maneira mais próxima da realidade. São três salas de simulação, nas quais o pequeno aviador – sempre acompanhado por um responsável – pode escolher até a previsão do tempo.

Delta 5
✉ Rua Coronel Bento Bicudo, 903, Piqueri
☎ 3975-2859 e 3975-2461
☆ www.delta5sv.com.br
@ info@delta5sv.com.br
☞ seg. a sáb. 9h/18h

UNIFORMES DE TIMES PARA BEBÊS

A grife infantil **Paola da Vinci** lançou uma coleção de roupinhas de times de futebol. Corinthians, Santos e São Paulo são os representantes paulistas. Há também peças de clubes internacionais: Barcelona (Espanha), Paris Saint Germain (França), Juventus (Itália) e Manchester United (Inglaterra).

Paola da Vinci

✉ Rua Haddock Lobo, 1.700, Jardins (e mais quatro endereços)

☎ 3086-3863

✯ www.paoladavinci.com.br

☞ seg. a sáb. 10h/19h

VELA

Para aprender a velejar, não é preciso ir à praia. A **Escola Marina Sylvestre** dá aulas de navegação em plena represa de Guarapiranga. Crianças a partir dos nove anos podem fazer o curso de 12 horas, que são divididas em seis aulas agendadas de acordo com a disponibilidade do aluno. No início, os alunos têm uma palestra teórica, velejam com o professor e, depois, sozinhos - mas o instrutor os segue de perto em um bote.

Escola Marina Sylvestre

✉ Avenida Robert Kennedy, 3.444, Interlagos

☎ 3798-0055 e 5680-6999

✯ www.auladevela.com.br

@ marina@marinasylvestre.com.br

☞ seg. a dom. 9h/18h

VENTRÍLOQUO

O mágico **Anthony** aprendeu a sua arte quando ainda era criança, com mágicos veteranos, e alguns anos depois começou a se apresentar. Desde 1998, seu show tem também um número de ventriloquia, aprendido com um colega no Rio de Janeiro. No começo, eram apenas cinco minutos; à base de muito treinamento (com o lápis atravessado na boca, para controlar o movimento dos lábios), hoje o show de ventriloquia tem 12 minutos, inseridos na apresentação de mágica que ele faz em festas infantis. Os bonecos, o pássaro Juvenal e o crocodilo Jota, vieram dos Estados Unidos.

Anthony

✉ Não divulga o endereço

☎ 2934-0222 e 7472-4000

✯ www.anthony.com.br

☞ seg. a sex. 8h/18h

CURIOSIDADES E UTILIDADES

ACRÍLICO

Showroom, loja e fábrica da **Tudo em Acrílico** ficam no mesmo endereço no Butantã. Lá, dá para achar todo tipo de coisa feita com acrílico: desde rolos de macarrão até púlpitos para discurso, cubos para sinalização de microfones de televisão, caixas e urnas variadas. Convites e troféus são feitos sob encomenda.

Tudo em Acrílico

✉ Avenida Corifeu de Azevedo Marques, 2.875, Butantã
☎ 3782-1688 e 3785-7130
✯ www.tudoemacrilico.com.br
@ contato@tudoemacrilico.com
☞ seg. 8h/16h; ter. a sex. 8h/17h; sáb. 8h/12h

ADAPTAÇÕES EM CARROS

Desde 1991, a **Velo Bakar** conserta e adapta painéis de carros. Dependendo da vontade do freguês, dá para mudar as cores e até inserir iluminação colorida. "Começamos usando neon, hoje evoluímos para a tecnologia LED", diz Fernando Totoli, que comanda o negócio com o irmão Roberto. O LED – disponível nas cores azul, vermelho, roxo, verde e branco –, além de iluminar painéis, pode ser usado por todo o interior do veículo. Clientes mais espalhafatosos pedem aplicação na parte inferior do automóvel, o que garante que vão chamar a atenção por onde passarem. O serviço demora cerca de duas horas para ser concluído.

Velo Bakar

✉ Alameda Barão de Limeira, 142 e 754, Santa Efigênia
☎ 3224-0571, 3331-5583 e fax: 3333-2062
✯ www.velobakar.com.br
@ velobakar@velobakar.com.br
☞ seg. a sex. 8h30/18h; sáb. 8h30/13h

OFERECEM O MESMO SERVIÇO

Auto Vidros Jabaquara

Para-brisas importados para todas as marcas de carros importados.

✉ Avenida Cupecê, 3.779, Cidade Ademar
☎ 5621-9000
✯ www.avj.com.br
@ avj@avj.com.br
☞ seg. a sex. 8h/18h; sáb. 8h/12h

Onyx

Vende cintos de segurança nas cores verde, vermelho, azul, amarelo e bege.

✉ Avenida Duque de Caxias, 567, Santa Efigênia
☎ 3361-8777
✯ www.onyxsom.com.br
@ onyx@onyxsom.com.br
☞ seg. a sex. 8h/18h; sáb. 8h/16h

Parts & Peças

Trabalha com peças para todos os carros importados, a maioria delas com pronta entrega.

✉ Rua Ministro Jesuíno Cardoso, 512, Vila Olímpia
☎ 3841-9379
✯ www.parts.com.br
@ parts@parts.com.br
☞ seg. a sex. 8h/18h

Precision Equipments

Bancos com suporte lombar e instalação de piloto automático.

✉ Rua Joaquim dos Reis, 121, Santo Amaro
☎ 3579-1100, 3579-1108 e 8388-4847
✯ www.dalgas.com.br
@ contato@dalgas.com.br
☞ seg. a sex. 8h/18h

Salvavidros

✉ Rua Fradique Coutinho, 220, Pinheiros
☎ 3061-4075
✯ www.salvavidrosdobrasil.com.br
@ salvavidros@uol.com.br
☞ seg. a sex. 8h/18h

AGÊNCIA DE DUBLÊS

Para quem precisa saltar de um carro em movimento, ser atropelado, fazer rapel de um helicóptero ou ter o corpo em chamas, a melhor opção é contratar um profissional. Os dublês são responsáveis pelas cenas mais empolgantes das telinhas e sua atuação é fundamental em novelas, anúncios publicitários e cinema. Na **Academia dos Dublês Águias de Fogo**, o cliente pode contratar atores especializados nesta área. Também são oferecidos cursos de dublê nos fins de semana.

Academia de Dublês Águias de Fogo

✉ Rua Francisco Gomes da Costa, 18, Pirituba
☎ 3462-0186, 3832-1321 e 7883-0310
✯ www.aguiasdefogo.com
@ helioduble@gmail.com
☞ seg. a sex. 9h/18h

ÁLBUM PARA COLECIONAR MOEDAS

Um numismata tem como hobby estudar ou colecionar moedas. Para facilitar a organização de colecionadores brasileiros, a empresa soteropolitana Banco Moeda lançou em 2008 um álbum que tem espaço para todas as moedas lançadas no Plano Real de 1994 a 2013. Até 2011, são noventa moedas comuns e cinco especiais. Em São Paulo, o álbum é revendido por **Claudio Amato.**

Claudio Amato

✉ Rua 24 de Maio, 247, loja 44, Centro
☎ 3333-0669
✯ www.claudioamato.com.br
☞ seg. a sex. 13h/17h; sáb. 11h30/14h

OFERECEM O MESMO SERVIÇO

Sociedade Numísmática Brasileira

✉ Rua 24 de Maio, 247, 2º andar, Centro
☎ 3333-7004 e 3222-3534
✯ www.snb.org.br
@ riospgate@gmail.com
☞ seg. a sex. 13h/17h; sáb. 10h/17h

Laurence Matuk

✉ Rua 24 de Maio, 247, loja 52, Centro
☎ 3361-3362 e 3333-1042
✯ www.laurymoedas.com.br
☞ seg. a sáb. 9h/18h

AMANTES DA AVIAÇÃO

Em 1975, quando criou o **Clube do Manche** (o nome vem do volante do avião), Denir Camargo pretendia reunir os entusiastas da aviação. No início, eram seis sócios, todos amigos, que cediam suas casas para a reunião mensal do grupo. Nessas ocasiões, trocavam ideias e discutiam novidades. O sucesso estimulou o diretor do clube a dar o próximo passo: promover a convenção anual dos amantes da aviação. Desde 1983, o evento ocorre no sábado mais próximo ao dia 23 de outubro, data em que se comemora o primeiro voo de Santos Dumont e, em consequência, o Dia do Aviador. É a oportunidade para que os colecionadores exponham suas raridades. O próprio Denir coleciona postais das companhias nacionais – tem cerca de 15 mil. Nas visitas que faz, desde 1991, às convenções internacionais, como as de Frankfurt e Londres, conheceu colecionadores de tudo quanto é coisa, como um holandês dono de 17,5 mil sacos de enjoo.

Clube do Manche
✉ Avenida Coronel Francisco Julio César Alfieri, 345, Colégio Espinosa, Vila São Paulo
☎ 4227-4065
@ manchecard@cebinet.com.br
☞ seg. a sex. 9h/18h

AGULHAS DE MÁQUINA DE COSTURA

Centenas de agulhas de máquinas de costura ficam divididas em trinta grupos na **Casa das Agulhas**, que devia se chamar Casa da Máquina de Costura, já que também tem peças para conserto dos aparelhos, como correias.

CASA DAS AGULHAS
✉ Rua Chemim Del Pra, 140, Santana
☎ 3337-8180
@ casadasagulhas@casadasagulhas.com.br
☞ seg. a sex. 8h/17h30

ANTIGUIDADES DIFERENCIADAS

Um leão em plena rua da Consolação? Calma. A loja **Objeto de Cena** é especializada em vender, restaurar e alugar antiguidades para produtores de novelas, de cinema ou de comerciais, cenógrafos e decoradores. O acervo tem cerca de 30 mil itens. Há um escafandro, tronos, máquinas de escrever, bicicletas e brinquedos de época. O que mais chama a atenção, no entanto, é uma cabeça de leão empalhada, que faz parte do acervo da loja e foi trazida de uma fazenda no interior de São Paulo. A peça está disponível apenas para locação. "Já recebi ofertas para venda, mas ela nunca foi alugada", informa o proprietário Maurício Fernando de Oliveira Galletta.

Objeto de cena
✉ Rua da Consolação, 1.365, Centro
☎ 3258-6054 e 3129-3369
☞ seg. a sex. 8h/18h; sáb. 8h/13h
✉ Rua Brigadeiro Galvão, 855, Barra Funda
☎ 3662-3448
☞ seg. a sex. 9h/17h; sáb. 9h/13h
✯ www.objetosdecena.com.br
@ objetosdecena@terra.com.br

OFERECEM O MESMO SERVIÇO

Ben Hur Antiguidades
✉ Rua 13 de Maio, 870 e 922, Bela Vista
☎ 3284-4521 e 3289-3180
✯ www.benhurantiguidades.com.br
@ riospgate@gmail.com
☞ seg. a sex. 10h/18h; sáb. 10h/14h; dom. 10h/14h

Galpão 1416
✉ Rua João Moura, 1.416, Pinheiros
☎ 3873-8099
☞ seg. a sáb. 10h/18h

AQUAPAISAGISMO

Dois arquitetos se uniram em 2003 para trabalhar com aquapaisagismo. E deu certo: Luis Carlos Galarraga e André Luiz Longarco são os líderes da **Aquabase**, empresa que faz aquários que não são meras casas de peixes. Eles tentam reproduzir com detalhes a vida subaquática com a escolha de plantas e elementos que tornem o ambiente parecido com o habitat natural dos peixes. "Nosso trabalho tem um pouco de arte. A gente usa para tornar o aquário uma tela viva", diz André.

Aquabase

✉ Rua Costa Carvalho, 116, Pinheiros
☎ 3819-4696 e 3441-5538
✯ www.aquabase.com.br
@ aquabase@aquabase.com.br
☞ seg. a sex. 10h/19h; sáb. 10h/15h

ARMAS PARA ARTES MARCIAIS

A mineira Simone de Fátima Fernandes já vendeu calças, sutiãs, calcinhas, blusas. Agora vende espadas, punhais, lanças e adagas. Ela é dona da **Profighters**, loja especializada em artigos para artes marciais. Por que resolveu mudar tão radicalmente de ramo? "Sempre apreciei a cultura e a disciplina oriental", diz Simone. "Quando contei para minha mãe que venderia armas brancas, ela levou um susto." Na Profighters, Simone vende *katanas* (espadas samurais), espadas medievais, *katars* (punhais medievais), lanças, *shurikens* (lâminas de arremesso) e adagas, além de quimonos, luvas e material para proteção. "Os artefatos são, em grande maioria, importados da China, de Taiwan e do Japão", afirma. Então, com tantas armas assim, é bom não tirar Simone do sério. "Quando alguém fala que minha loja não é coisa para mulher, fico irritada", bronqueia. "Muitas vezes o cliente chega na loja e pergunta pelo dono. Ele fica de queixo caído quando digo que sou eu e explico a utilização e procedência de cada arma."

Profighters

✉ Rua Galvão Bueno, 40, 3º andar, loja 314, Liberdade
☎ 3209-2969
✯ www.profighters.com.br
@ atendimento@profighters.com.br
☞ seg. a dom. 10h30/19h

ARTE COM CALOTAS

Quando se aposentou, em 2005, o funileiro Paulo Marino Egílio resolveu utilizar o conhecimento da antiga profissão e fazer arte. Hoje, Paulo transforma calotas de automóveis, latinhas, garrafas pet, peças de carros, móveis antigos e qualquer material reciclável em esculturas. No **Ateliê da Alegria**, o ex-funileiro desenvolve o Projeto Reciclagem e recebe gratuitamente crianças e adultos para mostrar o seu trabalho e orientá-los sobre a importância da reciclagem. A grande maioria das peças desenvolvidas pelo artesão é articulada e movimenta-se por controle remoto. "Herdei essa habilidade dos tempos em que construía carros alegóricos para escolas de samba da cidade", conta Paulo, que já trabalhou para Vai-Vai, Pérola Negra e Gaviões da Fiel.

Ateliê da Alegria

✉ Rua Norma Pieruccini Giannoti, 557, Barra Funda
☎ 3392-1631
✯ www.atelier.alegria.com.br
☞ ter. a sex. 14h/17h

ARTIGOS DE FESTAS

Não há a menor possibilidade de o Hallo-ween (Dia das Bruxas), comemorado no dia 31 de outubro, ser antecipado, é verdade. Mas a loja **Rica Festa** vende artigos de Halloween o ano inteiro. Uma das principais brincadeiras é a teia de aranha sintética. Outra festa que não sai da prateleira é o Dia dos Namorados. Entre os 6 mil itens para festas, a Rica Festa tem ainda enfeites importados para o bolo de casamento. Para os mais debochados, há uma noiva puxando o noivo pelo fraque.

Rica Festa

✉ Avenida Presidente Juscelino Kubitschek, 273, Itaim Bibi
☎ 3045-4700
✉ Avenida Pompeia, 2.060, Pompeia
☎ 3873-8098
✯ www.ricafesta.com.br
@ info@ricafesta. com.br
☞ seg. a sex. 9h30/19h; sáb. 9h30/17h

ARTIGOS DO ULTRAMAN

Criada em 1966 por Eiji Tsuburaya, a série *Ultraman* mostrava um alienígena com poderes especiais que defendia Tóquio de monstros. Ainda com seu uniforme futurista, Ultraman enfrenta vilões em uma loja na Liberdade. No bairro desde 1993, a **Haikai** tem miniaturas colecionáveis, cards, máscaras, calendários e até lápis ilustrados com o super-herói japonês como tema. O proprietário Leonardo Hayato Iwakiri conta que a loja foi uma das primeiras em São Paulo a trabalhar com artigos de mangá, anime e *tokusatsu* (produções que envolvem atores reais, histórias originais e muita ação). Aliás, a série de Tsuburaya é tão importante para os *tokusatsus*, que programas do gênero que envolvam heróis alienígenas usando seres humanos como hospedeiros são chamados de ultraman. Filmes do personagem são lançados até hoje, por isso adultos saudosos e novos fãs visitam a Haikai. "Muitos pais passam para os filhos o gosto pelo Ultraman", diz Leonardo.

Haikai

✉ Rua Galvão Bueno, 17/19, lojas 86, Liberdade
☎ 3207-2701
☞ seg. a sex. 9h/19h; sáb. 9h30/19h

ARTIGOS PARA SANTO EXPEDITO

O **Bazar Santo Expedito** foi inaugurado em 1994. O "santo das causas urgentes" está estampado em medalhas, anéis, pulseiras, livros, CDs, pratos, vitrais com oração, terços, adesivos, ímãs para carro, fitas, cartões-postais, marcadores de página, velas, imagens em gesso e resina, porta-retratos, capelas, canetas, lenços e, claro, os onipresentes santinhos. Quem toma conta da loja é a psicóloga Maria Baghdikian. "Minha mãe estava muito doente, com uma labirintite sem solução", conta. "Ela ficou de cama quatro meses e então fez uma promessa para santo Expedito. Quando se curou, abriu a loja para espalhar ainda mais o nome dele." Todo o lucro, garante Maria, vai para entidades beneficentes. A igreja de Santo Expedito, que fica bem em frente à loja, faz celebrações no dia 19 de cada mês. "Em 19 de abril, data de sua morte e dia de sua festa oficial, vendemos mais do que no ano todo", afirma Maria.

Bazar Santo Expedito

✉ Rua João Teodoro, 318, Luz
☎ 3228-6086
☞ seg. a dom. 8h30/17h

ARTIGOS RELIGIOSOS

O local é frequentado por muitas beatas, mas recebe também jovens à procura de fantasias para ir a festas. A razão é simples: não precisa ser padre para comprar paramentos (as vestes dos padres). Além das roupas, é possível encontrar na loja do **Apostolado Litúrgico** imagens de santos, crucifixos e pias batismais.

Apostolado Litúrgico
✉ Rua Conselheiro Crispiniano, 109, Centro
☎ 3255-2286 e 3256-7791
✯ www.apostoladoliturgico.com.br
@ saopaulo@apostoladoliturgico.com.br
☞ seg. a sex. 9h/18h; sáb. 9h/13h

OFERECEM O MESMO SERVIÇO

Arte Sacra Renovação
✉ Praça da Sé, 21, lojas 8 a 12, Centro
☎ 3107-3654
✉ Rua Senador Feijó,140, Centro
☎ 3107-5856
✯ www.artesacrarenovacao.com.br
@ artesacra@artesacrarenovacao.com.br
☞ seg. a sex. 8h30/18h; sáb. 8h/12h30

Congregação das Filhas de São José
✉ Rua Direita, 32, 10º andar, Centro
☎ 3106-4069
☞ seg. a sex. 8h30/17h; sáb. 8h30/12h

Livraria Catedral
✉ Rua Senador Feijó, 46, Centro
☎ 3106-1136
✯ www.livrariacatedral.com
☞ seg. a sex. 8h30/18h; sáb. 8h30/13h

Livraria Loyola
✉ Rua Senador Feijó, 120, Centro (e mais três endereços)
☎ 3242-0449 e 3105-7198
✯ www.livrarialoyola.com.br
@ sac@livloyola.com.br
☞ seg. a sex. 9h/18h; sáb. 9h/12h30

Paulus
✉ Praça da Sé, 180, Centro
☎ 3105-0030 e 3107-9525
✯ www.paulus.com.br
@ pracase@paulus.com.br
☞ seg. a sex. 9h/18h; sáb. 9h/12h30

ARTIGOS RUSSOS

Você não precisa mais viajar até Moscou para comprar a *matryoshka*, a famosa boneca que guarda outra boneca dentro dela. A **Tchayka – Casa da Rússia** vende produtos importados que vêm direto do maior país do mundo. A loja funciona embaixo de uma agência de viagens especializada em Rússia. "O pessoal que ia para lá voltava pedindo encomendas para a família. Começamos então a importar sob encomenda, mas a demanda cresceu demais. Foi quando tivemos a ideia de abrir a loja", conta Íris de Franco, proprietária da Tchayka, que em russo significa "gaivota". Dentre os produtos vendidos estão xales de lã, aparadores de panela bordados à mão, bonecas de pano que representam camponesas russas ou czarinas, caixinhas de *palekh kholuy* (tipo de pintura com temática de contos de fada) e objetos em *khokhloma* (técnica que usa as tintas vermelha, preta e dourada). Mas o suvenir que mais vende, mesmo, é a tradicional *matryoshka*, ou *babushka* em polonês. As bonecas são feitas em tília, uma madeira especial que só existe na região russa e que resiste à dilatação do calor e do frio. A tília é ótima para climas como o de Moscou, em que a oscilação de temperatura varia de trinta graus abaixo de zero no inverno até quarenta graus no verão. A Casa da Rússia vende *matryoshkas* com até quarenta bonecas dentro.

Tchayka – Casa da Rússia
✉ Rua Aspicuelta, 300, Vila Madalena
☎ 3032-0332 e 3097-0737
✯ www.acasadarussia.com.br
@ arte@tchayka.com.br
☞ seg. a sex. 9h/18h; sáb. 10h/17h

ASSOCIAÇÃO PARA AMANTES DO CARAOQUÊ

Para eles, soltar a voz no chuveiro não bastava, mas a responsabilidade da vida de um cantor profissional também não era nada atraente. O grupo finalmente encontrou um meio-termo no caraoquê e em concursos para cantores amadores. Para colocar ordem na brincadeira, esses amantes da música fundaram, em 1989, a **União Paulista de Karaokê**. Para acabar com as injustiças nos torneios, a UPK separou os cantores em grupos, de acordo com o desempenho dos interessados. A premiação segue critérios como ritmo, melodia e sentimento do cantor no palco. Outra regra estabelecida é que o vencedor de um concurso não pode cantar em outro torneio a música que o sagrou campeão.

União Paulista de Karaokê
✉ Rua Martiniano de Carvalho, 425, 2º andar, Liberdade
☎ 3191-0403
✯ www.upk.org.br
@ upkaraoke@terra.com.br
☞ seg. a sex. 9h/18h

BALÕES E BEXIGAS

O **Armazém dos Balões** oferece uma linha de balões completa para as mais diversas ocasiões: desde uma simples festa de aniversário até enterros. A preocupação da empresa é atender às necessidades dos clientes, oferecendo diversos acessórios para decoração. São balões de cores e formatos diferentes, como cavalos-marinhos, jacarés, polvos, casas, jardins, arranjos de mesa, entre outros. A empresa também ministra cursos de decorações e manufatura de balões.

Armazém dos Balões
✉ Avenida Jurucê, 841, Moema
☎ 5094-0537
✯ www.armazemdosbaloes.com.br
@ sac@armazemdosbaloes.com.br; anateresa@armazemdosbaloes.com.br
☞ seg. a sex. 9h/18h; sáb. 9h/14h

BALÕES METALIZADOS E HOLOGRÁFICOS

Para enfeitar uma festa infantil, mandar um recadinho para a namorada ou simplesmente decorar a casa, a **Flexmetal** oferece balões de vários tipos: há personagens da Disney, mensagens e animais – o golfinho é o balão mais vendido no mundo. Os balões holográficos são muito procurados por decoradores. A tecnologia é europeia, e a Flexmetal é a única companhia no Brasil a fabricar esses balões. Os mais comuns permanecem cheios por até uma semana, e há os que duram até seis meses. Todos podem ser reinflados.

Flexmetal
✉ Rua Urbano Duarte, 560, Casa Verde
☎ 3858-8444
✯ www.flexmetal.com.br
@ flexmetal@flexmetal.com.br
☞ seg. a sex. 8h30/18h; sáb. 8h30/12h

BANCA ESPECIALIZADA EM PLAYBOY

A revista *Playboy* foi lançada no Brasil em agosto de 1975, com a modelo Lívia Mund na capa. Guerrinha, o auto-intitulado **Rei da Playboy**, tem essa edição – e tem também todas as outras. O cearense Estênio Guerra disponibiliza para aluguel as revistas mais raras, como as que têm em suas capas a Xuxa ou a Claudia

Raia. Todo mês, compra cem *Playboys* como investimento para o futuro.

Rei da Playboy
✉ Rua Ática, 42, Campo Belo
☎ 9443-9795
✯ www.reidaplayboy.com.br
☞ seg. a sex. 7h30/21h; sáb. 8h/20h

BAR COM OBJETOS ANTIGOS

Seria bom se museus servissem cerveja. Como isso não é tão comum, dá para apreciar uma verdadeira exposição indo ao **Botequim do Hugo**. As paredes do local ficam repletas de estatuetas, calendários com todos os dias riscados e até uma velha balança. O proprietário, Hugo Cabral Filho, cresceu e ainda vive nos fundos da casa em que fica o boteco. Quando é preciso ter mais espaço para as mesas dos clientes, ele tira os carros da garagem.

Botequim do Hugo
✉ Rua Pedroso Alvarenga, 1014, Itaim Bibi
☎ 3079-6090
✯ www.botequimdohugo.com.br
@ hugo@botequimdohugo.com.br
☞ seg. a sex. 16h/22h

BENGALA GUARDA-CHUVA

Quem se locomove de bengala não precisa sair desprevenido em dias de chuva muito forte. A **Manda Chuva** vende uma bengala que funciona como cabo de guarda-chuva em um simples toque. O produto, feito na China, tem dois tipos: com cabo em arco (mais parecido com um guarda-chuva comum) ou anatômico, que proporciona mais segurança às passadas. Somados, os dois modelos vendem cerca de trinta unidades por mês, o que é muito pouco comparado às vendas de sombrinhas para portarias de prédio: todo mês, são aproximadamente cem caixas com 36 unidades. A bengala guarda-chuva vem em diversas estampas (variando entre florido ou xadrez) e cores lisas.

Manda Chuva
✉ Rua Comendador Afonso Kherlakian, 200, Centro
☎ 3326-2625
☞ seg. a sáb. 5h30/18h; dom. 7h/14h
✉ Rua da Juta, 301, box 9, Brás
☎ 2694-2868
☞ seg. a sex. 5h30/18h; sáb. 5h30/12h
✯ www.lojamandachuva.com.br
@ lojamandachuva@hotmail.com

BERRANTE

Em 1906, o trabalho de transformar chifre em berrantes começou com o patriarca José Malaquias. Ele ensinou a arte para o filho Efraim, que ensinou para Marciel, que ensina para Rafael. A **Art'Chifre** é uma oficina que funciona ao lado da casa dos Malaquias. A família produz cerca de trezentos berrantes por mês. O processo de fabricação é artesanal e esconde alguns segredos. Apesar da habilidade na produção, Marciel conta que nenhum deles sabe tocar o instrumento. "Para afinar o berrante, apenas sopramos", diz. Um berrante leva semanas para ficar pronto e é feito sob encomenda. As sobras de chifre viram peças ornamentais como peixes, águias e bengalas, além de calçadeiras para sapatos.

Art'Chifre
✉ Rua Pantanais, 20, Itaim Paulista
☎ 2561-6115 e 2963-0463
☞ seg. a sáb. 10h/19h

BONECOS E MODELOS EM TRÊS DIMENSÕES

Quando Wilson Iguti deixou a cidade de Guaraci, no Paraná, para estudar em São Paulo, veio a fim de buscar aperfeiçoamento em desenho e modelagem. Montou, então, o **Studio Wilson Iguti**, uma fábrica de bonecos e modelos em três dimensões. Os modelos podem ser de plástico (vinil) ou cerâmica. Wilson atende a pedidos em larga escala e individuais.

Studio Wilson Iguti

✉ Rua José Bento, 136, Cambuci
☎ 3209-9246, 3341-4062 e 8199-6819
★ www.iguti.com.br
@ contato@iguti.com.br
☞ seg. a qui. 7h/17h; sex. 7h/16h

BONECOS PARA COLECIONADOR

Darth Vader e Luke Skywalker, de *Guerra nas estrelas*, vivendo na mesma sala? Sim, e eles dividem prateleiras com Mickey Mouse, Jack Sparrow, de *Piratas do Caribe*, Capitão América e até mesmo Elvis Presley e Kurt Cobain. Desde 2009, a **Limited Edition** traz a colecionadores brasileiros bonecos colecionáveis autênticos. Estão à venda figuras de ação, estátuas, bustos e pelúcias de personagens da cultura pop: filmes, videogames, quadrinhos e música. Muitos objetos são de edição limitada, o que aumenta ainda mais o valor das peças da loja, fundada por quatro colecionadores que viam dificuldade em encontrar itens raros no Brasil. "Percebemos que ainda não existia esse tipo de serviço no país e fomos atrás disso", diz Rodolfo Balestero Pranaitis, um dos sócios.

Limited Edition

✉ Rua da Consolação, 275, Consolação
☎ 3081-0128
★ www.limitededition.com.br
@ limitededition@limitededition.com.br
☞ seg. a sex. 11h/20h; sáb. 10h/19h

OFERECE O MESMO SERVIÇO

Coleciona Brinquedos

✉ Rua Augusta, 2.299, Cerqueira César
☎ 3081-4911 e 3062-2226
★ www.coleciona.com.br
@ coleciona@coleciona.com.br
☞ seg. a sáb. 10h/19h

Semaan

✉ Rua Barão de Duprat, 258, Centro
(e mais seis endereços)
☎ 3313-7477
★ www.semaan.com.br
☞ seg. a sex. 8h/18h; sáb. 8h/13h

BOOK PARA GRÁVIDAS

Quando grávida, a mulher ama seu corpo e muitas delas resolveram registrar esse momento mágico. O fotógrafo **Tyto Neves** começou neste nicho quando uma amiga de sua esposa engravidou, em 2002. Desde então, é procurado diariamente para sessões de fotos que duram cerca de duas horas. É comum a participação do pai e de filhos mais velhos. "Quando crianças vêm ao estúdio, deixo que elas brinquem pelo local para ficarem mais à vontade", diz. Tyto recomenda que a fotografada esteja entre o sétimo e o oitavo mês de gravidez: "A partir do nono mês, a mulher acumula líquidos e fica mais cheinha. Além disso, já tive casos de mulheres que marcaram sessões no último mês e entraram em trabalho de parto antes do previsto".

Tyto Neves

✉ Não divulga o endereço
☎ 3562-1837
✯ www.tytoneves.com.br
@ contato@tytoneves.com.br
☞ com hora marcada

BRINQUEDOS ANTIGOS

Francisco Flávio Pacheco não tem filhos. Mas é dono de uma banca na feira do Masp aos domingos que vai agradar aos pais mais saudosistas. Nem dá para expor tudo o que tem. São 6 mil objetos espalhados pelos cômodos de sua casa. Os mais queridos são os personagens da série *Guerra nas estrelas*; robôs, que somam quarenta modelos diferentes; e os chamados autônomos, que se movem por impulsos elétricos. Há também bonecos do Topo Gigio e do Falcon, muito procurados. Flávio já viajou por vinte países atrás de brinquedos raros e trabalha com uma equipe que faz a recuperação de peças que chegam estragadas. Aos clientes especiais, ele abre as portas de sua casa – sempre com hora marcada

Francisco Flávio Pacheco

✉ Avenida Paulista, 1.578, feira de antiguidades no vão do Masp: Cerqueira César
✯ www.aaesp.art.br
☞ dom. 10h/17h

CADEIRAS DE BALANÇO

Para quem pensa que elas estão praticamente extintas, uma surpresa: embora existam poucas fábricas que ainda fazem o móvel, a procura pelas cadeiras na **Decorações Sida** ainda é grande. A maioria dos clientes é de pessoas de mais idade, mas há quem deseja uma cadeira de balanço para mães que estão amamentando. A loja, que trabalha com móveis coloniais e rústicos, tem modelos com assento de palha, de madeira ou estofado.

Decorações Sida

✉ Rua das Palmeiras, 20, Santa Cecília
☎ 3337-3875
✯ www.decoracoessida.com.br
@ moveis@decoracoessida.com.br
☞ seg. a sex. 8h/18h; sáb. 8h/14h

CADEIRAS PARA BARBEIRO

Quando os barbeiros e afins nem sonhavam com lavatórios, carrinhos para escovas e outros acessórios, Gennaro Ferrante foi pioneiro na fabricação de cadeiras para barbeiros no Brasil. Em 1925, começou uma simples oficina de marcenaria com seu irmão, Rafael, e, após três anos, fundou a **Ferrante** – hoje administrada pelos netos Roberto e Renato. Além das cadeiras, vendem cerca de outros cinquenta itens, como lavatórios, carrinhos auxiliares e banquetas para manicure. "As cadeiras são a nossa grande tradição, mas não deixam de acompanhar as tendências mais modernas", conta Renato.

Ferrante

✉ Showroom: Rua Independência, 661, Cambuci
☎ 2063-7815
✉ Fábrica: Rua Independência, 678, Cambuci
☎ 2272-0577 e fax: 2272-0472
✯ www.ferrante.com.br
@ vendas@ferrante.com.br
☞ seg. a sex. 8h/18h; sáb. 8h30/12h (showroom)

CAIXAS SOB MEDIDA

Não é difícil encontrar noivas e futuras mamães na loja **La Spina**. As caixas da proprietária Ana Luiza Spina são feitas de papelão e os modelos são cortados em cartonagem. Além das encomendas especiais, a dona da loja cria vários modelos. "Faço desde caixas para champanhe a porta-lápis coloridos", conta. Outros sucessos são as caixas de bijuterias e de costura. Tudo isso começou quando a mãe de Ana Luiza aprendeu a fazer caixas em um curso de terceira idade no Parque da Água Branca. Ana Luiza, que já era artista plástica, gostou da ideia e transformou a diversão em negócio. Também ensina o ofício às meninas de Capela do Auto, cidade próxima a Sorocaba. "Na região, não tem emprego, não tem indústria e nem comércio. As meninas da roça se interessaram e agora a maior parte da produção é feita lá, por 15 delas."

La Spina

✉ Rua Aspicuelta, 35, Vila Madalena
☎ 3815-5277
✯ www.laspina.com.br
@ contato@laspina.com.br
☞ seg. a sex. 10h/17h; sáb. 10h/15h, com hora marcada

CARPIDEIRA

Neta da velha Jaqueline, carpideira e parteira nota dez, **Itha Rocha** é, como ela própria se denomina, uma pessoa especial para acontecimentos especiais. Ela está pronta para qualquer coisa: chorar defunto alheio, cantar incelências, fazer uma prece especial e até mesmo reconciliar casais ou animar festas. Usando o traje tradicional de carpideira – vestido preto, com luvas, chapéu e terço –, Itha alega que nasceu para trabalhar com o povo e acredita que a energia positiva que possui melhora qualquer astral.

Itha Rocha

✉ Não divulga o endereço
☎ 9399-3309, 2282-7927 e 7503-8350
☞ 24 horas

CARROS EM MINIATURA

Assumir a direção de um automóvel de verdade é o sonho de todo garoto. Mas, enquanto o pimpolho não tem idade e tamanho necessários para sair guiando, podem provar o gostinho de dirigir com os minicarros. Impossível falar desse brinquedão motorizado sem citar o Fapinha, marca que virou quase sinônimo do produto e marcou mais que uma geração. O negócio começou no início dos anos 1980, quando o vendedor de peças para lambretas, Sírio Tognocchi, percebeu que seu ramo estava com tempo de vida contado à medida que as motocicletas modernas iam tomando conta do mercado. Precavido, resolveu unir-se a uma pessoa que já fabricava minicarrinhos. Hoje a **Fapinha** tem 16 modelos de miniveículos no mercado e está nas mãos de Paolo Tognocchi, filho de Sírio.

Fapinha

✉ Avenida dos Bandeirantes, 1.448, Brooklin
☎ 5531-4741 e 5543-2206
✉ Rua Itamanduaba, 18, Campo Limpo
☎ 5842-5000
✯ www.fapinha.com.br
@ fapinha@fapinha.com.br
☞ seg. a sex. 8h/18h; sáb. 8h/13h

OFERECEM O MESMO SERVIÇO

Mania de Carrinhos

✉ Rua Lourenço de Almeida, 367, Vila Nova Conceição

☎ 3889-9050 e 3057-4027

★ www.maniadecarrinhos.com.br

@ maniadecarrinhos@maniadecarrinhos.com.br

☞ showrrom: seg. a sáb. 9h/17h

Swell

Oferece minicarros movidos a gasolina.

✉ Avenida Presidente Tancredo Neves, 269, Ipiranga

☎ 2914-0609

★ www.swell.com.br

@ contato@swell.com.br

☞ seg. a sex. 8h/18h

CARTAS NÁUTICAS

A **Velamar** é o único representante autorizado a vender cartas náuticas da Marinha na cidade de São Paulo. A Marinha exige que todo navegador tenha uma carta náutica do trecho em que está. Essas cartas determinam a profundidade, a localização de bancos de areia e até os melhores trechos para navegar. Na loja há um catálogo com mais de quinhentas cartas de todo o Brasil. Elas são atualizadas de acordo com as novas determinações da Marinha. O tamanho varia. Em geral, medem 1 X 1 metro.

Velamar

✉ Avenida Pedroso de Morais, 98, Pinheiros

☎ 3085-1633 e fax: 3826-8897

★ www.velamar.com.br

@ velamar@velamar.com.br

☞ seg. a qui. 8h/19h; sex. 9h/17h

CENÁRIOS EM MINIATURA

Ao se aposentar, em 2001, Francisco José da Silva decidiu se dedicar às artes plásticas. Lembrou de uma tribo que achava estar meio esquecida: a dos colecionadores de carrinhos em miniatura e criou a **ArtPura – Arte & Artesanato**. "Experimentei fazer cenários para os carrinhos e o pessoal gostou", orgulha-se. Os cenários são caixas de MDF (madeira prensada), nas quais Francisco constrói artesanalmente oficinas mecânicas, paisagens e garagens, sempre com um espaço para os carrinhos. São dois tamanhos: um em escala 1:18 e outro em 1:24. Protegidos por vidro, os quadros podem ser pendurados ou aplicados em gesso nas paredes. Tampinha de pasta de dente, caixa de remédio, proteção de alumínio de pote de manteiga e componente eletrônico se transformam em peças do cenário. "Comecei a fazer agora cenários com iluminação", conta Francisco. "Cada um demora quase uma semana para ficar pronto."

ArtPura – Arte & Artesanato

✉ Rua Lupe Cotrin Garaude, 408, Parque São Lucas

☎ 3794-2984

★ www.expomini.blogspot.com

☞ seg. a sex. 9h/18h; sáb. 9h/12h

CHAPÉUS VIETNAMITAS

Daniel Ouakil, um dos donos da **Katmandu** – loja que importa todo tipo de itens orientais, de países como Índia, Tailândia, Turquia e da Ilha de Bali –, explica que, no Vietnã, há apenas duas estações: "com chuva e sem chuva". Para se adaptarem, os vietnamitas criaram chapéus de bambu que servem tanto de guarda-sol quanto de guarda-chuva. Foram esses chapéus, com cerca de quarenta centímetros de diâmetro e em uma versão um pouco mais ornamentada, que Daniel começou a trazer para o Brasil em 2001. Os clientes são principalmente decoradores e produtores de moda. O dono diz que, até hoje, não viu ninguém em São Paulo dando aos chapéus seu verdadeiro uso...

Katmandu

✉ Rua 25 de Março, 509, Centro
☎ 3322-1900
✯ www.katmandu.com.br
@ vendas@katmandu.com.br
☞ seg. a sex. 8h/18h; sáb. 8h/15h

CHAVEIROS COM MINIÁRVORE

O comerciante **Alex Lee** promete "derrubar" a Hello Kitty do posto de penduricalho de mochilas e celulares favorito dos jovens. Ele, que cria e vende miniárvores dentro de chaveiros, quer impulsionar uma nova moda chamada Pet Tree. "Aqui em São Paulo, a molecada não tem contato com a natureza", afirma. "Essas plantinhas podem aumentar o interesse pelo verde." Não foi Lee o inventor da técnica de "enchaveirar" uma arvorezinha. O comerciante ficou sabendo por um amigo que essa era a nova mania na Coreia do Sul. Ele, que é descendente de coreano, aprendeu a técnica e a trouxe para o Brasil. Atualmente, Lee cria cinco tipos diferentes, mas pretende aumentar a lista para 15. A técnica de manter as plantinhas bem pequenas é segredo. "Mas garanto que não as prejudica." Quem topa cuidar das miniárvores deve tomar alguns cuidados. A cada três dias, elas devem ficar ao sol "descansando". Com relação à água, basta deixar o chaveirinho na água de dez a trinta segundos, uma vez por semana. Lee ainda conta que as plantas podem ser cultivadas em vasos maiores, caso o dono queira que elas cresçam.

Alex Lee

✉ Rua dos Bandeirantes, 112, Bom Retiro
☎ 3338-1574 e 3313-4979
✯ www.petree.com.br
@ vendas@pettree.com.br
☞ seg. a sex. 8h30/18h

CHUVA ARTIFICIAL

Vagner Aparecido Martão faz chover – literalmente. Ele é o dono da **Martão Efeito Chuva**. Bombeiro, de profissão, sempre gostou de inventar engenhocas com os equipamentos de combate a incêndio. Foi assim que criou efeitos de chuva artificial. Geralmente, usa mangueiras especiais perfuradas, motobombas e outros apetrechos do gênero. O hobby virou carreira quando uma oportunidade caiu do céu. A produção de um comercial para uma grande rede de roupas precisava de chuva para as gravações e o profissional de sempre nessas ocasiões não pôde aceitar a encomenda. Martão foi chamado e, como tudo deu certo, os pedidos se repetiram e começou a chover na sua horta. Com o tempo, a empresa diversificou o trabalho e agora oferece efeitos de raios e trovão. Para completar, Martão também é dublê, alpinista e mergulhador; nas filmagens é consultor de segurança.

Martão Efeito Chuva

✉ Rua Tiradentes, 1.837, bloco 9, apartamento. 18, São Bernardo do Campo
☎ 4127-3162 e 9257-7554
@ m.efeitos@terra.com.br
☞ 24 horas

CLONAGEM DE ESPÉCIES RARAS DE ÁRVORE

Rogelio Raimundo Dosouto abandonou a linha de montagem da Volkswagen para plantar árvores. Fez da chácara da mãe, em Mairiporã, na Grande São Paulo, um viveiro de plantas. Começou a clonar espécies raras de árvores, como a sequoia. As plantas são reproduzidas por propagação vegetal ou microestacas. O **Viveiro Adonis** vende também mudas de espécies como a peroba-rosa, já em processo de extinção. Na mesma estufa, também estão sendo reproduzidas pelo processo de propagação por microestacas espécies de manacá-da-serra, sangra d'água, andaiá-açu e a cactácea ora-pro-nóbis, uma das mais procuradas.

Viveiro Adonis
✉ Alameda das Acácias, 297, Parque Serros Verdes, Mairiporã
☎ 4485-1469 e 7182-4757
@ urograndisrrd1@gmail.com
☞ seg. a dom. 9h/17h

CLUBE DO WESTERN

Todo sábado à tarde, cerca de trinta amantes de filmes western (ou bangue-bangue) se reúnem em uma casa na Zona Sul para assistir às obras cinematográficas favoritas. O **Clube Amigos do Western** tem o registro de 1.200 filmes exibidos em oitocentas sessões. Os mais pedidos são os de Buck Jones, Gary Cooper e John Wayne. Este, por sinal, é o patrono do clube. Nas sessões especiais, os membros se vestem com chapéus e botas de caubói.

Clube Amigos do Western
✉ Rua Santa Cruz, 1584,Vila Gumercindo
☎ 5063-3145 e 2577-7401
☞ sáb. 12h/18h30

CORTADOR DE COMPRIMIDOS

O seu médico receita meio comprimido de algum remédio. Você apanha uma faca, faz a pontaria e corta... Um dos pedaços, invariavelmente, sai voando. Quantas vezes você viveu essa problemática situação? A **Gino Material Médico e Hospitalar** vende um cortador de comprimidos que acaba com o problema. O produto, do tamanho de um apontador de lápis, é feito de plástico e tem uma pequena lâmina que faz o serviço.

Gino Material Médico e Hospitalar
✉ Rua Doutor Rafael de Barros, 609, Paraíso
☎ 3884-1044 e 3887-9995
✯ www.gino.com.br
@ ginohospitalar@terra.com.br
☞ seg. a sex. 8h/19h30; sáb. 8h/17h30

CRISTAIS HARMONIZANTES

A **Legep** é uma mineradora fundada em 1970. Começou extraindo ametistas e ágatas no sul do Brasil, mas hoje comercializa pedras brutas vindas de todo o país. Na loja, vendem todo tipo de artigo feito em gemas: esculturas, cinzeiros, chaveiros, anéis e relógios. Para ter um cristal harmonizante, basta escolher uma das pedras expostas e fazer o próprio pêndulo na hora.

Legep

✉ Avenida Washington Luís, 4407, Vila Paulista
☎ 5561-6255 e fax: 5041-8982
✯ www.legep.com.br
@ export@legep.com.br
☞ seg. a sex. 9h/18h; sáb. 9h/13h

DESENHOS HIPER-REALISTAS

Quem passa pela praça da República aos sábados, ou na praça dos Omaguás, em Pinheiros, aos domingos, pode achar que os desenhos do artista Nelson Alves são fotografias. "Mas não são", diz **Nelves**, como é mais conhecido. Usando apenas lápis apontadíssimos de tons diferentes, o desenhista recria imagens difíceis de reproduzir. Por causa da grande quantidade de detalhes, os espinhos da coroa de Jim Caviezel em *A Paixão de Cristo* demorou cerca de uma semana para ficar pronto. O artista aceita encomendas. Um desenho de grau médio de dificuldade geralmente leva três dias para ser finalizado. Nelves também dá aulas de desenho para alunos a partir de 13 anos. São quatro sessões mensais, de três horas cada. O professor garante que o segredo para um belo desenho está na dedicação do aluno: "Essa história de que é preciso ter dom não passa de mito", afirma.

Nelves

✉ Não divulga o endereço
☎ 3625-1092
✯ www.nelves.com
@ nelves@nelves.com
☞ com hora marcada

DOBRADURAS EM TECIDO

Neta de japoneses e praticante de dobraduras desde criança, **Thaís Kato** se orgulha em ser a criadora do origami em tecido. Formada em jornalismo pela Universidade Estadual de Londrina (PR), começou a fazer experimentações com diferentes estilos e materiais para origami quando precisou acompanhar sua mãe, internada por causa de uma forte pneumonia. Das dobras do tecido, surgem carteiras, porta-moedas e até marcadores de livros. Em pouco tempo, ela já estava produzindo carteiras de origami para presentear amigos e, desde fevereiro de 2009, vende suas criações em feiras de artesanato em São Paulo. Cada carteira demora em média duas horas para ser feita, em um processo que envolve o corte e a engomação do tecido, além das dobraduras tradicionais. O preço varia de acordo com a dificuldade e a qualidade do tecido. Thaís faz também um charmoso marcador de livro dobrado como um *tsuru*, origami em forma de pássaro, símbolo de boa sorte. Com o negócio em expansão, Thaís já chegou a fazer cem carteiras em apenas três dias. Hoje coordena uma equipe de 15 pessoas.

Thaís Kato

✉ Praça Benedito Calixto, s/nº, Pinheiros
☞ sáb. 9h/19h
✉ Feira do Shopping Center 3
☞ dom. 10h/21h30
☎ 3213-3438 e 6520-8000
✯ www.thaiskato.com.br
@ thaisyk@gmail.com

EFEITOS DE TERROR

"Mesmo com uma vela na mão, a espessa fumaça impede que ele veja o que se passa ao seu redor. De repente, uma garrafa acerta-lhe a cabeça. O sangue escorre por toda a testa..." Esta pequena cena de filme de terror poderia ser realizada com os efeitos especiais da

Rosco, empresa com matriz em Nova York, especializada em plásticos, resinas, tintas e colas para cenários. Entre os quarenta produtos do catálogo, alguns irão agradar aos consumidores comuns. A garrafa feita de resina é o principal item. São quatro modelos (cerveja, coca-cola, vinho e uísque) que se quebram ao menor impacto, sem machucar. O paraíso para quem quer pregar uma peça nos amigos inclui também um vidrinho de *roscoblood*, a imitação de sangue humano. Muito usada em discotecas e shows musicais, a *fog machine* (máquina de fazer fumaça) também tem ótima saída.

Rosco

✉ Rua Visconde de Itaboraí, 141, Tatuapé

☎ 2098-2865 e fax: 2098-0193

★ www.rosco.com; www.roscobrasil.com.br

@ info-brazil@rosco.com; vendas@rosco.com

☞ seg. a sex. 9h/18h

ELIMINADOR DE ONDAS ELETROMAGNÉTICAS

Selmo Clermann é administrador de empresas e dono da importadora **Belux Comercial**. Em uma viagem a Milão percebeu que os *wave busters* (caçadores de ondas) eram mania na Europa. Os pequenos aparelhinhos absorvem e desviam ondas eletromagnéticas de celulares, *pagers* e computadores. Segundo Selmo, poucos brasileiros sabem, mas o calor proveniente dos aparelhos faz mal à saúde: "Depois de quatro minutos falando ao celular, você já começa a sentir que está com a orelha quente. São as ondas eletromagnéticas, que podem provocar de dor de cabeça a câncer", garante o administrador. Os *wave busters* são adaptáveis a qualquer modelo de eletroeletrônico por meio de um adesivo e, no caso dos celulares, devem ser colocados perto da antena.

Belux Comercial

✉ Rua Francisco Leitão, 469, conjunto 411, Pinheiros

☎ 3063-2628

@ belux@uol.com.br

☞ seg. a sex. 8h30/18h

EMBALAGENS HISTÓRICAS

Você já experimentou a cerveja Sterlina, o vinho Clarete ou as balas 43? Calma lá! Nada de correr para o supermercado. Tudo isso é do início do século passado e não está mais à venda. O que dá para fazer é conhecer os rótulos desses e de muitos outros produtos num trabalho desenvolvido pelo artista plástico **Reynaldo Ferreira**. Ele herdou uma coleção de 370 rótulos de um tio-avô, que era desenhista. Todos são de 1905 a 1940. Além dos rótulos de bebidas, que se dividem entre cerveja, refrigerante, licor e vinho, ele tem também rótulos de cigarros, sabonetes, remédios, calçados e até de lança-perfume, na época permitido no país. Reynaldo tira cópias coloridas dos rótulos e desenvolve peças que são vendidas em feiras de artesanato. "Esse material é um pouco da nossa história, que não pode se perder", diz Reynaldo.

Reynaldo Ferreira

✉ Rua Davi Stuart, 1, Jardim Dracena

☎ 7665-1076

★ www.reynaldorotulos.com.br

@ reynaldorotulos@hotmail.com

☞ seg. a sáb. 8h/18h, com hora marcada

ERVAS MEDICINAIS

Em uma pequena loja na zona cerealista do tradicional bairro do Brás, encontra-se remédio para quase todos os males que afligem a humanidade – é o que acredita a sabedoria popular. A **Akashia Flora** tem cerca de 350 tipos de ervas. Frequentada por varejistas, religiosos, místicos de várias vertentes e senhores em busca de algo para "levantar a moral", a lojinha tem ervas de nomes inusitados. O nó-de-cachorro, por exemplo, assim como a marapuama e a catuaba, são considerados bons afrodisíacos. Para intestino preso, o ideal são as folhas de sene, planta de origem árabe bastante cultivada na Índia. O barbatimão aplicado no ferimento é infalível como cicatrizante. As ervas são vendidas em saquinhos de cinquenta a duzentos gramas, e a grande maioria deve ser consumida como chá. O proprietário Paulo Kimura lembra que os clientes devem chegar com a prescrição médica em mãos. Para os desprevenidos, a loja conta com um farmacêutico.

Akashia Flora
✉ Avenida Mercúrio, 162, Brás
☎ 3326-6413
@ akashiaflora@terra.com.br
☞ seg. a sex. 8h/17h; sáb. 8h/12h

OFERECE O MESMO SERVIÇO

Casa das Ervas
✉ Avenida Celso Garcia, 3.854, Tatuapé
☎ 2294-5376
★ www.casadaservas.com.br
@ casadaservas@casadaservas.com.br
☞ seg. a sex. 9h/18h30; sáb. 9h/13h

ESCULTURA DE BARRIGA DE GRÁVIDA

Ana Cristina Duarte se formou bióloga, foi florista e, agora, é artista plástica. O **Grupo de Apoio à Maternidade Ativa** (Gama), criado por ela em 2003 para atender gestantes, é o ateliê: lá, mulheres grávidas se transformam em modelos vivos e, pouco antes de dar à luz, podem fazer um molde de sua própria barriga para guardar de lembrança. Para sua primeira escultura, Ana, que também é doula – especialista em acompanhar trabalhos de parto –, usou a barriga da jornalista Juliana Pereira de Souza. Aos nove meses de gestação, ela topou ser cobaia e gostou da experiência. "Eu adorava a minha barriga", diz. "É uma recordação muito melhor do que uma fotografia." Ela trouxe a ideia dos Estados Unidos, onde as esculturas são geralmente chamadas de *belly cast*. Ana pesquisou em sites americanos qual material usar na "operação" – atadura gessada – e "de primeira já deu certo", conta. Pelo site é possível conhecer melhor o trabalho do Gama e até encomendar uma barriga.

Ana Cristina Duarte
Grupo de Apoio à Maternidade Ativa
✉ Rua Natingui, 380, Vila Madalena
☎ 2506-7090
★ www.maternidadeativa.com.br
@ email@maternidadeativa.com.br
☞ seg. a sex. 9h/18h

ESCULTURAS EM SUCATAS DE CARRO

Sucatas como escapamento, engrenagem, suspensão, enfim, peças prontas para serem descartadas em lixões da capital são tranformadas em arte pelo funileiro e pintor **Clélio Duarte Coutinho**. São esculturas de animais e também abstratas. "Fiz uma borboleta com os aros de uma bicicleta", conta. "E tenho também uma aranha com dois metros de altura por dois de comprimento." Este hobby começou na metade da década 1990, de forma despretensiosa quando, incentivado por uma artista plástica que conheceu seu trabalho, Clélio resolveu divulgá-lo. Desde então, ele tem participado de várias exposições – a última delas, em 2004, na Companhia Paulista de Trens Metropolitanos (CPTM). "É difícil guardar tudo. Tenho um ateliê em cima da oficina, mas algumas produções ficam espalhadas pelo quintal."

Clélio Duarte Coutinho

✉ Rua Manoel Pereira Lobo, 121, Água Rasa
☎ 2606-8356 e 9243-4643
✯ www.cleliocoutinho.com.br
@ cleliocoutinho@yahoo.com.br
☞ seg. a sex. 8h/18h; sáb. 8h/12h

ESSÊNCIAS DE PERFUME

Criar o próprio perfume é mais fácil do que se imagina. Em apenas um dia, a **Casa das Essências SS** dá um curso sobre o tema. A receita é simples: misture álcool de cereais, fixador, essência, tudo em doses bem medidas. O segredo está em achar a essência certa, e a SS explica como chegar lá. É assim que eles conseguem fazer reproduções, à venda na loja, de perfumes famosos, como Azzaro, Eternity e CK One.

Casa das Essências SS

✉ Rua do Carmo, 128, Sé
☎ 3291-4444
✯ www.jet.com.br/casadasessencias.com.br
@ rosangela@casadasessencias.com.br
☞ seg. a sex. 8h30/18h; sáb. 8h30/13h30

OFERECE O MESMO SERVIÇO

Officina Profumo-Farmaceutica di Santa Maria Novella

Oferece perfumes artesanais e artigos de banheiro em embalagens retrô.

✉ Rua da Consolação, 3.354, Consolação
☎ 3081-0964
✯ www.santamarianovella.com.br
@ rodrigo@santamarianovella.com.br; consolacao@santamarianovella.com.br
☞ seg. a sex. 10h/19h; sáb. 10h/18h

FANTASIAS

Ao receber o convite para uma festa à fantasia, é bom pegar o metrô. Desça na estação São Bento e pegue a saída pela ladeira Porto Geral. Ali a variedade de tipos e temas é brincadeira. As duas principais lojas são a **Festas e Fantasias** e a **Lojas Millôr**, que têm uma infinidade de artigos. Vão de asas de anjo a fantasia de noiva.

Festas e Fantasias

✉ Ladeira Porto Geral, 35 e 55, Centro
☎ 3242-3138, 3242-4649 e 3242-4691
✯ www.festasefantasias.com.br
@ festas@festasefantasias.com.br
☞ seg. a sex. 8h/18h; sáb. 8h/14h

Lojas Millôr

✉ Ladeira Porto Geral, 85 e 103, 4º andar, Centro
☎ 3326-7733 e 3313-7711
✯ www.lojasmillor.com.br
@ lojasmillor@hotmail.com
☞ seg. a sex. 8h/18h; sáb. 8h/14h

FIGURAS DE PAPEL MACHÊ

Formado em artes plásticas, o fotógrafo **Ricardo Ayer** gostava de fazer peças de papel machê desde criança. O hobby fez sucesso, e Ricardo começou a receber encomendas de figuras. "As pessoas ligam com uma ideia ou um pedido específico. Já fiz noivinhos para bolo e saladeira com cara de sapo", conta. Quem deseja uma figura de papel machê deve fazer a encomenda com pelo menos dez dias de antecedência. Ele ainda vende um CD-Rom, no qual ensina a fazer as peças. E se alguém montar um grupo e arrumar um local, Kadu oferece um curso de dois dias.

Ricardo Ayer

✉ Não divulga o endereço

☎ 5571-2481 e 9712-1296

✯ www.papeldelouco.com.br

@ ricardo.ayer@hotmail.com

☞ com hora marcada

FORMA PARA BOLOS

Os formatos de bolos podem ir muito além do retangular e do redondo. A loja **Centro Culinário Tia Marlene** vende modelos de formas para fazer quitutes com desenhos mais originais, como bola de futebol, bolsa de mulher e carro. Há até uma em formato de *cupcake* gigante – diferente dos famosos bolinhos, o doce feito com essa forma mede 18 centímetros de altura e 17 de diâmetro. Mas a mais chamativa é a de urso. "O bicho fica sentado com a cabeça para cima, e não deitado", diz a confeiteira Marlene Maria Klein, proprietária da loja. "A forma tem um buraco no meio para assar todo o 'bolo vertical".

Centro Culinário Tia Marlene

✉ Rua Martinho Claro, 730, Butantã

☎ 3721-8066 e 3722-4178

✯ www.tiamarlene.com.br

@ marlene@tiamarlene.com.br

☞ seg. a sex. 9h/17h30h; sáb. 9h/12h

GINÁSTICA FACIAL

Em 1990, quando percebeu que a sua fisionomia estava mudando, **Bartira Bravo** buscou uma alternativa à cirurgia plástica. Encontrou um método de ginástica facial criado pela americana Miss Craig. São apenas 15 minutos de exercícios por dia. Os exercícios, como abrir e fechar a boca e arregalar os olhos, são prescritos de acordo com idade, sexo, cor da pele, medidas do rosto e condições do maxilar e da mandíbula da cliente. As mulheres, em geral, procuram a ginástica facial para acabar com as papadas no pescoço, e os homens, com as bolsas embaixo dos olhos. Segundo Bartira, os resultados começam a aparecer após um mês de treinamento.

Bartira Bravo

✉ Avenida Arnolfo de Azevedo, 84, Clínica Denise Steiner, Pacaembu

☎ 3825-9955

✯ www.denisesteiner.com.br

@ consultorio@denisesteiner.com.br

☞ seg. a sex. 8h/22h, com hora marcada

✉ Rua Original, 219, Clínica Adilson Costa, Vila Madalena

☎ 3034-1170 e 3034-1932

✯ www.adilsoncosta.com.br

@ secretaria1@adilsoncosta.com.br

☞ seg. a ter. 8h30/17h30; qua. a sex. 8h30/21h

OFERECE O MESMO SERVIÇO

Maria Lucia Rezende

✉ Rua José Maria Lisboa, 356, conjunto 44, Jardins

☎ 3884-6011 e 7106-6325

✯ www.marialuciarezende.com

@ marialucia@marialuciarezende.com

☞ seg. a sex. 9h/15h

GOMA PARA CABELOS

É possível ter um topete digno de astros dos primórdios do rock 'n' roll ou do filme *Grease – Nos tempos da brilhantina*. Para isto, basta usar a goma para cabelos vendida nas três unidades da **Barbearia 9 de Julho**. Apesar da forte fixação do produto, ele é removível com água. Ah, quem quiser mesmo apostar no estilo retrô pode cortar o cabelo e comprar camisetas na própria barbearia.

Barbearia 9 de Julho

✉ Rua Augusta, 1.371, Galeria Ouro Velho, loja 105, Consolação (e mais dois endereços)

☎ 3283-0170, 3101-8592 e 3071-4172

✯ www.barbearia9.com.br

@ contato@barbearia9.com.br

☞ seg. a sex. 10h/22h; sáb. 10h/17h

GRAFÓLOGO

Que tal conhecer melhor a sua personalidade, a de seu futuro sócio, a de um diretor financeiro que você pensa em contratar ou a de sua namorada por meio de um exame da caligrafia? Isso é a grafologia. **Erwin André Leibl** faz o laudo da personalidade em uma semana. Para isso, ele precisa de um texto de, no mínimo, 15 linhas, escrito a tinta, em papel sem pauta. O texto tem de ser criado pela própria pessoa e não pode faltar a assinatura no final. O cliente precisa indicar o sexo, a idade e o grau de escolaridade. Para os interessados, Leibl também dá aulas de grafologia.

Erwin André Leibl

✉ Rua Cônego Vicente Miguel Marino, 275, apartamento 193D, Barra Funda

☎ 3826-7110 e 8962-8512

@ andre_leibl@hotmail.com

☞ seg. a sex. 9h/18h

GUIRLANDAS O ANO TODO

A artista Marcia Goffi passa o ano fazendo guirlandas. No último trimestre do ano, quando a demanda é maior, ela chega a confeccionar 150 desses enfeites natalinos em um mês. "Nunca repeti uma ideia", garante ela, que vende até modelos com estampa de oncinha na **Arte & Cia.** "Não consigo fazer nada que não seja extravagante, por mais que tente. Os enfeites precisam ser feitos para atrair atenção". Durante o resto do ano, Marcia elabora também guirlandas sem o apelo natalino, como enfeites para cobrir registros de banheiros ou para enfeitar jardins.

Arte & Cia.

✉ Rua Doutor Mário Vicente, 1679, Vila Dom Pedro I

☎ 5062-5876

@ artedadecoracao@bol.com.br

☞ seg. a sáb. 8h/18h

HIDROMASSAGEM PARA OS PÉS

Massageia e relaxa os pés com jatos de água disparados de várias direções, igualzinho a uma hidromassagem normal. Só que ela é portátil e funciona ligada na eletricidade. A hidromassagem para os pés é um dos 6 mil itens comercializados pela **Rimed**, que tem uma ampla lista de artigos médicos e ortopédicos.

Rimed

✉ Rua Cayowaá, 1.016, Perdizes (e mais cinco endereços)

☎ 3874-0100, 3874-0177, 3874-0176

✯ www.rimed.com.br

@ rimed01@rimed.com.br

☞ seg. a sex. 8h/18h; sáb. 8h /14h

INVENTOS

A **Associação Nacional dos Inventores** é um verdadeiro achado para quem está procurando objetos inusitados. A loja, que fica junto ao Museu Contemporâneo de Invenções, oferece uma série de produtos criados e patenteados por inventores brasileiros, como o Axi-Less, um protetor de axilas, que evita o aparecimento daquelas famigeradas rodas de suor debaixo do braço, ou o Clislady, uma espécie de funil de papel para ser usado por mulheres na hora de fazer xixi em banheiros públicos. A Expo-Genius vende também alarmes para bolsas, apanhadores de minhoca, e luvas para massagear cachorros, entre outras coisas divertidas.

Associação Nacional dos Inventores
✉ Rua Doutor Homem de Melo, 1.109, Perdizes
☎ 3873-3211
✯ www.inventores.com.br
@ inventores@inventores.com.br
☞ seg. a sex. 9h/18h

ISCAS PARA PESCA ESPORTIVA

Qual é o melhor remédio para combater o estresse? Adalberto Francisco de Oliveira Filho, o Betinho, tem a resposta na ponta da língua. Ou melhor, na ponta da vara de pescar. Economista, ele trabalhou durante 17 anos na Bolsa de Valores. Também dava aulas na Fundação Getulio Vargas. Em 1997, decidiu trocar tudo pelo negócio de "atar moscas". Na linguagem dos pescadores, atar moscas é confeccionar iscas para a pesca esportiva. Essas iscas imitam o que os peixes predadores costumam comer na superfície do rio: moscas, gafanhotos, formigas, abelhas, pequenas borboletas e ninfas (o estágio intermediário entre a larva e o inseto adulto). Elas estão à venda na **Fishing Adventures**, inaugurada em 1998. Quase secreta porque não é uma loja de porta aberta. Há apenas uma placa na entrada. O interior também é bem curioso. Adalberto guarda ali penas, miçangas, pedaços de sandália de borracha, espuma, fios de náilon, pedaços de fita cassete, embalagem de CD, fios de cobre e sacos de lixo. Tudo isso, acredite, será usado na confecção das iscas.

Fishing Adventures
✉ Rua Inácio Pereira da Rocha, 152, Pinheiros
☎ 3819-8424 e 9132-6133
@ betinhoflyeco@uol.com.br
☞ seg. a sáb. 10h/19h

ISOPOR

Uma loja praticamente inteira branca. Assim é a Só Isopor, que só vende artigos relacionados... bem... ao isopor. Estão disponíveis chapas e 24 tamanhos de bolas feitas do material, além de acessórios como um pirógrafo, usado para cortá-lo. Dependendo da época do ano, enfeites natalinos também estão nas prateleiras.

Só Isopor
✉ Rua Cavalheiro Basílio Jafet, 173 e 190, Centro
☎ 3227-8388
✯ www.soisopor.com.br
@ soisopor@soisopor.com.br
☞ seg. a sex. 8h/17h30; sáb. 8h/13h

JOIAS COM FOTOS PERSONALIZADAS

Com tecnologia importada da Itália, a **Goldgraph** trouxe ao Brasil joias com fotos personalizadas. Basta levar um retrato e escolher uma joia da coleção da empresa. São broches, brincos, pingentes, pulseiras e medalhas de ouro branco ou amarelo. Ficam prontos em dois dias. O cantor Luciano, da dupla Zezé Di Camargo e Luciano, foi presenteado com uma medalhinha por uma fã que conseguiu uma foto dele bebê. A empresa não atende diretamente o consumidor, mas fornece os endereços das joalherias que oferecem o serviço em São Paulo.

Goldgraph

✉ Rua Barão de Paranapiacaba, 93, sala 81, Centro
☎ 3115-4646
✯ www.goldgraph.com.br
@ goldgraph@goldgraphcom.br
☞ seg. a sex. 8h30/17h30

LAVA-LUZ

Você já ouviu falar em "lavalogia"? O termo científico vem do lava-luz, um abajur com bolhas que boiam num líquido cercado de muito mistério. A lâmpada aquece uma base de metal, onde é encaixado um tubo de vidro. Nele fica uma mistura de parafina e outras substâncias secretas. Ao esquentar, essa cera fica mais leve e sobe. Quando atinge o topo do tubo de vidro, esfria e desce. Esse movimento cíclico é valorizado por seus efeitos cromoterápicos. "A luz do ambiente pode influenciar no estado de espírito das pessoas", afirma o inglês Tom Green, dono da **Solar**, criada em 1996. Apenas cinco empresas são fabricantes do produto em todo o mundo. Na América Latina, a Solar faz o lava-luz com exclusividade. O produto é revendido para duzentas lojas em todo o país. A Solar tem dez combinações diferentes entre a cor da parafina e a cor da água que fica em volta das bolhas.

Solar

✉ Rua Inácio Pereira da Rocha, 197, Vila Madalena
☎ 3031-7215
✯ www.lavaluz.com.br
@ sistemasolar@uol.com.br
☞ seg. a sex. 10h/20h; sáb. 10/19h

LEMBRANÇAS DAS GUERRAS

Está provado que a guerra é um bom negócio. Pelo menos nas contas de Michael Spitzer, dono da loja **Army Store**, que vende artigos militares usados. De uns tempos para cá, aumentou a demanda, pois roupas militares viraram moda. Michael costuma viajar aos Estados Unidos para comprar itens de colecionadores. Já voltaram de lá, por exemplo, com um capacete MIG 21, usado na Guerra do Vietnã, e com um telefone à manivela usado na Segunda Guerra Mundial. Há ainda jaquetas usadas em conflitos no Iraque, na Colômbia, em Israel e no Vietnã. A Army Store oferece também artigos novos, como coturnos masculinos e femininos, calças, camisetas e mochilas, além de itens de sobrevivência na selva. "Só não vendemos armas", lembra Michael. "Ao todo, são cerca de mil itens à disposição." Os clientes podem encomendar roupas com as estampas e os bordados que quiserem.

Army Store

✉ Rua Clodomiro Amazonas, 433, Vila Nova Conceição
☎ 3842-3145 e 9127-1484
✯ www.armystore.com.br
@ shopping@armystore.com.br
☞ seg. a sáb. 10h/19h

LENTES DE CONTATO COLORIDAS

As lentes de contato coloridas podem mudar a sua maneira de ver o mundo. E de o mundo ver você. A **Solótica** tem vários modelos de lentes antialérgicas e gelatinosas. Podem ser confeccionadas também para quem usa lentes corretivas com grau. Algumas opções incomuns são amarelo, branco e vermelho, que deixam o olhar com um aspecto simplesmente assustador.

Solótica

✉ Avenida Brigadeiro Faria Lima, 2.369, 12º andar, sala 1.207, Jardins

☎ 3032-2339

✯ www.solotica.com.br

@ solotica@solotica.com.br

☞ seg. a sex. 9h/18h

LIXEIRAS

O administrador de empresas Tarlei Vatanabe era sócio de uma distribuidora de produtos de limpeza quando percebeu a demanda por lixeiras e começou a explorar o nicho com a **Só Lixeiras**. Na loja há de tudo: lixeiras de todos os tamanhos, de plástico, fibra de vidro ou metal, com cinzeiro, em forma de sapo, palhaço ou sorvete, para praças de alimentação, coletores de copos descartáveis, com personagens infantis, e, é claro, as coloridas lixeiras para material reciclável – a moda da coleta seletiva ampliou ainda mais a procura.

Só Lixeiras

✉ Rua Toledo Barbosa, 358, Belém

☎ 2081-4229

✯ www.solixeiras.com.br

@ comercial@solixeiras.com.br

☞ seg. a sex. 8h/18h

LOJA DE ARTIGOS MOTIVACIONAIS

Funcionário desmotivado deve ser mandado para a rua? Não. Deve ser mandado para a **Motivashop**, primeira loja da cidade especializada em artigos motivacionais. Ela foi inaugurada em 2004 e é uma extensão da Commit, empresa que comercializa vídeos para desenvolvimento profissional de funcionários desde 1988. Além de vídeos e DVDs com palestras, a loja vende outros 1.300 produtos, incluindo livros sobre motivação, gestão e vendas; pôsteres com frases animadoras; e *displays* de mesa. "O conceito já existe em outros países", conta Paulo de Tarso Almeida, um dos sócios. "Mas o nosso é bem mais amplo." A empresa já tem 20 mil empresas cadastradas. Mas também está atraindo muitos clientes avulsos. "Tem gente que compra coisas para dar de presente ao amigo que acabou de perder um parente querido ou que está desanimado", diz Paulo. Mas ele avisa que os produtos não fazem milagres sozinhos. "A pessoa precisa estar disposta a mudar."

Motivashop

✉ Rua Oscar Freire, 1.351, Pinheiros

☎ 3067-1400

✯ www.commit.com.br

@ diretoria@commit.com.br
marketing@commit.com.br

☞ seg. a sex. 9h/18h

LOJA DE PRODUTOS E ALIMENTOS SEM EXPLORAÇÃO ANIMAL

Inaugurada em 2003, a loja **Vegan Pride** trabalha com um conceito politicamente correto: produz e vende acessórios e roupas 100% isentos de qualquer produto de origem ou exploração animal. "O modo de vida dos vegans não suporta qualquer sofrimento animal, incluindo consumo de carnes e derivados, leite, ovos, mel, produtos testados em animais, circos e rodeios", explica Christopher Silva, dono da Vegan Pride. Mas não pense que eles são incapazes de apreciar a beleza de uma pele animal. Entre os mais vendidos da casa estão os cintos com imitação de couro e pele de bichos como onça, zebra, dálmata, vaca, entre outros. "As pessoas ficam surpresas por ser um produto totalmente sintético e tão bem-feito", comenta Christopher. "Confecciono esses acessórios para mostrar que é possível apreciar pele de bicho sem ter de matá-los."

Vegan Pride

✉ Avenida São João, 439, Edifício Grandes Galerias, loja 446, Centro

☎ 3362-0897

✯ www.veganpride.com

@ info@veganpride.com; loja@veganpride.com

☞ seg. a sáb. 12h/18h

LOJA DE PRODUTOS PARA POLICIAIS

Acredite: os policiais civis não recebem algemas para trabalhar. Se quiserem prender alguém, precisam comprá-las. Um dos endereços é o **CopShop**, que vende camisetas, coletes, jaquetas, *patches* (para colocar no uniforme), bonés, algemas e até aparelhos de choque. Mas, para comprar, é preciso dar a famosa carteirada. "O cliente deve mostrar o registro que comprove a sua profissão", explica o policial civil aposentado José Roberto Rosa, proprietário. A loja também vende acessórios para outras áreas profissionais, como carteiras de advogados, coletes para seguranças, entre outros. Demais objetos encontrados no local, como adesivos, chaveiros, relógios e miniviaturas, podem ser comprados por qualquer um. Bastante procuradas são as algemas. "São vendidas em tantos sex shops, por que não poderíamos vender aqui também?", diverte-se José Roberto.

CopShop

✉ Rua Washington Luís, 199, Centro

☎ 3228-9648

@ copshop@ig.com.br

☞ seg. a sex. 9h/18h; sáb. 10h/13h

LOJA ESPECIALIZADA EM BEATLES

Ringo Starr é dono de uma das lojas da Galeria do Rock, a **Beatles 4 Ever**. Desde 1995, o paulistano Ricardo Felício veste a peruca e a roupa do baterista na banda que tem o mesmo nome da loja e que toca os sucessos do quarteto de Liverpool desde 1976. A ideia da loja nasceu com as camisetas e outros objetos vendidos pelos integrantes da banda em shows. Além dos artigos da própria banda Beatles 4 Ever, a loja só vende produtos originais da marca The Beatles, licenciados pela Apple Corporation. São cerca de cem itens disponíveis, como despertadores Abbey Road, papel de presente estampado com o Yellow Submarine e guarda-chuva do Fab Four.

Beatles 4 Ever

✉ Avenida São João, 439, Galeria do Rock, loja 204, Centro (e mais dois endereços)

☎ 3223-0787

✯ www.beatles4ever.com.br/shopping

@ shopping@beatles4ever.com.br

☞ seg. a sex. 10h30/18h30; sáb. 10h30/15h30

LOJA ESPECIALIZADA EM DEFICIENTES VISUAIS

Uma bengala ajuda na locomoção de deficientes visuais. Mas existem outros vários produtos para facilitar a vida de quem tem a visão prejudicada. A **Laratec** vende softwares, relógios e termômetros falantes. Entre os utensílios mais inusitados, há um colocador de linha na agulha e um medidor de líquidos que não permite que o copo transborde. "Algumas pessoas precisam dessa adaptação para não depender de ajuda na própria casa", diz Alberto Pereira, consultor de acessibilidade. A loja pertence à ONG Laramara, que faz a reabilitação de deficientes visuais. O laboratório da instituição lançou em 2004 a primeira máquina de escrever brasileira em braille.

Laratec
✉ Rua Conselheiro Brotero, 353, Barra Funda
☎ 3660-6400
✯ www.laratec.org.br
@ loja@laramara.org.br
☞ seg. a qui. 8h/18h; sex. 8h/17h

OFERECEM O MESMO SERVIÇO

Casa Aerobrás
✉ Rua Major Sertório, 192, Vila Buarque
☎ 3255-0544 e fax: 3259-3024
✯ www.casaaerobras.com.br
@ casaaerobras@casaaerobras.com.br
☞ seg. a sex. 9h/17h50; sáb. 9h/13h

LOJA ESPECIALIZADA EM MODELISMO

As miniaturas de carros, aviões, barcos e até trens têm o amor de muitos fãs, que gostam de montá-las ou, simplesmente, pilotá-las. Lojas especializadas vendem peças, kits para montagem e modelos já prontos. A **Speed Modelismo** é uma delas.

Speed Modelismo
✉ Rua Bento Freitas, 162A, República
☎ 3222-9600 e 3221-3550
✯ www.speedmodelismo.com.br
@ rr.coelho@uol.com.br
☞ seg. a sex. 10h/19h; sáb. 10h/15h

Horiginal Modelismo
✉ Rua Canuto do Val, 48, Vila Buarque
☎ 3222-1007
✯ www.horiginal.com.br
☞ seg. a sex. 9h/19h; sáb. 9h/16h

HTC Modelismo
✉ Shopping Higienópolis, piso térreo, loja 309
☎ 3823-2649 e 3082-1454
✯ www.htc.com.br
@ htc@htc.com.br
☞ seg. a sáb. 10h/22h; dom. 14h/20h

MANEQUINS

Seja para decorar a vitrine de sua loja ou para pendurar criações amadoras de moda dentro de casa, um manequim pode ser encontrado à venda na **Imagem**, no bairro do Bom Retiro – sede de boa parte das lojas de roupa paulistanas. O pequeno ambiente tem modelos de fibra ou de plástico que são procurados por lojistas de dentro e fora da região.

Imagem
✉ Rua Anhaia, 47, Bom Retiro
☎ 3361-5128
@ contato@imagemdesign.art.br
☞ seg. a sex. 8h/17h; sáb. 9h/13h

MAQUETES

Até figuras humanas de mentirinha habitam os pequenos prédios construídos pela **BR Maquetes**, empresa especializada em montar maquetes de empreendimentos da construção civil. "Todos os modelos são feitos na escala requisitada pelo cliente", diz o proprietário Marcio Levy Bentubo. Após o envio do projeto por e-mail, eles realizam o desenho com uma máquina de corte a laser. Depois, partem para os detalhes, como janelas e pintura. O transporte para o cliente é feito com muita espuma. "Qualquer batida pode estragar o trabalho", conta Bentubo.

BR Maquetes

✉ Rua Antonio Marcondes, 86 B, Vila Dom Pedro I
☎ 2274-7023 e 8484 6900
✯ www.brmaquetes.com.br
@ contato@brmaquetes.com.br
☞ seg. a sex. 9h/18h

OFERECE O MESMO SERVIÇO

Adhemir Fogassa

✉ Rua Poetisa Colombina, 12, Jardim Bonfiglioli
☎ 3736-5500
✯ www.maquetes.com.br
@ maquetes@fogassa.com.br
☞ seg. a sex. 8h30/18h30

MAQUIAGEM PARA TEATRO

Já pensou em ter um narigão igualzinho ao de Cyrano de Bergerac? A loja **Catharine Hill**, especializada em maquiagem para teatro, cinema, vídeo e TV, tem uma massa para aumentar o tamanho do nariz e das orelhas. Além disso, há um pancake especial que resiste à forte iluminação do palco.

Catharine Hill

✉ Rua Ytaipu, 45, Mirandópolis
☎ 5070-1060
✯ www.catharinehill.com.br
☞ seg. a sex. 9h/18h; sáb. 9h/12h30

MÁQUINAS QUE FAZEM FOTOS DIVERTIDAS

As câmeras fotográficas da marca austríaca Lomography são famosas por causa de suas imagens diferenciadas. O modelo mais famoso, a Lomo LC-A deixa todas as fotos com uma iluminação retrô. Já a Fisheye tem uma lente preparada para captar a imagem como se fosse um olho-mágico. Na **Lomography Gallery Store**, loja oficial da marca estão disponíveis todos os modelos da marca em linha.

Lomography Gallery Store

✉ Rua Augusta, 2.481, Cerqueira César
☎ 3062-8955
✯ www.lomography.com.br
☞ seg. a sáb. 10h/20h

MÁSCARAS

O chileno **José Toro Moreno** veio para o Brasil porque, com a ditadura política no seu país de origem, não conseguia espaço para desenvolver seus dons artísticos. Mesmo servindo ao Exército e sendo preso político, Toro nunca parou de fazer "carinhas de barro". Criava personagens o tempo todo e depois percebeu que poderia ganhar a vida fazendo o que gostava. "É delicioso fazer máscaras, porque elas contêm um pouco do que somos e muito do que queremos ser", afirma, com sotaque, o chileno.

José Toro Moreno
✉ Praça Benedito Calixto, s/nº, Pinheiros
☞ sáb. 9h/19h
✉ Avenida Paulista, 1.578, Masp, Bela Vista
☞ dom. 10h/17h
☎ 9685-8161 e 7645-1707
@ jo.tmoreno@hotmail.com

MÁSCARAS VENEZIANAS

O **Ateliê Roxanne de Máscaras** aluga máscaras em estilo veneziano, feitas de papel machê no próprio ateliê, para bailes que usam o disfarce. Para mulheres, são vinte tipos de máscaras. Para os homens, a loja oferece 15 modelos, característicos do teatro greco-romano (olhos e nariz grandes). O **Ateliê de Máscaras** aceita encomendas para grupos teatrais e agências de publicidade. É possível também alugar roupas de época e fantasias.

Ateliê Roxanne de Máscaras
✉ Rua Lopes Chaves, 451, Barra Funda
☎ 3826-0733 e 8267-6491
★ www.atelieroxanne.com.br
@ aroxanne@terra.com.br
☞ seg. a sex. 14h30/19h30

Ateliê de Máscaras
✉ Rua Oscar Freire, 2.200, Pinheiros
☎ 2959-8666 e 8901-0095
★ www.ateliedemascaras.com.br
@ ateliedemascaras@gmail.com
☞ seg. a sex. 9h/19h; sáb. 9h/16h

MINIATURA NÁUTICA

Quanto espaço seria necessário para reunir uma esquadra de 553 barcos, navios e caravelas? Pouco, muito pouco. **Jorge Verdaguer** fez tudo em miniatura, usando pedaços de sabão de coco e cascas de nozes e de coco. Faleceu em 2002 e deixou seu legado para a esposa Rita, que dá continuidade a seu trabalho. A caravela Triumph, destaque dessa coleção, levou um ano e meio para ficar pronta. Ela mede dez milímetros de comprimento, sete de largura e 25 de altura. Seu casco foi feito com um pedaço de caroço de azeitona. A riqueza de detalhes é impressionante. Em algumas embarcações dá para ver até a mobília de algumas salas. Rita vende cerca de quarenta peças por mês e também dá cursos para ensinar a arte de seu marido, que é reconhecida em todo o mundo.

Jorge Verdaguer
✉ Não divulga o endereço
☎ 3237-1123
@ miniaturasverdaguer@yahoo.com.br
☞ com hora marcada

MINIATURAS DE FUSCAS

Roberto Giglio é um apaixonado por fuscas. Desde 1985, ele cuida com carinho do seu Cridê, apelido do modelo 69 que comprou. Beto também coleciona miniaturas do carro. São cerca de 130 fusquinhas. É verdade que ele precisou colocar a mão na massa para conseguir alguns modelos. "Queria a viatura baratinha da Polícia Militar, mas não achava em lugar nenhum", conta. Decidiu fazer uma miniatura por conta própria. E assim passou a montar miniaturas para vender em seu site, o **Fusca Cridê**. "Quem quiser que eu reproduza algum em particular, só precisa me mandar uma foto", explica. O prazo para confecção é de vinte a trinta dias. A empresa, que tem autorização da Volkswagen do Brasil para produzir as miniaturas, também reproduz modelos de Kombi e Karmann Ghia.

Fusca Cridê

✉ Não divulga o endereço
☎ 5505-1911 e 9188-5292
✯ www.fuscacride.com.br
@ beto@fuscacride.com.br
☞ seg a sáb. 9h/18h

MINIATURAS DE PRÉDIOS ANTIGOS DE SÃO PAULO

Maria Clara Fragoso é professora de educação física por vocação, mas sua verdadeira paixão é o artesanato. Ela se especializou em miniaturas de monumentos e prédios antigos de São Paulo, como Pátio do Colégio, Mosteiro de São Bento, Museu do Ipiranga, Museu de Arte Sacra e a Catedral da Sé. Todos feitos de cerâmica e pintados com tinta guache. Maria Clara utiliza-se de fotos ou postais e faz pesquisas em livros de história para que suas miniaturas saiam perfeitas. Seus clientes são professores e apaixonados pela cidade. As miniaturas medem em geral sete centímetros de altura. Mas podem ser feitas modificações de acordo com o desejo do cliente. O prazo de entrega é de 15 a vinte dias.

Maria Clara Fragoso

✉ Rua Luzim, 80, Vila Roque
☎ 2258-1947 e 7355-8033
✯ www.mariaclarafragoso.com.br
@ mariaclarafragoso@gmail.com; mariaclarafragoso@yahoo.com.br
☞ seg. a sáb. 9h/18h

MINIATURAS DE PRODUTOS

Cláudio de Castro era dono de uma oficina mecânica e de um autoelétrico que viviam dando prejuízo. Por isso, ele fechou o negócio em 2001 e passou a viver um dilema: o que fazer para sustentar a família? "Resolvi fabricar miniaturas", conta. Nascia a MM – **Miranda Miniaturas**. A primeira peça reproduzida em escala reduzida foi uma bíblia. "Talhei o livrinho sagrado na madeira", diz. "Tinha só cinco centímetros". Choveram pedidos. Quando começou a trabalhar com gesso, Cláudio chegou a produzir quinhentas unidades de minibíblias. Aí os lojistas da região da 25 de Março passaram a encomendar outras miniaturas. "Fiz produtos encontrados no supermercado", conta. Atualmente, Cláudio reproduz em miniatura (escala 12:1 centímetros) caixas de leite, vidros de tomate, sacos de feijão e arroz, tubos de pasta de dentes. "Sei fazer qualquer coisa em escala reduzida", orgulha-se. Cerca de 2 mil peças são fabricadas diariamente pela empresa.

Miranda Miniaturas

✉ Não divulga o endereço
☎ 2956-6472 e 7817-5980
✯ www.mirandinhaminiaturas.com.br
@ mirandinhaminiaturas@uol.com.br;
☞ seg a sex. 9h/18h

MINIESCULTURAS PERSONALIZADAS

Desde 1995, a artista plástica **Paula Gama** desenvolve miniesculturas personalizadas. "É um trabalho de muito detalhe, feito com cerâmica plástica que vai ao forno depois de modelada", explica ela. Cada modelo, que mede 15 centímetros, é criado individualmente e leva entre duas e cinco horas para ficar pronto. Depois, os bonecos são emoldurados ou então são colocados em caixas de acrílico com um cenário próprio. "É uma representação dos seres humanos em miniatura, que tento aplicar em situações que crio", afirma. Paula recebe encomendas e faz também retratos de família.

Paula Gama
✉ Não divulga o endereço
☎ 9183-0236
✯ www.esculturaspaulagama.blogspot.com
@ paulagama_@hotmail.com
☞ seg. a sex. 11h/19h

MUSEU DO AUTORAMA

Um carrinho amarelo foi o primeiro autorama da vida de Júlio Guerra Neto – o *pole position* de uma coleção de 160 modelos de todas as épocas. O Museu do Autorama foi criado por ele para mostrar essas raridades. Ele ocupa uma das paredes da **Octopus**, loja de peças e manutenção de autoramas. É em sua garagem que uma pista profissional, com cerca de trinta metros de extensão, diverte os membros do clube do autorama, velhos amigos apaixonados pela corrida. Uma vez por ano, Neto escolhe trinta exemplares para colocar na prateleira. "Tenho os primeiros autoramas fabricados no Brasil e também toda a série de fórmulas da Estrela", conta. Como ele consegue tantos carros antigos? Pessoas que vão à loja para consertar um brinquedo antigo acabam trocando o objeto por um modelo mais novo. "Quando percebo que é um carrinho raro, que eu não tenho, proponho a troca na hora", diz.

Octopus
✉ Rua Felisbino dos Santos, 395, Chácara Inglesa
☎ 3831-9091
✯ www.autoramabrasil.com.br
@ autorama@terra.com.br
☞ com hora marcada

NOIVINHOS E DEBUTANTES DE BISCUÍ

Os bonequinhos de biscuí feitos por **Rita das Neves** demoram um mês para ficar prontos. Os campeões de encomendas são noivinhos e debutantes. "Peço sempre uma foto das pessoas para que os bonecos fiquem bem parecidos", conta. Rita revela alguns segredinhos que fazem a diferença: "Uso miçangas e paetês para dar brilho ao vestido da noiva".

Rita das Neves
✉ Não divulga o endereço
☎ 2901-7060
@ ritabiscuiartes@gmail.com
☞ com hora marcada

ORELHAS DO SR. SPOCK

Além das réplicas das orelhas pontudas do sr. Spock, a loja vende roupas, pôsteres, fitas e uma série de artigos para os amantes de *Jornada nas estrelas*. A **U.S.S.** tem tudo para os fãs de programas de TV dos Estados Unidos: é referência para os fãs de *Xena: A princesa guerreira*. As bugigangas vão de bonés do *Arquivo X* até um chaveirinho do robô ("Perigo! Perigo!") de *Perdidos no espaço*, ou réplicas da garrafinha de *Jeannie é um gênio*. Os sócios, Elisa Pacce e Ralfo Furtado, oferecem ainda uma série de produtos de outros seriados que podem ser encomendados.

U.S.S.
✉ Rua Rego Freitas, 530, loja E, Galeria Rego Freitas, República
☎ 3214-4637
✯ www.ussbrazil.com
@ ussbrazil@yahoo.com
☞ seg. a sex. 10h/18h30; sáb. 10h/14h

ORGANIZAÇÃO DE LOJAS

Arquitetos e decoradores da **Vitória e Gomes Arquitetura** prestam consultoria para quem pretende investir em uma loja, mas não sabe como organizá-la e torná-la um ambiente atrativo para futuros clientes. Além de estruturar e decorar o local de forma ordenada e moderna, a equipe realiza um trabalho de pós-acompanhamento junto ao cliente.

Vitória e Gomes Arquitetura

✉ Rua Henrique Schaumann, 286, 10º andar, conjunto 101, Pinheiros
☎ 3085-7103 e 8245-0301
☞ www.vitoriagomesarquitetura.com.br
@ vsgarquitetura@terra.com.br
☞ seg. a sex. 9h/18h

OSTRA COM PÉROLA DENTRO

A **Nícia Design** realiza dois desejos femininos de uma só vez: ganhar uma joia e ver uma pérola dentro de uma ostra. A proprietária da loja explica: "As pérolas são importadas da região dos Mares Gelados. Antigamente, mergulhadoras retiravam as ostras do mar e de cada trezentas unidades somente uma tinha o molusco perlífero. Hoje em dia, as pérolas são cultivadas fora do mar: um corpo estranho é colocado dentro da ostra para que ela solte uma substância chamada *nakar* (anticorpo). Quando o *nakar* envolve o invasor, ele o transforma na pérola". As "Pérolas do Desejo" chegam a ficar seis anos nas fazendas de pérolas até que a joia atinja o tamanho adequado.

Nícia Design

✉ Avenida dos Jamaris, 100, conjunto 804, Planalto Paulista
☎ 5053-3613 e 9651-3731
✯ www.bynicia.com.br
@ nicia@bynicia.com.br
☞ com hora marcada

PACOTES DE TURISMO PARA O ESPAÇO

A paulistana **Fun Tour** foi cadastrada pela britânica Virgin Galactic, primeira companhia do mundo a oferecer passeios no espaço. A nave Space Ship Two tem capacidade para seis passageiros e dois pilotos. A nave parte do Aeroporto Espacial do Deserto de Mojave, na Califórnia, Estados Unidos, acoplada a um avião. Depois de atingir 15 quilômetros de altura, ela é solta. A Space alcança até 109 quilômetros de altura e uma velocidade máxima de 4 mil quilômetros por hora. Os passageiros experimentam quatro minutos de gravidade zero flutuando pela espaçonave. Antes de se aventurar, porém, os turistas espaciais precisam passar por três dias de treinamentos e uma bateria de exames médicos.

Fun Tour

✉ Rua Doutor Alceu de Campos Rodrigues, 229, 5º andar, conjunto 502, Itaim Bibi
☎ 3040-4200
✯ www.funtourviagens.com.br
@ monica@funtourviagens.com.br
contato@funtourviagens.com.br
☞ seg. a sex. 9h/18h

PAPÉIS PERSONALIZADOS

Seja para uma carta de amor, anotações da faculdade ou álbuns de fotos, o melhor lugar é o **Atelier Luiz Fernando**

Machado. Todos os papéis de lá são feitos de maneira artesanal e customizada. As prateleiras estão cheias de cadernos, caixas, livros de assinaturas, agendas e blocos de anotação - tudo bem colorido.

Atelier Luiz Fernando Machado

✉ Rua Natingui, 756, Vila Madalena
☎ 3032-2281 e 3031-7895
✯ www.ateliermachado.com.br
@ atendimento@ateliermachado.com.br
☞ seg. a sex. 9h/18h; sáb. 10h/14h

PEÇAS DE XADREZ GIGANTES

Sabe onde encontrar peças gigantes de xadrez? A fachada da loja de decoração **Kashmir** não deixa dúvidas. Elas foram criadas pelo engenheiro José Maria Muniz. A inspiração veio de uma viagem que ele fez à Alemanha em 1983. "O xadrez gigante já era muito popular na Europa", conta. "Mas estranhei o peso das peças, feitas em madeira. Em 1994, conheci o processo de rotomoldagem de plástico e liguei uma coisa à outra. Assim, as peças ficaram mais leves e fáceis de manusear." Para quem não quiser construir um tabuleiro num local fixo, a Kashmir disponibiliza um modelo de vinil. A Kashmir vende ainda outros jogos conhecidos em versão grandalhona: dama, xadrez chinês, trilha e jogo da velha.

Kashmir

✉ Rua Coriolano, 1278, Vila Romana
☎ 3676-0613 e 8889-2886
✯ www.xadrezgigante.com.br
@ contato@xadrezgigante.com.br
☞ seg. a sex. 9h/18; sáb. 9h/16h

PIÑATAS

Ela pode ser considerada o bexigão das festas mexicanas. Feitas em papel, as piñatas são rompidas a golpes de pau pelo aniversariante – vendado –, enquanto uma chuva de doces e presentinhos, escondidos em seu interior, caem sobre os convidados. O modelo tradicional é redondo e tem sete pontas. **Érica Gobbo Quintero** faz e vende as piñatas em São Paulo. Ela é casada com um venezuelano que, na infância, praticava a brincadeira. Suas piñatas são vendidas em quatro tamanhos. Apesar de a brincadeira ser associada à cultura latina, Érica Quintero conta que a piñata veio da China. "Supõe-se que o explorador Marco Polo, em visita ao país, notou como os chineses criavam figuras coloridas de animais cobertos com papel e as usavam em celebrações do Ano-Novo", explica.

Érica Gobbo Quintero

✉ Não divulga o endereço
☎ 2574-6468 e 9272-4288
✯ www.pinhataserika.com.br
@ erica@pinhataserika.com.br
☞ 24 horas

PLACAS DE TRÂNSITO

É o tipo de "objeto de decoração" que todo garoto sonha em ter em seu quarto. Já alguns donos de fazendas ou sítios gostam de usá-las para mostrar os caminhos dentro de suas propriedades. Fornecedora oficial da CET, a **Meng Engenharia Comércio e Indústria** oferece ao público a mesma linha de placas de regulamentação, orientação e advertência. A mercadoria é entregue 24 horas depois do pedido. As placas podem ser de alumínio ou de aço. Se o cliente pedir um acabamento com película refletiva, o preço aumenta.

Meng Engenharia Comércio e Indústria
✉ Rua Taguá, 206/208, Liberdade
☎ 3385-5600 e fax: 3208-2958
✯ www.meng.com.br
@ meng@meng.com.br
☞ seg. a sex. 8h/17h

PLANTAS CARNÍVORAS

O perfume é irresistível – para as moscas, suas principais vítimas. É assim que as plantas carnívoras se alimentam, atraindo insetos. Elas costumam aparecer em filmes com uma grande boca cheia de dentes, que vai se fechando lentamente sobre a presa. Chamam-se dioneia e podem ser encontradas na **Flora Ono**, que tem um boxe no Ceagesp. Há ainda a sarracena, em forma de tubo comprido. O bicho literalmente entra pelo cano e dali não escapa. As carnívoras não exigem muito trabalho: um local arejado, um pouco de sol e, não, não é preciso ficar caçando formigas ou moscas para alimentar as plantinhas. Pode deixar que o almoço aparece sozinho.

Flora Ono – Ceagesp
✉ Avenida Doutor Gastão Vidigal, 1.946, boxe 57A, Vila Leopoldina
☎ 9103-7807 ou 9378-0439
@ marcosmarciaono@yahoo.com.br
☞ seg., ter., qui. e sex. 4h/11h

PRESENTES DIFERENTES

Uma criatura verde segura uma faixa na vitrine da loja: "Você está se sentindo um E.T. neste planeta? Então, entra...". Depois de trabalhar com moda durante 12 anos, o estilista Fábio Barreto estava se sentindo mesmo um alienígena. Por isso, resolveu vender sua confecção e abrir uma loja de presentes inusitados: **Agá Presentes**. "Cansei do que eu fazia e decidi abrir este espaço só com coisas que tiram o estresse do dia a dia e que não seguem uma tendência de moda", explica. Inaugurada em novembro passado, a Agá Presentes tem uma grande linha de tranqueiras e inutilidades divertidas para adultos e crianças. É um lugar gostoso de visitar, principalmente pela atmosfera descontraída – bem ao estilo da Vila Madalena.

Agá Presentes
✉ Rua Fradique Coutinho, 1.111, Pinheiros
☎ 3812-1910
✯ www.agapresentes.com.br
@ agapresentes@gmail.com
☞ seg. a sáb. 11h/18h

OFERECEM O MESMO SERVIÇO

62º
✉ Praça dos Omaguás, 62, Pinheiros
☎ 3813-8434
✯ www.sessentaedoisgraus.com.br
@ 62graus@terra.com.br
☞ seg. a. sáb. 11h/18h

Camaleonte
✉ Rua Canário, 1.368, Moema
☎ 5561-1272
✯ www.camaleonte.com.br
☞ seg. a. sáb. 10h/19h

Coisas da Doris
✉ Alameda Ministro Rocha Azevedo, 834, Cerqueira César
☎ 3083-1962
@ doris@coisasdadoris.com.br
☞ seg. a sex. 10h/18h30; sáb. 10h/15h
✉ Shopping Iguatemi, piso Faria Lima
☎ 3811-9572
☞ seg. a sáb. 10h/22h; dom. 14h/20h
@ iguatemi@coisasdadoris.com.br
✯ www.coisasdadoris.com.br

Loja Loja

✉ Rua Fernando de Albuquerque, 255, Consolação

☎ 3120-5320

★ www.lojaloja.blogspot.com

@ lojalojavirtual@gmail.com

☞ ter. a sex. 12h/23h30; sáb. 14h/24h

PRODUTOS PARA FISIOTERAPEUTAS

Shoppings especializados em móveis, roupas e até produtos para animais já não são mais novidade. Mas e uma loja com artigos dedicados especialmente aos profissionais da fisioterapia? O **Shopping do Fisioterapeuta** tem mais de 2 mil produtos, que vão de géis para ultrassom a mesas para RPG, bolas para fazer exercícios e espaldares para alongamento, livros e microscópios, além de equipamentos para cinesioterapia e eletroterapia. A loja, que também tem produtos para ortopedistas, esteticistas e professores de educação física, é uma filial do Instituto São Paulo, que tem matriz em Curitiba (PR). "Cerca de 70% dos artigos são de fabricação própria, o que diminui o preço do produto nacional para até um quinto do valor do importado", explica Leandro do Nascimento, gerente da loja.

Shopping do Fisioterapeuta

✉ Avenida Doutor Vital Brasil, 602, Butantã

☎ 2161-7200

★ www.institutosaopaulo.com.br

@ institutosaopaulo@institutosaopaulo.com.br; lojasaopaulo@institutosaopaulo.com.br

☞ seg. a sex. 8h30/18h; sáb. 9h/13h

PRODUTOS PARA ROTARIANOS

O Rotary é uma entidade não governamental, sem fins lucrativos, que promove assistência humanitária para 128 países do globo. Só no Brasil são 50 mil associados e os rotarianos da cidade já têm onde fazer suas compras: a **Comercial RAS** oferece bonés, chaveiros, broches, relógios, camisetas e canetas, entre trezentos itens, todos com a logomarca do Rotary – uma roda denteada. Os campeões de vendas são os pins, distintivos do clube, mas Ary Ferreira, um dos sócios da loja, já recebeu pedidos bem estranhos. "Um sócio pediu que eu fizesse o logo do Rotary no copo da roda de seu carro", conta. A Comercial RAS também fornece produtos para outras entidades, como o Lions Clube e a Maçonaria.

Comercial RAS

✉ Rua Cardoso de Almeida, 23, sobreloja 3, Perdizes

☎ 3672-3636 e fax: 3862-6161

★ www.rasbrindes.com.br

@ rasbrindes@rasbrindes.com.br

☞ seg. a sex. 8h/18h

PRODUTOS RELACIONADOS A DESENHOS JAPONESES

Até 1998, a **Shinozaki** era apenas uma banca especializada em publicações importadas do Japão. Até que Leonardo Tahara, neto do dono, voltou do Japão com uma novidade na mala. Eram produtos da série *Pokémon*, sucesso entre a criançada. A Shinozaki virou, então, um paraíso para amantes de desenhos animados e seriados de TV. Hoje, vende bonecos tematizados (*action figure*, em inglês) e outros artigos colecionáveis. Feitos de materiais como plástico e pelúcia, os bonecos são fabricados por grandes empresas como a Mattel e a McFarlane e imitam personagens de séries e filmes como *Matrix*, *Toy Story*, *Os Simpsons* e *Ultraman*. Os produtos mais vendidos na Shinozaki, no entanto, ainda são os *card games*. Mania mundial, eles são jogos de cartas com atributos de ataque e defesa, que envolvem personagens de desenhos animados.

Shinozaki

✉ Avenida Liberdade, 363, 2° andar, loja 231, Liberdade

☎ 3341-7756

✯ www.lojashinozaki.com.br

@ contato@lojashinozaki.com.br

☞ seg. a. sáb. 10h/19h30; dom. 10h/19h

PRODUTOS RELACIONADOS A ROCK

Os beatlemaníacos não vão sossegar até encaixarem as mil peças que têm os quebra-cabeças à venda na **It's Only Rock 'n' Roll**, loja especializada em produtos licenciados de bandas de rock. Entre as cenas representadas nos passatempos, estão as capas de "Abbey Road e Sgt. Pepper's Lonely Hearts Club Band". Também estão à venda quebra-cabeças de Elvis Presley, Bob Marley, Jimi Hendrix e Pink Floyd.

It's Only Rock 'n' Roll

✉ Rua Fradique Coutinho, 833, Pinheiros

☎ 3032-5960

✯ www.itsonlyrocknroll.com.br

@ contato@itsonlyrocknroll.com.br

☞ seg. 12h/18h; ter. a sex. 10h/19h; sáb. 10h/17h

RELICÁRIOS E AMULETOS

A artista plástica Carla Petrini, do **Ateliê Carla Petrini**, produz amuletos e relicários sob encomenda. "Esses objetos ligados à proteção e adoração são muito interessantes. Nesse mundo louco em que estamos vivendo, as pessoas procuram conforto naquilo em que acreditam", afirma Carla. Os relicários são de todos os santos e credos, confeccionados em caixas de madeira ou vidro, e têm composições com pimentas e búzios, tudo de acordo com o gosto do cliente. Carla também produz guias e estrelas de santos e medalhas, e usa cores fortes e tintas fosforescentes, como o pink e verde-limão, além de fitas e strass, que conferem um ar moderno às peças. "Alguns clientes realmente conhecem ou estudam os santos, mas outros compram porque gostaram de como usei uma ferradura, trevo ou pimenta", explica a artista. "As peças remetem ao imaginário das pessoas."

Ateliê Carla Petrini

✉ Rua Wizard, 192, apartamento 1.402, Vila Madalena

☎ 3819-1534 e 8141-1409

@ ateliecarlapetrini@terra.com.br

☞ com hora marcada

RÉPLICAS DE CAPACETES DE GUERRA

Leonardo Pavarina só viu guerras em livros e em documentários de TV, mas sua casa está repleta de artigos militares. O comerciante vende réplicas de capacetes feitas em fibra de vidro. São cinco modelos. Da Segunda Guerra Mundial, tem três: M42 e paraquedista, da Alemanha, e o M1 americano. Também reproduziu o capacete usado na Guerra do Golfo e a versão utilizada pelos paulistas na Revolução Constitucionalista de 1932. As réplicas costumam pesar menos do que um modelo de verdade, por isso costumam ser encomendadas por grupos de teatro e até por motociclistas – embora não estejam dentro das normas de trânsito. Para fazer um desses artigos, Pavarina precisa de uma versão original para criar um molde. O mais difícil é conseguir um original em bom estado. "Se tiver algum defeito, ele é reproduzido nas cópias", diz Leonardo. "E quanto mais antiga fica uma guerra, mais difícil encontrar um capacete que esteja preservado".

Leonardo Pavarina

✉ Não divulga o endereço

☎ 9910-8140

@ lpavarina@pavarina.com.br

☞ com hora marcada

RÉPLICAS DE CRÂNIOS, ESQUELETOS, CAIXÕES, E OUTRAS COISAS ASSUSTADORAS

A **Profecias** têm três unidades espalhadas pela Galeria do Rock – no subsolo, mezanino, e outra no primeiro andar. A loja vende réplicas de crânios, esqueletos, caixões, túmulos, chapéus de bruxa, bonecos de vodu, cobras, dragões e até cemitérios inteiros em miniatura. As três lojas, pintadas de preto, são decoradas com teias de aranha, morcegos e objetos em estilo medieval (tudo de mentirinha) para deixar o lugar ainda mais assustador. Regina Celi Rodrigues, proprietária, se autointitula "bruxa". Ao contrário do que se imagina, diz ela, os fregueses não são apenas góticos: "Vendo muitos crânios, por exemplo, para médicos, enfermeiras e farmacêuticos". Os crânios são feitos de diferentes tipos de materiais, como resina, gesso, Durepox e biscuí. A loja do mezanino tem um caixão em tamanho natural logo na entrada. Dentro dele, um manequim feminino vestido de mulher do Drácula.

Profecias

✉ Avenida São João, 439, Galeria do Rock, loja 214, Centro

☎ 3333-2364

☞ seg. a sex. 9h30/18h30; sáb. 10h/18h

✉ Rua Galvão Bueno, 40, SoGo Plaza Shopping, loja 217, Liberdade

☎ 3271-0850

☞ seg. a sex. 9h30/18h30; sáb. 10h/18h; dom. e feriados 10h/17h

✯ www.profeciasnet.com.br

@ comercial.profecias@gmail.com

RÉPLICAS DE FÓSSEIS

Comprar fósseis originais no Brasil é praticamente uma missão impossível. A legislação do país não permite a comercialização dos que são encontrados por aqui. Os estudiosos interessados em ossadas pré-históricas são obrigados a encomendar de outros países (e por preços nada convidativos). É por isso que escolas e universidades têm dificuldade em aulas práticas de ciências geológicas. "É bem melhor falar de um fóssil com um deles nas mãos", diz Luiz Eduardo Anelli, professor de paleontologia do Instituto de Geociências da USP. Anelli criou em 1996 uma fábrica de dinossauros. Ele começou a fazer moldes de silicone dos fósseis originais que tinha e de alguns que pediu emprestado. Passou a produzir réplicas de fósseis em resina e vendê-las para colégios e universidades. Todo o lucro das vendas é usado para a compra de materiais e para remunerar os alunos bolsistas que trabalham na **Oficina de Réplicas**. Anelli não recebe nada, mas conta que gosta de ver o resultado em sala de aula.

Oficina de Réplicas

✉ Rua do Lago, 562, Instituto de Geociências da USP, Cidade Universitária, Vila Nair

☎ 3091-4123

✯ www.igc.usp.br/replicas

@ replicas@usp.br

☞ seg. a sex. 8h/17h

Automodelli

✉ Avenida Aratãns, 377, 1º andar, sala 2, Indianópolis

☎ 5093-0793

✯ www.automodelli.com.br

@ automodelli@automodelli.com.br

☞ sáb. 10h/18h

RÉPLICAS EM MINIATURA DE CARROS ANTIGOS BRASILEIROS

JK 1960 e 1968, Simca Chambord, FNM (ou "Fenemê") 1971 e 1973 (caminhão), Galaxie 1967, Volkswagen Fusca 1974, SP2 1974 e DKW 1961. Talvez você não veja um desses veículos nacionais circulando pelas ruas de São Paulo, mas na prateleira de casa ou do escritório é possível. A **Automodelli**, uma cooperativa de seis artesãos, é especializada na produção manual de miniaturas desses e de outros modelos. Por se tratar de antiguidades, a clientela deles não poderia ser de garotões. "A grande maioria tem acima de quarenta anos. Metade é colecionador, aqueles que têm o carro na garagem. Outros gostam das miniaturas. O restante é quem teve algum momento marcante nessas máquinas", estima Antonio Apuzzo, um dos fabricantes. Os carrinhos – feitos na escala 1:43 – são reproduzidos de forma fiel e ainda podem ser personalizados para cada comprador. "É claro que existe um adicional por essa exigência", lembra Antonio, que calcula, em média, trinta dias para entregar o "brinquedinho".

SÓSIAS DE GENTE FAMOSA

Imagine convidar Leonardo DiCaprio para a sua próxima festa – e ele aparecer. Além do astro de *Titanic*, a agência de modelos **Novos Talentos** tem em seu *book* sósias de Jerry Lewis, Christopher Reeve (o Superman), Cecil Thiré, Ronaldinho (criança), Thierry Figueira e Wanderléa. A Novos Talentos também possui modelos convencionais.

Novos Talentos

✉ Rua Ribeirão Vermelho, 129, Pirituba

☎ 3901-3746

✯ www.agencianovostalentos.com.br

@ novostal.fnr@terra.com.br

☞ seg. a sex. 9h/18h; 10h/12h e 14h/17h

OFERECEM O MESMO SERVIÇO

Agência Tobias

✉ Rua Tramway, 567, Tucuruvi

☎ 2952-6122

✯ www.agenciatobias.com.br

@ contato@agenciatobias.com.br

☞ seg. a sex. 10h/12h e 13h/18h

O Gordo e o Magro

✉ Não divulga o endereço

☎ 2452-3958

✯ www.ogordoeomagro.com

@ contato@ogordoeomagro.com

☞ seg. a sex. 10h/18h

SUTIÃ DE ORELHA

O que não falta no **Pronto-Socorro de Bijuterias Gabriela** são objetos curiosos: sutiã de orelha (uma tarracha de plástico transparente que sustenta o peso dos brincos), almofadinha para o fecho do brinco de pressão não machucar a orelha, proteção antialérgica que cobre pinos de brincos etc. Também fazem metalização de sapatinhos de criança para guardar como lembrança e reposição de pedras: se você tiver qualquer joia ou bijuteria que esteja com uma pedra faltando, eles repõem.

Pronto-Socorro de Bijuterias Gabriela
✉ Shopping Eldorado, 1º subsolo, loja 107 B
☎ 3815-6260
@ prontosocorro@yahoo.com.br
☞ seg. a sáb. 10h/22h

SUVENIRES DO BRASIL

Parece frase do Homem-Chavão, mas é a mais pura verdade: o Brasil está na moda. Por isso, as lojas **Brasilmania** vão ganhando cada vez mais força na cidade. Há lojas nos shoppings Ibirapuera, Paulista e Jardim Sul. Ali são vendidos cerâmicas, esculturas, santos entalhados em madeira ou feitos em barro, além de camisetas, bonés, moletons, bolsas e até aventais estampados com as cores da bandeira e o nome Brasil. A loja vende imagens estilizadas de santos entalhadas em madeira, do goiano Krisnamurti, e as famosas panelas capixabas. Os santos em estilo barroco, feitos em cerâmica pelo artista baiano Rosalvo, chamam a atenção pelo primor com que foram produzidos. Quem ainda não possui um presépio de Natal pode investir numa escultura em cerâmica de Edineide Vitalino Neta, de Pernambuco, que coloca Jesus, Maria e José numa colorida manjedoura, rodeados de animais, santos e estrelas.

Brasilmania
✉ Shopping Ibirapuera, Piso Moema, loja 32
(e mais dois endereços)
☎ 5042-1417
✯ www.brasilmania.com.br
☞ seg. a sáb. 10h/22h; dom. 14h/20h

TELEFONES ANTIGOS

Os telefones estão cada vez menores hoje em dia. Mas já foram verdadeiros trambolhões. E quem quiser decorar ou apenas matar a saudade dos modelos antigos pode dar uma passada na banca de **Marcos Terracuzo**. "Meu pai era dono de uma pequena fábrica de telefones e criava uns modelos diferentes", comenta Marcos. "Eu brincava de fazer consertos." Naquela época, os telefones eram feitos com baquelite – um tipo de massa em pó que vira resina – e Armando, pai de Marcos, passou a fabricar aparelhos mais decorativos, em mármore. "Fazemos até hoje esse aparelho", diz Marcos, que é ajudado pelo irmão Marcelo no negócio. E há quem goste dos mais velhinhos. Marcos também faz reforma de aparelhos antigos: "Como hoje não existe mais o fio de pano que encapava o fio do telefone, utilizamos uma capa de corda, e fica igual ao original".

Marcos Terracuzo
✉ Não divulga o endereço
☎ 5677-5591 e 8968-2627
✯ www.telefonesartisticos.com.br
@ telefonesartisticos@gmail.com
☞ seg. a sex. 9h/18h

TERÇO ELETRÔNICO

A invenção do paulista Josué Lacerda é perfeita para quem vive se perdendo na conta na hora de rezar o terço. O rosário digital exibe as orações no visor em duas velocidades e contabiliza o número de preces. O aparelhinho já teve a bênção de vários padres e pode ser encontrado na **Livraria Loyola**.

Livraria Loyola

✉ Rua Senador Feijó, 120, Sé (e mais cinco endereços)

☎ 3242-0449

✯ www.livrarialoyola.com.br

@ senador@livrarialoyola.com.br

☞ seg. a sex. 8h/18h30; sáb. 8h/13h30

TINTA ANTIPICHAÇÃO

Quando o Viaduto do Chá passou por reformas, no ano 2000, uma das novidades foi pintar as áreas cimentadas com uma tinta antipichação. No mesmo ano, os químicos Francisco Lira e Hildebrando Lucas, da **Roma Química**, criaram um produto bastante parecido, a tinta Antgraf. "Nossa ideia inicial era desenvolver um verniz lavável", conta Francisco. Para chegar à fórmula, eles fizeram muitos testes para garantir que o produto resistiria a qualquer ataque químico. "A Antgraf tem uma estrutura molecular fechada, que confere a ela pouquíssima porosidade", explica. O melhor de tudo, segundo Francisco, é que a parede pintada com a tinta antipichação pode ser lavada várias vezes sem ser danificada. O médico Paulo César David usou a tinta em seu consultório, na Chácara Santo Antônio; é uma verdadeira tentação para a malandragem. Certa vez, ele apanhou um pichador em flagrante. Em vez de chamar a polícia, obrigou que o "artista" limpasse o muro. "O melhor foi a cara de tacho com que o sujeito ficou ao ver a parede branquinha novamente", afirma Paulo César.

Roma Química

✉ Rua Silva Bueno, 451, Ipiranga

☎ 2061-909

✯ www.romaquimica.com.br

@ areacomercial@romaquimica.com.br

☞ seg. a sex. 8h/18h; sáb. 8h/13h

OFERECE O MESMO SERVIÇO

Anchortec

✉ Rua Tenente Onofre Rodrigues de Aguiar, 800, Mogi das Cruzes

☎ 4791-9900 e fax: 4791-9940

✯ www.anchortec.com.br

@ anchortec@anchortec.com.br

☞ seg. a sex. 8h/17h

TUDO

Encontrar o que os outros têm dificuldade em localizar pode ser um bom negócio. Desde 1978, a **Disk-Tem** vem fazendo sua fama por rastrear e alugar objetos que os paulistanos têm dificuldade de achar. No começo, é verdade, choviam pedidos de entrega de pizza ou sanduíches à noite, quando não havia lojas de conveniência nem telepizzas a cada esquina. Os pedidos podem ser os mais inusitados possíveis, como uma barriga de grávida postiça para uma festa à fantasia, um martelo de leiloeiro ou televisores antigos para um comercial de TV. Para isso, a Disk-Tem dispõe de um arquivo com fichas de 5 mil fornecedores, além de uma série de artigos próprios que ficam num depósito em Osasco. A Disk-Tem só não trabalha com animais.

Disk-Tem

✉ Rua Sargento Estanislau Custódio, 39, Instituto de Previdência
☎ 3752-2222
✯ www.disktem.com.br
@ disktem@disktem.com.br
☞ seg. a sex. 8h30/18h; sáb. 9h/15h

TUDO PARA AVIAÇÃO

Não é preciso ser piloto para gostar de aviação. Na maioria das vezes, os mais apaixonados sequer estiveram à frente de um manche. Com esse pensamento, o ex-instrutor de voo Antônio Rodrigues resolveu abrir uma loja que atendesse às expectativas de profissionais da aviação e de aficionados. Na **Go Ahead's**, montada por Antônio dentro do Campo de Marte, na zona norte da capital, é fácil encontrar bonés, camisetas, macacões de aviação, jaquetas, coletes e um farto material técnico para futuros pilotos, como livros especializados, réguas de cálculo, compasso de precisão, agenda eletrônica de navegação e programas de computador para simuladores.

Go Ahead's

✉ Avenida Olavo Fontoura, 1.078, Campo de Marte, setor D2, Santana
☎ 2221-2424
✯ www.pilots.com.br
@ info@pilots.com.br
☞ seg. a sex. 8h/19h; sáb. 8h/17h

UNHAS DE PORCELANA

Pianistas e violonistas são clientes habituais. A atriz Malu Mader também já passou pela **Hand's Care**. Unhas de porcelana podem ser a solução para quem não consegue deixar de roer as suas. A aplicação é feita com uma mistura de pó de porcelana e uma base líquida. O material é passado sobre a unha, moldando-a de forma a criar uma camada protetora. A manutenção deve ser feita de dez a 15 dias. Para quem quiser gastar um pouco mais, a opção é a aplicação de cristal, com durabilidade maior.

Hand's Care

✉ Shopping Ibirapuera, piso Jurupis, loja 525
☎ 5542-5929
✉ Shopping Eldorado, 1º subsolo, loja 1013
☎ 3813-0797 e fax: 3813-7390
@ handscare@uol.com.br
☞ seg. a sáb. 10h/22h; dom. e feriados 14h/20h

VIDROS DE COLA COM PINCEL

Em São Paulo, uma das empresas responsáveis pela fabricação dos chamados "gomeiros" é a **Goyana**. A loja exige um pedido mínimo de 12 unidades. Cada gomeiro de plástico tem cem mililitros. Já os gomeiros de vidro, também de cem mililitros, são chamados de camelo por possuírem dois compartimentos para armazenar a cola. Quando a cola acaba, a Goyana também trata de oferecer o refil. Mas a quantidade mínima é de quatro caixas (cada uma contém 12 unidades de um litro).

Goyana

✉ Rua Mendonça Júnior, 354, Vila dos Andrades
☎ 3981-4224
✯ www.tingoytintas.com.br
@ tingoy@terra.com.br
☞ seg. a sex. 8h/16h30

VOO ROMÂNTICO

Que tal um romântico jantar à luz de velas em um hotel chique em São Paulo?

Melhor ainda se você surpreender seu par chegando ao local de helicóptero. O "Night Air", da **Helimarte Táxi Aéreo**, inclui um voo de 15 minutos sobre a cidade, do Campo de Marte até o Paulista Plaza, jantar (sem as bebidas), pernoite em uma suíte luxuosa e café da manhã. O *check-out* acontece ao meio-dia e um motorista leva o carro do cliente até o hotel.

Helimarte Táxi Aéreo

✉ Avenida Olavo Fontoura, 1.078, Hangar Helimarte, setor C, lote 5, Santana

☎ 2221-3200

✯ www.helimarte.com.br

@ atendimentovip@helimarete.com.br

☞ seg. a dom. 8h/19h

CURSOS

AEROMODELISMO

Quem quer ter o gostinho de voar, mas sem tirar os pés do chão, pode procurar a **Hobby Line**, que oferece um curso de aeromodelismo, na modalidade radiocontrolado. As aulas, individuais ou em grupos de até quatro pessoas, acontecem nos fins de semana, em um clube de aeromodelismo em São Roque. Não é preciso ter um aeromodelo, e, além de pilotar, o aluno também aprende montagem e manutenção. Segundo o professor Henry Rodrigues, depois de quarenta voos de dez minutos, o aluno já é capaz de voar um aeromodelo sozinho, mas ele recomenda três meses de aulas antes de fazer o teste da Associação Brasileira de Aeromodelismo (ABA). O exame é obrigatório para poder pilotar. Henry voa desde os 18 anos, é piloto de demonstração da ABA desde 1992 e o responsável pela maioria dos acidentes aéreos que você vê em novelas – são todos feitos com aeromodelos!

Hobby Line

✉ Rua Manuel Gonçalves Mão Cheia, 111, Instituto de Previdência
☎ 3721-3864
✯ www.hobbyline.com.br
@ henryfly@terra.com.br
☞ seg. a sex. 8h/18h

ANIMAÇÃO

Para quem curte animação e quer exercitar seu lado Walt Disney, a **HGN Produções** oferece um curso que aborda desde a introdução à animação até técnicas digitais. O criador da produtora, Haroldo Guimarães Neto, conta que sua intenção ao iniciar as aulas era a de buscar talentos para a própria HGN, e alguns alunos já saem do curso com um emprego. A idade mínima é de 15 anos e o curso dura seis meses. O site da produtora tem animações feitas pelos alunos, e a escola incentiva os estudantes a inscreverem seus trabalhos em festivais de animação, como o Anima Mundi.

HGN Produções

✉ Rua Bernardino de Campos, 205, sobreloja, Campo Belo
☎ 5543-4798 e 5535-9687
✯ www.hgn.com.br
@ contato@hgn.com.br
☞ seg. a sex. 9h/18h

ARCO E FLECHA

Se você admira Guilherme Tell, Robin Hood ou o elfo Legolas (de *O senhor dos anéis*), ou se sonha com um ouro olímpico, o **Clube Arco e Flecha Bandeirantes** tem cursos do esporte, com diferentes cargas horárias, à escolha do aluno. Os níveis são básico e avançado, e duram quatro meses se a opção for de duas horas semanais. É ensinado o uso de dois tipos de arco: recurvo e composto. A escola fornece o equipamento, e a idade mínima é de oito anos. O clube tem opções para os que terminarem o curso e quiserem continuar praticando e participar de competições.

Clube Arco e Flecha Bandeirantes

✉ Avenida Nova Cantareira, 743, Tucuruvi
☎ 3586-2837
✯ www.afband.com.br
@ flechabandeirantes@terra.com.br
☞ ter. a sex. 14h/22h; sáb., dom. e feriados 9h/18h

ARTE EM FRUTAS

Adriano Elias não deu muita bola para aquele velho conselho de não brincar com comida. Virou um decorador em gastronomia. Dedica-se a transformar simples frutas e legumes em esculturas elaboradas. Antes de se especializar em decoração, Adriano trabalhou em praticamente todas as funções dentro de um restaurante ou *buffet*. Foi então que começou a perceber que detalhes decorativos simples, como florzinhas feitas de tomate, tornavam a apresentação dos pratos mais bonita, agradando aos clientes. Logo Adriano montou a **Arte em Frutas**. As aulas são no formato de oficinas práticas, duram dois dias e não exigem nenhum conhecimento prévio em gastronomia. As mesas de exposição produzidas pelos alunos no final do curso são de encher os olhos – e a barriga: "Ninguém fica com dó de comer, muito pelo contrário. As pessoas não veem a hora de avançar", garante ele.

Arte em Frutas

✉ Rua Marquês de Abrantes, 81, Chácara Tatuapé
☎ 2698-6065 e 8209-2479
✯ www.arteemfrutas.com.br
@ arteemfrutas@arteemfrutas.com.br
☞ seg. a sex. 9h/12h e 13h/18h

ARTE SAMURAI

Para ser um legítimo samurai é preciso conhecer e seguir o Bushido e dominar o Kenjutsu. O primeiro é a filosofia de vida, o código de valores desse guerreiro oriental. "São sete as virtudes dele: justiça, compaixão, coragem, sabedoria, sinceridade, lealdade e honra", ensina Marcelo Neje, assessor de imprensa do **Instituto Niten**. O segundo "representa a essência do samurai, é a arte de manusear a espada, a Kataná, considerada a sua 'alma'", completa. Os dois são ensinados por meio do método Kir, desenvolvido por Jorge Kishikawa, fundador do instituto. As aulas são 70% práticas e 30% teóricas. A cada dois meses, os alunos participam de palestras e *workshops* das mais variadas partes da cultura samurai, como o Chado (arte do chá), o Taiko (tambores de guerra), Shodo (caligrafia), Sumiê (pinturas em nanquim), poesia, culinária, etiqueta à mesa, entre outras. Além disso, os participantes têm contato com mestres de espada do Japão. Se isso ainda não o interessou, Marcelo fala sobre os benefícios: "O grau de concentração aumenta e a prática traz equilíbrio mental e espiritual na tomada de decisões, velocidade de raciocínio, reeducação postural, agilidade, reflexos, resistência, entre outras vantagens". O assessor conta que, por tudo isso, empresas como Roche, Microsoft, Citibank, Philips, procuram esses serviços buscando a máxima eficiência de seus funcionários.

Instituto Niten

✉ Rua Joaquim Távora, 605, Vila Mariana (e mais quatro endereços)
☎ 5539-3587
✯ www.niten.org.br
@ contato@niten.org.br
☞ seg. a sex. 9h/19h

ARTES CIRCENSES

Não é preciso nascer em um circo para virar um malabarista ou um acrobata. Quem gosta de viver na corda bamba pode aperfeiçoar seus passos em um curso de artes circenses. Criada em 1992, a escola de circo **Nau de Ícaros** ministra aulas de cama elástica, trapézio, cordas, perna de pau, pirofagia, malabarismo e acrobacia. Tudo acompanhado de perto por um professor do circo e um preparador físico. Há dois tipos de curso – para iniciantes e o de aperfeiçoamento. Os dois com duração de um ano. Existem turmas especiais para crianças de quatro a sete anos. A escola oferece *workshops* durante todo o ano.

Nau de Ícaros
✉ Rua Guaipá, 1.380, Vila Leopoldina
☎ 7810-9944, 9799-4713 e 3213-0270
✯ www.naudeicaros.com.br
@ nau@naudeicaros.com.br
☞ seg. a sex. 9h/17h

OFERECEM O MESMO SERVIÇO

Academia Brasileira de Circo
✉ Avenida Nicolas Boer, 120, Parque Industrial Tomas
☎ 2076-0087 e 2076-0001
✯ www.academiadecirco.com.br
@ contato@academiadecirco.com.br
☞ Aulas de ter. a sex. 14h/20h; sáb. 9h/10h30

Escola Paulista de Circo
✉ Rua Guaicurus, 1.100, Água Branca
☎ 8472-0934 e 9300-2554
✯ www.escolapaulistadecirco.com.br
@ andricain@hotmail.com
☞ seg. a sex. 9h/15h

Galpão do Circo
✉ Rua Girassol, 323, Vila Madalena
☎ 3812-1676 e 3815-6147
✯ www.galpaodocirco.com.br
@ contato@galpaodocirco.com.br
☞ seg. a sex. 8h/21h

ASTRONOMIA

A **Sociedade Brasileira para o Ensino da Astronomia** é a primeira ONG do país especializada em astronomia e realiza um trabalho sem fins lucrativos dedicado ao ensino e à divulgação de novos projetos nessa área. "Quem mora em São Paulo e gosta de observar o céu vive frustrado", afirma o coordenador da SBEA, Walmir Cardoso. Por essa razão, os cursos são promovidos em outras cidades, como Monte Verde, e normalmente duram um fim de semana. "É possível observar nebulosas (camada de gases formada quando a estrela explode), estrelas e planetas. Com um pouco de sorte, dá para ver todos os anéis de Saturno", conta Tânia. Os cursos incluem ainda: a construção de um relógio de sol, de uma luneta, uma espécie de encenação que ajuda a dar uma ideia da dimensão dos planetas. Também são dadas aulas de astronomia e astrofísica em cursos de um mês de duração.

Sociedade Brasileira para o Ensino da Astronomia
✉ Rua Aimberê, 1.568, Sumaré
☎ 3673-1185
✯ www.sbeastro.org.br
@ sbea@sbeastro.org.br
☞ seg. a sex. 9h/18h

AUTOMAQUIAGEM

Uma maquiagem bem-feita pode fazer toda a diferença, mas muitas mulheres recorrem às maquiadoras por temerem o resultado de uma "missão solitária". O curso de automaquiagem do **Liceu de Maquiagem** promete acabar com esse medo. Alguns módulos trazem o básico, que ensinam a tornar a pele bonita sem parecer maquiada, e o Boka Loka, que explica tudo que uma mulher precisa saber sobre batom.

Liceu de Maquiagem
✉ Rua Pedro Tarques, 110, Consolação
☎ 3083-0500
✯ www.liceudemaquiagem.com.br
@ contato@liceudemaquiagem.com.br
☞ seg. a sáb. 8h/18h

AVIAÇÃO

Se seu desejo é se tornar um piloto de avião, de helicóptero, ou simplesmente aprender a lidar com a manutenção aeronáutica, há um lugar bem pertinho do aeroporto de Congonhas esperando pela sua visita! O comandante aposentado Felipe Wagner, do **EWM – Aviation Ground School**, mantém a escola que oferece também cursos para os aspirantes a comissários de bordo, agentes de aeroportos e mecânicos de aeronaves dos mais variados modelos.

EWM – Aviation Ground School

✉ Avenida Moreira Guimarães, 1.350, Indianópolis
☎ 5533-0007 e fax: 5535-5338
✯ www.ewm.com.br
@ ewm@ewm.com.br
☞ seg. a sex. 8h/22h30; sáb. 8h/13h

BABÁS

Será que a babá do seu filho sabe mesmo trocar uma fralda? E na hora do banho, ela é tão cuidadosa quanto você? Muitas vezes, essas perguntas povoam o imaginário das mães que têm de trabalhar e não confiam totalmente nas babás. Essas dúvidas estavam perturbando uma executiva e ela pediu ajuda à enfermeira que a atendeu no hospital no dia do nascimento de seu segundo filho. Queria que a babá recebesse aulas de como cuidar do bebê, enquanto ela estivesse trabalhando. O bico foi a chave para a enfermeira obstetra abrir um negócio de sucesso, a **Femmina**. Maria Luiza Molari é proprietária da clínica especializada em ensinar babás e não precisou nem abandonar o antigo serviço para se dedicar ao delicado ofício de zelar pelo bem-estar de recém-nascidos.

Femmina

✉ Rua Primeiro de Janeiro, 252, Vila Clementino
☎ 3578-9613
✯ www.cursodebaba.com.br
@ informacoes@cursodebaba.com.br
☞ seg. a sex. 8h/18h

OFERECEM O MESMO SERVIÇO

Espaço Nascer

✉ Rua das Rosas, 164, Mirandópolis
☎ 5097-9526 e 5011-9664
✯ www.espaconascer.com.br
@ faleconosco@espaconascer.com.br
☞ seg. a sex. 9h/18h; sáb. 10h/14h

Tramit Brasil Recursos Humanos

✉ Rua França Pinto, 123, Vila Mariana
☎ 3892-9585 e 2533-9048
✯ www.tramit.com.br
@ contato@tramitbrasil.com.br
☞ seg. a sex. 10h/14h

BARTENDER

Para quem quer se aventurar nos bares da vida, ou apenas aprender alguns truques para usar em casa com os amigos, a **R. Miranda Formação Profissional** tem cursos de *bartender* com 12 horas de duração. Lá, os alunos aprendem não só as acrobacias que fizeram a fama da profissão (as garrafas usadas nas aulas são as de vidro), mas também a preparar drinques e coquetéis, além de uma base teórica sobre a história do bar e as várias categorias de estabelecimentos, já que cada um deles requer uma postura diferente, dos formais aos descontraídos. A escola vive recebendo pedidos de indicação de alunos para trabalhar em bares – boa notícia para quem quer seguir carreira. Os mais interessados ainda podem optar por um curso avançado, com acrobacias mais ousadas, e um módulo especial sobre caipirinha. Para fazer o curso é preciso ter pelo menos 18 anos.

R. Miranda Formação Profissional

✉ Rua Eça de Queirós, 187, Vila Mariana
☎ 5081-4662 e 5082-1128
✯ www.robertomiranda.com.br
@ atendimento@robertomiranda.com.br; robertomiranda@uol.com.br
☞ seg. a sex. 8h/20h

CABALA

A *material girl* Madonna não é judia, mas afirma frequentar um Centro Cabalístico da Califórnia (EUA). Lá ela estuda a cabala, uma coleção de escritos esotéricos de vários rabinos e alguns cristãos medievais, que consiste em interpretações místicas e numerológicas das escrituras hebraicas. Bastou isso para a curiosidade se espalhar pelo mundo. No **Espaço Essência e Centro Integrado de Kabala**, no bairro daVila Mariana, a terapeuta Marisa Martins F. Azulai e a psicóloga Laís Garísio Pinto César ensinam para os paulistanos a sabedoria da Cabala, que estudam desde 1987. "As pessoas hoje em dia têm muitas preocupações, mas não sabem seu propósito de vida", diz Marisa. "Muitas sentem medo do amor ou uma certa culpa de ser feliz." Ela explica que há uma energia vinda do infinito, que deve servir para centrar o ser humano. Quando o aluno aprende a captar e sustentar essa energia, ela vai para a ação: sua vida passa a ser vista de maneira mais feliz. O curso ensina também uma técnica que tira a dependência de amuletos.

Espaço Essência e Centro Integrado de Kabala

✉ Avenida Conselheiro Rodrigues Alves, 96, Vila Mariana (Núcleo I)
☎ 5549-7934
✯ www.espacoessencia.com.br
@ essencia@espacoessencia.com.br
☞ seg. a qui. 9h/18h; sáb. apenas quando há aulas

CABELEIREIRO

A rede de cabeleireiros Soho tem 27 endereços na cidade. São 215 profissionais cortando o cabelo de 65 mil clientes todos os meses. Para formar essa equipe, a rede abriu a **Soho Academy** em 1994. São dois tipos de curso. O normal tem duração de três anos. Os alunos têm duas aulas semanais e fazem estágio nos salões. Em troca do estágio, os novos cabeleireiros não precisam pagar o curso. Já o intensivo dura um ano e meio e as aulas são diárias, em tempo integral. "O curso inclui aulas de corte, penteado, coloração, química e biologia do cabelo", explica Rodrigo Pará, coordenador de comunicação do Soho. Quem resolve servir de cobaia para os novos mãos de tesoura pode sair ganhando. De segunda a sexta, os alunos fazem todos os serviços ao lado de profissionais a preço bem mais baixo.

Soho Academy

✉ Rua dos Pinheiros, 1.376, Pinheiros
☎ 3813-3834 e 3813-9218
✉ Rua Domingos de Moraes, 1.419, Vila Mariana
☎ 5082-4869 e 3208-8488
✯ www.sohohair.com.br/academy
☞ seg. a sex. 9h/16h30; sáb. 9h/17h

OFERECEM O MESMO SERVIÇO

Escola Teruya

✉ Rua Voluntário Delmiro Sampaio, 183 e 208, Santo Amaro (e mais quatro endereços)
☎ 5541-8752 e 5521-8195
✯ www.escolateruya.com.br
☞ seg. a sex. 8h/22h

Instituto Embelleze

✉ Rua Tuiuti, 2.082, Tatuapé (e mais 41 endereços)
☎ 2597-9532
✯ www.institutoembelleze.com
☞ seg. a sex. 8h/20h; sáb. 8h/17h

CALIGRAFIA

Garranchos têm cura. Fundada em 1915, a escola de caligrafia **De Franco** oferece dois tipos de curso. O primeiro, para quem tem letra feia, dura dois meses. O segundo é profissionalizante, com duração de quatro a dez meses. “Há muito trabalho como arte-finalista, gravador e calígrafo de convites”, comenta o professor Antônio De Franco, neto do fundador. Os horários são abertos, e o aluno tem direito a cinco aulas por semana, que ele pode marcar nos dias de sua preferência. Para os que não têm tempo de ir à escola, existe a opção de assistir a uma aula e levar as lições para fazer em casa. Na escola, há sempre pessoas para orientar e tirar dúvidas individualmente. Além disso, o mesmo curso pode ser feito por correspondência em todo o Brasil.

De Franco

✉ Avenida Eusébio Matoso, 385, Pinheiros
☎ 3815-6338 e 3815-0449
✯ www.profdefranco.com.br
@ professordefranco@globo.com
☞ seg. a sex. 9h/20h; sáb. 14h/15h

CALIGRAFIA ARTÍSTICA

Dora Elvira Bottger, em plena era da informática, resgata a arte de trabalhos manuscritos em pergaminho. Ela dedica-se à atividade desde 1968 no **Estúdio de Artes Caligráficas**. A caligrafia é feita com tinta nanquim sobre pergaminhos vegetais ou animais (confeccionados com pele de cabra e carneiro). As obras são homenagens, termos de posse, honra ao mérito, *doutor honoris causa* e orações. Dora ainda oferece cursos em oito módulos, cada um com 12 aulas de três horas. Para ter letra bonita, avisa Dora, basta fazer um único módulo.

Estúdio de Artes Caligráficas

✉ Rua Doutor Mário Vicente, 1.698, Ipiranga
☎ 5063-3975 e 7345-4869
@ artescaligraficas@terra.com.br
☞ seg. a sex. 8h/22h; sáb. 8h/12h

CARAOQUÊ

O que é preciso para se dar bem num caraoquê: afinação, boa voz ou apenas muita cara de pau? Hideo Hirose, professor de canto, dá aulas de caraoquê para quem já tem a cara de pau, mas não quer passar vergonha. “Os alunos gostam da minha aula porque ela é sobre música e cultura japonesa”, afirma ele, que vive no Brasil desde 1968. “Não é simplesmente cantar.” As aulas são individuais, com duração de trinta ou quarenta minutos, e acontecem de segunda-feira a domingo, com folga na quinta, no **Nikkey Cultural**. Os interessados devem marcar com antecedência as aulas, pois a agenda do professor está sempre cheia. “Dou em média 55 aulas por semana”, afirma, orgulhoso. A idade dos alunos é bem diversificada. “Ensino para aposentados, adultos, jovens e até crianças. Mas, os mais velhos são maioria."

Nikkey Cultural

✉ Praça Almeida Júnior, 86 A, Liberdade
☎ 3774-7456, 3774-7457 e 3751-9910
✯ www.nikkeycultural.com.br
@ j_iritsu@hotmail.com
☞ seg. a sex. 8h30/17h; sáb. 8h30/14h

CASAIS GRÁVIDOS

O rebento já tem dia certo para vir ao mundo, mas a cabeça do casal está confusa, cheia de dúvidas com relação à gestação e ao pós-parto. No **Mammy to Be**, os futuros pais podem participar de um círculo de palestras mensal, dividido em cinco módulos, em que terão contato com obstetra, pediatra, nutricionista e fisioterapeuta. Nos encontros, os profissionais falam sobre trabalho de parto, cuidados em geral – com a cicatriz umbilical, por exemplo –, amamentação, nutrição, exercícios de integração entre os pais e o guri, entre outros assuntos. Recomenda-se que o curso seja feito entre o quarto e o sexto mês de gravidez.

Mammy to Be

✉ Rua Major Prado, 54,Indianópolis
☎ 5049-0310 e 5049-0126
✯ www.mammytobe.com.br
@ mammytobe@mammytobe.com.br
☞ seg. a sex. 10h/19h; sáb. 10h/15h

OFERECE O MESMO SERVIÇO

Qualilife Institute

✉ Rua Joaquim Floriano, 101, sala 306, Itaim Bibi
☎ 3074-5444
✯ www.iqualilife.com.br
☞ seg. a sex. 9h/18h

CERIMÔNIA DO CHÁ

Se você aprecia o requinte e capricho de um chá servido à moda inglesa, vai ficar ainda mais admirado quando conhecer o modo japonês. Trata-se de um verdadeiro ritual, que pode demorar até quatro horas se feito como manda a tradição. Para conhecer todas as etapas, objetos e demais pormenores dessa disciplina, também conhecida como *chado*, o **Centro de Chado Urasenke do Brasil** oferece cursos com profissionais que tiveram contato direto com a cultura. "É necessário meio ano de aulas, uma por semana, para se ter uma mínima ideia de toda etiqueta e simbologia envolvida", diz a professora Bertha Hoshi Nakao. O uso de quimono é obrigatório e todo o ritual é permeado de ensinamentos de harmonia, paz e serenidade.

Centro de Chado Urasenke do Brasil

✉ Rua São Joaquim, 381, 4º andar, sala 44, Liberdade
☎ 3208-5485 e 3271-9159
@ berthanakao@yahoo.com.br
☞ ter. 10h/20h; qui. 10h/16h; dom. 10h/13h

COMÉDIA

Um dos personagens mais divertidos do filme *O casamento de Romeu e Julieta* é Nenzica, a avó corintianíssima de Marco Ricca. Quem faz o papel de Nenzica é a atriz Berta Zemel, que ensina sua arte na **Escola 7 Cênico**. Na opinião dela, fazer comédia ou tragédia não tem tanta diferença assim. "Não existe um gênero mais difícil", garante. "Mas é preciso estudá-lo e se prontificar a fazer uma análise profunda do personagem." Tanto um quanto outro curso têm um primeiro estágio de três meses, dedicado ao estudo do personagem, que inclui a descoberta do tempo, do espaço e do contexto histórico em que a peça ocorre. Depois disso, cada ator se dedica à preparação da montagem da peça. Berta lembra também que, na comédia, há o tempo da piada. Só que isso não é algo que se ensina, já que cada ator tem seu ritmo. "A surpresa é uma coisa muito engraçada na comédia", explica. A 7 Cênico existe desde 1980 e é dirigida por Berta e seu marido, o também ator Wolney de Assis.

Escola 7 Cênico
✉ Rua Rui Barbosa, 313, 2º andar, sala 2, Bela Vista
☎ 3285-4559 e 7401-0088
☞ qua. 14h/20h

COMÉDIA STAND-UP

Uma pessoa, em pé, microfone e um público: todos os elementos necessários para uma apresentação de *stand-up comedy*. O gênero é importado dos Estados Unidos e garantiu lugar nos palcos brasileiros. Ao perceber que muitas pessoas gostariam de ganhar a vida com apresentações humorísticas, a comediante Carol Zoccoli passou a oferecer um curso de comédia *stand-up* no **Quintal de Criação**. São nove horas de treinamento em um final de semana. Entre os alunos, todo tipo de pessoas: analistas de sistemas, tradutores e até ex-BBBs.

Quintal de Criação
✉ Rua Medeiros de Albuquerque, 381, Vila Madalena
☎ 3477-1600
✯ www.jogandonoquintal.com.br
@ quintal@jogandonoquintal.com.br
☞ seg. a sex. 11h/16h

COMISSÁRIO DE BORDO

Está enganado quem pensa que um comissário de bordo é apenas um ajudante dentro do avião. Esse profissional recebe noções de primeiros socorros, treinamentos de sobrevivência na selva, no mar e combate ao fogo – exigências do Departamento de Aviação Civil (DAC). "O papel dele é transmitir segurança", diz Fernanda Ferreira, gerente do **Ceab** (Centro Educacional da Aviação do Brasil), que oferece um curso específico para essa carreira. Os interessados, no entanto, devem atender a alguns pré-requisitos: ter mais de 18 anos, segundo grau completo, altura acima de 1,58 metro, se for mulher, e 1,65, se for homem – perfil tradicional dos comissários. Na parte teórica do programa, são ensinadas postura e etiqueta, maquiagem, inglês e espanhol, serviços de bordo e relações humanas. A escola possui uma réplica de aeronave, onde o aluno põe em prática o aprendizado. Mas será que precisa ser lindo(a)? "As companhias aéreas gostam de pessoas comunicativas, atenciosas, prestativas e elegantes", responde Fernanda. O curso completo dura quatro meses, com aulas de segunda a quinta-feira. Para aulas somente aos sábados, dura um semestre.

Ceab
✉ Rua Artur de Azevedo, 132, Cerqueira César
☎ 3081-4949
✯ www.ceabbrasil.com.br
@ contato@ceabbrasil.com.br
☞ seg. a sex. 8h/21h; sáb. 8h/17h

CONSTRUÇÃO DE BRINQUEDOS

No meio de retalhos coloridos, agulhas e linhas, as frequentadoras do curso de bonecos de pano soltam a imaginação para desenvolver seu próprio brinquedo. Na **Entre Laçadas**, os alunos escolhem, entre os modelos no estilo *country*, aqueles que gostariam de fazer. Além de cortar o molde e o tecido, eles também aprendem a fazer o cabelo, os olhos... Tudo é confeccionado à mão e o curso não exige habilidades anteriores. "Temos pessoas de todas as idades, desde jovens de 15 anos, mães na faixa dos vinte ou trinta, e avós", conta a gerente Ana Lúcia Maretti.

Entre Laçadas

✉ Rua Morais de Barros, 664, Campo Belo
☎ 5531-2113 e 5093-4082
★ www.entrelacadas.com.br
@ atendimento@entrelacadas.com.br
☞ seg. a sex. 9h/17h; sáb. 9h/13h

OFERECEM O MESMO SERVIÇO

Kikikits

✉ Avenida Brigadeiro Faria Lima, 2.152, 1º andar, sala 1B, Jardim Paulistano
☎ 2127-1500 e 5524-5884
★ www.kikikits.com.br
@ kikikits@kikikits.com.br
☞ seg. a sex. 9h/18h; sáb. 9h/17h

Tempo & Espaço

✉ Rua Aspicuelta, 109, Vila Madalena
☎ 3798-3194, 3032-6809 e 3798-3796
★ www.tempespaco.com.br
@ tempespaco@uol.com.br
☞ seg. a sex. 8h/12h e 14h/18h; sáb. 8h/12h

CRIAÇÃO LITERÁRIA

Por que uma psicóloga resolveu ensinar a escrever? "A primeira coisa que faço é diminuir a crítica do escritor diante de seus textos", explica Regina Gulla, criadora do **Ateliê Gato de Máscara**. Desde 1993, depois de 22 anos trabalhando como psicóloga, ela oferece um requisitado curso de criação literária com duração de cinco meses. Nele, o aluno aprende a produzir o texto, conhecer metáforas, ritmo, coesão e figuras de linguagem em geral; e, enfim, escrever crônicas e textos curtos. As aulas semanais de duas horas e meia são divididas em três partes – escrita, leitura e reescrita. São oito alunos, no máximo, por turma.

Ateliê Gato de Máscara

✉ Rua Fradique Coutinho, 1.884, Pinheiros
☎ 6752-4010
☞ ter. a qui. 10h/22h30

CULINÁRIA COM PERSONAL CHEF

Helena Giorgi começou como estagiária em um bufê, e um mês depois já estava contratada como *chef*. Passou um ano trabalhando quase vinte horas por dia e decidiu abandonar o emprego, porque queria mais tempo para se especializar. Agora, ela vive fazendo e dando cursos: "O trabalho como *personal chef* começou a pedido de uma amiga e é mais tranquilo, porque tenho horários flexíveis", conta. Antes das aulas (sempre individuais), Helena conversa com o aluno para saber exatamente qual a área de interesse na culinária. "Tem gente que não pode aprender a fazer fritura ou pratos que deixem cheiro forte, porque mora num apartamento muito pequeno ou num *loft*, e aí a comida impregna a casa toda. Nesses casos, optamos por quiches, risotos ou peixes em papelote", afirma.

Helena Giorgi
✉ Rua João Ramalho, 788, Perdizes
☎ 3675-9069 e 3062-7909
★ www.vanille.com.br
@ comercial@vanille.com.br
☞ seg. a sex. 9h/18h

OFERECE O MESMO SERVIÇO

Mazé Felix Personal Chef
✉ Rua Fábia, 339, Vila Romana
☎ 9407-1597
@ mjfa@uol.com.br
☞ com hora marcada

CULINÁRIA EM DOMICÍLIO

Não sabe fritar um ovo? Já está na hora de aprender. **Jarda Saraiva**, que é apelidada pelos alunos de "S.O.S. dos desesperados na culinária", ensina homens e mulheres a preparar o básico da gastronomia usando sua própria cozinha. O aluno utiliza os utensílios que já estão disponíveis em sua casa.

Jarda Saraiva
✉ Não divulga o endereço
☎ 9870-9718
@ jardasaraiva@yahoo.com.br
☞ com hora marcada

CURSINHO PARA CONCURSO DO ITAMARATY

Entrar para a carreira diplomática é o sonho de muita gente, mas passar no concurso aplicado pelo Instituto Rio Branco, órgão responsável pela seleção e treinamento de pessoal, é tarefa para poucos. O **Grupo de Humanidades**, uma espécie de cursinho para quem quer levar uma vida diplomática, promete ajudar o candidato a passar pelas quatro fases do teste. Lá os futuros diplomatas aprendem português e inglês bem formais, além de noções de economia, história e política. Há programas de dez e seis meses, e um intensivão de três meses. A coordenadora do curso Maria Célia Serra conta que o perfil dos aprovados é bem semelhante: pessoas extremamente inteligentes, calmas, discretas e com ótima capacidade de associar ideias. "Mas engana-se quem pensa que é exigida uma vivência no exterior: muitos dos aprovados no teste nunca saíram do Brasil", conta.

Grupo de Humanidades
✉ Rua Doutor Diogo Faria, 70, casa 5, Vila Clementino
☎ 5083-8006
★ www.grupodehumanidades.com.br
@ gh@grupodehumanidades.com.br
☞ seg. a sex. 9h/21h; sáb. 8h/18h

OFERECE O MESMO SERVIÇO

Curso Clio
✉ Rua Frei Caneca, 1.380, térreo, Consolação
✉ Rua da Glória,195, Liberdade
☎ 4002-2707
★ www.cursoclio.com.br
☞ seg. a sex. 8h/22h; sáb. 8h/16h

DANÇA COUNTRY

Segura, peão! A música *country* americana conquistou a moçada e está se espalhando pelos rodeios e pelas casas noturnas. A **Dançaria Passos e Compassos** oferece *workshops* para quem quiser se aventurar.

Dançaria Passos e Compassos
✉ Rua Afonso Celso, 95, Vila Mariana
✉ Rua Domingos de Morais, 1.867, Vila Mariana
☎ 3294-0101 e 5549-8621
✯ www.passosecompassos.com.br
@ dancecom@passosecompassos.com.br
☞ seg. a sex. 14h30/23h

DANÇAS AFRICANAS

A **Companhia Ballet Nacional do Brasil** oferece um curso aberto semanal de danças africanas tribais. As aulas também fazem parte do currículo dos bailarinos clássicos da companhia. Os ritmos são o afoxé (dança profana com cantos) e o iejá (dança mais suave com movimentação de braços e pernas), ambos nigerianos. O curso pode ser feito por crianças a partir dos dez anos e não tem limite de idade.

Companhia Ballet Nacional do Brasil
✉ Rua Diego Calado, 281, São Miguel Paulista
☎ 6131-3389
✯ www.balletnacionaldobrasil.com.br
@ bnb@balletnacionaldobrasil.com.br
☞ seg. a sáb. 10h/20h30

DANÇAS GAÚCHAS

"Bá, tu não vieste pilchado para a festa?" Para quem não entendeu nada, "pilchado" é uma gíria gaúcha para a pessoa que está vestindo trajes típicos da região. E o pessoal aparece devidamente pilchado para o curso de danças gaúchas, que acontece todo sábado no Tendal da Lapa. O curso é uma iniciativa do **Centro de Tradições Gaúchas Barbosa Lessa** (CTG), que funciona desde 2004 em São Paulo. A professora Vanessa Larizzatti Maia ensina os aspirantes a dançarinos a bailar, e para começar não é preciso nem ter bombachas – as tradicionais calças dos peões dos pampas. Basta uma saia rodada para as mulheres – e muito fôlego para todos. São cerca de trinta músicas no total, com danças como a Quatro Passi, Pezinho, Maçanico e Queromana. "As danças têm influência europeia, mas são brasileiras e tipicamente gaúchas. Também têm algo das danças portuguesas, espanholas e açorianas", explica a professora. Não é necessário ser sócio do CTG e as aulas são gratuitas.

Centro de Tradições Gaúchas Barbosa Lessa
✉ Não divulga o endereço
☎ 3641-0056
✯ www.ctgbarbosalessa.org.br

DANÇAS GREGAS

Quer conhecer mais sobre a cultura grega? A coletividade helênica da **Igreja Ortodoxa Grega de São Pedro** oferece aulas de mitologia, religião, idioma grego e dança. Os grupos são divididos por faixa etária e recebem diferentes nomes. Crianças de três a 14 anos formam a Pedilea; jovens de 15 a 35 anos, a Neolea; e maiores de 35 anos, a Filélinas (que, em grego, significa "amigos da Grécia"). Os grupos Pedilea e Neolea costumam fazer apresentações de dança em festas e festivais. Dançam apenas músicas tradicionais gregas, como *kalamatianô* (dança que abre festas e comemorações), *ballo* (dança circular bem alegre, que sempre conta com a participação da festa), *hassápiko* (conhecida pela tradicional quebra de pratos), além de outras que representam ilhas e regiões da Grécia. Quem ensina as coreografias é Evrizzik Axi Martins, que desde 1997 frequenta o grupo.

Igreja Ortodoxa Grega de São Pedro
✉ Rua Bresser, 793, Brás
☎ 2695-1678
✯ www.helenica.com.br
@ coletividade@helenica.com.br
☞ com hora marcada

DANÇAS ORIENTAIS

Se você gosta da magia do mundo árabe e da sensualidade a que a dança do ventre remete, o **Espaço Rasa** é o local ideal para isso. Lá é possível aprender um pouco mais da dança tailandesa, do ventre, afro-brasileira e brasileira e também as técnicas da ioga, do *kempô* e do *tai chi*.

Espaço Rasa
✉ Rua Heitor Penteado, 220/236, loja 16, Sumarezinho
☎ 3868-2612
✯ www.espacorasa.art.br
@ contato@espacorasa.art.br
☞ seg. a sex. 14h/21h; sáb. 9h/13h

DANÇAS TÍPICAS DO NORDESTE

Professores especializados ensinam a dança brasílica – reunião de todos os ritmos do Nordeste – com muita ginga e suingue na **Companhia Ângelo Madureira e Ana Catarina Vieira**. Se vergonha atrapalha a exposição do corpo, não se preocupe, porque a atmosfera do local inspira e o preço das aulas compensa o sacrifício.

Companhia Ângelo Madureira e Ana Catarina Vieira
✉ Rua Luis Anhaia, 47, Vila Madalena
☎ 9609-5713
✯ www.dancacontemporanea.com.br; www.aneangelo.com
@ contato@dancacontemporanea.com.br
☞ seg. a sex. 17h/22h30

OFERECE O MESMO SERVIÇO

Instituto Brincante
✉ Rua Purpurina, 428, Sumarezinho
☎ 3816-0575
✯ www.institutobrincante.org.br
@ contato@institutobrincante.org.br
brincanteitinerante@institutobrincante.org.br
☞ seg. a sex. 9h/20h

DECORAÇÃO DE ÁLBUNS

Que tal uma maneira diferente de relaxar? Em vez de fazer terapia, sauna ou ioga, experimente entrar em um curso de *scrapbooking*, a arte de decorar álbuns. Com papéis coloridos, cola, tesoura, furadores especiais, fitas coloridas, botões e o que mais estiver à mão, é possível dar um toque criativo às suas fotos. A papelaria **Paperchase** é uma das que ensina a personalizar lembranças de viagens, festas e cerimônias, dando a elas um toque criativo.

Paperchase
✉ Rua Marcos Lopes, 256, Vila Nova Conceição
☎ 3842-3519
✯ www.paperchase.com.br
☞ seg. a sex. 9h/19h; sáb. 10h/14h

OFERECEM O MESMO SERVIÇO

Scrap Memory

✉ Rua Américo Brasiliense, 848, Chácara Santo Antônio
☎ 5181-1707
✯ www.scrapmemory.com.br
☞ seg. a sex. 9h/18h30; sáb. 9h30/14h

Scrapsampa

✉ Avenida Vereador José Diniz, 3.226, Santo Amaro
☎ 5093-4555
✯ www.scrapsampa.com.br
@ contato@scrapsampa.com.br
☞ seg. a sex. 9h/18h; sáb. 9h/14h

DEFESA PESSOAL PARA MULHERES

Reagir ou não reagir, eis a questão. Para saber o que fazer na hora de um assalto ou como evitá-lo, a empresa **Sotai** criou um curso de defesa pessoal para mulheres. "Ensinamos como calcular o risco de cada situação e saber se é adequado reagir", diz Ricardo Nakayama, proprietário da escola. As aulas podem ser coletivas, aos sábados, ou particulares, dependendo da necessidade de aprendizado de cada aluna.

Sotai

✉ Alameda Iraé, 312, Indianópolis
☎ 7764-6175 e 9493-7965
✯ www.sotai.com.br
@ info@sotai.com.br
☞ com hora marcada

DESINIBIÇÃO AO VOLANTE

A psicóloga Marbel Saad Alexander, da **Arte de Guiar**, garante que, entre as pessoas que procuram ajuda para combater a fobia ao volante, 90% são mulheres. Os homens adorariam ouvir isso, mas a explicação não é tão simples quanto o discurso machista que faz questão de afirmar que "mulher ao volante é perigo constante". Segundo Marbel, as mulheres não foram treinadas para dirigir e ainda têm dificuldades de harmonizar seu papel profissional com o pessoal. "Além disso, os homens têm mais vergonha de procurar ajuda especializada", afirma a psicóloga. Marbel afirma que o problema do medo na direção é sério e precisa de atenção especial: "Algumas pessoas sofrem de diarreia, sudorese, tremores e choram quando estão ao volante, por isso o trabalho de recuperação, às vezes, é lento". Os cursos podem chegar a um ano de duração.

Arte de Guiar

✉ Rua Paulistânia, 637, Sumarezinho
☎ 3862-4647 e 3803-9348
✯ www.artedeguiar.com.br
@ escorpion8000@yahoo.com.br
☞ seg. a sex. 8h/21h

OFERECEM O MESMO SERVIÇO

Consultório de Psicologia e Resignação Humana

✉ Rua Bom Pastor, 1.715, Ipiranga
☎ 2274-8217 e 2915-0287
✯ www.oconsultorio.com
@ alexandre@oconsultorio.com.br
☞ seg. a sex. 9h/20h; sáb. 9h/13h

Direção Defensiva

✉ Rua Bolívar, 321, Jardim Petrópolis
☎ 5561-4599 e 3447-2410
✯ www.defensiva.com.br
@ luizfonseca@defensiva.com.br
direcao@defenciava.com.br
☞ seg. a sex. 8h30/17h30

DUBLAGEM PARA ATORES E CRIANÇAS

Atriz desde 1964, Zodja Pereira já foi Emília na versão do *Sítio do Pica-Pau Amarelo* da TV Bandeirantes. Em 1978, tornou-se dubladora. Seu filho, Hermes Barolli, começou a dublar aos dez anos e é conhecido por ter a voz do personagem Seiya, do desenho japonês *Cavaleiros do Zodíaco*. Em 2005, mãe e filho se associaram para criar a **Dubrasil Central de Dublagem**, estúdio que oferece serviços de dublagem e cursos de especialização para atores que desejam entrar no ramo. As aulas incluem fonoaudiologia, leitura de texto e os mais variados tipos de dublagem – de novelas mexicanas a *reality shows*. As turmas são reduzidas, têm no máximo oito pessoas. Também são oferecidos cursos para crianças, que não precisam ter certificação profissional de ator para emprestar a voz a personagens. "Quando chegam aos 15 anos, recomendamos que façam um curso de teatro para que possam continuar trabalhando na área", diz Zodja.

Dubrasil Central de Dublagem

✉ Rua Delfina, 354, Vila Madalena
☎ 3814-6458
✯ www.centraldubrasil.com.br
@ contato@centraldubrasil.com.br
☞ seg. a sex. 9h/18h

EMPREGADA DOMÉSTICA

É um curso rápido, de um único dia. Na **Unire**, as empregadas domésticas ganham noções de etiqueta, culinária básica, nutrição e higiene. A escola conta também com aulas para futuras babás e uma espécie de intensivão sobre nutrição que, além de aulas em sala, conta com um profissional da área que acompanha sua secretária do lar até o supermercado e ensina tudo sobre o valor alimentar de cada produto, diferenças entre light, diet e outras informações úteis do dia a dia. Cerca de 4 mil pessoas já passaram pela escola.

Unire

✉ Rua Domingos de Morais, 1.730, Vila Mariana
☎ 5575-6300
✯ www.unire.com.br
@ cursos@unire.com.br
☞ sáb. 8h30/18h

ESCOLA DE MÚSICA PARA BANDAS

Não basta ensinar, tem que agrupar. Esse bem que poderia ser o lema da **OHM Music**, uma escola de música que se intitula "escola de bandas". "Nós fazemos questão de promover a integração entre os alunos, seja para trocar experiências, ou para criar o interesse em formar novas bandas", explica Celso Fernandes, gerente da escola. Mas não basta apenas dividir a sala de aula – ou quem sabe, um dia, um palco. É importante que exista harmonia entre os alunos que irão tocar juntos. "Procuramos verificar a maturidade musical antes de mais nada, pois se ela não for coerente, não poderá haver grupo", explica Celso. A escola tem cerca de trinta alunos e é especializada em MPB, mas trabalha com estilos variados, como rock, blues, choro e o "pop da MTV".

OHM Music

✉ Avenida Pompeia, 2.002, Vila Pompeia
☎ 3864-2732
☞ seg. a sex. 10h/21h; sáb. 10h/14h

ESCOLA DE MÚSICA ESPECIALIZADA EM JAZZ

Amilton Godoy, Luíz Chaves e Rubinho Barsotti formaram em 1964 o Zimbo Trio, grupo instrumental que tocava jazz, MPB e Bossa Nova. Junto ao baterista João Rodrigues Ariza, o Chumbinho, fundaram o Centro Livre de Aprendizagem Musical – **CLAM**. Lá, a formação musical é dada sem separações formais entre erudito e popular. Alunos podem escolher entre saxofone, flauta, canto, bateria, baixo, guitarra e até aulas de harmonia. Os cursos são individuais, de acordo com a disponibilidade do aluno, mas as aulas de harmonia e integração musical são dadas para grupos.

CLAM

✉ Avenida Agami, 333, Moema
☎ 5051-5158
✯ www.clamzimbo.com.br
@ clam@clamzimbo.com.brr
☞ seg. a qui. 8h/23h; 8h/17h; sáb. 9h/14h30

OFERECE O MESMO SERVIÇO

Groove

✉ Rua Oscar Freire, 1.717, Pinheiros
☎ 3083-7852
✯ www.grooveescolademusica.com.br
@ contato@grooveescolademusica.com.br
☞ seg. a qui. 9h/21h

ETIQUETA

A bisavó de **Ligia Marques** pertenceu à corte portuguesa. A família, tradicionalíssima, almoçava e jantava de segunda a segunda com todas as taças e os talheres na mesa. Ligia aprendeu a diferenciar um copo de vinho de um de água ainda criança e passou direto da mamadeira ao garfo, sem nunca ter usado colher para comer. Assim como ela, suas duas filhas sempre foram irretocáveis à mesa, o que impressionava as mães das coleguinhas, que diziam: "Nossa, vou mandar meus filhos para você educar, Ligia". Ela decidiu aceitar a proposta. Hoje dá cursos de etiqueta para crianças de nove a 15 anos e garante que elas adoram. Para aprender a se comportar à mesa, Ligia leva as crianças para um almoço no Ca'd'Oro, um dos restaurantes mais tradicionais de São Paulo. Além disso, ensina os pequenos a preparar festas (do convite à roupa), a se apresentar formalmente, a se comportar quando vão dormir na casa de amigos e a desenvolver hábitos de higiene (muitas vezes, a pedido das mães, ela insiste com os meninos para que tomem banho todos os dias!).

Curso de Etiqueta Ligia Marques

✉ Avenida Pedroso de Moraes, 1.956, Pinheiros
☎ 2366-6667 e 7738-2257
✯ www.ligiamarques.com.br
@ comercial@ligiamarques.com.br; ligiamarques@ligiamarques.com.br
☞ seg. a sex. 9h/19h

FOTOGRAFIA

A fotografia é uma arte que emociona, sensibiliza e cativa cada vez mais pessoas. Por isso, um bom curso pode fazer a diferença para quem está iniciando. Um dos melhores da cidade é o do **Senac**. O curso de formação básica de fotografia tem dois meses de duração e 51 horas-aula. Ali, os alunos aprendem inclusive a revelar filmes em preto e branco. É necessário o aluno levar sempre a sua câmera fotográfica. Existem também módulos avançados: retrato (três semanas), *book* (três semanas), fotojornalismo (três semanas), foto-publicidade (dois meses), fotos de casamento (um mês) e oficina de flash (um mês).

Senac
✉ Rua Scipião, 67, Vila Romana
☎ 3475-2200 e fax: 3475-2299
✯ www.sp.senac.br
@ lapascipiao@sp.senac.br
☞ seg. a sex. 8h/21h; sáb. 8h/15h

FOTÓGRAFOS PARA CASAMENTO

Casamento continua na moda, sim. Por isso, os serviços de álbuns de fotografia continuam em alta. Tanto que já existe um curso para quem quiser entrar no mercado. Na **Foto Cine Clube Bandeirante**, o fotógrafo Celso Vick dá um curso que dura vinte horas. Ele fala sobre câmeras, iluminação, uso de *flash*, tipos de filme, montagem de álbum e até marketing. Quando vem o retorno? "Se a pessoa se dedicar, com certeza vai conseguir trabalhos logo", garante Vick.

Foto Cine Clube Bandeirante
✉ Rua Augusta, 1.108, Consolação
☎ 3214-4234
✯ fotoclub.art.br
@ bandeirante@fotoclub.art.br
atendimento@fotoclub.art.br
☞ seg. a sex. 10h/19h; sáb. 11h/19h

GAITA DE FOLE

A banda **The Scottish Link Pipe Band**, composta de vinte integrantes, oferece uma assessoria completa sobre a gaita de fole, promovendo cursos e apresentações. Realiza também *workshops* em escolas de Ensino Fundamental e Médio, com apresentações didáticas que intercalam músicas e explicações sobre o instrumento escocês. Os cursos para principiantes são rápidos – duram dez dias, com uma hora e meia diária. As turmas têm, no máximo, cinco alunos. Mesmo quem não tem o instrumento pode participar, pois eles fornecem todo o material. As inscrições são feitas com Cristiano Bicudo, diretor musical da banda.

The Scottish Link Pipe Band
✉ Não divulga o endereço
☎ 3032-6614
✯ www.brasilcaledonia.com.br
@ cristiano_bicudo@uol.com.br
☞ seg. a sex. 9h/18h

HISTÓRIA EM QUADRINHOS

Você era aficionado por um super-herói que já não está nas bancas? Você pode aprender a fazer você mesmo um novo episódio repleto de aventuras para ele. A **Quanta Academia de Artes** ensina o passo a passo dos gibis: a criação de um personagem, a composição das cenas, como fazer um roteiro interessante, como dar sequência aos quadrinhos. Não precisa ter um gosto definido, o seu preferido pode ser um X-Man, o Superman, ou até o Wolverine.

Quanta Academia de Artes
✉ Rua Doutor José de Queirós Aranha, 246, Vila Mariana
☎ 3214-0553 e 3214-4873
✯ www.quantaacademia.com
@ quanta@quantaacademia.com; estudio@quantaestudio.com
☞ seg. a sáb. 9h/21h30

IKEBANA

A ikebana é uma arte milenar japonesa em que se arranjam galhos e flores naturais em harmonia com o vaso, o ambiente e a ocasião, explorando um sentimento natural de gratidão à natureza. A **Fundação Mokiti Okada** adotou o estilo *sanguetsu* de ikebana, conhecido por sua simplicidade. A escola oferece o curso em quatro diferentes níveis. Os professores afirmam que, além da arte, a ikebana é uma filosofia de vida, uma verdadeira terapia.

Fundação Mokiti Okada

✉ Rua Morgado de Mateus, 77, Vila Mariana

☎ 5087-5009 e 5087-5010

✯ www.fmo.org.br

@ fmo@fmo.org.br; vivencias@fmo.org.br

☞ seg. a sex. 8h/21h; sáb. 9h/16h

INGLÊS COM CULTURA NEGRA

Quando Barack Obama foi eleito o primeiro presidente negro da história dos Estados Unidos, Camila Camargo, Elenice Silva, Durval Arantes, Priscila Faustino e Rodrigo Faustino – os cinco afrodescendentes – criaram a **Ebony English**, escola de inglês que oferece um curso voltado para quem se interessa pela cultura negra. "O nosso discurso está totalmente alinhado ao de Barack Obama", diz Durval, também coordenador pedagógico. "No Brasil, os cursos de inglês tradicionais pouco falam da história e da cultura dos negros." Durval garante que a escola não prega qualquer tipo de discriminação: alunos brancos são aceitos. Nas aulas, os professores abordam temas como a diáspora africana, o negro nas Américas, cidadania e diversidade, apresentados por meio de textos e músicas. "Além disso, oferecemos todo o conteúdo que as demais escolas ensinam", afirma Durval.

Ebony English

✉ Avenida São João, 313, 11° andar, Centro

☎ 3715-0033

✯ www.ebonyenglishcom.br

☞ seg., qua. e sex. 13h/19h

IOGA PARA GESTANTES

Futuras mamães, a partir dos três meses de gravidez, podem relaxar a mente com as aulas da professora Erika Costa, da **Tarikat Yoga**. Ela explica que há algumas diferenças, como a ausência das posições inversas (em que as pernas ficam acima da cabeça). Entre os benefícios estão um sono mais tranquilo e a eliminação do desconforto que a gravidez pode trazer. As sessões ocorrem uma vez por semana, e para participar é preciso ter indicação do médico.

Tarikat Yoga

✉ Rua Fradique Coutinho, 1.816, Pinheiros

☎ 3812-4026

✯ www.tarikatyoga.com.br

@ email@tarikatyoga.com.br

☞ seg. a sex. 8h/20h

JOALHERIA

Nas primeiras aulas, os alunos da **Arte Metal** aprendem a soldar, polir e cravar uma pedra. São cinco alunos por turma, no máximo. Eles trabalham principalmente com prata, titânio e aço. Quando o aluno deseja, também pode comprar ouro e fazer joias que ficarão para ele. O curso dura, em média, um ano.

Arte Metal
✉ Rua Madalena, 223, Vila Madalena
☎ 3814-5658 e 2729-7667
★ www.escolaartemetal.com.br
@ katia@escolaartemetal.com.br
☞ seg. a sex. 9h/18h; sáb. 9h/13h

LÍNGUAS ESTRANGEIRAS

Cursos de inglês, francês, espanhol, alemão, italiano e japonês estão espalhados por toda a cidade. Mas é possível também aprender outras línguas bem diferentes:

ÁRABE

Centro Cultural Sírio
✉ Rua Augusta, 1.053, Consolação
☎ 3259-3439, 3259-4880 e fax: 3231-3012
★ www.ccsirio.org
@ secretaria@ccsirio.org
☞ seg. a sex. 9h/20h

ARMÊNIO

Clube Armênio
✉ Avenida Professor Ascendino Reis, 1.450, Vila Clementino
☎ 5575-8825 e 5579-6035
★ www.clubearmenio.com.br
@ sana@clubearmenio.com.br
☞ seg. a sáb. 10h/18h

CATALÃO

Catalonia
Promove palestras sobre o idioma e a cultura da Catalunha toda primeira quarta-feira do mês.
✉ Avenida Lins de Vasconcelos, 1.807, Cambuci
☎ 5549-3840
★ www.catalonia.com.br
@ curs@catalonia.com.br
info@catalonia.com.br
☞ seg. a sex. 9h/17h

COREANO

Colégio Polilogos
✉ Rua Solon, 1.018, Bom Retiro
☎ 3224-0044 e fax: 3337-0906
★ www.colegiopolilogos.com.br
@ polilogos@colegiopolilogos.com.br
☞ seg. a sex. 7h20/16h30

ESPERANTO

Associação Paulista de Esperanto
✉ Rua Faustolo, 124, Água Branca
☎ 3862-1183
★ www.easp.org.br
@ contato@easp.org.br
☞ seg. a sex. 14h/18h

FINLANDÊS E SUECO

Escola Millennium
✉ Avenida Rebouças, 3.887, Pinheiros (e mais três endereços)
☎ 3814-0130
★ www.millennium-linguas.com.br
☞ seg., ter. e qui. 7h/21h; qua. e sex 7h/20h; sáb. 8h/15h30

GREGO

Instituto Ateniense
✉ Rua Santa Rita, 961, Pari
☎ 2693-4078 e 2694-9117
✯ www.ateniense.com.br
@ ateniense@ateniense.com.br
☞ seg. a sex. 8h/18h

HEBRAICO

Casa de Cultura de Israel
Oferece aulas de hebraico e não é preciso ter descendência judaica para aprender o idioma.
✉ Rua Oscar Freire, 2.500, Pinheiros
☎ 3065-4333, 3065-4349 e fax: 3065-4355
✯ www.culturajudaica.org.br
@ culturajudaica@culturajudaica.org.br; duaz@culturajudaica.org.br
☞ seg. a sáb. 12h/19h; dom. e feriados 12h/19h. Cursos: ter., sex. e dom. 17h/18h40

MANDARIM

Lótus Idiomas
✉ Rua Mourato Coelho, 141, Pinheiros (e mais cinco endereços)
☎ 3082-4100 e 3814-6392
✯ www.lotusidiomas.com.br
@ pinheiros@lotusidiomas.com.br
☞ seg. a sex. 7h/22h; sáb. 8h/12h

POLONÊS

Colégio Notre Dame
✉ Rua Alegrete, 168, Sumaré
☎ 3813-0366
✯ www.colegionotredame.com.br
@ colegio@colegionotredame.com.br
☞ com hora marcada

União Cultural pela Amizade dos Povos
✉ Rua Epitácio Pessoa, 122, conjunto 21, República
☎ 3258-3842
✯ www.ucpadp.hdfree.com.br
@ ucpadp@ig.com.br
☞ seg. a sex. 13h/21h; sáb. 9h/19h

SUECO

Escola Escandinava
✉ Rua Job Lane, 1.030, Santo Amaro
☎ 5521-3356 e 5687-8829
✯ www.scandinavianchurch.com.br
☞ seg. a qui. 8h30/15h

TCHECO

Helena Bolehovska
Professora particular.
✉ Rua Alberto Faria, 1.667, Alto de Pinheiros
☎ 3078-9665
☞ seg. a sex. 8h/18h

LOCUÇÃO E SONOPLASTIA

Se seu sonho é espalhar sua voz pelas ondas do rádio, ou ficar nos bastidores, operando uma mesa de som, os cursos da **Rádioficina** têm estágio e o aluno já sai com o registro profissional. Os interessados precisam ter pelo menos 18 anos e ensino médio completo, além de passar por um teste de seleção. Várias emissoras costumam procurar a escola em busca de novos talentos.

Rádioficina
✉ Rua Engenheiro Prudente, 492, Vila Monumento
☎ 2063-1370 e 2063-1840
✯ www.radioficina.com.br
@ radioficina@radioficina.com.br; contato@radiooficina.com.br
☞ seg. a sex. 10h30/20h30; sáb. 9h/14h30

LUTA LIVRE

Os confrontos entre lutadores com roupas engraçadas, golpes ensaiados e nomes estranhos – características da luta livre, que foi um sucesso no Brasil nos anos 1970 – continuam existindo. Duas academias na cidade ensinam os segredos da modalidade. Na **Gigantes do Ringue**, o ex-lutador Michel Serdan garante escolher à primeira vista os futuros profissionais. "Se o tipo físico me interessar, coloco para treinar com os profissionais", conta. A segunda academia de luta livre é a **BWF**, que tem dois galpões. O ex-lutador Bob Junior, proprietário da academia, avisa logo de cara que a carga é puxada. "Se quer brincar, vai para um parquinho", fala entre os dentes. Ele cuida pessoalmente das aulas de técnica e de condicionamento físico. Já a parte da encenação fica a cargo de outros instrutores. "É preciso ter o dom de associar a qualidade técnica com a parte teatral", diz Bob.

Gigantes do Ringue
✉ Rua do Acre, 638, Vila Bertioga
☎ 2607-6048 e 2607-6411
✯ www.michelserdan.com.br
@ michelserdan@ig.com.br
☞ seg. a sex.7h/23h; sáb. 8h/13h

BWF
✉ Rua Buenópolis, 137, Água Rasa
☎ 9344-3027
✯ www.bwf.com.br
@ bobjunior@bwf.com.br
☞ seg. a sex. 8h/20h

MALHAÇÃO CEREBRAL

Em vez de mexer com músculos, a rede de academias **Supera** promete estimular o cérebro de seus frequentadores. O programa de treinamento "Abrindo Horizontes" foi desenvolvido por um engenheiro do ITA, Antonio Carlos Guarini Perpétuo, que tinha um filho com problemas de concentração na escola. Por meio de jogos, desafios de raciocínio lógico e da prática de cálculos com a ajuda do *soroban* (a versão japonesa do ábaco) as capacidades cognitivas são ampliadas. "É uma ferramenta para manter o cérebro saudável", diz ele. A malhação cerebral é aconselhada para pessoas de todas as idades, pois trabalha a concentração, o raciocínio, a agilidade mental e o pensamento lateral (capacidade de enxergar e resolver os problemas por mais de uma alternativa). No programa de exercícios da Supera, o aluno deve ir até a academia uma única vez por semana e treinar por duas horas com a orientação de professores e pedagogos. Há também lição de casa. "São exercícios simples, que não consomem mais que 15 minutos", afirma Antonio.

Supera
✉ Avenida Leôncio de Magalhães, 749, Jardim São Paulo
☎ 2478-5193
✯ www.metodosupera.com.br
@ adm.santana@metodosupera.com.br; atendimento@metodosupera.com.br
☞ seg. a sex. 8h/18h; sáb. 8h/13h

MANGÁ

Mangás são os quadrinhos japoneses que hoje são um sucesso no Brasil. Para quem quer aprender esse estilo, a **Impacto Quadrinhos** oferece aulas com o professor Paulo Henrique, um dos pioneiros do gênero no país. O aprendizado envolve desde a história do mangá até o roteiro e arte-final. Quem não tem experiência nenhuma começa pelo curso básico, e os que já desenham podem ir para o curso avançado. Ambos demoram de dez meses a um ano, com uma aula por semana. A escola aceita alunos a partir dos sete anos. Muitos procuram as aulas por hobby, mas o mercado de trabalho está se expandindo.

Impacto Quadrinhos

✉ Rua General Góis Monteiro, 521, Vila Anlgo Brasileira
☎ 5072-6161
✯ www.impactoquadrinhos.com.br
@ escola@impactoquadrinhos.com.br
☞ seg. a sex. 10h/22h; sáb. 10h/18h

OFERECE O MESMO SERVIÇO

Fábio Shin – Studio Japan Sunset

✉ Avenida Liberdade, 706, Liberdade (e mais oito endereços)
☎ 2225-0681 e 9292-3937
✯ www.fabioshin.com
@ fabioshin2005@gmail.com
☞ seg. a sex. 10h/18h30

MARCENARIA

A **Cose di Legno** parece a marcenaria do velhinho Gepetto, o pai adotivo de Pinóquio. E nela, desde 1990, o marceneiro Piero Calò ensina a dezenas de alunos a arte de transformar ideias em utilitários. "Vejo o que o aluno procura e elaboro um programa baseado em suas necessidades", conta Piero. Hoje, a maioria esmagadora dos noventa alunos está na Cose di Legno para curtir a marcenaria como um hobby. "Tenho mais alunas do que alunos, de todas as profissões", conta Piero. Ele também ensina os novos marceneiros a escolher e comprar madeira. "O aluno precisa aprender a ser independente", revela. Apesar de a maioria estar ali apenas para relaxar, ele disse já ter visto alunos fazendo bares inteiros, armários e até pranchas de surfe. "Eles se sentem ótimos quando conseguem materializar as ideias que têm", explica.

Cose di Legno

✉ Rua Antônio Bicudo, 22/30, Pinheiros
☎ 3082-2387
✯ www.cosedilegno.com.br
@ piero@cosedilegno.com.br
☞ com hora marcada

MARKETING PESSOAL

O termo começou a ser usado pelos políticos. Hoje qualquer cidadão pode investir na melhoria de sua apresentação pessoal e profissional. Muitas pessoas competentes não têm oportunidade de mostrar seu talento porque não são notadas. Especialista na área, **Esther Proença Soares** ensina todos os detalhes para vender uma boa imagem. A apresentação é ponto-chave, a começar pelo currículo e pelo cartão de visita. As aulas tratam de comportamento, posturas, gestos, roupas, aparência pessoal. Conhecer a língua e ter vocabulário rico são importantíssimos. E essa é a parte mais longa do curso. Esther avisa: se o candidato não tiver conteúdo, tudo isso não tem o menor valor.

Esther Proença Soares

✉ Não divulga o endereço
☎ 3031-4056
✯ www.etiquetasocial.com.br
@ estherps@uol.com.br
☞ seg. a sex. 9h/18h

MEDO DE VOAR

Você sabia que 40% dos brasileiros têm medo de voar? São pessoas que sofrem de aviofobia. Se você for uma delas, pode procurar o **Instituto Condor**, cujo trabalho é oferecer "ferramentas" para o controle do pavor a bordo de um avião. São dois profissionais envolvidos na tarefa: Rosana D'ório (psicóloga) e Luiz Alberto Bohrer (piloto). A dupla conduz o seminário que ensina, entre outras coisas, técnicas de relaxamento corporal discretas, dá dicas de alimentação e apresenta o funcionamento de uma aeronave. Os participantes têm a oportunidade de conhecer de forma teórica todas as partes da aeronave. A intenção, segundo o piloto Luiz Alberto Bohrer, é desmistificar as fantasias criadas. "Oitenta por cento dos alunos conseguem atingir o objetivo. Desses, 40% resgatam o prazer de voar", destaca.

Instituto Condor

✉ Não divulga o endereço
☎ 8161-5935 e 7824-7968
✯ www.institutocondor.com.br
@ rosanadorio@uol.com.br
☞ com hora marcada

MERGULHO

Pegar uma carona de 22 minutos com uma arraia gigante ou ainda dar de cara com um tubarão são, com certeza, experiências bem mais excitantes do que ser um executivo de uma confecção para bebês. E foram exatamente surpresas dos sete mares como estas que levaram o economista e mergulhador nas horas de folga Robert Zwirn a trocar a mesa de escritório por uma escola de mergulho. As aulas são dadas na **Escola Aquadive**, na capital, e o batismo ocorre nas águas cristalinas de Paraty, litoral sul do Rio de Janeiro.

Escola Aquadive

✉ Avenida Pedroso de Moraes, 487, Pinheiros
☎ 3812-8182 e 3031-1149
✯ www.aquadive.com.br
@ mergulhar@aquadive.com.br
☞ seg. a sex. 10h/20h; sáb. 9h/14h

MERGULHO EM CAVERNAS

Imagine você vestido de mergulhador com duas roupas: por cima a seca – feita de um tecido especial que não molha – e por baixo algo parecido com um agasalho de moletom. Além do pé de pato e da máscara, você carrega pelo menos um cilindro de ar, um regulador com manômetro (que mede a quantidade de ar que ainda resta no cilindro), duas lanternas, uma mangueira (que os especialistas chamam de octopus e serve para oferecer ar, caso a pessoa que está mergulhando com você entre em apuros), um colete, que pode ser inflado conforme a vontade de afundar, um aparelho que serve para inflar o colete e equilibrar a profundidade, outro que mede a profundidade, uma faca sem ponta, um cabo, algumas carretilhas e um relógio. Agora imagine que você está embaixo da água, dentro de uma caverna, sem luz, e que não consegue ver a superfície nem alguma saída. Ah, parte do equipamento ficou enroscada no cabo guia e você não consegue se soltar. Se não ficou com medo nem claustrofobia, então pode fazer um curso de mergulho em cavernas. Nas aulas do **Diving College** são feitas simulações como estas para testar se o aluno suporta cargas de estresse.

Diving College
✉ Rua Campevas, 826, Perdizes
☎ 3863-2142 e fax: 3477-3483
✯ www.divingcollege.com.br
@ loja@divinocollege.com.br; divingcollege@divingcollege.com.br
☞ seg. a sex. 10h/20h; sáb. 9h/14h

MERGULHOTERAPIA

A mergulhoterapia tem um objetivo definido: ajudar as pessoas a superar o medo da água. O terapeuta é Darci R. Scoton, formado em educação física e ex-sargento do Corpo de Bombeiros. Nos tempos em que dava aulas de natação e de mergulho livre e autônomo, muitos queriam participar das atividades mas não conseguiam por medo. Isso o motivou a criar, em 2001, uma metodologia para acabar com esse problema. "Ensino a pessoa a ficar calma dentro d'água, o que é fundamental." Na prática, o professor se cerca de cuidados: busca horários alternativos, quando a piscina está tranquila – para evitar a inibição –, e mantém contato com o aluno, dando as mãos a ele. A aula é individual, dura duas horas e é dada no **Cenaqua**. O período, para alguns, já é suficiente. Talvez não para se jogar de cabeça, mas ao menos entrar sem ser pela escadinha.

Cenaqua
✉ Rua Antônio de Barros, 2.113, Vila Carrão
☎ 6943-4957, 9790-7747 e 7755-5045
✯ www.mergulhoterapia.com.br
@ dr-scoton@hotmail.com; contato@mergulhoterapia.com.br
☞ sáb. 9h/18h; dom. 9h/15h

MODELAGEM DO CORPO HUMANO

Israel Kislansky faz cópias de pessoas, mas não mexe com clonagem humana, não. Desde 1997, ele ministra um famoso curso de modelagem do corpo humano no **Kislansky Atelier de Escultura.** "Entre os alunos, temos artistas e pessoas que buscam no trabalho com argila uma forma de terapia", conta Israel. Nas oito primeiras aulas, o aluno aprende apenas algumas noções de como construir um corpo em argila, com a ajuda de uma armação. Mais tarde, o aprendiz pode seguir dois caminhos: a escultura com modelos vivos ou a pesquisa livre de formas, que podem ir desde a representação realista até a abstração da figura humana. As aulas de três horas acontecem uma vez por semana. O professor garante que, depois dos primeiros seis meses, os alunos já realizam trabalhos bastante satisfatórios. "Já tive uma aluna que utilizava as aulas como referencial para a reconstituição facial de pessoas deformadas", conta o mestre escultor.

Kislansky Atelier de Escultura
✉ Rua Teodoro Sampaio, 855, conjunto 1B, Pinheiros
☎ 3062-5323
✯ www.newtonsantannaatelier.blogspot.com
@ newtonsantannaatelier@gmail.com
☞ seg. a sex. 10h/22h; sáb. 10h/13h

MODELO DE PASSARELA

Pode parecer estranho aprender a andar de salto alto com um homem. Mas o professor de passarela **Namie Wihby** (filho de mãe libanesa com pai americano) garante que só há vantagens: "Todas as modelos que dão aulas têm estilo próprio, e eu sou o professor que pode ensinar a andar à Gisele (Bundchen), Adriana (Lima), Giane (Albertoni)", afirma. Namie (lê-se "Nêimi") conta que seu interesse profissional surgiu na infância, quando brincava de experimentar os sapatos da mãe, e o aperfeiçoamento veio com o tempo e as técnicas que ele mesmo desenvolveu: "Grudava uma caixinha de fósforos no salto agulha e tentava andar sem furá-la", explica o professor, que no dia a dia é tímido e prefere andar de tênis.

Namie Wihby
✉ Não divulga o endereço
☎ 3262-1065
✯ www.namiewihby.com
@ contato@namiewihby.com
☞ ter. e qui. 14h/18h

MONTAGEM DE JOIAS

No **Atelier Rodolfo Penteado,** adolescentes e adultos podem se aventurar na arte de elaborar joias. Orientados pelo próprio Penteado, começam confeccionando brincos, anéis e chaveiros. O preço do curso é calculado pela soma de um valor fixo e do valor da prata utilizada nas atividades.

Atelier Rodolfo Penteado
✉ Rua Fradique Coutinho, 1.157, Pinheiros
☎ 3816-0636
✯ www.rodolfopenteado.com.br
@ rodolfopenteado@rodolfopenteado.com.br

OFERECE O MESMO SERVIÇO

Atelier Flávia Ferrari
✉ Rua Judith, 68, Vila Madalena
☎ 2384-3324 e 9652-3324
✯ www.flaviaferrari.com
@ contato@flaviaferrari.com
☞ com hora marcada

NAGUINATA

Na **Associação Cultural e Esportiva Piratininga** é possível entender o que é naguinata e o que a arte marcial, de origem japonesa, representa além da caracterização da técnica de combate. Com os mestres, o aluno aprende que se trata de um conjunto de princípios que culminam na obediência, harmonia e perseverança. Mas, atenção: as aulas são dadas somente às quintas-feiras.

Associação Cultural e Esportiva Piratininga
✉ Rua Valério de Carvalho, 63, Pinheiros
☎ 3031-1109
✯ www.clubepiratininga.org.br
@ secretaria@clubepiratininga.org.br
☞ clube: seg. a sex. 8h/22h30. Aula: qui. 20h/22h

OFICINA DE GRAFITAGEM

O **Projeto Quixote**, ligado ao Departamento de Psiquiatria da Universidade Federal de São Paulo, atende crianças e adolescentes em situação de risco social e oferece a eles diversos cursos. Depois que os meninos do Projeto Quixote começaram a participar do Hip Hop Urra!, um movimento que leva o grafite para diversos pontos da cidade, as oficinas de grafitagem começaram a fazer parte da "grade curricular" do projeto social. As aulas básicas e avançadas são ministradas pelos grafiteiros profissionais Jerry Batista, Marcus Vinícius – o Vine – e Otavio Fabro – o Ota. De vez em quando eles ministram *workshops* abertos ao público em geral.

Projeto Quixote
✉ Avenida Engenheiro Luís Gomes Cardim Sangirardi, 789, Vila Mariana
☎ 5083-0449 e 5572-8433
✯ www.projetoquixote.org.br
@ agenciaquixote@projetoquixote.org.br
comercial@projetoquixote.org.br
☞ seg. a sex. 8h/17h

ORATÓRIA

O idealizador do maior curso de expressão verbal da América Latina teve sérios problemas com a fala quando criança. Reinaldo Polito nasceu em Araraquara (SP) e veio cedo para a capital. Aos três anos, morava no bairro do Tatuapé, quando sua casa pegou fogo. Polito passou meses sob tratamento – além das queimaduras, havia ficado mudo por causa do incêndio. Depois de um tempo, voltou a falar, mas estava gago. Por orientação médica, seus pais começaram a ensinar-lhe poemas para dar ritmo a sua voz. Quando voltou para sua cidade natal, já em idade escolar, recitava para colegas e professores. Virou orador oficial da turma e nunca mais parou. Veio fazer faculdade em São Paulo e conheceu o professor de oratória Oswaldo Melantónio: assistiu a uma aula a pedido de um amigo, que queria ser mais extrovertido. O rapaz não teve coragem de continuar no curso, mas Polito ficou apaixonado e decidiu que era aquilo o que queria fazer da vida. Já passaram pelo **Curso de Expressão Verbal Reinaldo Polito** cerca de 50 mil alunos, entre eles Joana Prado, a Feiticeira, e o senador Eduardo Suplicy.

Curso de Expressão Verbal Reinaldo Polito
✉ Rua Mariano Procópio, 226, Vila Monumento
☎ 2068-7595 e 2272-6927
✯ www.polito.com.br
@ imprensa@reinaldopolito.com.br
☞ seg. a qua. 8h30/22h30; qui. e sex. 8h/18h; sáb. 8h30/11h30

OFERECE O MESMO SERVIÇO

Thais Alves
✉ Não divulga o endereço
☎ 3872-3944
✯ www.thaisalves.com.br
@ contato@thaisalves.com.br; livrocerto@terra.com.br
☞ com hora marcada

ORGANIZAÇÃO PESSOAL

Roupas amontoadas no armário, papéis espalhados pela casa, contas a pagar... Quem não sofre com esses problemas? Para aprender a lidar com a bagunça do cotidiano, o **OZ!** oferece cursos de organização. Dois cursos presenciais são dedicados à arrumação de casa e escritório. Quem quer se organizar no trabalho, mas tem pouco tempo livre, pode tentar um curso oferecido a distância.

OZ!
✉ Avenida Lavandisca, 741, 8º andar, Moema
☎ 2842-7100
✯ www.organizesuavida.com.br
@ cursosoz@organizesuavida.com.br
☞ seg. a sex. 9h/12h e 13h30/18h

ORIGAMI

Os primeiros origamis apareceram há mais de mil anos na corte imperial japonesa. Com o tempo, transformou-se numa arte típica do Japão, com técnicas cada vez mais refinadas, passadas de pai para filho. A **Aliança Cultural Brasil-Japão** ensina a arte de fazer dobraduras em papel. O curso é dividido em três módulos: básico e intermediário, com dois meses de duração cada um, e o avançado, que dura somente quatro dias no período de férias escolares.

Aliança Cultural Brasil-Japão
✉ Rua Vergueiro, 727, 5° andar, Liberdade
☎ 3209-6630 e fax: 3277-1146
☞ seg. a sex. 9h/21h; sáb. 7h/17h30
✉ Rua São Joaquim, 381, 6° andar, Liberdade
☎ 3209-9998 e 3209-6420
✯ www.acbj.com.br
☞ seg. a sex. 9h/12h e 13h30/20h30; sáb. 9h/12h e 13h30/16h

PALHAÇO

A **Oficina do Riso** ensina a difícil arte de ser palhaço. Em nove semanas, o aluno aprende maquiagem, entonação de voz, expressão corporal, jogos teatrais e brincadeiras. O coordenador Ramon Lemos ensina ainda outros pequenos truques para manter o bom humor sempre em alta. Um deles é simples: fazer caretas em frente ao espelho e rir de si mesmo. A Oficina do Riso também organiza espetáculos com os alunos em escolas e empresas. A idade mínima para participar é 15 anos.

Oficina do Riso
✉ Rua da Consolação, 328, conjunto 709, Consolação
☎ 3256-2700 e 9221-8353
✯ www.geosites.ws/oficinadoriso
@ oficinadoriso@terra.com.br
☞ seg. a sex. 8h/18h

PAPAI NOEL

Desde 1982, o ator e palhaço Donizetti Gonçalves se torna Papai Noel todo fim de ano. A curiosidade de outras pessoas sobre seu modo de ganhar a vida fez com que ele começasse a ensiná-las a se transformar no bom velhinho. O curso exige pelo menos três alunos por turma, para que eles possam perder a vergonha. Logo no primeiro encontro, na **Mega Cursos e Eventos**, já usam a fantasia vermelha e recebem orientações sobre dicção ou como entregar presentes do modo mais adequado. Após quatro dias de aulas, a avaliação final é fazer os aspirantes a Papai Noel saírem pela rua fantasiados. Quem conseguir executar o papel de maneira convincente recebe certificado e fica preparado para trabalhar em shopping centers ou festas particulares – que não exigem diploma, porém têm preferência por quem é especializado.

Mega Cursos e Eventos
✉ Rua Aimberê, 1755, conjunto 2, Sumaré
☎ 3873-3845 e 9435-3556
✯ www.megacursoseeventos.com.br
@ contato@megacursoseeventos.com.br
☞ seg. a sex. 9h/19h

OFERECEM O MESMO SERVIÇO

Art & Ato
✉ Rua Barata Ribeiro, 91, Cerqueira César
☎ 3214-4088
✯ www.papainoelarte.blogspot.com
@ renanrossini.sp@uol.com.br
☞ 24 horas (nas vésperas de Natal)

Cia. do Bafafá
✉ Rua José do Patrocínio, 648, Aclimação
☎ 5549-2784, 5549-5648 e 7810-8416
✯ www.ciadobafafa.com.br
@ contato@ciadobafafa.com.br
atendimentobafafa1@hotmail.com
☞ seg. a sex. 10h/19h

Maison Eventos
✉ Rua Nogueira Aciole, 405, Jardim São Paulo
☎ 3892-8127, 3892-8130 e 3892-8129
✯ www.maisoneventos.com
@ contato@maisoneventos.com; comercial@maisoneventos.com.br
☞ seg. a sex. 9h/17h30

PERSONAL ZEN

Celso Henrique Lopes ganha a vida na maior paz e sossego. Em seu cartão de visitas, ele se apresenta como *personal zen*. "Com a vida agitada que temos, cheia de estresse, falta tempo para o lado espiritual", avalia. Agrônomo por formação, com mestrado em meio ambiente, Celso resolveu mudar de vida. O que era um hobby – a ginástica oriental e o *tai chi chuan* – acabou virando profissão. Os exercícios, avisa ele, são adequados às necessidades de cada aluno. "Para alguém mais ansioso, indico movimentos mais neutros, amplos, com ênfase na respiração. Eles vêm em busca de tranquilidade, paz de espírito e vida saudável, longe do barulhento mundo das academias", diz. As aulas têm duração mínima de trinta minutos e máxima de sessenta.

Celso Henrique Lopes
✉ Não divulga o endereço
☎ 3885-1690 e 7286-6621
✯ http://personalzen.org
@ celsopersonal@bol.com.br
☞ com hora marcada

PIANO PARA ADULTOS E CRIANÇAS COM DEFICIÊNCIA

Ludwig van Beethoven perdeu a audição ainda jovem e, mesmo assim, compôs a sua famosa Nona Sinfonia. A professora Ruth Rodrigues Ladeira convive com "vários Beethovens" entre seus alunos especiais. Ela ensina música para adultos e crianças com algum tipo de deficiência na **Jaty – Núcleo de Reabilitação Especializado** (Ruth trabalhou no ensino médio durante 18 anos). Ao perder uma filha, em 1996, ela começou a fazer trabalhos voluntários na AACD (Associação de Assistência à Criança Deficiente). "Eles me salvam toda semana", diz Ruth. "São uma injeção de vida em mim."

Jaty – Núcleo de Reabilitação Especializado
✉ Rua Arizona, 594, Brooklin
☎ 5044-7720 e 5094-0057
✯ www.jaty.com.br
@ contato@jaty.com.br
☞ seg. a sex. 9h/16h

PILOTAGEM PARA MULHERES

Elas podem até se sentir ofendidas quando comparadas com a Penélope Charmosa, do desenho animado Corrida Maluca, e ficam furiosas se alguns homens as mandam pilotar fogão, mas quando estão na pista do Autódromo de Interlagos esquecem de tudo isso. Pelo menos é o que garante Marcelo Marques, gerente do **Centro de Pilotagem Roberto Manzini**. Os cursos de pilotagem duram dois dias e, além das aulas práticas nas pistas, as mulheres aprendem o código de bandeiras e têm aulas sobre marketing esportivo. Elas dirigem carros 1.6 e 1.8 e chegam a 180 quilômetros por hora, mas o gerente garante que a velocidade não é o mais importante: "Na reta todo mundo se vira, o principal é aprender a fazer bem uma curva", afirma Marcelo.

Centro de Pilotagem Roberto Manzini
✉ Avenida Senador Teotônio Vilela, 328, Cidade Dutra
☎ 5668-5353
✯ www.centropilotagem.com.br
@ escola@centropilotagem.com.br
☞ seg. a sex. 9h/18h

OFERECE O MESMO SERVIÇO

Alpie
✉ Avenida Senador Teotônio Vilela, 373, Cidade Dutra
☎ 5666-3007 e 5666-6041
✯ www.alpie.com.br
@ alpie@alpie.com.br
☞ seg. a sex. 8h/17h

PINTURA DE OVOS DE PÁSCOA LITUANOS

Os ovos lituanos são de galinha mesmo, cozidos e tingidos artesanalmente. **Janete Zizas** ensina a pintá-los usando cera de abelha, que impede que a tinta penetre na casca, formando desenhos diferentes. O pincel é apenas uma cabeça de alfinete fincada no lápis e as aulas contam com músicas tradicionais lituanas ao fundo para dar um clima. Contanto que não seja quebrado, um ovo desses pode durar até mesmo cinquenta anos sem estragar, de acordo com Janete. Ela comercializa em seu ateliê todos os materiais necessários à pintura, como corantes e apostilas com desenhos para inspiração. Também estão à venda ovos já pintados e outras peças de artesanato, como bonecas com roupas tradicionais do Leste Europeu.

Janete Zizas
✉ Rua Barão do Piraí, 240, Vila Zelina
☎ 2341-0840
@ janetezizas@uol.com.br
☞ seg. a sex. 8h/17h

POLE DANCE

Enquanto procurava vídeos de alongamento na internet, Renata Wilke deparou com a cena de uma bailarina de saia de tule dançando ao redor de uma barra vertical. Desde então, pratica e estuda o *pole dance*. Renata diz que o gênero surgiu no Canadá na década de 1920, mas começou a se popularizar na Europa por volta da década de 1990. No Brasil, a moda só pegou depois da novela global *Duas Caras*, de 2007, em que a personagem Alzira dançava na barra. "Eu tinha uma barra em casa, mas pouquíssimas pessoas sabiam", diz Renata. O *pole dance* pode ser usado como dança sensual ou para se manter em forma, o que é o foco da **Escola Pole Dance**. Em uma hora de aula, são queimadas cerca de quinhentas calorias. O exercício fortalece o abdômen, queima gorduras e aumenta a elasticidade e o equilíbrio.

Escola Pole Dance
✉ Rua Heitor Penteado, 1.080, 2º andar, sala 4, Sumarezinho
☎ 3862-4956 e 8238-0216
✯ www.escoladepoledance.com.br; www.poledancebrasil.com.br
@ renata@poledancebrasil.com.br poledance@hotmail.com
☞ seg. a sex. 9h30/19h

PORTEIRO

O trabalho de porteiro pode parecer simples, mas não se resume apenas a abrir portas e anunciar pessoas. Tanto que há até cursos para a formação desses profissionais, como o **Olimpo – Centro de Formação Profissional**. Lá, os candidatos a porteiro aprendem técnicas operacionais de monitoramento eletrônico e como usar corretamente o telefone. Eles também recebem noções de direito, valores éticos e morais, aulas de primeiros socorros com lições de salvamento e respiração, combate a acidentes e incêndio. O aluno também aprende como proteger os moradores e a se defender. O curso tem dez dias de duração, com quarenta horas de aula, das nove às 13 horas. As turmas têm até trinta alunos. Após o término das aulas, a empresa acompanha o novo porteiro em seu trabalho por noventa dias.

Olimpo – Centro de Formação Profissional

✉ Avenida Sapopemba, 1.601, Santo André

☎ 4976-3313 e 9451-8390

☆ www.olimpotreinamento.com.br

@ atendimento@olimpotreinamento.com.br

☞ seg. a sex. 9h/17h

QUADRINHOS AMERICANOS

A **Escola Atelier** oferece cursos de quadrinhos americanos nos quais os alunos aprendem anatomia humana para desenhar perfeitamente os corpos do Homem-Aranha e do Batman. Nas aulas de mangá os desenhos são mais estilizados: personagens esguios, com olhos grandes e cabelos espetados – o típico desenho japonês.

Escola Atelier

✉ Rua Domingos de Moraes, 628, sala 2, Vila Mariana

☎ 5574-9199

☆ www.atelier.art.br

@ escolaatelier@gmail.com

☞ seg. e sáb. 9h/13h e 14h/18h; qua. e sex. 18h às 22h

RECEITAS NATURAIS

O restaurante **Cachoeira Natural** criou um curso de culinária saudável. No curso, que tem cinco horas de duração, a nutricionista Anielle D'Angelo ensina vinte receitas rápidas e saudáveis para uma classe de, no máximo, 12 alunos. "Os pratos são à base de soja, legumes, verduras, sem a utilização de carne vermelha, sal, farinha de trigo e gordura", explica Américo Mendes, sócio da casa. O prato mais trabalhoso e demorado é um salmão recheado, que vai ao forno e fica pronto em trinta minutos. Além da culinária natural, o restaurante oferece cursos de gastronomia para terceira idade, atletas, gestantes e para quem não sabe nem fritar um ovo.

Cachoeira Natural

✉ Rua João Cachoeira, 245, Vila Nova Conceição

☎ 3079-7578

☆ www.cachoeiranatural.com

@ contato@cachoeiranatural.com.br

☞ seg. a sex. 11h/15h; sáb., dom. e feriados 11h30/16h

RECICLAGEM E ENCADERNAÇÃO

Aprender a reciclar papel não é só politicamente correto, mas pode ser uma boa forma de ganhar um dinheiro extra. A **Espaço do Papel** ensina a inventar formatos, cores, definir texturas e depois vender a criação para papelarias. Claro, para isso é preciso fazer também o curso de encadernação, em que os alunos aprendem a mexer com as amostras de papéis, fibras, espirais e com a cola da maneira correta.

Espaço do Papel
✉ Rua Purpurina, 507, Sumarezinho
☎ 3814-9612
★ www.purpurinapapeis.com.br
@ espaco@purpurinapapeis.com.br
☞ seg. a sex. 8h/18h

OFERECE O MESMO SERVIÇO

Associação Brasileira de Encadernações e Restauro
Apenas encadernação.
✉ Rua Machado de Assis, 222, conjunto 2, Vila Mariana
☎ 5579-6200
★ www.aber.org.br
@ aber@aber.org.br; secretaria@aber.org.br
☞ seg. a sex. 8h/12h e 14h/17h

RELACIONAMENTO

Nesses tempos modernos, amar pode ser um bicho de sete cabeças! O terapeuta e escritor Sérgio Savian criou uma série de cursos que cobrem vários aspectos do relacionamento amoroso. Na **Escola de Relacionamento** há aulas sobre conquista, para quem é muito tímido ou precisa desenferrujar. Também é oferecida uma terapia para melhorar o desempenho sexual. A duração das terapias varia de quatro a oito sessões de sessenta minutos cada. Savian também oferece aconselhamento presencial e pela internet.

Escola de Relacionamento
✉ Não divulga o endereço
☎ 2368-9305
★ www.sergiosavian.com.br
@ atendimento@sergiosavian.com.br
☞ seg. a sex. 8h/20h; sáb. 10h/14h

RESTAURAÇÃO

A **Capo D'Arte** dá cursos de restauração em obras de arte feitas de porcelana, cerâmica, cristal, marfim, mármore, gesso, opalina, em molduras, telas e pequenas peças de madeira. O curso básico tem duas aulas semanais de duas horas e meia, e dura seis meses.

Capo D'Arte
✉ Rua Patizal, 54, casa 1, Vila Madalena
☎ 3031-1613
★ www.manuelavidigal.com.br
@ contato@manuelavidigal.com.br
☞ seg. a sex. 10h/18h

SAMBA

No ramo desde 2007, a escola **Pulsarte** tem aulas de balé clássico, dança indiana e muitos outros ritmos, mas o destaque é o curso Samba no Pé, que promete ensinar a sambar. A professora é Solange Ferreira, que já foi rainha de bateria da escola de samba Vai-Vai entre os anos de 1999 e 2005, e usa sua experiência para mostrar aos alunos como usar cada parte do corpo – e como não ter dores depois de um desfile de carnaval. As aulas são procuradas tanto por brasileiros como por estrangeiros – em 2011, a Pulsarte recebeu um grupo de 15 executivos chineses que decidiram esticar a estadia no Brasil para ver os desfiles de escolas de samba. Antes do carnaval, também é feito um curso intensivo com três dias para quem quiser desfilar com o samba no pé afiado.

Pulsarte

✉ Rua Pereira Leite, 55, Sumarezinho

☎ 3868-2008

✯ www.pulsarte.com.br

@ pulsarte@pulsarte.com.br

☞ seg. a sex. 8h/22h; sáb. 9h/15h

SANFONA

Tocar sanfona é coisa de velho, certo? Errado. A **Escola Livre de Música Renata Sbrighi** tem alunos de até nove anos! Para aprender o instrumento é preciso apenas dedicação. "Quem treinar uma hora todos os dias, vai tocar muito bem em apenas seis meses", garante a dona da escola, Renata Sbrighi. O acordeão, também conhecido como sanfona, permite aos músicos mudarem o som e reproduzir músicas de violino, sax, clarinete, entre outros. Em 1988, Renata decidiu fundar a Orquestra Sanfônica de São Paulo, que hoje conta com quarenta músicos. Além de tocar em eventos da cidade, o grupo – formado por pessoas com idades entre 15 e 82 anos – gravou um CD, que pode ser comprado na própria escola. As aulas de acordeão são individuais e acontecem uma vez por semana. A orquestra ensaia às sextas-feiras, às 15 horas, e às 11 horas de sábado.

Escola Livre de Música Renata Sbrighi

✉ Rua Pio XI, 570, Alto da Lapa

☎ 3834-1512

✯ www.sanfonica.com.br

@ evaldosanfonica@hotmail.com

☞ seg. a sex. 8h/21h

SAPATEADO

O "tec-tec" das chapinhas metálicas no chão de madeira é o fundo musical da aula. Considerado um ótimo exercício aeróbico, o sapateado ajuda a adquirir coordenação e ritmo musical. Além de ser uma maneira animada de gastar calorias, é também um jeito diferente de conhecer pessoas. O **Espaço de Dança Andrei Udiloff** oferece aulas semanais e prepara uma coreografia para a apresentação de fim de ano.

Espaço de Dança Andrei Udiloff

✉ Rua Simão Álvares, 714, Pinheiros

☎ 3813-6196, 3814-8251 e 7441-2175

✯ www.andreiudiloff.com.br

@ atendimento@andreiudiloff.com.br

☞ seg. a sex. 14h/22h; sáb. 12h/20h

OFERECE O MESMO SERVIÇO

Gisele Bellot

✉ Rua Cayowaá, 266, Perdizes

☎ 3862-3168

✯ www.giselebellotacademia.com.br

@ arte@giselebellotacademia.com.br

☞ seg. a sex. 8h/22h; sáb. 9h/13h

TAQUIGRAFIA

O método para aprender taquigrafia feito especialmente para o português foi criado pelo médico Oscar Leite Alves (1902-1974) em 1929. Hoje, a professora **Messias Negreiros Alves Moura**, filha de Oscar, dá aulas particulares com o método. Os alunos procuram o curso para aumentar a velocidade da escrita com a técnica de escrever com sinais, "Eu aprendi tudo com meu pai quando ainda era mocinha", diz Messias.

Messias Negreiros Alves Moura

✉ Rua Manoel da Nóbrega, 169, Paraíso
☎ 3288-8845
✯ www.taquigrafialeitealves.com.br
@ taquigrafialeitealves@yahoo.com.br
☞ seg. a sex, com hora marcada

TÊNIS DE MESA

Uma nova geração de Hugo Hoyamas está sendo formada no **Itaim Keiko**, um clube exclusivamente dedicado ao tênis de mesa. São 250 atletas que se espelham em ídolos do esporte, como Hoyama, ganhador de dez medalhas de ouro em Jogos Pan-Americanos entre 1992 e 2011. O Itaim Keiko tem 12 mesas. Metade delas é reservada para as aulas da escolinha de tênis de mesa. As outras ficam disponíveis para quem já sabe jogar.

Itaim Keiko

✉ Rua Paracatu, 490, Parque Imperial
☎ 5072-1129 e 2275-5345
✯ www.itaimkeiko.com.br
@ itaimkeiko@yahoo.com.br
☞ seg. a sex. 14h30/22h30; ter. e sex. 9h30/11h30; sáb. 9h30/12h30 (aulas) e 12h30/19h (treino livre)

OFERECE O MESMO SERVIÇO

Academia de Tênis de Mesa – Ateme

✉ Avenida Fagundes Filho, 418, Vila Monte Alegre
☎ 5581-4357 e 9260-2404
✯ www.ateme.com.br
@ ateme@ateme.com.br
☞ seg. a sex. 15h/19h; seg. e qua. 20h/22h; ter., qui. e sex. 20h/22h (aulas); sáb. 9h/12h e 13h/16h (treino livre)

TRUCO

Quem não faz ideia do que seja manilha, zap ou espadilha pode aprender a jogar truco toda sexta-feira, às 18:00 horas, na sede da **Federação Paulista de Truco.** "Temos uma mesa e ensinamos a todos que aparecerem", diz o presidente, Milton Jorge Thame, que joga truco desde 1948. A organização, fundada em 1987, distribui cartilhas com o básico do "esporte caboclo" e oferece aulas informais sobre estratégias, curiosidades e a história do jogo – tudo de graça.

Federação Paulista de Truco

✉ Rua Rio Bonito, 104, Brás
☎ 2692-6694 e 2662-0081
✯ www.trucofpt.com.br
@ fptruco@terra.com.br
☞ seg. a dom. 10h/18h

XADREZ

Todos os campeões nascem com um dom. Será verdade isso? Os enxadristas garantem que, antes da consagração, muitos fizeram seus primeiros movimentos no tabuleiro de escolas do jogo. É o caso do **Clube de Xadrez São Paulo**, fundado em 1902 por um grupo de alemães entusiastas do xeque-mate. Alguns nomes que passaram por ali: Gilberto Milos Júnior (seis vezes campeão brasileiro), Mauro de Souza, Cícero Braga e Herman Claudius (mestres internacionais). O clube promove festas, exibições, cursos e campeonatos internacionais, além de torneios.

Clube de Xadrez São Paulo

✉ Rua Araújo, 154, 3º andar, República

☎ 3259-6442

✯ www.cxsp.com.br

@ contato@cxsp.com.br

☞ qua. a dom. 16h/20h

WAKEBOARD

O *wakeboard*, prática derivada do esqui aquático, em que o atleta desliza na água sobre uma prancha, está longe de ser um esporte popular, mas já possui até escolas. Na lista de materiais, constam apenas bermuda e toalha. Não é preciso ter prancha, botas de espuma, manete com corda e nem mesmo o principal: um barco. Sim, acredite, a **2D**, por exemplo, oferece tudo isso ao aluno interessado em experimentar a adrenalina da modalidade. A aula tem duração de uma hora e ocorre na Represa de Guarapiranga. O ideal é ir acompanhado e dividir o período. Crianças só são atendidas a partir dos seis anos de idade.

2D

✉ Não divulga o endereço

☎ 9659-2590

✯ www.2dwake.com.br

@ 2dcable@gmail.com

☞ com hora marcada

OFERECE O MESMO SERVIÇO

Wake Total

✉ Não divulga o endereço

☎ 7463-3131 e 7846-8355

✯ www.waketotal.com.br

@ waketotal@hotmail.com

☞ ter. a dom. 8h/18h

ESPORTES, JOGOS E ACESSÓRIOS

AIKIDO

Wagner Bull nasceu no norte do Paraná e é descendente de alemães e italianos. Desde pequeno teve muito contato com a colônia japonesa e apreciava a forma de vida dos orientais. Segundo ele, o que mais o impressionava era a valorização da natureza e a ideia do trabalho coletivo. Em 1968, quando conheceu o aikido – praticado no Japão como uma arte marcial supertradicional, que reúne o espírito de coletividade e o amor pela natureza –, ficou apaixonado. Wagner coordena o **Instituto Takemussu Brazil Aikikai** (Aikikai é a organização internacional que cuida do aikido). Para se filiar ao instituto é necessário passar por uma entrevista que dura em média quarenta minutos: "A ideia é identificar se a pessoa tem bom caráter, se vai perturbar o ambiente do dojo (lugar iluminado onde são feitos os treinos) e também saber se está procurando mesmo algo como o aikido", esclarece Bull.

Confederação Brasileira de Aikido – Instituto Takemussu Brazil Aikikai

✉ Rua Mauro, 331, Saúde
☎ 5581-6241 e fax: 2276-8416
✯ www.aikikai.org.br
@ inst.takemussu@aikikai.org.br
☞ seg. a dom. 6h30/8h; seg. a sex. 17h30/22h

ARTIGOS CURIOSOS PARA BALÉ

Quem estudou balé na infância sabe que descobrir o pé certo da sapatilha não é fácil, principalmente quando se está atrasado para a aula ou para o ensaio. A **Evolution Pirouette** vende uma marca com identificação visual do pé esquerdo e do direito. Além disso, na loja especializada em artigos para a prática da dança, o mesmo número de sapatilha (36, por exemplo) pode ter mais de dez combinações diferentes, que variam de acordo com a largura do pé, o comprimento dos dedos e a resistência necessária para cada estágio da bailarina. Lá também é possível encontrar uma meia-calça com buraco no meio do pé. Estranho? Não, serve apenas para facilitar a vida das bailarinas que têm aulas onde é preciso fazer exercícios descalço e com a sapatilha. Se você quer mais, pode encomendar sandálias lindíssimas para aulas de dança de salão.

Evolution Pirouette

✉ Rua Fradique Coutinho, 1.190, Pinheiros
☎ 3814-1174, 3814-6625 e fax: 3815-4473
✯ www.evolutionpirouette.com.br
@ loja@evolutionpirouette.com.br
☞ seg. a sex. 9h/19h; sáb. 10h/14h

ARTIGOS PARA CAPOEIRA

Até a abolição da escravatura, a lei punia os praticantes de capoeira com penas de até trezentos açoites e o calabouço. De 1890 a 1937, a capoeira era crime previsto pelo Código Penal. Por isso, as escolas que existiam eram clandestinas. Ao fundar o Centro de Cultura Física e Luta Regional, na cidade de Salvador, em 1932, o baiano Manoel dos Reis Machado, o Mestre Bimba, criou uma cara nova para o esporte. Mudou alguns movimentos, estabeleceu o uniforme branco e criou um código de comportamento. Em 1937, o presidente Getúlio Vargas foi ver uma exibição no Rio de Janeiro. Gostou e acabou com a proibição. A **Berimbrás Cores do Brasil** tem tudo o que o capoeirista precisa para praticar o esporte: abadás, berimbaus, sapatilhas, atabaques, pandeiros e agogôs.

Os interessados também encontram fitas de vídeo com lições do esporte, além de objetos artesanais e produtos indígenas.

Berimbrás Cores do Brasil

✉ Rua Oscar Freire, 2.505, Pinheiros
☎ 3082-9768 e 3081-6125
☞ seg. a sex. 8h/21h; sáb. 8h/16h
✉ Shopping Villa Lobos, lojas 17/18, Espaço Básico
☎ 3022-8527
@ coresdobrasil@terra.com.br
☞ seg. a sáb. 10h/22h; dom. 14h/20

AULA DE SUMÔ

Os treinos são aos sábados e domingos no **Estádio Mie Nishi**. Os interessados devem levar calção e toalha. O *mawashi*, aquela espécie de fralda tamanho grande, é emprestado pelos próprios professores. O sumô é dividido por categorias. Eles aceitam crianças a partir de sete anos, de qualquer peso.

Estádio Mie Nishi

✉ Avenida Presidente Castelo Branco, 5.446, Parque Residencial da Lapa
☎ 3221-5105
@ mfujimoto@prefeitura.sp.gov.br
☞ seg. a sex. 8h/17h

AULA DE SURFE SEM PRAIA

Já é possível mergulhar no oceano com uma prancha sem nunca ter surfado em uma praia antes e não ser chamado de "prego". Algumas academias de São Paulo oferecem aulas de surfe em piscinas. A **ACM Pinheiros** oferece cursos de três dias em que os alunos aprendem noções básicas de equilíbrio, segurança, além de como remar e ficar em pé nos *longboards* (os famosos pranchões usados pelos pioneiros nos anos 1950 e 1960). Depois de algumas horas na piscina e do "teste do caldo" – uma simulação de afogamento –, os alunos viajam para a praia com os instrutores para enfrentar o mar. Não precisa ser sócio para fazer as aulas, mas saber nadar é fundamental.

ACM Pinheiros

✉ Rua Nestor Pestana,147, Consolação (e mais cinco unidades)
☎ 3138-3000
✯ www.acmsaopaulo.org
@ desensocial@acmsaopaulo.org
☞ seg. a sex. 6h/22h; sáb. 8h/17h; dom. 8h/14h

BOLA DE BOLICHE PERSONALIZADA

O segredo dos *strikes* no boliche pode estar nos três buracos da bola. Os grandes campeões fazem os furos sob medida. A **Sato Bowling** personaliza os furos das bolas. O cliente precisa marcar hora para tirar as medidas. Se morar muito longe, pode enviar uma cópia xerox da mão com o polegar aberto, os outros quatro dedos juntos e o pulso reto. Além da furação simples, há uma com borrachinhas especiais para dar mais efeito no arremesso. A Sato vende todo tipo de acessório para o esporte, incluindo bolas nacionais e americanas. "Só uma vez tive problema", conta Setsuro Sato, o proprietário. "O sujeito mandou xerox da mão direita e era canhoto."

Sato Bowling

✉ Rua Engenheiro Mesquita Sampaio, 609, Vila São Francisco
☎ 9654-1633 e 5182-2585
☞ seg. a dom. 8h/20h

CAIAQUES

O engenheiro naval Ennio Henrique Robba sempre sonhou em dar um jeito nos problemas comuns em caiaques de fibra de vidro, como buracos no casco provocados por batidas. Até que em 1997, depois de muita pesquisa, ele se tornou o primeiro fabricante brasileiro de caiaques em plástico polietileno. "O caiaque de plástico é muito mais resistente que o de resina", garante. No começo, Ennio só vendia os modelos para amigos e profissionais da canoagem. Mas, em 2002, a procura foi tanta que abriu a **Caiaker**, que fabrica, vende e aluga seis modelos de caiaques, além de minibarcos e acessórios como sacos estanques, carrinhos para transporte e coletes.

Caiaker
✉ Rua Pedro Gonçalves, 22, Taboão da Serra
☎ 2905-2948
★ www.caiaker.com.br
@ caiaker@caiaker.com.br
☞ seg. a qui. 8h/18h; sex. 8h/17h

CAMPO DE TACADAS DE GOLFE

Campo de tacadas ou *driving range*. Fica por sua conta definir um campo gramado estreito e bem comprido onde fanáticos por golfe se encontram para dar muitas tacadas. O **FPG Golf Center** é o primeiro *driving range* público de São Paulo. Se você não é profissional, mas quer arriscar uma tacada, não tem problema. As luvas e os tacos são emprestados. Para descontrair, o lugar possui restaurante e uma loja especializada em roupas, tacos e bolinhas.

FPG Golf Center
✉ Rua Deputado João Bravo Caldeira, 273, Planalto Paulista
☎ 5070-5844
★ www.fpggolfcenter.com.br
@ info@fpggolfcenter.com.br
☞ seg. 14h/22h; ter. a sex. 7h/22h; sáb., dom. e feriados 7h/20h

OFERECEM O MESMO SERVIÇO

Driving Range
✉ Rua Conselheiro Furtado, 1.345, Liberdade
☎ 3208-4187
★ www.academiadegolfaclimacao.com.br
@ contato@academiadegolfaclimacao.com.br
☞ seg. a sex. 10h/22h; sáb., dom. e feriados 12h/18h

Hotel Prince Tower
✉ Rua Mamoré, 305, Bom Retiro
☎ 3335-2222 e 3883-3232
★ www.princetower.com.br
@ contato@princetower.com.br; reservas@princetower.com.br
☞ 24 horas

CAPACETES PERSONALIZADOS

Ele está na cabeça dos maiores pilotos de automobilismo do Brasil. Sid Mosca, falecido em julho de 2011, pintou capacetes para Ayrton Senna, Nélson Piquet, Maurício Gugelmin, André Ribeiro e Christian Fittipaldi, entre tantos outros. Antes de confeccionar o capacete, Sid fazia uma entrevista com o piloto, que podia durar até uma hora, para conseguir captar o perfil do cliente. Hoje, o negócio é tocado pelo filho de Sid, Alan Mosca. A **Sid – Special Paint** ainda vende réplicas de capacetes de Senna, pintados à mão e guardados em belas caixas de acrílico.

Sid – Special Paint

✉ Avenida Washington Luís, 895, Santo Amaro
☎ 5687-8079 e 5548-2094
✯ www.sidmosca.com.br
@ sidmosca@uol.com.br
☞ seg. a sex. 8h/12h e 13h15/18h

OFERECE O MESMO SERVIÇO

Casa das Viseiras

✉ Rua Barão de Campinas, 104, Campos Elíseos
☎ 3221-2233
☞ seg. a sex. 8h/18h; sáb. 8h/14h
✉ Rua General Osório, 708, Santa Efigênia
☎ 3331-0870
✯ www.casadasviseiras.com.br
@ vendas@casadasviseiras.com.br
☞ seg. a sex. 8h30/18h; sáb. 8h/15h

CONSERTO DE ROUPAS DE MERGULHO

Sim, elas também têm conserto. Na **Marina Sub**, os problemas que mais aparecem são pequenos rasgos e zíperes que não funcionam mais. As roupas de mergulho também podem ser alargadas ou diminuídas.

Marina Sub

✉ Rua Espártaco, 133, Vila Romana
☎ 3672-1221
✯ www.marinasub.com.br
@ atendimento@marinasub.com.br
☞ seg. a sex. 8h/18h; sáb. 9h/12h

DARDO

O dardo quer deixar de ser um jogo para se tornar um esporte. André Stegun, presidente da Federação Paulista de Dardo, garante que a cidade concentra a maior parte dos seiscentos praticantes brasileiros. A modalidade foi criada por arqueiros ingleses entediados. Com o inverno, eles não tinham onde praticar e começaram a adaptar os treinos para locais fechados (castelos e fortalezas medievais). Resolveram quebrar pontas de lanças e flechas e arremessá-las em barris. Surgia o dardo. O jogo chegou ao Brasil na década de 1920 e era praticado apenas nos clubes da comunidade britânica. Em 1972, o *pub* London Tavern, do Hotel Hilton de São Paulo, colocou um alvo para os frequentadores. "Foi o primeiro local público para se praticar dardo no país", diz Stegun. O London Tavern fechou suas portas em 2003. Outros bares começaram a promover o dardo. Foi num deles, o The Jaggers, que nasceu a **Associação Brasileira de Jogadores de Dardo** (ABJD). "Em 1982, ano da fundação da associação, realizamos as primeiras competições oficiais", explica Stegun. Mesmo assim, os jogadores de dardo ainda são amadores. "Ninguém vive de dardos no Brasil", afirma o presidente da Federação, que trabalha como engenheiro civil. Para se tornar um esporte, o dardo também precisa melhorar sua imagem. "Como o dardo está ligado a bar, as pessoas acham que isso é coisa para beberrão e botequeiro", afirma Stegun.

Associação Brasileira de Jogadores de Dardo

✉ Avenida Ceci, 300A, Planalto Paulista
☎ 5052-5035
☞ seg. a sex. 9h/18h

EQUIPAMENTOS PARA PILOTAGEM

Os pilotos de automobilismo vestem uma verdadeira fantasia para entrar na pista. O macacão é feito de tecido especial (para proteger contra possíveis acidentes e incêndios), o capacete é reforçado e deve ser colocado por cima da balaclava (aquele pano que protege o rosto e só é vazado no lugar dos olhos), as luvas não podem faltar e até os sapatos são especiais. Na **Corsa** há uma modelagem exclusiva de macacões para mulheres.

Corsa
✉ Avenida Interlagos, 6.538, Interlagos
☎ 5666-5842
✯ www.corsaracing.com.br
@ vendas@corsaracing.com.br
☞ seg. a sex. 8h30/18h; sáb. 8h30/13h

OFERECEM O MESMO SERVIÇO

Chama-kart
✉ Avenida do Jangadeiro, 590, Interlagos
☎ 5666-1016
✯ www.chamakart.com.br
@ contato@chamakart.com.br
☞ seg. a sex. 8h30/18h30; sáb. 8h30/14h

Sparco
✉ Avenida Interlagos, 6.392, Interlagos
☎ 5660-5200
✯ www.sparco.com.br
@ e.barbosa@sparco.com.br
☞ seg. a sex. 9h/18h; sáb. 9h/15h

EQUIPAMENTOS PARA TREKKING, ALPINISMO E ESPELEOLOGIA

Se você está pensando em escalar o monte Everest nas próximas férias ou é apenas um alpinista de fim de semana, dê um pulinho na **Pé na Trilha**. A loja tem toda a linha do que um alpinista precisa, tanto nacional como importada. Os amantes das caminhadas (*trekking*) e das aventuras em cavernas (espeleologia) também encontram muitos produtos para seus esportes.

Pé na Trilha
✉ Rua Apeninos, 803, Paraíso
☎ 3171-2923 e 3562-1800
✯ www.penatrilha.com.br
@ info@penatrilha.com.br
☞ seg. a sex. 10h/20h; sáb. 10h/18h

ESGRIMA

Touchèz! Você assistiu a mais uma versão de *Os três mosqueteiros* e não resistiu: quer aprender a arte de D'Artagnan e seus companheiros. O **Clube de Regatas Tietê** ensina essa modalidade, e a melhor notícia é que não é necessário ser sócio para dar umas estocadas no adversário. Você escolhe a espada (sabre é a maior, e florete, a menor) e o clube empresta os equipamentos.

Clube de Regatas Tietê
✉ Avenida Santos Dumont, 843, Luz
☎ 3228-5244, ramal 121
✯ www.clubederegatastiete.com.br
@ crtiete@uol.com.br
☞ seg. a dom. 8h/17h

ESQUI E WAKEBOARD

Você já pensou em deslizar ou ziguezaguear em cima de uma prancha nas represas de São Paulo? Na **Escola Brasileira de Esqui** o interessado pode optar pela prática desse esporte usando esquis ou *wakebord* (uma espécie de prancha com sandálias paralelas onde são colocados os pés). As aulas são dadas por instrutores de segunda a segunda num ponto da Represa Guarapiranga chamado Riviera, que, segundo o dono da escola, é um dos menos poluídos. Não é necessário ter os equipamentos para aprender a esquiar: lá eles emprestam e vendem pranchas, esquis, luvas, coletes, manetes e botas.

Escola Brasileira de Esqui

✉ Rua Bianca Falchi, 46, Jardim Marquesa
☎ 3433-9788 e 8116-4150
★ www.wakexpress.com.br
@ wakexpress@globo.com
☞ seg. a sex. 8h30/17h30

FUTEBOL AMERICANO

Diadema Ninjas foi o primeiro nome dado à equipe de futebol americano da região metropolitana, em 2004. No mesmo ano, o clube foi rebatizado duas vezes, como Diadema Devilz e Diadema Steamrollers – nome que leva até hoje, mesmo depois de ter se associado ao Corinthians. Os treinos do **Corinthians Steamrollers** acontecem aos finais de semana no próprio Parque São Jorge.

Corinthians Steamrollers

✉ Rua São Jorge, 777, Tatuapé
☎ 2095-3000
★ www.corinthiansfootball.com.br
@ trigo.91@hotmail.com
☞ sáb. 14h/19h; dom. 14h/19h

GATEBALL

Gateball é um esporte coletivo criado no Japão após o fim da Segunda Guerra Mundial. O criador, Eiji Suzuki, o idealizou para crianças, mas quem mais pratica são os idosos. No Brasil, os adeptos do esporte de taco fazem parte da colônia japonesa, mas cada vez mais pessoas se encantam pela modalidade. O **Estádio de Gateball de São Paulo**, na Zona Sul, reúne a maior parte das competições da cidade – de acordo com a União dos Clubes de Gateball do Brasil, são mais de sessenta times só na capital.

Estádio de Gateball de São Paulo

✉ Rua Leonardo da Vinci, 1551, Vila Guarani
☎ 5012-0840
@ andrea@gateballrengo.org.br
☞ treinos: seg. a sex. 7h/10h

JOGO PROFISSIONAL DE BOTÃO

Times de futebol de mesa estão à venda por toda parte. Mas não para você, que decidiu levar a brincadeira a sério. Nesse caso, vá até a **Edu Botões**, onde os botões são de acrílico (nada de plástico barato) e torneados um a um; cada jogador leva nome, número e microdistintivo do clube, e a bolinha, conforme regras oficiais, é redonda mesmo e de feltro. Há ainda um ponto fundamental: os atacantes têm 54 milímetros de diâmetro, seis milímetros a menos que os zagueiros. "É para penetrar melhor na defesa", justifica Marcelo Toscano, um dos sócios. Pode-se escolher qualquer grande clube do mundo.

Edu Botões

✉ Rua Armando Alves Nogueira, 35, Jardim Bonfiglioli
☎ 3735-6503 e 7762-7189
★ www.edubotoes.com.br
@ edu@edubotoes.com.br
☞ seg. a sex. 7h/12h e 13h/18h; sáb. 9h/14h

OFERECE O MESMO SERVIÇO

Futmesagol

✉ Não divulga o endereço
☎ 2021-8944 e 9313-6655
★ www.futmesagol.com.br
@ contato@futmesagol.com.br
☞ com hora marcada

JOGOS DE TABULEIROS

Jogar damas não é difícil, mas já fez partidinha de Bezette? Ou um tira-teima no Bhaga-Chall? Esses são alguns jogos de tabuleiro da **Papagueno**, que vende roupas infantis, acessórios, artigos de papelaria e brinquedos educativos. Os nomes dos jogos podem assustar, mas as regras são bem simples. O Bezette é originário de Zanzibar, e foi adaptado pelos franceses; já o Fanorona vem de Madagáscar, o Bhaga-Chall (ou "mudança de tigres") é do Nepal. Há também o africano Yoté, Bao e um jogo bem mais familiar aos brasileiros, o Futebox, criado pelo desenhista e cartunista Emílio Damiani Jr. e que tem regras semelhantes às do futebol. "Os pais vêm comprar os jogos para os filhos, mas também acabam entrando na brincadeira", conta Lia Manski, proprietária da Papagueno, batizada em homenagem a um dos personagens da ópera *A flauta mágica*, de Mozart. Lia também ministra cursos, como o de quilling, uma técnica de artesanato da Idade Média para produzir papéis, cartões e apostilas.

Papagueno
✉ Rua Gabriel Monteiro da Silva, 1.330, Jardim América
☎ 2507-7985 e 3085-3950
☆ www.papagueno.com.br
@ papagueno@papagueno.com.br
☞ seg. a sex. 10h30/19h; sáb. 10h/13h30

JOGOS ORIENTAIS

O Go, que se pronuncia "go" e significa "cercar" em chinês, é um jogo criado há cerca de 4 mil anos e que, hoje, possui adeptos no Brasil. Ele é jogado sobre um tabuleiro de 42 X 46 centímetros, composto por 19 linhas e o mesmo número de colunas, por onde os jogadores distribuirão as 361 peças, 181 pretas e 180 brancas. A meta é preencher o tabuleiro com as pedras e ocupar o espaço do oponente. A tarefa exige muita estratégia e, por isso, põe o cérebro para trabalhar. Entre os benefícios apontados, estão o aumento da concentração, equilíbrio, paciência, raciocínio lógico, entre outros. Outro jogo chinês e também milenar é o Mah-jong ("jogo dos quatro ventos"). Este é disputado por quatro pessoas, sem tabuleiro. São 136 peças em cores diferentes, das quais cada jogador recebe 13. O objetivo é combiná-las e "bater", como no buraco. A **Associação Naguisa** ensina a comunidade às sextas-feiras, entre 14 e 17 horas.

Associação Naguisa
✉ Rua Nelson Fernandes, 378, Cidade Vargas
☎ 5588-4871 e fax: 5021-5599
☆ www.naguisa.com.br
@ naguisa@naguisa.com.br
☞ seg. a sex. 8h/18h

KRAV MAGÁ

O krav magá nasceu durante a Segunda Guerra Mundial, dentro dos movimentos de resistência dos judeus na Europa. A luta amadureceu em Israel. Com a independência do Estado, tornou-se a filosofia adotada pelo Tzahal, serviço militar israelense, polícia e serviço secreto. Criado por Imi Lichtenfeld, o krav magá surgiu como resultado de um esforço pela sobrevivência – usa como instrumento único o corpo humano; os pontos fracos ajudam a identificar de que maneira o adversário pode ser facilmente derrotado. A técnica pode ser aprendida no **Centro Paulista de Krav Magá**. Os instrutores garantem que a técnica de defesa pessoal baseada na transferência de peso e na força explosiva (usa o princípio da física: força = massa X aceleração) pode combater qualquer tipo de violência, seja ela armada, desarmada e até mesmo proveniente de ataques terroristas ou situações com reféns.

Centro Paulista de Krav Magá
✉ Rua Apiacás, 893, Perdizes
☎ 3672-8080
★ www.cpkm.net.br; www.kravmaga.com.br
@ kravmaga@kravmaga.com.br
☞ seg. a qui. 9h/22h30; sex. 9h/21h; sáb. 9h/13h30

ÓCULOS PARA JOGAR GOLFE

A maioria dos produtos vendidos na **Ótica Lunette** é importada, e entre as novidades estão óculos especiais para a prática de golfe. Uma coloração especial nas lentes acentua os contrastes e ajuda os jogadores a enxergar melhor o campo. Alguns modelos são do tipo dois em um e têm lentes removíveis para o sol e para o entardecer.

Ótica Lunette
✉ Avenida São Gualter, 86, Vila Ida
☎ 3022-5506 e 3022-2973
★ www.lunetteotica.com.br
@ lunette@lunetteotica.com.br
☞ seg. a sex. 9h/20h; sáb. 9h/14h

PAINTBALL

A brincadeira de disparar tiros de tinta colorida estourou na cidade em 1991. Hoje as armas são mais rápidas, a munição ficou mais barata e o equipamento de segurança também melhorou. Quem quiser experimentar pode procurar um dos endereços a seguir:

Kamikasi
✉ Rua Achilles Orlando Curtolo, 649, Parque Industrial Tomas
☎ 3619-3085 e 3619-3101
★ www.kamikasi.com.br
@ kamikasi@kamikasi.com.br
☞ seg. a qui. 15h/23h; sex. a dom. e feriados 14h/último cliente

Play Paintball
✉ Avenida Comendador Martinelli, 228, Água Branca
☎ 3612-4468 e 9278-9936
★ www.playpaintball.com.br
@ eventos@playpaintball.com.br; sac@playpaintball.com.br
☞ ter. 16h/20h; qua. a sex. 16h/22h; sáb. 9h/22h; dom. e feriados 9h/18h

War Games
✉ Escritório: Avenida Brigadeiro Luis Antônio, 478, conjunto 501, Bela Vista
☎ 3242-5470
✉ Campo: Estrada da União, 9.900, Santana do Parnaíba
☎ 4192-2727
★ www.paintballwargames.com.br
@ wargames@targetbr.com.br
☞ sáb., dom. e feriados 9h/17h

PAREDE DE ALPINISMO

A **Noventa Graus** monta paredes de alpinismo para eventos esportivos e empresariais, sempre com a presença de monitores. A altura pode variar: as pequenas têm entre cinco e seis metros, e as maiores, de oito a 11 metros. As paredes são feitas de estrutura metálica e revestidas de chapa de madeira, onde são fixadas garras de resina. Se você pretende montar sua própria parede em casa, eles vendem as garras de resina e buchas para concreto. A empresa oferece também cursos de escalada.

Noventa Graus

✉ Avenida João Pedro Cardoso, 107, Jardim Aeroporto
☎ 5034-8775
✯ www.90graus.com.br
@ 90graus@90graus.com.br
☞ seg. a sex. 16h/23h; sáb., dom. e feriados 14h/21h

PESQUE E PAGUE

Para quem gosta de pescar, a **Aquarium** tem uma grande variedade de peixes: carpa capim, carpa cabeçuda, carpa húngara, pacu, tambacu, pintado, curimbatá, piauçu, tilápia do nilo e tilápia vermelha. O proprietário aluga varas simples, mas tem também algumas bem sofisticadas à venda. Na saída, o pescador pesa tudo o que pegou e paga por isso, mas se preferir, devolve os peixinhos – desde que não estejam machucados – para o tanque e paga apenas o ingresso.

Aquarium

✉ Rua Yoshio Matsumura, 300, Colônia (Zona Sul)
☎ 5920-8011 e fax: 5920-8970
✯ www.pesqueiroaquarium.com.br
@ contato@pesqueiroaquarium.com.br
☞ seg. a dom. e feriados 6h30/18h30

PETECA OFICIAL

É só lançá-la ao ar e começar o bate e rebate. Muito diferente da prosaica peteca de plástico, o modelo oficial deve ter quatro penas de ganso resistentes, com no mínimo dez centímetros, e base com sete discos de borracha pesando duzentos gramas. Os jogadores que adoram dar seus tapas esportivos podem comprar uma dessas petecas na **Fantastic Sports**. O jogo de peteca dura vinte minutos ou até a primeira equipe marcar vinte pontos. A quadra para jogos em duplas mede 15 X 7,5 metros, e a de jogadores individuais 15 X 4 metros. A rede tem 2,43 metros de altura.

Fantastic Sports

✉ Rua Tuiuti, 2.501, Tatuapé
☎ 2942-4848 e fax: 2941-6333
✉ Avenida Paulista, 1.481, Bela Vista
☎ 3251-3471
✯ www.fantasticsports.com.br
@ daniel@fantasticsports.com.br; vendas@fantasticsports.com.br
☞ seg. a sex. 10h/20h; sáb. 9h/18h30

PINBALL

O clube não tem piscina, sauna, quadra ou campo de futebol. Mesmo assim, todas as terças-feiras e aos sábados, costuma atrair um grupo de 25 homens. Eles se reúnem ali para jogar *pinball*. Apaixonados pelas maquininhas de fliperama, começaram a promover esses encontros há dez anos e fundaram o **Pinball Clube São Paulo**. Ao todo, contam com noventa máquinas (as medidas de cada uma: 1,90 metro de altura, 53 centímetros de largura, 1,33 metros de comprimento e 150 quilogramas). "Sempre que mudamos de endereço é um problema", diz Ricardo Kobe, um dos sócios. "A vizinhança fica toda desconfiada." Além das máquinas, a sede do Pinball Clube conta hoje com TV, *home theater* e computador com banda larga. Mulheres e filhos só têm permissão para entrar no "clube da bolinha" aos sábados.

Pinball Clube São Paulo

✉ Não divulga o endereço
✯ www.pinballbrasil.org
@ cid@pinballclube.com.br
☞ sáb. 15h/17h, com hora marcada

PISTAS DE AUTORAMA

Júlio Guerra Neto era um bem-sucedido ortopedista. Largou tudo para viver no mundo veloz dos autoramas. Apaixonado pelos carrinhos, o doutor Júlio montou a **Tudo para Autorama**, uma oficina especializada e uma pista de 25 metros, onde promove campeonatos para amadores e profissionais. O traçado tem o formato de um clipe de papel e permite que seis carrinhos disputem ao mesmo tempo uma prova. Detalhe: o circuito é todo informatizado, possibilitando que os corredores acompanhem o desempenho de suas máquinas (que chegam a 110 quilômetros por hora) volta a volta.

Tudo para Autorama

✉ Rua Felisbino dos Santos, 395, Chácara Inglesa
☎ 3831-9091
✯ www.autoramabrasil.com.br
@ autorama@terra.com.br
☞ com hora marcada

OFERECEM O MESMO SERVIÇO

Monza

✉ Avenida dos Carinás, 73, Indianópolis
☎ 5535-2538
✯ www.monzaautorama.com.br
@ monzaautorama@monzaautorama.com.br
☞ seg. a sex. 14h/22h; sáb., dom. e feriados 10h/20h

Parolu

✉ Avenida Santo Amaro, 214, Vila Nova Conceição
☎ 3845-8638
✯ www.parolu.com.br
@ parolu@terra.com.br
☞ seg. a sex. 14h/22h; sáb., dom. e feriados 10h/18h

PROTETOR SUBMARINO DE CÂMERAS

Não é preciso uma câmera especial para filmar debaixo d'água e registrar as aventuras submarinas. A **Valsan** vende bolsas herméticas da marca alemã Ewa-Marine que protegem o equipamento contra água, maresia, poeira e areia. Suporta profundidades de até cinquenta metros.

Valsan

✉ Rua Sergipe, 475, conjunto 611, Consolação
☎ 3826-0344 e fax: 3664-8876
☞ seg. a sex. 9h/13h

ROLE PLAYING GAME (RPG)

É um jogo de tabuleiro que mistura até teatralização. Cada um dos jogadores interpreta e evolui as habilidades de um personagem. A **Moonshadows Livraria** tem mais de 450 títulos nacionais e importados.

Moonshadows Livraria

✉ Rua Treze de Maio, 966, térreo, Bela Vista
☎ 3266-3916
✯ www.moonshadows.com.br
@ sac@moonshadows.com.br
☞ seg. a sex. 12h/19h; sáb. 10h/14h

RÚGBI

Você sabia que o rúgbi foi inventado durante uma partida de futebol? Foi na cidade de Rugby, no interior da Inglaterra. Um jogador, irritado com o zero a zero no placar, resolveu pegar a bola com as mãos e saiu correndo com ela debaixo do braço até entrar no gol. O adversário, inconformado, fez o mesmo. Assim nasceu o rúgbi. Anos mais tarde, o esporte chegou ao Brasil "pelas mãos" do inglês Charles Muller, o mesmo que trouxe o futebol. Na década de 1960, o rúgbi se popularizou com a entrada do Brasil em torneios latino-americanos.

SPAC – São Paulo Athletic Club
✉ Avenida Atlântica, 1.448, Socorro
☎ 5686-2220 e fax: 5548-5524
✯ www.spac.org.br
☞ ter. e qui. 19h/23h (treinos); sáb. 9h/10h (jogos)

OFERECEM O MESMO SERVIÇO

Bandeirantes Rugby Club
Centro Olímpico do Ibirapuera
✉ Avenida Dante Pazzanese, 421, Vila Mariana
☎ 5081-6898
✯ www.bandrugby.com.br
☞ seg. e qua. 16h30/18h30, 17h/19h e 20h30/22h; ter. e qui. 19h/20h30 e 20h30/22h30; sáb. 10h/11h30

Rio Branco Rúgbi Clube
✉ Avenida Raimundo Pereira de Magalhães, 1.201, Vila Anastácio
☎ 7808-7740
✯ www.rbrc.com.br; www.riobrancorugby.com.br; www.escoladerugby.com.br
@ edson@rbrc.com.br
☞ ter. e qui. 18h30/20h (infantojuvenil); 20h/22h30 (adultos)

SHOGUI

Foi tropeçando no português que Paulo Kuwahara, um dos responsáveis pela área de recreação da **Associação Brasileira de Shogui**, explicou o significado dessa palavra que fez você franzir a testa ao ler o título e as primeiras linhas dessa reportagem. Bem popular no Japão, o *shogui* é um jogo de tabuleiro semelhante ao xadrez, cujo objetivo é capturar a peça mais forte do oponente, ou seja, o rei. No Brasil, são cerca de seiscentos associados, metade deles domiciliada em São Paulo. O número, entretanto, é bem tímido se comparado ao de jogadores em sua terra de origem: 20 milhões, segundo a entidade, fundada em 1947. "Nossa intenção é promover o *shogui* não só na comunidade nipo-brasileira, mas também aos não descendentes de orientais", explica Paulo. A nova estratégia tem uma explicação simples: o número de praticantes vem caindo.

Associação Brasileira de Shogui
✉ Rua Galvão Bueno, 17, 3º andar, Liberdade
☎ 3209-7687
☞ seg. a dom. 14h/19h

TIRO COM ARCO

Antigamente o esporte era chamado de arco e flecha. De uns tempos para cá, foi rebatizado de tiro com arco. A primeira escola particular do esporte em São Paulo existe desde 2004. Beatriz e Thelma Tanaka, mãe e filha, montaram a **Arqueiria Ibirapuera**. "Quando a Beatriz começou a competir, fui observando a falta de estrutura para treinamentos", conta Thelma. Ela garante que, fazendo aulas duas vezes por semana, qualquer pessoa pode começar a competir num prazo de seis meses. As aulas duram duas horas e atendem qualquer pessoa com mais de 12 anos. O material para a prática é todo oferecido pela escola.

Arqueiria Ibirapuera
✉ Rua Joaquim Távora, 1.545, Vila Mariana
☎ 5083-3454
★ www.arqueiria.com.br
@ ibirapuera@arqueiria.com.br
☞ ter. a sex. 15h/22h; sáb. 9h/16h

TRAMPOLIM

A **Tramp Brasil** vende trampolins em dois tamanhos: o oficial (5 X 3 metros e 1,15 metro de altura, dobrável e com carrinho) e o não oficial (3 X 2 metros e 0,9 metro de altura, dobrável). Também aluga trampolins menores para eventos e festas. José Martins Oliveira Filho, proprietário da Tramp Brasil, dá aulas de trampolim no **Centro Universitário Ítalo-Brasileiro**. O curso dura seis meses e as aulas são aos sábados.

Tramp Brasil
✉ Rua Ituxi, 250, Mirandópolis
☎ 2276-0304 e 9900-0078
★ www.trampbrasil.com
@ trampbrasil@uol.com.br
☞ seg. a sex. 9h/17h

Centro Universitário Ítalo-Brasileiro
✉ Avenida João Dias, 2.046, Santo Amaro
☎ 5645-0099
★ www.italo.br
☞ seg. a sex. 8h30/18h; sáb. 8h30/15h

VIDEOGAMES ANTIGOS

Enquanto a criançada procura consoles e novos jogos para Wii ou Xbox, os pais ficam encantados com as vitrines que mostram aparelhos de videogame considerados ultrapassados. Sim, na **Eletromil** é possível encontrar os videogames que fizeram sucesso no final da década de 1970 e começo dos anos 1980. O preço varia de acordo com a disponibilidade do produto. As raridades são garimpadas em acervos de colecionadores. As fitas para Atari são as mais procuradas.

Eletromil
✉ Rua Santa Ifigênia, 348, loja 12, Santa Efigênia
☎ 3362-2306
✉ Viaduto Santa Ifigênia, 299
☎ 3227-4499
★ www.eletromilgames.com.br
@ camilaeletromil@hotmail.com
☞ seg. a sex. 9h/18h; sáb. 9h/17h

LIVROS E CIA.

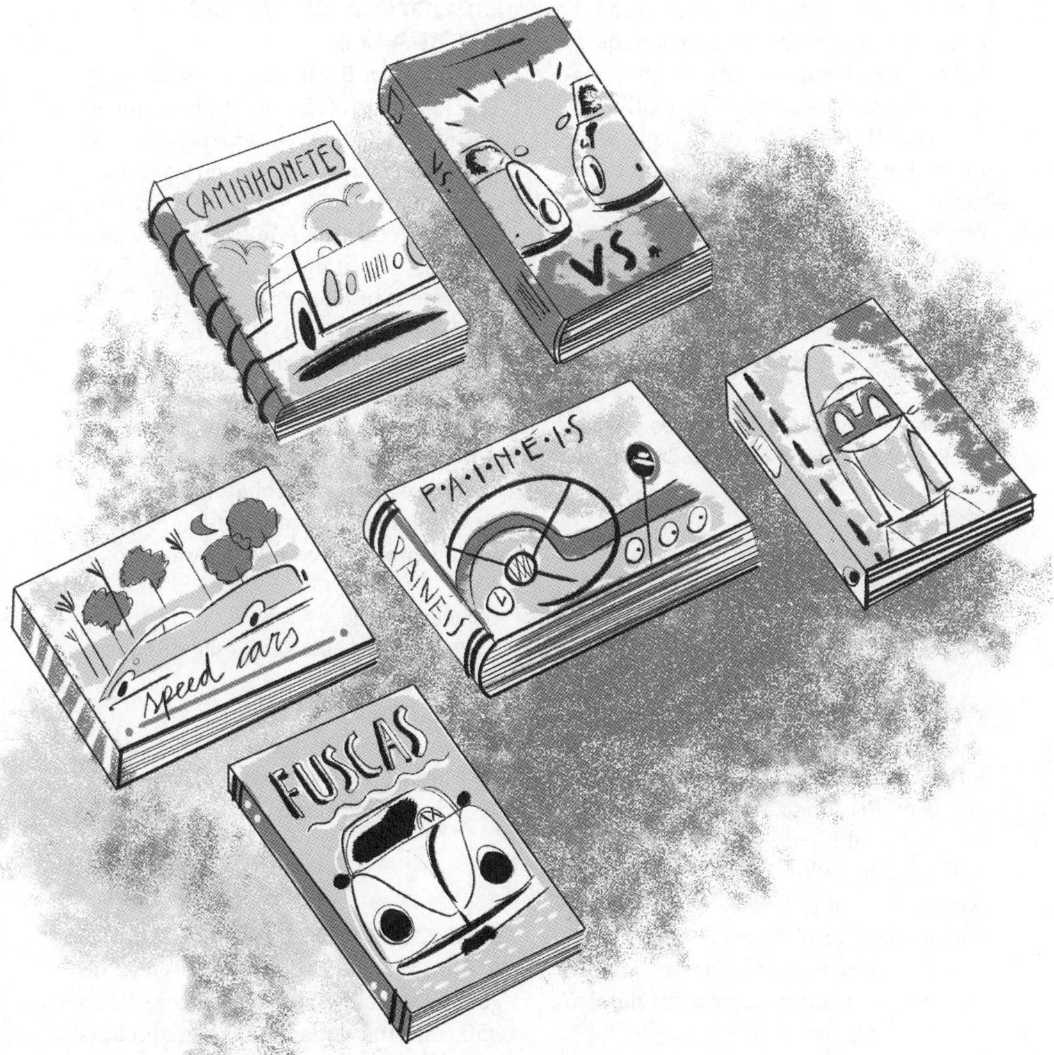

ANIMES JAPONESES

"Anime" é o nome que recebe a versão animada dos mangás, quadrinhos japoneses. Por lá, os *animes* viraram uma verdadeira febre entre jovens e adultos. Todos se divertem com os episódios coloridos e cheios de movimentos rápidos. A mania chegou a São Paulo também. Na **Associação Cultural Clube Clássicos e Anime** há DVDs de *animes* à venda para o público. São mais de 5 mil títulos à disposição do cliente, com praticamente todas as séries clássicas que fizeram sucesso no Japão, como a *Patrulha Estelar* e *Zillion*, ou as mais atuais, como o anime do personagem Naruto, desenhado por Kishimoto Masashi. Nicolas Sato, dono da loja, garante que respeita os direitos autorais nessa e na outra loja, que fica na mesma rua, dentro do SoGo Plaza Shopping. Ele acredita que os *animes* fazem sucesso pela simplicidade. "São histórias reais, com personagens comuns que criam empatia com o público", explica.

Associação Cultural Clube Clássicos e Anime

✉ Rua Galvão Bueno, 40, SoGo Plaza Shopping, loja 13, Liberdade
☎ 3271-4577
@ nilzasato@yahoo.com.br
☞ seg. a dom. 10h/19h30

BANDEIRAS, FLÂMULAS E ESTANDARTES

A **Banderart** tem as bandeiras de todos os países do mundo. Se você não encontrar o desenho com as novas cores do Uzbequistão na loja, não se preocupe. A Banderart promete conseguir tudo por encomenda. Também são aceitos pedidos de flâmulas e estandartes, essenciais, respectivamente, para um clássico de futebol entre escolas rivais e um bom desfile de Sete de Setembro.

Banderart

✉ Avenida Registro, 301, Itaquaquecetuba
☎ 4646-3300 e fax: 4646-3310
✯ www.banderart.com.br
@ vendas@banderart.com.br; contato@banderart.com.br;
☞ seg. a sex. 8h/18h

BIBLIOTECA DE LIVROS EM BRAILLE

A **Biblioteca Braille** foi inaugurada em 1957 pela professora Dorina Nowill, presidente *in memoriam* da fundação de assistência aos deficientes visuais que leva seu nome. A biblioteca fica no Centro Cultural São Paulo e já conta com um acervo bastante rico: mais de 7 mil títulos em braille (dos quais 1.200 são obras infantojuvenis) e outros 1.590 arquivos MP3 (quatrocentos destinados às crianças e adolescentes). As prateleiras são atualizadas constantemente – ao lado de bons e velhos títulos de Machado de Assis e Monteiro Lobato, encontram-se também escritores contemporâneos, como Umberto Eco e José Saramago.

Biblioteca Braille

✉ Rua Vergueiro, 1.000, Centro Cultural São Paulo, Liberdade
☎ 3397-4088
✯ www.centrocultural.sp.gov.br
@ bibliotecabraille@prefeitura.sp.gov.br
☞ ter. a sex. 10h/19h; sáb. 10h/18h

BIBLIOTECA DOS BENEDITINOS

A **Biblioteca da Abadia São Geraldo** guarda verdadeiras preciosidades. São 350 metros quadrados, escondidos dentro do mosteiro dos beneditinos, fundadores do Colégio Santo Américo, em 1950. A visita só é permitida com horário marcado. Os únicos que têm passe livre na biblioteca são os monges e os docentes. Um acervo em língua húngara, com 15 mil volumes, reúne títulos inexistentes até mesmo na Hungria. Outros 35 mil livros falam de filosofia, religião, educação, sociologia, literatura e história húngara, mas em português, inglês, francês, alemão, espanhol, italiano e latim. Um livrinho de meio centímetro, onde foi impressa a oração "Pai Nosso", é uma das relíquias da Biblioteca da Abadia São Geraldo. Emílio Jordan, fundador do Colégio Santo Américo, falecido em 1999, ganhou o livro de presente e o doou para a biblioteca.

Biblioteca da Abadia São Geraldo

✉ Rua Santo Américo, 357, Jardim Colombo
☎ 4084-1838
✯ www.asg.org.br
@ smart@csasp.g12.br; asg@csasp.g12.br
☞ com hora marcada

BIBLIOTECAS QUE ABREM NOS FERIADOS

Basta o feriado começar e os parques de São Paulo já ficam lotados. Com boa parte dos estabelecimentos culturais da cidade fechados, quem gosta mais de sossego pode procurar uma das poucas bibliotecas que ficam abertas ao público nessa época. O **Centro Cultural São Paulo**, que só não abre às segundas-feiras, concentra a biblioteca Charles Milliet, com 110 mil volumes; a Louis Braille, dedicada a deficientes visuais; a Gibiteca Henfil, com quadrinhos; e a Discoteca Oneyda Alvarenga, que concentra partituras, discos e CDs.

Centro Cultural São Paulo

✉ Rua Vergueiro, 1.000, Liberdade
☎ 3397-4088
✯ www.centrocultural.sp.gov.br
☞ ter. a sex. 10h/19h; sáb. a dom. 10h/18h

OFERECEM O MESMO SERVIÇO

Parque da Água Branca

A Sala de Leitura Léia Begler foi inaugurada em 2008 e conta com 1.500 títulos.

✉ Avenida Francisco Matarazzo, 455, Água Branca
☎ 3865-4130
✯ www.parqueaguabranca.sp.gov.br
☞ seg. a sex. 8h/17h

Galeria Olido

O Ponto de Leitura do local foi o sexto inaugurado na cidade, é especializado em arte e conta com cerca de 3 mil itens.

✉ Avenida São João, 473, Centro
☎ 3331-8399 e 3397-0171
✯ www.prefeitura.sp.gov.br/cidade/secretarias/cultura/galeria_olido/

CALIGRAFIA ORIENTAL

Fukumori Tanigushi nasceu na província de Kagoshima, no Sul do Japão. Logo depois da Segunda Guerra, imigrou para o Brasil. O jovem Fukumori, de apenas 19 anos, desembarcou no porto de Santos e veio morar em São Paulo. No bairro da Liberdade, ganhou a vida consertando radinhos de pilha e televisores. Estudioso da escrita oriental, começou a fazer pequenos trabalhos na caligrafia japonesa. O modismo dos ideogramas orientais pegou e Fukumori largou as ondas médias e curtas para se dedicar exclusivamente ao novo ofício. Existem três tipos de escrita: o Kandi, o Katakana e o Hirakana. O primeiro é de origem chinesa; os outros dois são uma variação do Kandi e foram inventados pelos japoneses. A caneta ou pincel que dá o efeito à caligrafia tem nomes esquisitos: *fudê* ou *mooshituo*, que quer dizer "pelo de cavalo". Isso mesmo, o pincel é feito com a crina ou os pelos do rabo de cavalo.

Fukumori Tanigushi
✉ Rua Galvão Bueno, 40, loja 107, Liberdade
☎ 3275-5189
☞ com hora marcada

CLIPPING DE JORNAIS E REVISTAS

Basta determinar o assunto ou o personagem para que a **Leitor Recortes** procure tudo o que será publicado sobre ele em jornais e revistas locais ou nacionais. O período mínimo para o serviço é de um mês. A empresa não faz *clipping* de edições antigas. É bastante procurada por assessorias de imprensa, estudantes, artistas e colunáveis.

Leitor Recortes
✉ Rua Padre Antonio Tomás, 159, Água Branca
☎ 3186-7000
✯ www.leitor.com.br
@ recortes@leitor.com.br
☞ seg. a sex. 8h/17h30

ENCICLOPÉDIAS

Vá lá que as enciclopédias em CD-Rom são cada vez mais comuns. Nada, porém, se compara à variedade de títulos e temas das versões antigas, em papel. Basta entrar na **Livraria Brandão** e comprovar. Especializada em livros raros e usados, a Brandão tem desde a saudosa Tesouro da Juventude (18 volumes, de 1958) à edição inglesa da Britânica (trinta volumes). Entre os 250 mil volumes do local, depara-se também com Barsa, Delta Larousse, Mirador, Estudante, Conhecer, Universo, Abril, Globo e a Grande Enciclopédia Portuguesa-Brasileira, com seus quarenta tomos. Quem precisa apenas de um ou outro volume de alguma coleção pode encomendar.

Livraria Brandão
✉ Rua Coronel Xavier de Toledo, 234, República
☎ 3214-3325, ramal 23, 3138-3000 e fax: 3214-3647
✯ www.brandaojr.estantevirtual.com.br
@ oldbook@terra.com.br
☞ seg. a sex. 8h/19h; sáb. 8h/14h

ENVELOPE ACOLCHOADO

Objetos frágeis, como CDs, disquetes, fotos, CD-Roms, fitas de vídeo, revistas e livros, podem ir pelo correio com mais segurança. Os envelopes acolchoados são comercializados pela **FS Representações**. Eles têm revestimento de papel bolha, de todos os tamanhos.

FS Representações
✉ Rua Brigadeiro Tobias, 118, 39º andar, sala 3.901, Centro
☎ 2124-9300 e 0800-702-0256
✯ www.fsvendas.com.br
@ ovendedor@fsvendas.com.br
☞ seg. a sex. 8h/17h45

GIBITECAS

Nem só de livros vive um jovem. Seja para ler os últimos almanaques da Turma da Mônica, conferir as tirinhas da Mafalda ou saber como foi a mais recente luta do Homem-Aranha, os fãs de quadrinhos encontrarão o que precisam nas gibitecas da cidade, como a **Gibiteca do Sesi** ou a **Gibiteca de Santo André**.

Gibiteca do Sesi
✉ Rua Carlos Weber, 835, Vila Leopoldina
☎ 3834-3458
☞ sáb. 8h/17h

Gibiteca de Santo André
✉ Praça Quarto Centenário, s/nº, Santo André
☎ 4433-0767
☞ seg. a sex. 8h/17h; sáb. 8h/12h

LEITURA DINÂMICA

Uma pessoa normal consegue ler 150 palavras por minuto, com compreensão de 60%. A **Methodus** garante que, após o curso de leitura dinâmica, qualquer um sai lendo até novecentas palavras por minuto, com compreensão de 80%. Os cursos têm dez sessões de três horas cada. Além das aulas, o aluno precisa treinar em casa.

Methodus
✉ Avenida Paulista, 2.202, conjunto 134, Bela Vista
☎ 3285-1052 e 3288-2777
✯ www.methodus.com.br
@ info@methodus.com.br
☞ seg. a sex. 8h/19h; sáb. 9h/15h

LIVRARIA ESPECIALIZADA EM ARQUITETURA

No térreo do prédio do Instituto de Arquitetos do Brasil, na Vila Buarque, 12 mil títulos de arquitetura, *design* e urbanismo estão à espera de interessados pela leitura no gênero. A **Livraria Bookstore** pertence a Antônio Ricarte, que vende livros na área desde a década de 1980. No local, um café tem porta-lápis dedicados a quem não consegue esquecer o trabalho nem por um minuto e passa o tempo de folga rascunhando croquis.

Livraria Bookstore
✉ Rua Bento Freitas, 314, República
☎ 2952-6786 e 2991-8340
✯ www.livrariabks.com.br
@ vendas@livrariabks.com.br
☞ seg. a sex. 8h/21h

LIVRARIA ESPECIALIZADA EM QUADRINHOS

Uma das mais tradicionais livrarias de quadrinhos de São Paulo, a **Devir** começou suas atividades em 1987, trazendo dos Estados Unidos e da Europa as publicações desejadas pelos clientes, inclusive as independentes. Na loja é possível encontrar desde os tradicionais super-heróis da DC Comics e Marvel até os mangás japoneses. A Devir também edita quadrinhos dos melhores cartunistas brasileiros, como Laerte, Adão, Angeli, Fernando Gonsales e Chico Caruso. Além dos quadrinhos, a Devir também entrou no mercado de RPGs, traduzindo para o português os livros importados. Posteriormente, fez o mesmo com os *cards* do jogo Magic: The Gathering. A loja ainda realiza encontros periódicos para fãs de quadrinhos e RPGs, além de torneios.

Devir
✉ Rua Teodureto Souto, 642, Cambuci
☎ 2127-8787
✯ www.devir.com.br
@ karla@devir.com.br
☞ seg. 12h/19h30; ter. a qui. 11h/19h30; sex. 11h/21h; sáb. 9h30/21h

OFERECEM O MESMO SERVIÇO

Comix Book Shop
✉ Alameda Jaú, 1.998, Jardim Paulista
☎ 3061-3893 e 3088-9116
✯ www.comix.com.br
☞ seg. a sex. 11h/20h; sáb. e feriados 10h/18h

Gibiteria
✉ Rua Benedito Calixto, 158, 1º andar, loja 11, Pinheiros
☎ 3167-4838
✯ www.gibiteria.com
@ contato@gibiteria.com
☞ seg. a sáb. 10h/19h

HQMix
✉ Praça Franklin Roosevelt, 142, Consolação
☎ 3258-7740
✯ http://livrariahqmix.blogspot.com
@ hqmix@yahoo.com.br
☞ seg. a qui. 15h/24h;sex. a sáb. 15h/3h

Super Comics
✉ Rua Gandavo, 58, Vila Clementino
☎ 5579-4762
@ supercomics@uol.com.br;
☞ ter. a sáb. 13h/19h

LIVRARIA ESPECIALIZADA EM MARXISMO

Cantado por Chico Buarque e Milton Nascimento, "Cálice" é a trilha sonora mais do que adequada para a pequena livraria localizada no centro de São Paulo. A **Livraria Marxista** é especializada em literatura de esquerda. Apesar de também contar com livros de arte, biografia, teatro e obras sobre a America Latina, o forte do local são, óbvio, os clássicos do marxismo. Karl Marx figura, ao lado de Eduardo Galeano e Trotsky, entre os autores mais procurados pela clientela, formada principalmente por acadêmicos e pessoas de movimentos estudantis. "A ideia era criar uma livraria em que os estudantes do marxismo pudessem se reunir", resume João Westin, de barba longa e camisa de flanela. "Certa vez um antigo militante, dono de uma livraria que foi fechada durante os anos de Ditadura Militar, veio aqui e ficou emocionado com a ideia de que hoje é possível ter uma livraria marxista tranquilamente", lembra João.

Livraria Marxista
✉ Rua Tabatinguera, 318, Sé
☎ 3104-0111
✯ www.livrariamarxista.com.br
@ livraria@marxista.com.br
☞ seg. a sex. 9h/18h; sáb. 10h/14h

LIVRARIAS ESPECIALIZADAS

Almed Editora e Livraria
Especializada em livros médicos.
✉ Rua dos Chanés, 320, Indianópolis
☎ 5542-2284 e 5093-6966
✯ www.almed.com.br
@ almed@almed.com.br; sarvier@sarvier.com.br
☞ seg. a sex. 8h30/17h30

Casa do Psicólogo
Especializada em livros de psicologia e psicanálise.
✉ Rua Simão Álvares, 1.020, Pinheiros
☎ 3034-3600
✯ www.casadopsicologo.com.br
@ casadopsicologo@casadopsicologo.com.br; comunicacao@casadopsicologo.com.br
☞ seg. a sex. 8h/18h; sáb. 10h/14h
✯ www.livrariahorus.com.br
@ livros@livrariahorus.com.br

Fondo Azteca
Especializada em livros de cultura mexicana.
✉ Rua Bartira, 351, Perdizes
☎ 3672-3397 e 3875-3835
✯ www.fondodeculturaeconomica.com; www.fcebrasil.blogspot.com
@ livrariafce@uol.com.br; azteca@uol.com.br
☞ seg. a sex. 10h/18h; sáb. 9h/13h

Francesa
Especializada em literatura francesa.
✉ Rua Barão de Itapetininga, 275, República
☎ 3256-7885 e fax: 3151-2051
✯ www.livrariafrancesa.com.br
@ atendimento@livrariafrancesa.com.br
☞ seg. a sex. 9h30/18h30; sáb. 9h/14h

Letraviva
Especializada em livros espanhóis.
✉ Avenida Rebouças, 1.986, Pinheiros
☎ 3088-7992, 3088-7832 e 3088-7780
✯ www.letraviva.com.br
@ letraviva@letraviva.com.br
☞ seg. a sex. 9h/18h; sáb. 9h/13h

Librería Española e Hispanoamericana
Especializada em livros espanhóis (didáticos e literatura).
✉ Rua Augusta, 1.371, lojas 9-11 e 14, Consolação
☎ 3288-6434 e 3283-4700
✯ www.libreriaespanola.com.br
@ libreriaespanola@gmail.com
☞ seg. a sex. 9h/19h; sáb. 9h/14h

Livraria Chinesa
Especializada em mandarim (chinês) e livros importados da China.
✉ Avenida Liberdade, 622, Liberdade
☎ 3207-4319
☞ seg. a sex. 10h/19h30; sáb., dom. e feriados 13h/18h30

Livraria Gaudí
Especializada em livros de arte.
✉ Rua Augusta, 2.892, Cerqueira César
☎ 3081-1010
✯ www.gaudi.com.br
@ faleconosco@gaudi.com.br
☞ seg. a sex. 9h/19h; sáb. 9h/14h

Livromed
Especializada em livros da área de saúde.
✉ Rua Arruda Alvim, 176, Pinheiros
☎ 5575-3194
✯ www.livromedpaulista.com.br
☞ seg. a sex. 8h30/17h30

Paulus Livraria
Especializada em catolicismo, espiritismo, psicologia, filosofia e teologia bíblica.
✉ Praça da Sé, 180, Sé (e mais dois endereços)
☎ 3105-0030, 3105-9524 e fax: 3105-2489
✯ www.paulus.com.br
@ pracase@paulus.com.br; sac@paulus.com.br
☞ seg. a sex. 9h/18h; sáb. 8h30/12h30

Revisal
Especializada em livros e revistas alemães.
✉ Rua José dos Santos Júnior, 68, Campo Belo
☎ 5536-5347 e 5561-1304
✯ www.revisal.com.br
@ revisal@revisal.com.br
☞ seg. a sex. 8h30/18h; sáb. 9h/13h

SBS Books
Especializada em livros de língua inglesa.
✉ Avenida Casa Verde, 463, Casa Verde (e mais nove endereços)
☎ 2238-4477e fax: 2256-7151
✯ www.sbs.com.br
@ sbs@sbs.com.br; livrariainternacional@sbs.com.br
☞ seg. a sex. 9h/16h; sáb. 9h/13h

Sêfer

Especializada em livros judaicos.

✉ Alameda Barros, 735, Santa Cecília

☎ 3826-1586 e 3826-1366

✯ www.sefer.com.br

@ sefer@sefer.com.br

☞ seg. a qui. 9h/19h; sex. e véspera de feriados judaicos 9h/16h

Sol

Especializada em revistas, guias e livros japoneses.

✉ Praça da Liberdade, 153, Liberdade

☎ 3208-6588 e 3207-6367

✯ www.livrariasol.com.br

@ contato@livrariasol.com.br

☞ seg. a sáb. 9h/18h; dom. 11h/17h

LIVROS DECORATIVOS

Aristóteles Alencar é um grande apreciador de encadernações de livros antigos. E é por isso que há um setor de sua loja, **O Belo Artístico**, só com livros decorativos. "Tem gente que não gosta deste nome", afirma Alencar. "Mas é puro preconceito." Este mercado vende publicações por metro para um público que deseja apenas decorar uma biblioteca, sem realmente ler o exemplar. "Vendo livros que já se tornaram obsoletos, com conteúdo ultrapassado, como os de medicina." Alencar repara nos mínimos detalhes das capas dos exemplares. Moldura em couro, traços dourados, gravuras simétricas, utilização de pergaminho. A maioria de seus clientes é de decoradores. E sobram histórias engraçadas que Alencar guarda entre os livros. Uma *socialite* foi correndo a O Belo Artístico atrás de "livros de verdade". Ela havia feito uma biblioteca só com publicações falsas, de madeira compensada. Em uma festa que deu em casa, uma convidada mexeu na estante e a madeira caiu – o que resultou em risadinhas entre os presentes.

O Belo Artístico

✉ Rua Estados Unidos, 1.426, Jardim América

☎ 3088-1581

@ obeloart@yahoo.com.br

☞ seg. a sex. 9h/18h; sáb. 10h/13h

LIVROS RAROS

O sebo mais antigo de São Paulo é também um dos maiores da cidade. Nas prateleiras abarrotadas de papel da **Livraria Calil Antiquário** estão cerca de 450 mil títulos apenas na área de humanas. É comum encontrar primeiras edições e exemplares raros.

Livraria Calil Antiquário

✉ Rua Barão de Itapetininga, 88, conjunto 917, República

☎ 3255-0075 e 3255-0716

✯ www.livrariacalil.com.br

@ calil@livrariacalil.com.br

☞ seg. a sex. 10h/17h; sáb 10h/13h

MANUAL DE CARROS ANTIGOS

Dificilmente o manual sai do porta-luvas do veículo – quase ninguém tem paciência de ler. Mas saiba que você pode aprender com segurança qual é a capacidade do tanque de combustível, a quantidade de libras ideal para os pneus em diferentes circunstâncias, como e quando trocar o óleo, enfim, tudo sobre o manejo e a manutenção leve do carro está no livreto. No caso dos automóveis antigos, tê-lo pode desempatar a disputa em um concurso – o item atesta a máxima originalidade do modelo. As informações são de Wagner Campos, dono da **Auto Book**, loja com cerca de 5 mil manuais. "O forte são os dos carros até a metade do ano de 1970; os novos são poucos", ele diz. Entre os itens, estão os manuais da Romi-Isetta nacional, do Gurgel Itaipu Elétrico e até do Ford T 1914, que foi escrito em português, sendo que a montadora só chegaria ao Brasil em 1919. Wagner vende também espelhos, lanternas, volantes, frisos, emblemas, todos considerados "bijuterias" por ele. Essas peças são importadas sob encomenda.

Auto Book

✉ Rua Maceió, 184, São Caetano do Sul
☎ 4227-4576
✯ www.autobookparts.com.br
@ autobook@uol.com.br
☞ seg. a sex. 9h/18h

MAPAS

Desde a década de 1960, a **Casa dos Mapas** vende globos terrestres, mapas de cidades, países e continentes de tamanhos variados. A loja também aceita encomendas para confeccionar mapas especiais, como de um bairro ou de uma cidade. "Certa vez, um cliente me pediu para mapear o Brasil, com todas as cidades, em uma folha de papel A4. Eu disse que faria, mas só se ele não reclamasse das letras miúdas depois", diz Sérgio de Albuquerque, um dos proprietários.

Casa dos Mapas

✉ Rua Gonçalo da Cunha, 12, Chácara Inglesa
☎ 2578-6449
✯ www.casadosmapas.com.br
@ adm@casadosmapas.com.br
☞ seg. a sex. 8h/18h

PESQUISAS HISTÓRICAS

Brastemp, Camargo Corrêa e Siemens são alguns exemplos de clientes da **Hera**. Todos eles quiseram deixar guardadas as suas histórias para gerações futuras. Criada por quatro historiadores da USP, em 1986, a Hera faz pesquisas e consultoria histórica que poderão se transformar depois em livros, vídeos, centros de documentação ou até exposições. O trabalho inclui um levantamento completo com tudo o que já foi produzido pela empresa pesquisada. Depois são realizadas entrevistas com diretores, antigos funcionários e até clientes. Cada entrevista pode durar de uma hora e meia a seis horas. Com esse farto material, a Hera cria um banco de depoimentos. O trabalho, coordenado pela historiadora Hildegard Herbold, é feito por diferentes equipes, especialmente contratadas para cada empreitada. Editoras e agências de publicidade também contratam a Hera para realizar trabalhos para seus clientes.

Hera

✉ Rua Doutor Oscar Monteiro de Barros, 617, conjunto 52, Vila Suzana
☎ 3742-2378
✯ www.herapesquisa.com.br
@ contato@herapesquisa.com.br
☞ seg. a sex. 9h/18h

QUADRINHOS CLÁSSICOS

Já se passou quase meio século, mas muita gente não esqueceu da *Edição maravilhosa*. Cada número trazia a adaptação de um clássico da literatura brasileira e internacional. Em quadrinhos, *Senhora*, de José de Alencar; *Terras do sem fim*, de Jorge Amado, e *Capitães corajosos*, de Rudyard Kipling, são alguns desses raros exemplares da década de 1950 encontrados na Ventania. Existem muitas outras coisas valiosas entre as 10 mil revistas do acervo da loja. Almanaques do Pato Donald, Batman e Super-Homem dos anos 1960 são oferecidos em boas quantidades. Além das revistas, a **Ventania** também é especialista em discos raros e antigos.

Ventania
✉ Rua 24 de Maio, 188, 1º andar, conjunto 113 e 117, República
☎ 3331-0332
✯ www.ventania.com.br
@ ventaniadiscos@uol.com.br
☞ seg. a sex. 12h/19h; sáb. 11h/15h

SEBO DE AUTOMOBILISMO

Paulo Gonçalves de Lima começou a colecionar revistas de automobilismo e motociclismo em 1989. Ele calcula ter atualmente 100 mil revistas, 10 mil folhetos antigos de concessionárias e mil livros sobre os temas. Guarda também manuais de proprietário e pôsteres. "Quem faz restauração de carros precisa ter literatura da época para não fugir do original", diz. "Por isso, o meu negócio está dando tão certo". Sem mais lugar para guardar tanto material, ele decidiu montar um sebo especializado em automobilismo em sua própria casa. "Não guardo mais nada para mim", afirma. "Tenho muita coisa rara que só está aqui porque ninguém teve coragem de pagar ainda". Um dos itens mais raros do sebo de Paulo é a primeira edição da revista *Quatro Rodas*, de agosto de 1960. O vendedor já foi dono de dois exemplares da edição de número zero da revista, feita antes do lançamento, como um teste da editora.

Paulo Gonçalves de Lima
✉ Avenida Melchert, 397, Vila Matilde
☎ 2653-1996, 7735-9489 e fax: 3807-2168
@ literaturasnake@ig.com.br
☞ seg. a sex. 8h/11h e 13h/17h, com hora marcada

VENDA DE GIBIS

Atenção, amantes das histórias em quadrinhos: o **Castelo do Gibi** tem 1.500 exemplares esperando por vocês. Há desde gibis em promoção a raridades, como um almanaque *O lobinho*. "Aqui tudo é separado e catalogado", avisa Pietro Antônio, dono do lugar em sociedade com o filho, André. "Temos gibis de 1938 até os mais atuais, que estão nas bancas." O Castelo do Gibi, inaugurado em 2000, tem coleções antigas completas de personagens como Homem-Aranha, Recruta Zero, Menino Maluquinho, Wolverine e Super-Homem, entre tantos outros. "Compro lotes de editoras e faço negócio com outros colecionadores para conseguir tudo o que os meus clientes querem", afirma Pietro. Agora, ele e o filho criaram o Clube do Gibi. Os sócios pagam uma anuidade de acordo com o plano escolhido (júnior, master ou sênior) e têm direito a descontos nas compras na loja, preferência de compra quando aparecem edições únicas, brindes e ainda uma escolha de gibis no mesmo valor pago pela anuidade. "Depois que atingirmos a meta de associados, apenas pessoas indicadas poderão fazer parte do clube, para mantermos a qualidade no atendimento", diz Pietro.

Castelo do Gibi

✉ Rua Parapuã, 481, Itaberaba
☎ 3923-2340 e 9917-9017
★ www.castelodogibi.com
@ gibi@castelodogibi.com.br
☞ seg. a sex. 9h/20h

VENDA DE REVISTAS JAPONESAS

Quer saber quais são as últimas tendências de moda no Japão? A **Casa Ono** vende edições recentes das revistas *Marie Claire* e *Vogue* em japonês. É possível também comprar a semanal *Josei Jichin*. "É uma espécie de *Veja* japonesa", diz Sadamu Furusato, funcionário da revistaria. "As revistas chegam com três meses de atraso", conta Furusato. "Elas vêm de navio e, às vezes, ficam presas na alfândega." O artigo mais caro na revistaria é um dicionário japonês-português. Só que surpresa mesmo o cliente irá encontrar no fundo da Casa Ono. Há uma locadora (com mil títulos, incluindo programas da TV japonesa), uma mercearia, uma casa de produtos em conserva e uma peixaria... todos vendendo produtos japoneses. "A Casa Ono é apenas a livraria e revistaria", explica Furusato. "Os outros boxes são alugados. As pessoas entram para levar uma revista e acabam levando até um jantar completo."

Casa Ono

✉ Rua Galvão Bueno, 364, Liberdade
☎ 3208-9365
@ casaono@uol.com.br
☞ seg. a sex. 8h/18h; sáb. 8h/13h

ROUPAS E AFINS

AFINAR BICO DE SAPATO

Hoje, são bicos quadrados, mas e amanhã? Quem não quer aposentar (ou jogar fora) os sapatos por causa de moda pode procurar a **Sapataria Barone**. Antonio de Caprio, o proprietário, garante que afina bicos de sapatos com perfeição. Ele faz mais. Se a peça de roupa for de couro, transforma calças em saias, casacos em jaquetas, recupera, tinge ou muda o modelo. Há esperança até para calçados apertados. Antonio usa uma técnica especial com produtos italianos para aumentar o número dos sapatos sem nenhuma emenda. O prazo depende de avaliação, e a loja aceita pedidos por Sedex com pagamento feito pelo banco.

Sapataria Barone

✉ Rua Tutoia, 159, térreo, Vila Mariana
☎ 3885-9068 e 3051-7272
☞ seg. a sex. 7h/18h; sáb. 7h/13h

ALPARGATAS

Pensou que elas tinham sumido? Que nada: as alpargatas, sapato de lona ou algodão com sola de corda de juta, continuam em alta. Quem mantém a tradição em São Paulo é a espanhola Ana Délia Moreno. Os avós de Ana já fabricavam alpargatas na Europa na década de 1920. Ela veio para o Brasil em 1954, aos três anos. Formou-se em engenharia e, em 1983, retomou a arte de seus familiares. Batizou as alpargatas de **Cervera**, nome da região onde nasceu na Espanha. Em sua loja existem cerca de cem modelos de alpargatas. São vários materiais (lona, algodão e veludo), vários modelos (tradicional, chinelo e sandálias) e várias cores (alguns com bordados e paetês). "Andar de alpargata é como andar descalço", garante Ana. "O solado é muito maleável." E como um negócio pode durar tanto tempo sem mudar o *design*? "A moda muda muito. Por isso, criamos outros modelos, mas também mantivemos o tradicional, que é vendido no Brasil inteiro", responde Ana. As alpargatas, que podem ser usadas por homens, mulheres e crianças, vão do número 23 ao 44.

Cervera

✉ Rua Princesa Isabel, 208, Brooklin Paulista (e mais quatro endereços)
☎ 3876-6300
✯ www.cervera.com.br
@ brooklin@cervera.com.br; oscarfreire@cervera.com.br
☞ seg. a sex. 9h30/18h30; sáb. 9h30/14h

BENGALAS

De madeira ou chifre de boi. Lisa ou trabalhada. Não é por falta de opção que alguém deixa de comprar uma bengala. O artesão **José Ferreira do Nascimento** produz vários modelos e também faz restaurações. Ele tem um espaço aos sábados na feira da Praça Benedito Calixto, no Jardim Paulista, e aos domingos na Feira do Masp.

José Ferreira do Nascimento

✉ Praça Benedito Calixto, s/nº, Pinheiros
☎ 4186-5062 e 8361-7266
✯ www.pracabeneditocalixto.com.br
☞ sáb. 9h/19h
✉ Avenida Paulista, 1.578, boxe 12, Bela Vista (Masp)
☎ 3253-6382 e fax: 3251-4210
✯ www.aaesp.art.br
☞ dom. 10h/17h

BOLSAS EM TECIDO DE COBERTOR

Elas foram criadas em Recife para carregar figuras de cerâmica, mas acabaram virando bolsas para mulheres descoladas. A loja **Cachalote** vende as peças feitas em tecido de cobertor em dois tamanhos, na cor cinza. A maior tem 40 X 20 centímetros. A menor, 30 X 30 centímetros. Os botões são de cerâmica, com diferentes desenhos, como nuvens, gotas e caveiras.

Cachalote
✉ Feira de Arte e Artesanato Como Assim?!, Shopping Center 3
☎ 2958-9504 e 8334-8341
✯ www.cachaloteonline.com.br
☞ dom. 10h/22h

OFERECE O MESMO SERVIÇO

TU Mercado de Arte e Moda
✉ Rua Pedroso de Moraes, 793, Pinheiros
☎ 3816-3100
✯ www.tumercadodemodaearte.com.br
☞ seg. a sáb. 10h/17h

BOTA PARA MONTARIA

Se a ideia é começar a praticar hipismo ou simplesmente fazer um passeio a cavalo a caráter, a **Loja das Botas** vai começar calçando seus pés. A casa fabrica botas de montaria sob medida, mas o serviço é oferecido apenas para homens.

Loja das Botas
✉ Rua Conselheiro Crispiniano, 343, 1º andar, República
☎ 3223-1114
☞ seg. a sex. 9h/18h

BOTAS PARA NEVE

Tudo bem que a viagem está marcada para o inverno. É possível sair de São Paulo com os pés bem quentinhos. As botas para neve são feitas de couro impermeável, revestimento de lã de carneiro e solado antiderrapante. Próprias para uma boa aventura glacial. A **Porão** tem ainda outros cem modelos, de industriais até as *country* mais sofisticadas. Essas botas também estão à venda na **Birello**, em modelos masculinos (do número 38 ao 44) e femininos (do 34 ao 39).

Porão
✉ Rua Guaicurus, 116, Água Branca
☎ 3872-6118 e 3672-9481
✯ www.porao.com.br
☞ seg. a sex. 8h30/19h; sáb. 8h30/18h

Birello
✉ Rua Guaicurus, 82, Água Branca
☎ 3673-3222 e fax: 3673-3132
✯ www.birello.com.br
@ birello@birello.com.br
☞ seg. a sex. 9h/19h; sáb. 9h/18h

CALÇADOS SOB MEDIDA

"Quem te carrega são os pés. Se você não lhes dá a morada necessária, eles terão problemas", afirma o artesão do calçado Renzo Nalon, à frente da **Pellegrini Calçados**. Sapateiro, para ele, soa pejorativo. Nascido na fábrica, "no meio do couro", Renzo começou no ofício em 1950, embora a empresa tenha nascido no início do século XIX – foi fundada pelo pai do seu tio-avô. Os sapatos sob medida feitos à mão só carregam couro, "sinônimo de saúde porque respira e transpira". A matéria-prima, aliás, é importada da Itália, França, Alemanha, Argentina e Uruguai, e é responsável pelos dez a 12 anos de vida, em média, do pisante. Além da fabricação, a Pellegrini oferece toda a manutenção. Por tudo isso, algumas personalidades são clientes de Renzo, como é o caso de Fernando Henrique Cardoso e José Serra.

Pellegrini Calçados
✉ Rua Anhanguera, 447, Barra Funda
☎ 3666-7935 e 3666-9563
✯ www.pellegrini.com.br
@ pellegrinishoes@pellegrini.com.br; sac@pellegrini.com.br
☞ seg. a sex. 8h/16h; sáb. 8h/12h, com hora marcada

OFERECEM O MESMO SERVIÇO

Casa Busso
✉ Rua Major Sertório, 452, Vila Buarque
☎ 3256-9435
☞ seg. a sex. 8h/17h; sáb. 8h/12h

Criações Ribeiro
✉ Rua Cincinato Braga, 573, Bela Vista
☎ 3284-0220
✯ www.sapatossobmedida.com.br
☞ seg. a sex. 8h30/19h30, com hora marcada; sáb. 8h30/15h30

Loja Perere
É preciso agendar o serviço, já que um especialista vem de Franca (SP) para atender clientes apenas em dias marcados.
✉ Rua Mourato Coelho, 1.407, Pinheiros
☎ 3814-4313
✯ www.lojaperere.com.br
@ lojaperere@lojaperere.com.br
☞ seg. a sex. 9h/19h; sáb. 10h/16h

CAMISA SOB MEDIDA E MONOGRAMA

Nem sempre encontrar uma camisa com bom caimento é tarefa fácil. A solução, então, é procurar alguém ou algum lugar que a faça bem-feita. Uma sugestão é a **Camisaria Rocha**, que une tradição e qualidade em suas confecções. Tradição porque está no mercado desde 1914, e qualidade porque a camisa é feita sob medida, e o tecido recebe uma pré-lavagem para evitar o encolhimento. Caso não seja ainda cliente, é preciso ir à loja tirar as medidas. Nas outras vezes, basta fazer o pedido por telefone. Outra possibilidade é enviar pelo correio uma camisa com suas medidas. O prazo médio do serviço é de uma semana. Lá também se pode colocar um monograma na camisa. É um detalhe, mas faz diferença para muita gente. A Rocha borda as iniciais do cliente em qualquer tipo de camisa. E em qualquer lugar. "Alguns clientes pedem o monograma no bolso, punho e colarinho", explica a proprietária, Denise Rocha. Até cuecas ganham a marca personalizada do dono. Em alguns casos, se o desenho não for rebuscado, aceitam-se encomendas de brasões e outros símbolos.

Camisaria Rocha
✉ Alameda Joaquim Eugênio de Lima, 1.754, Jardim Paulista
☎ 3051-5150
✯ www.camisariarocha.com.br
@ atendimento@camisariarocha.com.br; admnistracao@camisariarocha.com.br
☞ seg. a sex. 9h/18h; sáb. 9h/13h

OFERECEM O MESMO SERVIÇO

Ateliê Rodolfo e Edson
✉ Rua Clélia, 1.368, Água Branca
☎ 3864-5207 e fax: 3673-1867
☞ seg. a sex. 8h/18h; sáb. 8h/13h

Camisaria Claudia
✉ Rua Dom José de Barros, 152, 7º andar, conjunto 71/ 72, República
☎ 3105-2454
✯ www.camisariaclaudia.com.br
@ contato@camisariaclaudia.com.br
☞ seg. a sex. 8h/18h; sáb. 8h/12h

CAMISETAS FEITAS DE XILOGRAFIA

O artista plástico gaúcho D'Julia Gangary desenha as estampas em pedações de madeira. O desenho deve estar sempre invertido. Como um escultor, ele entalha o que quer reproduzir no tecido. A partir daí, tem uma matriz, que pode transferir estampas para um número quase infinito de camisetas. Essa técnica é usada em todas as roupas à venda na **Xilo Shirt**, primeira loja paulistana especializada em camisetas estampadas com xilogravura. Se alguma camiseta não estiver disponível, Gangary faz a prensagem na hora. "Minha prensa é improvisada a partir de um macaco mecânico", conta. "Antes, eu pulava em cima da matriz para garantir que a tinta passasse ao tecido".

Xilo Shirt
✉ Rua Cardeal Arcoverde, 1.787, Pinheiros
☎ 3034-2206 e 8563-2919
✯ www.xiloshirt.blogspot.com
@ xilo_shirt@hotmail.com
☞ seg. a sáb. 10h/20h

CHAPÉU COM TRILHA SONORA

Rolling Stones, Erasure, Moby, Maria Bethânia e até Roberto Carlos. Os nomes nas etiquetas indicam a trilha sonora ouvida pelo artista Durval Sampaio no momento em que criava cada um dos chapéus expostos na **E-Holic**. "Já teve gente que comprou o chapéu por causa da música e vice-versa", diverte-se ele. Apaixonado por chapéus e boinas, Durval tinha um problema: nunca encontrava peças que servissem em sua cabeça. Inconformado, comprou uma máquina de costura, pesquisou na internet e começou a testar seus próprios modelos. Depois de passar um tempo expondo em feiras e vendendo na internet, ele abriu a loja. Lá, o clima retrô é reforçado pelos aparelhos de som antigos e duas máquinas de costura literalmente do tempo da avó. Os modelos masculinos e femininos primam pela extravagância. Há chapéus feitos com retalhos de saco de café, de cimento e até de tecido arrancado do banco de um fusca velho. "Uso de tudo, menos os materiais convencionais", avisa.

E-Holic
✉ Rua Fradique Coutinho, 1.399, Vila Madalena
☎ 3853-0420
✯ www.e-holic.com.br
@ du@e-holic.com.br
☞ seg. a sáb. 10h/19h

CHAPÉU SOB MEDIDA

A **Chapelaria Paulista** é um dos endereços mais tradicionais da cidade para quem quer fazer um chapéu sob medida. Tão tradicional que já teve entre seus clientes o escritor Monteiro Lobato e os compositores Adoniran Barbosa e Tom Jobim. Na **Chapéus Erna**, quem não ficar satisfeito com os duzentos modelos diferentes pode criar o seu próprio. Robert Grabner, o dono, aceita qualquer tipo de encomenda. Polivalente, a Erna atende desde escolas de samba, como a Vai-Vai, até desfiles de alta-costura. A ex-primeira-dama Ruth Cardoso era sua cliente.

Chapelaria Paulista
✉ Rua Quintino Bocaiúva, 94, Centro
☎ 3107-5803
☞ seg. a sex. 8h30/18h30; sáb. 8h30/13h

Chapéus Erna
✉ Rua Conselheiro João Alfredo, 263, Mooca
☎ 3277-5990
☞ seg. a sex. 9h/20h

OFERECEM O MESMO SERVIÇO

A Esquina
✉ Rua do Seminário, 131/135, Centro
☎ 2852-4722
✯ www.aesquina.com.br
☞ seg. a sex. 8h30/18h30

El Sombrero
✉ Rua do Seminário, 156/158, Centro
☎ 3326-9898
✯ www.elsombrero.com.br
☞ seg. a sex. 9h/18h30; sáb. 9h/15h

CUECAS SUPERGRANDES

A cueca é fabricada na medida para homens de duzentos quilos. "Com o tecido de uma dessas, poderiam ser feitas três pequenas", afirma Isaak Pesso, noventa quilos, dono da **Confecções Pesso-Pan**. Ele garante que a peça se transformou na melhor propaganda na vitrine da loja. Especializada em roupas masculinas com numeração bem grande, a Pesso-Pan foi criada em 1968 por um homem magro. "Meu pai, Gabriel, tinha setenta quilos, mas enxergou nos gordinhos um ótimo mercado", explica Yomtov Pesso, irmão caçula da família e o mais pesadinho (cem quilos). Na hora da venda, outro segredo ensinado pelo pai foi adotado. "Trabalhamos com honestidade. Já dizemos logo que o cliente é gordo e precisa de um número maior." Parece severo, mas os Pesso garantem que funciona. "O gordinho fica mais à vontade e compra a numeração que realmente usa."

Confecções Pesso-Pan
✉ Rua José Paulino, 528, Bom Retiro
☎ 3221-9647, 9720-1138 e 7486-9961
✯ www.pessopan.com.br
@ tovepesso@uol.com.br
☞ seg. a sex. 9h/17h; sáb. 9h/14h30

OFERECE O MESMO SERVIÇO

Akkar Soft
✉ Shopping Ibirapuera, piso Campo Belo, loja 53
☎ 5561-9837
✯ www.akkarsoft.com.br
☞ seg. a dom. 10h/22h

ESTAMPAS EM GRAVATAS

Na **Ties & Friends** é possível encontrar qualquer estampa de gravata. E, se você não encontrar aquela que está procurando, é só encomendar uma estampa exclusiva pintada à mão. Os mais ousados podem escolher estampas sensuais e eróticas. Os mais clássicos têm à mão os últimos lançamentos italianos. Aberta em 1990, a loja fornece para os iniciantes um folheto explicativo com três tipos de nós para gravatas.

Ties & Friends
✉ Shopping Ibirapuera, piso Moema, loja 51
☎ 5531-9869 e 5531-9918
✯ www.tiesandfriends.com.br
@ tiesandfriends@tiesandfriends.com.br
☞ seg. a sáb. 10h/22h; dom. 14h/20h

GRIFE FEITA COM RETALHOS

Quem passa em frente à loja **Recicla Jeans** fica surpreso com o *design* e a modernidade das peças em exposição. Quem for um pouco mais curioso, entrar e bater um papo com as vendedoras da loja, ficará mais entusiasmado ainda. É que as peças são fabricadas por vinte mulheres e jovens carentes da favela Paraisópolis, no bairro do Morumbi, com retalhos e sobras de tecidos fornecidos por grandes tecelagens. A iniciativa é da ONG Florescer, que mantém na comunidade uma linha de produção de calças, saias, jaquetas e vestidos, tudo desenhado por profissionais de moda associados à entidade. Há até criações com tecidos nobres, como seda, tafetá, crepes e também pedraria. Os preços são muito próximos dos cobrados por grifes tradicionais.

Recicla Jeans

✉ Rua Manoel Antonio Pinto, 500, Paraisópolis
☎ 3746-9846 e 3451-2456
✯ www.ongflorescer.com.br
@ projflorescer@uol.com.br; ongflorescer@uol.com.br
☞ seg. a sex. 10h/17h, com hora marcada

JOIAS EM BRAILLE

A primeira coleção de joias da designer **Áurea Sacilotto** foi batizada de "joias do concretismo", em homenagem a Luiz Sacilotto, artista concretista. "Uma das peças tinha um grafismo muito próximo ao braille", afirma. Foi assim que surgiu o convite para Áurea desenvolver peças com inscrições para portadores de deficiência visual. "Fiz um curso rápido para aprender o básico", conta a designer. Áurea criou 26 joias exclusivas. "São pingentes, brincos, anéis e braceletes com as palavras 'paz', 'amor' e 'vida' grafadas em braille", explica. Todas as peças passam pelo controle de qualidade da Fundação Dorina Nowill, instituição voltada aos cegos.

Áurea Sacilotto

✉ Não divulga o endereço
☎ 9179-5550
✯ www.temperadesign.com.br/joias
@ aurea.sacilotto@ uol.com.br
☞ com hora marcada

LINGERIE PARA GORDINHAS

Quem disse que uma mulher rechonchuda (ou cheinha, se preferir) não tem direito a se sentir linda, maravilhosa e... gostosa? Cássia Bufolin, manequim 48, é um exemplo de quem transformou um problema num negócio. "Nunca consegui encontrar *lingerie* do meu tamanho", lembra. "Gosto de renda, de coisas sensuais." Cássia abriu em 2004 a **Rechonchée**, uma loja especializada em *lingeries*, camisolas e roupas de banho para mulheres que vestem de 46 a 54. Para ninguém ficar em dúvida, o símbolo da loja é uma gorduchinha *sexy*, usando corselete e calcinha. Os conjuntos de calcinha e sutiã estão agrupados por cores. São oito modelos, em vinte diferentes cores, fora as estampadas, como oncinha e bordados variados. A Rechonchée vende ainda camisolas de seda, longas e curtas, com ou sem bordados. Há *baby-dolls*, *short-dolls*, penhoar com plumas, que podem ser usados no dia a dia ou em ocasiões especiais. "Muitas mulheres vêm aqui para comprar o enxoval, outras para incrementar o guarda-roupa", conta Cássia. Há também moda praia, com biquínis, saídas de banho e acessórios. Pensa que acabou? Que nada! Um pequeno *sex shop* fica logo atrás de uma cortina de cristais. "São acessórios básicos, num ambiente para quem sente vergonha de entrar em um *sex shop* maior", diz Cássia.

Rechonchée

✉ Rua Deputado Lacerda Franco, 281, Pinheiros

☎ 3815-4027

★ www.rechonchee.com.br

@ faleconosco@rechonchee.com.br

☞ seg. a sex. 10h/18h30; sáb. 10h/15h

LINGERIE RETRÔ

Ao ganhar da avó o primeiro sutiã, **Thais Gusmão** decidiu que ia ser estilista para fazer peças diferentes daquela roupa de baixo lisa e sem graça. O resultado foram calcinhas e sutiãs que buscam inspiração em diversas fontes: de Marilyn Monroe a garotas que se vestem de boneca no Japão.

Thais Gusmão

✉ Rua Oscar Freire, 216, sobreloja, Jardins (e mais três endereços)

☎ 3061-3874 e 5660-6728

★ www.thaisgusmao.com.br

☞ seg. a sex. 10h/18h30; sáb. 10h/15h

LOJA DE ALL STAR

Com apenas 15 metros quadrados, instalada dentro da Galeria do Rock, funciona a única **Loja All Star** da América Latina. Dentro, só produtos da marca Converse All Star. Paulo Ramos, também dono da loja de calçados multimarca da frente, conta que abriu o negócio animado com o volume de vendas do tênis no local, bastante frequentado por jovens vestidos de preto, fãs de *rock'n'roll* de várias vertentes. "O All Star é um calçado barato, moderno, e há opção para todo mundo", conta Paulo. "Os pais dos roqueiros de hoje em dia já usavam. Ele voltou nessa onda retrô que invadiu a cidade", finaliza ele. São quatrocentos itens no total, com numeração do 18 ao 46, e lançamentos simultâneos no mundo todo. Alguns modelos feitos para butiques sofisticadas também podem ser encontrados na lojinha. Além dos calçados, há ainda meias, cadernos, bonés e camisetas com o famoso logo da estrelinha.

Loja All Star

✉ Avenida São João, 439, Galeria do Rock, loja 267, Centro

☎ 3333-3304

☞ seg. a sex. 10h15/18h45; sáb. 10h/18h

LUVAS

Os produtos à venda na **Luvas Frankl** com certeza servirão como uma luva. A fábrica, uma das últimas do gênero no país, oferece modelos de luvas em helanca, Lycra, lurex, náilon, renda e suedine, além de versões industriais, hospitalares e infantis. São várias cores, estampas e tamanhos.

Luvas Frankl

✉ Rua Brigadeiro Galvão, 853, Barra Funda

☎ 3825-3790 e 3825-7194

★ www.luvasfrankl.com.br

@ luvasfrankl@uol.com.br;

☞ seg. a qui. 8h/18h; sex. 8h/17h (varejo)

MALAS ANTIGAS

Quem visita a **Vintage World** pode ter a impressão de que acabou de passar por um túnel do tempo. A loja é especializada em malas com reproduções de adesivos colados, à moda antiga. A Vintage oferece trinta modelos de malas em vários tamanhos e nove cores para todos os usos e gostos. As preferidas das modernas são as malas menorzinhas, usadas à noite. Se o cliente preferir, pode levar a mala "crua", sem adesivos.

Vintage World
✉ Alameda Jauaperi, 196, Moema
☎ 5051-1950
☞ seg. a sáb. 9h30/19h; dom. e feriados 10h/18h
✉ Rua Itapura, 756, Tatuapé
☎ 2296-6930
☞ seg. a sáb. 9h30/19h; dom. e feriados 12h/18h
☆ www.vintageworld.com.br

OFERECE O MESMO SERVIÇO

Horácio Caetano Júnior
✉ Praça Benedito Calixto, 78, Pinheiros
☎ 2577-4515
☞ sáb. 9h/17h

MODA AFRICANA

Não é exagero afirmar que um pedacinho da África está encravada no centro de São Paulo. A loja **Mãe África – Cultura e Design** comercializa roupas, tecidos, móveis e artigos de decoração africanos. "Todos os nossos produtos remetem ao continente", explica Tânia Salami, proprietária da loja. Casada com o nigeriano King Salami, professor universitário, Tânia percebeu a dificuldade em encontrar produtos africanos legítimos no Brasil, e que poderia ser um ótimo negócio. "Começamos como uma importadora e só depois abrimos a loja", conta. A legitimidade é realmente obrigação nas peças vendidas pelo casal. "Em 1994, importávamos só da Nigéria. Hoje, temos produtos da Costa do Marfim, da África do Sul e do Benin", enumera Tânia. Para garantir a qualidade, os Salami costumam comprar e escolher pessoalmente as peças. Tanto cuidado é reconhecido pela clientela. "Atendemos turistas que ficam em hotéis da região, pessoas que passeiam pela Praça da República, estudantes de moda", completa.

Mãe África – Cultura e Design
✉ Praça da República, 137, Centro
☎ 3231-4480
☞ seg. a sex. 9h/18h; sáb. 11h/17h
✉ Rua Nazaré Paulista, 242, Vila Madalena
☎ 3871-0988
☞ seg. a sex. 9h/19h
☆ www.maeafrica.com.br
@ maeafrica@uol.com.br; vendas@maeafrica.com.br

OFERECE O MESMO SERVIÇO

África Viva
✉ Praça Benedito Calixto, 177, Pinheiros
☎ 5581-3476 e 7618-5856
@ africavivadesing@yahoo.com.br
☞ sáb. 11h/19h

MODA CORSETS

Ainda na adolescência, **Madame Sher** era fascinada pela história dos espartilhos. Ah, perdão: para se referir às peças que produz, a modista usa a palavra *corset*. "Uso o nome original em francês, porque a palavra 'espartilho' é confundida com *lingerie*", afirma. As peças são confeccionadas apenas sob medida. "Quando os espartilhos eram fabricados em massa, sem respeitar o corpo de cada pessoa, as mulheres os usavam muito apertados e se machucavam", conta Madame Sher.

Madame Sher

✉ Não divulga o endereço

☎ 3884-7984

✯ www.madamesher.com

@ contato@madamesher.com.br

☞ com hora marcada

MODA EVANGÉLICA

Moda e religião podem andar lado a lado, sim. "Minha mãe e minha irmã não encontravam roupas bonitas e modernas com os padrões de comportamento da nossa religião", afirma o pioneiro Alisson Flores, proprietário da **Joyaly**. "Adaptamos tudo o que está na moda conforme os preceitos evangélicos." Quais são exatamente esses preceitos? "Algumas vertentes evangélicas não permitem que as mulheres usem calças", explica Carolina Niza Sampaio, dona e estilista da **Kabene Jeans**. "Saias e vestidos devem ter um comprimento adequado, na altura dos joelhos ou abaixo. Blusas não devem mostrar os ombros", diz ela. "Nada que apele para a sensualidade." Até as roupas de festas ganharam adaptações. "A moda evangélica pode ser certinha, mas não é careta", afirma Carolina.

Joyaly

✉ Rua Maria Marcolina, 575, Brás

☎ 2797-0800 e 2695-1122

✯ www.joyaly.com.br

@ anuncie@joyaly.com.br

☞ seg. a sex. 8h/17h30; sáb. 9h/14h

Kabene Jeans

✉ Rua Maria Marcolina, 661/663, Brás

☎ 2796-2941 e 2292-6054

✯ www.kabenejeans.com.br

@ info@kabenejeans.com.br

☞ seg. a sex. 8h/17h30; sáb. 9h/14h

PIJAMAS INTEIRIÇOS

A chegada do friozinho é motivo de comemoração na loja **Flamir**. Desde 1979, o "coelhinho", um pijama felpudo inteiriço, é um dos *hits* da loja. Lembra mesmo uma fantasia de coelho. Um cliente da malharia trouxe um desses dos Estados Unidos e Anna de Souza, dona da Flamir, desenvolveu a novidade. Tem "coelhinho" para bebês, crianças e adultos, desde o tamanho 1 até o tamanho extra G (correspondente ao 56). Ela também faz pijamas sob encomenda. "Um rapaz pediu um rosinha, porque queria se vestir de Pantera Cor de Rosa", diverte-se Anna. Mas ela adverte: os pijamas só são bons para quem realmente sente frio no inverno. "Apesar de aconchegantes, eles são muito quentes", lembra.

Flamir

✉ Rua Padre Carvalho, 524, Pinheiros

☎ 3812-1911

✯ www.flamir.com.br

@ flamir@flamir.com.br

☞ seg. a sex. 9h/18h; sáb. 9h/12h30

PINS DE CARROS ANTIGOS

A especialidade do **Atelier Aun** é fabricar *bottons* e *pins* em homenagem a carros antigos. "Temos cerca de quinhentos modelos de veículos", garante Wilson Godoy, gerente da loja. Ele cita os fuscas, os opalas, os kharman-ghias, os mavericks e os landaus como favoritos. Caso o cliente queira um *botton* diferenciado (um carro ou cor especial), o pedido mínimo é de cem unidades (entrega em quarenta dias).

Atelier Aun
✉ Rua Constantino de Sousa, 878, unidade 34, Campo Belo
☎ 7254-6393
@ godoy.wilson@hotmail.com
☞ com hora marcada

U.V. Line
✉ Rua Doutor Melo Alves, 459, Cerqueira César (e mais cinco endereços)
☎ 3061-9893
✯ www.uvline.com.br
☞ seg. a sex. 9h/18h

ROUPAS COM PROTEÇÃO SOLAR

As roupas com proteção solar contra raios UVA e UVB já não são novidade em países como os Estados Unidos e a Austrália. Apesar do calor que faz o ano inteiro no Brasil, a primeira loja de roupas com proteção solar só foi inaugurada em 2003. A **U.V. Line** vende chapéus, viseiras, bonés, luvas e camisetas que já vêm com proteção solar igual ou superior a 50. "Temos uma equipe que presta consultoria médica e sempre participamos de congressos de dermatologia", diz a proprietária da loja, Ana Júlia Pelegrinno. Os artigos são confeccionados com tecido tecnológico nacional. "Mas a tecnologia é australiana", avisa Ana Júlia. As camisetas de algodão tecnológicas têm FPS 50, bastante superiores às camisetas de algodão comuns, que possuem, no máximo, FPS 10. Se precisar de luvas, o cliente pode escolher entre as curtas e as compridas, que vão até o cotovelo. Os chapéus femininos de abas largas lideram as listas de vendas. Quem mais procura são as mulheres, especialmente as que passam por *peelings* faciais. A U.V. Line atende quem vive muito exposto ao sol e quer evitar o câncer de pele. "Além de proteger, os chapéus ainda dão um estilo a mais", conta Ana Júlia.

ROUPAS DE ALGODÃO CRU

A **Nature Market** é a loja mais ecologicamente correta da cidade. Especializada em produtos naturais, vende camisetas e bonés feitos 100% de algodão cru, ou seja, não agridem a natureza. Além disso, a Nature Market tem relógios com sons de pássaros, prismas, réplicas de animais e insetos.

Nature Market
✉ Rua Augusta, 2.624, Cerqueira César
☎ 3082-5342
☞ seg. a sex. 9h30/19h30; sáb.10h/19h

ROUPAS DE ÉPOCA

Zorro, vampiro, odalisca, enfermeira... Se você não quiser ser uma dessas figurinhas carimbadas na próxima festa à fantasia, uma boa alternativa às tradicionais lojas de aluguel de roupas temáticas são os brechós que, além de vender trajes usados, também alugam modelos que marcaram época. No **Kalixto**, os mais procurados são os dos anos 1970. "O visual perfeito é o do Agostinho (personagem do ator Pedro Cardoso) da Grande Família", conta Alexandre Domingues, que toca o brechó ao lado da mulher, Alessandra. As mulheres preferem os clássicos da década de 1950, como saias rodadas, calças cigarrete, óculos gatinho e, principalmente, o vestido branco que Marilyn Monroe usou no filme *O pecado mora ao lado*.

Kalixto

✉ Rua Cardeal Arcoverde, 948, Pinheiros
☎ 3063-0295
✯ www.brechokalixto.com.br
@ brechokalixto@brechokalixto.com.br; brecho_online@hotmail.com
☞ seg. a sáb. 10h/19h

OFERECE O MESMO SERVIÇO

Spazio 1717

✉ Rua Rodésia, 74 e 76, Sumarezinho
☎ 3815-8480 e 3031-4999
✯ www.spaziovintage.com.br
@ marina@spaziovintage.com.br; camelia@spaziovintage.com.br
☞ seg. a sáb. 10h/19h

ROUPAS PARA INVERNOS RIGOROSOS

A **Benevento** é uma loja de roupas de inverno e de artigos para esportes gelados. Jaquetas para esqui ou *snowboard* e casacos para enfrentar o vento do Polo Norte estão pelas araras da loja inaugurada em 1996. Acostumada a viajar para países frios, Cristina já passou por situações congelantes. "Quando chegava ao meu destino, era obrigada a sair para fazer compras. Até conseguir comprar os casacos já tinha passado muito frio." De tanto emprestar roupas para os amigos que viajavam para o exterior, Cristina decidiu abrir o próprio negócio. Ela afirma que, por causa do nosso inverno ameno, os brasileiros tendem a acreditar que as roupas que utilizam aqui suportarão as baixas temperaturas. As roupas da Benevento são importadas principalmente dos Estados Unidos.

Benevento

✉ Rua Lopes Chaves, 466 e 477, Barra Funda
☎ 3661-5417 e 3667-1890
☞ seg. a sex. 10h/19h; sáb. 10h/16h

SAPATOS COM SOLA DE PNEU DE AVIÃO

Sabia que os sapatos da **Calçados Moreira** já andaram pelas nuvens? Ih, não entendeu? É que as solas de alguns calçados vendidos na loja são feitos com borracha de pneu de avião. "Somos os únicos em São Paulo que trabalham com esse produto em solas de sapatos", afirma José Maria Santiago. Ele e o sócio, Osmar Rodrigues Moreira, tiveram a ideia em 1996. "Compramos a borracha de uma fábrica que compra pneus usados no aeroporto", conta. "A fábrica tem uma máquina que desfia o pneu e, assim, ele fica mais fácil de ser trabalhado. Depois, mandamos o material para Franca (SP), onde é feito o sapato." A borracha de pneu de avião é mais barata. "Com um quilo, dá pra fazer até dois pares, dependendo da numeração", revela Santiago. Na loja, o par do sapato tem dois modelos: social e esporte. "Como o pneu de avião é muito mais grosso que o de carro, já que não tem arame e câmara de gás, a durabilidade do sapato feito com esse material é bem maior", explica Santiago. "Mas, como ele também é mais pesado, produzimos apenas modelos masculinos." Os principais clientes da Calçados Moreira são empresas de segurança e condomínios. A média de venda de sapatos com sola de pneu de avião é de cinco pares por dia.

Calçados Moreira

✉ Rua da Consolação, 770, Consolação

☎ 3256-8244

☞ seg. a sex. 8h/19h30; sáb. 8h/17h30

SAPATOS EM ESTILO CLÁSSICO

Para provar os sapatos da loja **A Fidalga**, não se pode mostrar as pernas. Os provadores têm uma proteção que esconde a parte inferior do corpo das clientes. Isto acontece porque em 1928, quando a loja foi criada, era impensável uma moça de família mostrar as pernas por aí - mesmo que para provar sapatos. Hoje, A Fidalga continua vendendo os modelos clássicos de couro que fizeram sua fama.

A Fidalga

✉ Rua Quintino Bocaiúva, 148, Sé

☎ 3242-5093

✯ www.afidalga.com.br

☞ seg. a sex. 8h30/18h30; sáb. 9h/13h

SAPATOS PARA DANÇA FLAMENCA

Essa é apenas uma das especialidades da loja **Michele**. O italiano Michele di Maio chegou ao Brasil em 1954 e se especializou na fabricação de sapatos femininos sob medida. São feitos à mão, com ponta arredondada e chapinhas de ferro na sola e no salto. A cada três meses, Michele recebe catálogos da Itália para acompanhar as novas tendências da Europa.

Michele

✉ Rua Wanderley, 457, Perdizes

☎ 3862-6860

☞ seg. a sex. 7h30/11h30; sáb. 13h30/17h30

SAPATOS PARA PALHAÇOS

Fabricar sapatos é uma tradição da família Yedid. A **Magazine au Bottier** abriu suas portas apresentando um produto pouco convencional: sapatos de palhaços. "Nunca enfrentamos muita concorrência", diz Mireille Fichmann, proprietária e filha do sapateiro fundador da loja, Maurice Yedid. Mireille administra o negócio junto com a irmã, Alegra Yedid, desde o falecimento de seu pai, em 1998. "É um trabalho extremamente artesanal", explica Mireille. Segundo as proprietárias, os sapatos dos atores da trupe Doutores da Alegria e o palhaço Ronald McDonald saem de lá. Para fabricar cada par de sapatos de palhaço, as irmãs gastam cerca de três dias.

Magazine au Bottier

✉ Rua Augusta, 1.206, Consolação

☎ 3257-1525

✯ www.aubottier.com.br

@ aubottier@aubottier.com.br

☞ seg. a sex. 9h30/18h30; sáb. 9h30/15h30

SAPATOS PARA PÉS SENSÍVEIS

Não ouse chamar os sapatos **Maria Faceira** de ortopédicos. A proprietária, Cláudia Alves Casimiro, detesta usar essa palavra para caracterizar seus produtos. "Sapatos ortopédicos nunca são bonitos e acabam envelhecendo a mulher", diz. A linha para pés sensíveis é feita para a loja em diversos modelos e cores, para que a cliente não tenha que escolher entre ficar bonita e deixar de ter dores nos pés. Para Cláudia, pessoas com pés sensíveis são aquelas que têm joanete, esporão ou que simplesmente não toleram usar calçados desconfortáveis. Todos os calçados da linha são forrados com malha de tênis e têm palmilha anti-impacto. Cláudia prefere as versões coloridas, como vermelho-cereja e verde. Garante que tem pouquíssimas peças em preto e muito menos em branco, as tradicionais cores de linhas ortopédicas. A produção, vendida em um quarteirão da Vila Madalena repleto de lojas de moda, é reduzida para garantir a exclusividade.

Maria Faceira

✉ Rua Aspicuelta, 216, Vila Madalena
☎ 3926-0789
✯ www.blogmariafaceira.blogspot.com
@ mariafaceira09@gmail.com
☞ seg. a sex. 10h/20h; sáb. 10h/19h

SAPATOS TAMANHO SUPERGRANDE

Os números vão até o 44 para as mulheres e até o cinquenta para os homens. Fundada em 1938, a **Casa Eurico** tem uma grande variedade de modelos. As mulheres, as maiores compradoras, encontram sapatos tradicionais, da moda, e botas. A loja aceita encomendas de números ainda maiores. Nesse caso, o tempo para entrega é de aproximadamente 15 dias.

Casa Eurico

✉ Avenida Jandira, 49, Indianópolis
☎ 5054-8877 e 5054-8872
☞ seg. a sex. 9h/20h; sáb. 9h/18h
✉ Rua Oscar Freire, 550, Cerqueira César
☎ 3061-3050
☞ seg. a sex. 10h/20h; sáb. 9h30/18h
✯ www.eurico.com.br
@ info@eurico.com.br; pedido@eurico.com.br

SUVENIRES DE SÃO PAULO

"Queremos despertar o sentimento de paulistanidade no nosso povo", brada Anelise Lukine, dona do quiosque **Sampa in Stampa**. Ela vende vários tipos de lembranças relacionadas a São Paulo: camisetas, xícaras, postais, chocolates, copos, porcelanas e sandálias. "A proposta é enaltecer a cidade", avisa. "Todo mundo fala mal, reclama do trânsito e da poluição, mas não quer saber de sair daqui." Ela chegou a morar com a família no exterior e aprendeu o quanto é importante valorizar a nossa cidade. "São Paulo era uma das poucas metrópoles do mundo que ainda não tinha uma loja assim." "De todo o nosso público, 60% são turistas. O restante são paulistanos que querem presentear amigos de fora", explica Anelise. "Mas há aqueles que usam as camisetas nos fins de semana também. Queremos despertar esse sentimento no paulistano."

Sampa in Stampa

✉ Shopping Center 3, piso Augusta, loja Q A-05
☎ 4113-1233
✯ www.sampainstampa.com.br
@ sac@sampainstampa.com.br
☞ seg. a sáb. 10h/22h; dom. 10h/20h

OFERECE O MESMO SERVIÇO

Cechiq

✉ Rua Barão de Ladário, 670, 2º andar, loja 296, Brás
☎ 2886-6438
✯ www.cechiq.com.br
@ vendas@cechiq.com.br
☞ seg. a sex. 8h/17h30; sáb. 9h/14h

TRAJES TÍPICOS ALEMÃES

A "convocação" de Eládio Sprotte para se tornar costureiro de grande parte dos grupos de danças típicas alemãs se deu mais pelo capricho do alfaiate do que pela sua ascendência germânica. "Sou neto de alemães, mas não conhecia muito bem as vestimentas", confessa. Mas hoje, Sprotte, que trabalha com roupas de couro em sua loja, a **Eládio Costureiro**, sabe de cor e salteado os cortes e bordados que vão nos *lederhosen* (calças de couro típicas). "Em 1993, fiz uma viagem à Alemanha e vi dezenas de apresentações", conta. "Até fiz umas anotações e trouxe várias ideias. Mas quem me passou todos os detalhes foram os grupos de dança mesmo, na hora da encomenda." A produção das roupas não é nada simples, garante ele. "O motivo é o bordado, feito artesanalmente, que encarece a peça."

Eládio Costureiro
✉ Alameda Franca, 617, Jardim Paulista
☎ 3285-3681
@ eladios@ig.com.br
☞ seg. a sex. 9h/18h; sáb. 9h/13h

SERVIÇOS

ABERTURA DE COFRES

Maçaricos, bananas de dinamite, detonadores, estetoscópio... Não é preciso apetrechos tão comuns nos grandes assaltos cinematográficos para abrir um cofre. Além de escancará-los, a **Chaveira Dinorá** faz também a troca de segredos. Recadinho para os mal-intencionados: tudo é feito dentro da lei.

Chaveira Dinorá

✉ Avenida Corifeu de Azevedo Marques, 1.184, Butantã

☎ 3726-2416

☞ seg. a dom. 8h/18h30

ACUPUNTURA A LASER

O método, desenvolvido na Europa no início dos anos 1980, chegou ao Brasil há cerca de cinco anos e é a união da técnica milenar chinesa com a tecnologia. A ação do *laser* é semelhante à de uma agulha, apresentando algumas vantagens: é indolor, estéril, o que evita os riscos de contágio, e não assusta quem tem medo de agulhas. “O tratamento tradicional ainda é mais eficaz e tem efeito mais prolongado, mas o *laser* pode ser usado com maior eficácia em crianças e pacientes com problemas mentais, que não ficam quietos enquanto as agulhas são aplicadas”, explica o acupunturista Gilberto Agostinho. A acupuntura a laser é recomendada para os mesmos casos em que é usada a tradicional: dores crônicas, como reumatismo, artrose, dores na coluna, artrite, enxaqueca; feridas causadas por má circulação, traumas ou queimaduras; e distúrbios gástricos. Além disso, o método também tem efeito preventivo na formação de rugas faciais e de celulite. Você pode fazer o tratamento na **Clínica Dr. Gilberto Agostinho**, dependendo do grau da doença e dos hábitos de vida do paciente.

Clínica Dr. Gilberto Agostinho

✉ Rua Embaixador João Neves da Fontoura, 242, Santana

☎ 2959-7528 e 2193-3822

☞ seg. e qua. 13h/19h30

✉ Avenida Paulista, 1.471, conjunto 1.516, Bela Vista

☎ 3262-4243

✯ www.drgilberto.com

☞ ter. e qui. 13h/19h30

ADAPTAÇÃO DE VEÍCULOS PARA DEFICIENTES FÍSICOS

A **Cavenaghi** faz adaptação de veículos para deficientes físicos. Júlio Michelotti, já falecido, tinha uma oficina em sociedade com o atual dono da empresa, Olivier Cavenaghi. Eles faziam reparos em automóveis europeus. A pedido de um amigo deficiente, a oficina adaptou uma embreagem. Na hora da vistoria, o Detran tomou conhecimento do serviço e passou a indicá-lo a outras pessoas. Atualmente, a Cavenaghi realiza mais de cem adaptações de veículos por mês e oferece 12 equipamentos diferentes para diversos tipos de deficiências. Para paraplégicos, por exemplo, o freio e o acelerador são manuais e a embreagem é acionada por um sensor no câmbio, com um toque da mão. Para pessoas de baixa estatura, pode ser feito um prolongamento dos pedais. Os equipamentos não interferem na parte elétrica ou mecânica do carro.

Cavenaghi

✉ Avenida Jaguaré, 1.046, Jaguaré

☎ 3719-3739 e fax: 3766-7766

★ www.cavenaghi.com.br

@ loja@cavenaghi.com.br

☞ seg. a sex. 8h/18h; sáb. 9h/18h

AFINADOR DE PIANOS

Rubens Soares da Silva, dono da oficina **Zebichristha Pianos**, afina, conserta e restaura qualquer tipo de piano. "O preço da visita é cobrado somente para garantir que não vou perder o tempo de serviço", explica Rubens, que trabalha no ramo desde 1973 e abriu seu próprio negócio em 1999. Rubens faz o serviço no próprio local. Se não for possível, ele cuida do transporte até a oficina. Rubens também compra pianos antigos e os vende depois de fazer a completa restauração. O piano mais antigo da loja é um francês modelo vertical armário, da marca Kriegelstein & Cia., de 1890. Há também os pianos de cauda brasileiros, chamados crapo, classificados pelo tamanho como 1/4, 1/2, 3/4 e crapo com cauda inteira. Rubens conta com dois ou três ajudantes, dependendo da quantidade de trabalho. O serviço mais complicado de restauração foi de um modelo 3/4 de cauda da marca Steinway, piano que pertencia ao Teatro Tobias Barreto, de Aracaju (SE). Só saiu da loja depois de ter sido testado pelo pianista Amaral Vieira, escolhido pelo teatro.

Zebichristha Pianos

✉ Rua da Consolação, 1.292, Consolação

☎ 9263-5241

★ www.zebichristhapianos.com.br

@ zebichristhapianos@zebichristhapianos.com.br

☞ seg. a sex. 8h/20h30; sáb. 8h/18h

AGÊNCIAS DE CASAMENTO

A **Paimi** é a agência de casamento mais antiga do país e já promoveu 5.500 uniões desde 1951. Os interessados passam por uma checagem de informações, para evitar que pessoas casadas participem. Então, respondem a trezentas perguntas que revelam sua personalidade. As respostas são analisadas por uma equipe de psicólogos, que cruzam as informações para encontrar candidatos de perfis semelhantes. Os encontros são realizados na agência e não há limite de apresentação, ou seja, a pessoa pode conhecer quantos candidatos forem necessários, até encontrar um que lhe agrade. "É uma opção séria para quem não quer perder tempo com aventuras e propostas indecorosas", afirma Agnaldo Silva, gerente da agência.

Paimi

✉ Avenida Francisco Matarazzo, 175, 1º andar, Água Branca

☎ 3675-0333

★ www.paimicasamentos.com.br

@ sacpaimi@terra.com.br

☞ seg. a sex. 9h/19h; sáb. 9h/13h

AGÊNCIA ESPECIALIZADA EM ANÕES

Se você precisa de um anão para um comercial ou para um programa de televisão, a agência de modelos **Estação das Artes** tem quarenta atores, modelos e figurantes anões em seu *casting*. Num aniversário do técnico da Seleção Brasileira, o apresentador global Luciano Huck vestiu-se de Branca de Neve e contratou seis anões (o sétimo era o próprio Dunga, sacou?). Todos vieram da Estação das Artes. "Já temos um time completo que representa com frequência os anões da Branca de Neve", afirma Marcelo Aguiar, dono da agência. "Fazemos, pelo menos, dois eventos com os pequeninos por semana." A agência já fornece as roupinhas.

Estação das Artes

✉ Rua Toledo Barbosa, 368, Belenzinho
☎ 2864-6408, 2157-0970 e 9118-0584
✯ www.estacaodasartes.art.br
@ estacaodasartes@estacaodasartes.art.br; marcelo@estacaodasartes.art.br
☞ seg. a sex. 11h/12h e 14h/18h

AGÊNCIA ESPECIALIZADA EM ATORES ORIENTAIS

A novela *Metamorphoses*, da Rede Record, não decolou, mas abriu a porta do estrelato para uma porção de atores de olhos puxados. Eles fazem parte do elenco de trezentos atores e modelos da **Três Tons**, especializada em modelos orientais. Acrísia Monteiro, uma das três sócias da agência criada em 1988, explica que a demanda sempre existiu. "Mas, de alguns anos para cá, o mercado se abriu, e cresceram os pedidos de modelos e atores para comerciais, minisséries, novelas e filmes", completa. Um dos modelos mais famosos da Três Tons é o sansei Kendi Yamai. Ele trabalha na Três Tons desde 1994 e tem mais de 350 comerciais no currículo. O mais famoso foi o da Toshiba ("os nossos japoneses são mais criativos que os dos outros"). Ah, eles também oferecem modelos de outras etnias.

Três Tons

✉ Rua Heitor Penteado, 1.951, 2º andar, Sumarezinho
☎ 3877-1200
✯ www.trestons.com.br
@ trestons@trestons.com.br
☞ seg., qua. e sex. 10h/12h e 14h/17h

AJUDA NA HORA DA AMAMENTAÇÃO

O celular de **Miriam Leal** está sempre ligado, pronto para receber pedidos de socorro de mães desesperadas. Enfermeira obstetra formada pela USP, Miriam é especialista em auxiliar mulheres durante o aleitamento materno. A sensibilidade em oferecer ajuda profissional para mães que enfrentam problemas na amamentação nasceu de uma experiência pessoal. O contraste entre o aleitamento difícil do primeiro filho e a tranquilidade do segundo intrigou Miriam. Como era possível a mãe ter duas experiências tão opostas? Foi aí que ela começou a estudar, reunir informações a respeito e perceber que outras mulheres tinham as mesmas dificuldades. O trabalho deu tão certo que, um dia, uma mãe perguntou: "Posso ligar para você caso precise de ajuda?". Foi quando o serviço de atendimento em domicílio entrou em ação.

Miriam Leal

✉ Não divulga o endereço
☎ 9938-9586
@ miriamleal@terra.com.br
☞ com hora marcada

ÁRVORE GENEALÓGICA

Investigar a origem dos antepassados de uma família se constitui uma tarefa árdua. Árdua até se deparar com o **Centro de História da Família**, que faz o levantamento da árvore genealógica em cartórios, com o auxílio de dados fornecidos pelos requerentes. O centro é mantido pela Igreja de Jesus Cristo dos Santos dos Últimos Dias. Os arquivos do centro têm 200 milhões de registros demográficos do Brasil inteiro e estão abertos ao público. São certidões de nascimento, casamento, óbito e documentos de imigração. Se for preciso, o requerente terá acesso aos registros de 151 países, mantidos na sede da igreja, nos Estados Unidos. Pagam-se só possíveis despesas postais.

Centro de História da Família
✉ Rua Lisboa, 456, Cerqueira César
(e mais 19 endereços)
☎ 3644-5465
✯ www.familysearch.org
☞ qua., sex. e sáb. 14h/17h; qui. 10h/21h

ATUALIZAÇÃO DE ENDEREÇO

Ao mudar de endereço, avisar os amigos é a menor preocupação. Cobranças de contas e todo tipo de correspondência continuarão aparecendo à porta da pessoa que ocupar sua antiga moradia. Para tornar a transição mais fácil, já dá para contratar pessoas especializadas. O **Ateliê Ordenar São Paulo** liga para os prestadores de serviço e atualiza seus dados residenciais, alterando os cadastros.

Ateliê Ordenar São Paulo
✉ Travessa Friedrich Stoeber, 4, Santo Amaro
☎ 2528-7004 e 9223-9090
✯ www.atelieordenar.com
@ contato@atelieordenar.com
☞ com hora marcada

OFERECEM O MESMO SERVIÇO

Ana Afonso
✉ Rua João Miguel Jarra, 311, Vila Madalena
☎ 3031-3907 e 9191-2517
✯ anaafonsoorganizer.com.br
@ anaafonso@anaafonsoorganizer.com.br
☞ com hora marcada

Pereira Barbosa
✉ Avenida Ipiranga, 1.273, República
☎ 3311-6768
✯ www.pereirabarbosa.com.br
☞ com hora marcada

AUTOESCOLA PARA ANÕES

A **Autoescola Javarotti** descobriu um grande filão. Em 1992, começou a atender candidatos a motorista com deficiências físicas, incluindo amputações, derrames, paraplegia e tetraplegia. Depois estendeu esse importante serviço também a anões. A menor cliente que já passou pela autoescola tinha 85 centímetros. Anões conhecidos, como Nestor Bertolino Neto (o Robinho, do programa *Pânico na TV*), os filhos do cantor Nelson Ned e as irmãs Marta Adriana e Mila Poci Cabral, donas da loja de miniaturas Casinha Pequenina, do Shopping Eldorado, tiraram suas habilitações lá. Os anões respondem hoje por quase 20% dos 180 alunos que fazem o curso mensalmente. "Nós usamos prolongadores de pedais e almofadas com velcro, para que os alunos que são anões fiquem com o mesmo campo de visão de todos", explica a gerente comercial da autoescola, Daniele Almeida. "O que faz essa diferença de preço é a especialização dos profissionais e a adaptação da escola e dos carros", diz Daniele.

Autoescola Javarotti
✉ Rua Doutor Pinto Ferraz, 235, Vila Mariana
(e mais dois endereços)
☎ 5539-5800 e 5539-6557
✯ www.autoescolajavarotti.com.br
☞ seg. a sex. 8h30/20h; sáb. 8h30/14h

AVALIAÇÃO DE JOIAS

Se você pensa em vender uma joia e está preocupado em conseguir uma avaliação imparcial, o melhor é procurar o **Instituto Brasileiro de Gemas e Metais Preciosos**. Convém salientar que o laboratório não compra nem vende joias. Se houver necessidade, o Instituto emite um certificado para casos de heranças familiares ou de empresas que recebem joias como parte de pagamento. As avaliações são feitas na hora, mas é recomendado agendar o atendimento.

Instituto Brasileiro de Gemas e Metais Preciosos
✉ Rua Teixeira da Silva, 433, Paraíso
☎ 3016-5850 e fax: 3284-0459
★ www.ibgm.com.br
@ frank@ibgm.com.br; erica@ibgm.com.br
☞ seg. a sex. 9h30/17h

OFERECE O MESMO SERVIÇO

Sopra Balão
✉ Rua Tupi, 267, salas 42, Santa Cecília
☎ 3662-3305
★ www.soprabalao.com.br
@ soprabalao@soprabalao.com.br
☞ seg. a sex. 8h30/18h30

BALÕES IMPRESSOS COM FOTOS OU LOGOTIPOS

Se você quer personalizar balões com o rosto do aniversariante ou com o logotipo da empresa, a **Arte-Estúdio Boafesta** imprime a imagem, em preto e branco, sobre balões comuns de látex. O serviço pode ser utilizado mesmo em festas menores, porque a empresa aceita encomendas de pelo menos cem balões, que ficam prontos em uma semana. Basta enviar a imagem, pessoalmente, pelo correio ou por e-mail.

Arte-Estúdio Boafesta
✉ Não divulga o endereço
☎ 4790-2308 e 9719-7501
★ www.boafesta.com.br
@ boafesta@boafesta.com.br
☞ seg. a sex. 8h/18h

BANCO DE ALIMENTOS

Pegar de quem tem de sobra e dar para quem não tem. Este é o objetivo do **Banco de Alimentos**, que coleta comida de empresas doadoras (sacolões, mercados municipais, padarias, supermercados) e distribui para instituições cadastradas: asilos, creches, albergues, entre outros. A ONG, que recolhe e entrega (porque não tem como armazenar) cerca de uma tonelada de alimentos por dia. Não aceita alimentos já preparados, porque zela pelo controle de qualidade. Todo esse cuidado é valorizado: há uma fila de espera enorme de entidades que também querem receber alimentos.

Banco de Alimentos
✉ Rua Atibaia, 218, Pacaembu
☎ 3674-0080 e fax: 3674-0081
★ www.bancodealimentos.org.br
@ info@bancodealimentos.org.br
☞ seg. a sex. 9h/18h

BANHEIRO EM ORDEM

"Manter o banheiro da festa impecável do primeiro até o último convidado". Essa é a promessa da **Toilette Decor**, empresa de embelezamento e manutenção de banheiros mantida por Almeida Oliveira e a filha, Verônica. Além de trabalhar na apresentação inicial do banheiro – levando aparadores, toalhas de linho e até velas aromáticas – os funcionários da Toilette Decor são responsáveis por limpar, trocar refil dos sabonetes, separar toalhas e até disponibilizar chiclete, preservativo e analgésico para melhor servir os convidados de casamentos, eventos e festas de arromba. Antes de trabalhar nessa área, Almeida cuidava da organização e segurança das festas. Até que enxergou no banheiro um nicho de mercado. O serviço é definido de acordo com a vontade do cliente, mas as funcionárias que militam nos banheiros femininos estão preparadas para pregar botões, consertar saltos e oferecer escovas para dar um trato no visual das convidadas.

Toilette Decor

✉ Rua Macaoca, 76, Jardim Santa Terezinha
☎ 2721-5839
✯ www.toilettedecor.com.br
@ contato@toilettedecor.com.br
☞ seg. a sáb. 9h/18h

BRECHÓ DO LOJISTA

O segundo andar do **Brechó do Lojista** ganhou o apelido de cemitério dos manequins. A loja guarda novecentas peças, entre braços, mãos e dedos de bonecos desmontados. Manequins antigos também podem ser encontrados ali. A proprietária Fabiana Cristina da Silva explica que, em 1984, o manequim feminino tinha menos busto e vestia 34. Hoje, com 1,75 metro, os modelos vestem 38. "Manequins dos anos 1960 e 1970 são procurados por lojistas que querem montar uma vitrine no estilo retrô", afirma ela. O Brechó do Lojista oferece até maquiagem especializada para manequins. Ao todo, a loja oferece 3 mil itens, que vão de cabides a *check outs* de supermercados, com esteiras. Mas nem tudo é usado na loja. "Vendo coisas novas também, porque a ideia do usado nesse segmento ainda está engatinhando no Brasil", explica Fabiana.

Brechó do Lojista

✉ Rua São Caetano, 625, Luz
☎ 3229-9549 e 8334-7988
✯ www.brechodolojista.com.br
@ contato@brechodolojista.com.br; ginobia@hotmail.com
☞ seg. a sex. 8h/18h; sáb. 8h/13h30

CARTEIRA INTERNACIONAL DE HABILITAÇÃO

Dirigir com habilitação fora do país pode ser mais simples do que muita gente imagina. O motorista não precisa fazer nenhum exame. Para tirar uma carteira de habilitação internacional basta levar à autoescola os seguintes documentos: Carteira Nacional de Habilitação, cédula de identidade e duas fotos coloridas com fundo branco. "O documento, necessário para dirigir carros comprados ou alugados fora do Brasil, é válido em cerca de oitenta países", explica César Tadeu, proprietário da **Auto Escola Objetiva**. A Carteira Internacional de Habilitação na Auto Escola Objetiva fica pronta em apenas um dia, a partir da data de entrega da documentação.

Auto Escola Objetiva

✉ Avenida Brigadeiro Faria Lima, 1.222, Jardim Paulistano
☎ 3819-0811
✉ Rua Schilling, 156, Vila Leopoldina
☎ 3819-1385 e 3812-0035
✯ www.autoescolaobjetiva.com.br
@ autoescolaobjetiva@autoescolaobjetiva.com.br contato@autoescolaobjetiva.com.br
☞ seg. a sex. 8h/19h; sáb. 8h/13h

CENTRO DE TRADIÇÕES NORDESTINAS

Estátuas de Padre Cícero, Zumbi dos Palmares, Manezinho Araújo e Frei Damião ornam o espaço de 27 mil metros quadrados do **Centro de Tradições Nordestinas**. Inaugurado em 1991, o local sedia shows de música típica, recebendo cerca de 100 mil pessoas por mês. Nove quiosques e dez restaurantes oferecem o que há de mais tradicional na comida nordestina. Para a comunidade, existem cursos de alfabetização para adultos, além de oficinas de dança e capoeira.

Centro de Tradições Nordestinas
✉ Rua Jacofér, 615, Bairro do Limão
☎ 3488-9400
☞ seg. a qui. 11h30/15h; sex. e sáb. 11h30/14h; dom. 11h30/22h

CLIPPING ELETRÔNICO

Você pode encomendar qualquer programa de TV que tenha perdido numa empresa de *clipping* eletrônico. A **Look Comunicações** grava tudo o que as emissoras de canal aberto de São Paulo exibem. O pedido pode ser feito até 45 dias após sua exibição. Depois disso, as fitas são apagadas. No caso das emissoras de TV a cabo, o cliente deve pedir a gravação pelo menos uma hora antes de o programa ir ao ar. A empresa também captura os programas das rádios AM.

Look Comunicações
✉ Rua Visconde de Castro, 167, Parque Colonial
☎ 3887-8293
✯ www.lookcom.com.br
@ sae@lookcom.com.br
☞ seg. a sex. 8h/19h

CONSULTORIA DE CASAMENTOS

"Antes de entrar na igreja, a mãe do noivo percebeu que o zíper de seu vestido vermelho tinha arrebentado de ponta a ponta. Saímos, desesperadas, pela vizinhança, procurando algum lugar que vendesse linha vermelha. Foi nesse dia que criamos o nosso kit antiproblema." Quem conta a história é Carla Sprada Fiani, uma das sócias da **Wedding & Co.**, empresa especializada em consultoria, organização e produção de casamentos chiques. O kit é uma grande mala que sua equipe carrega em todas as cerimônias. Além de linhas de diferentes cores, Carla leva bolinhas adesivas para marcar o lugar dos padrinhos no altar. "Tenho também dois casais de noivinhos para bolo: um loiro e outro moreno", conta. Há maquiagem básica para a noiva e lenços para os pais. Se o casamento for na praia ou numa chácara, o tubo de repelente entra no kit.

Wedding & Co.
✉ Rua Amauri, 286, 7º andar, Jardim Europa
☎ 3078-4043
✯ www.weddingco.com.br
@ evento@weddingco.com.br
☞ seg. a sex. 9h/18h

CONVITES PERSONALIZADOS

Convite de casamento é tudo igual? Nunca diga isso na frente de **Karin Frutig**. Ao receber uma encomenda, a designer gráfica entrevista os casais para fazer um convite de casamento "com o perfil ou a história deles". Ela marca um almoço ou um jantar para saber como os pombinhos se conheceram e como será o casamento. O primeiro convite personalizado foi feito para um casal amigo. "Eles estavam apenas juntando as escovas de dentes, sem um compromisso muito sério", lembra. "Coloquei uma ilustração das pantufas dela com os chinelos dele." Um dos trabalhos que mais gostou de fazer foi para o casório de dois atores, que bolaram uma cerimônia em estilo medieval, com roupas de época. O convite era um pergaminho enrolado em uma cordinha. Em geral, Karin demora um mês para chegar ao resultado final. Ela também realiza o serviço para festas de aniversário e outros eventos.

Karin Frutig
✉ Não divulga o endereço
☎ 2872-2527
✯ http://karinlihdesign.carbonmade.com
@ karinlihdesign@gmail.com
☞ seg. a sex. 9h/18h

CRUPIÊS EM DOMICÍLIO

Foi no intercâmbio que fez nos Estados Unidos que André Schuartz se interessou por cassinos. Durante o curso de Administração de Empresas, ele frequentou uma escola de crupiês, aprendeu as técnicas dos jogos e passou a trabalhar em cassinos nos fins de semana. "Montávamos cassinos em residências de um público seleto e o jogo valia dinheiro", explica. Ao voltar ao Brasil, André decidiu fazer o mesmo aqui. Com uma diferença. Montar um cassino em que o apostador só ganhasse. Foram quatro meses trabalhando ao lado de uma assessoria jurídica até que, em abril de 2007, André abriu a **Cassinera**, uma empresa que leva mesas de pôquer, *black jack*, bacará e roleta em festas. "O que nos difere dos cassinos tradicionais é que apostamos apenas na diversão, e não no dinheiro", explica. "O que é proibido é o jogo de azar. Como não fazemos nenhum jogo com possibilidade de perda, a atividade é totalmente legal." A Cassinera, que começou com apenas uma mesa de jogo e um crupiê – o próprio André –, conta atualmente com vinte mesas e 26 profissionais. Em média, são feitas quatro festas por semana, que pagam o serviço por hora (o número mínimo de horas é três). "Já fizemos festas para 15 amigos e também para 5 mil pessoas", avisa André, jurando que não é blefe.

Cassinera
✉ Não divulga o endereço
☎ 2854-7388 e 3667-3867
✯ www.cassinera.com
@ contato@cassinera.com
☞ com hora marcada

DELIVERY DE BEBIDA GELADA

Ih, acabou a bebida da geladeira? Um serviço recém-lançado, o **GeladaExpress** promete entregar qualquer bebida em casa, sempre gelada, num prazo de trinta minutos. "Com a Lei Seca, sentimos que era a hora de colocar em prática a ideia de abrir uma empresa que entregasse bebidas", disse Lucas Vicente, um dos sócios. Ele explica que não há mistérios no sistema de gelar. "A diferença é que entregamos a bebida em pouco tempo e não dá tempo de perder o gelo." A GeladaExpress atende aos bairros: Aclimação, Barra Funda, Bela Vista, Brooklin, Cambuci, Centro, Itaim Bibi, Jardim Paulista, Liberdade, Moema, Pacaembu, Perdizes, Pinheiros, Santa Cecília, Saúde, Vila Mariana e Vila Olímpia. O cardápio é extenso e pode ser conferido no site da loja. Além das bebidinhas, o serviço oferece ainda açúcar, gelo, amendoim e isqueiro. A maioria das entregas é feita de moto. "Utilizamos mochilas bem semelhantes às usadas pelos entregadores de pizza", conta Lucas. No caso de encomendas grandes, as entregas são feitas de carro.

GeladaExpress

✉ Não divulga o endereço
☎ 5084-6606
✯ www.geladaexpress.com.br
@ contato@geladaexpress.com.br
☞ seg. a qui. 18h/2h; sex. 18h/3h; sáb. 17h/3h; dom. 17h/24h

DECORAÇÃO SENSUAL DE AMBIENTES

Cama decorada com um coração feito de pétalas de rosas, velas espalhadas pelo quarto, banheira com óleos e aromas especiais... Esses ambientes de filmes românticos são criados pela empresa Decorando Emoções, da designer de interiores Tatiana Ulhôa. Eles podem ser montados em quartos de hotel, motel, ou mesmo na casa dos pombinhos, com champanhe, frutas, pétalas de rosas, velas aromáticas e até acessórios de sex shops, tudo ao gosto do casal. Tatiana conta que a ideia do negócio partiu de uma amiga que não sabia o que fazer no Dia dos Namorados. "Todos os hotéis, motéis, bares e restaurantes da cidade estavam lotados, e ela ficou decepcionada por não poder passar uma noite romântica. Então, decorei o quarto e eles adoraram." Os pedidos devem ser feitos com uma semana de antecedência e geralmente são necessárias duas horas para decorar o local escolhido. No dia seguinte, Tatiana recolhe todos os objetos.

Decorando Emoções

✉ Rua Eliane Pereira Lopes, 87, Vila Gomes Cardim
☎ 2672-4110 e 4508-4110
✯ www.decorandoemocoes.com
☞ seg. a sex. 9h/18h

OFERECE O MESMO SERVIÇO

Jantar a 2

✉ Rua Manoel Antonio Pinto, 4, bloco B, Paraisópolis
☎ 6076-4442
✯ www.jantara2.com.br/blog
@ atendimento@jantara2.com.br
☞ com hora marcada

DESCARTE DE MÓVEIS

Casa nova, móveis novos. Aquele sofá velho pode já não compensar uma reforma e é melhor comprar um zero bala. Mas você já pensou em doá-lo? É só chamar uma das instituições que retiram objetos em domicílio, como o **Exército da Salvação**, que aceita desde roupas e calçados a eletrodomésticos, prateleiras, camas e abajures. É preciso que o móvel esteja em condições de ser doado a quem precisa – caso mereça ir para o lixo, é melhor esperar a realização de uma operação cata-bagulho.

Exército de Salvação

✉ Avenida Santa Catarina, 1.781, Vila Mascote (e mais dois endereços)
☎ 4003-2299
✯ www.exercitodoacoes.org.br
@ contato@exercitodoacoes.org.br
☞ seg. a sex. 13h/18h. sáb. 10h30/13h

OFERECEM O MESMO SERVIÇO

Mercatudo Casas André Luiz

✉ Rua São Gabriel, 297, Guarulhos, Vila Galvão (e mais seis endereços)
☎ 2459-7000 e 0800-7734066
✯ www.mercatudo.org.br
@ faleconosco@mercatudo.org.br
☞ seg. a sáb. 8h40/18h

Seara Bendita
✉ Rua Demóstenes, 834, Campo Belo
☎ 5533-5172
✯ www.searabendita.org.br
☞ seg. a sex. 13h/17h e 18h30/20h; sáb. 8h/11h

DISK-ELVIS

O **Disk-Elvis** é um serviço oferecido por Laerte Machado, sujeito capaz de passar o dia – e também a noite – respondendo às perguntas sobre seu ídolo. Sem cobrar nada. "Um casal em lua de mel na Bahia já me ligou às três da manhã para saber se o nome da filha dele era Priscila ou Lisa", conta. "Eles apostaram e queriam conferir quem ganhou." Influenciado pelos tios e primos mais velhos, Laerte é fã de Elvis desde os cinco anos. Ele tem uma coleção de 2 mil CDs. "No começo, a ideia era atender apenas os participantes do Gang Elvis, mas depois comecei a atender a todos os fãs. Sou o único Disk-Elvis do mundo." Além de matar as curiosidades, Laerte dá dicas de onde encontrar CDs, camisetas e outras relíquias. Apesar do fanatismo, o editor de vídeos diz que nunca pensou em ganhar a vida como *cover* de Elvis Presley. "Eu não tenho altura nem voz para isso", explica. "Mas já fui baterista de dois grandes *covers*, o Edson Galhardi e o Elvinho Presley." A paixão por Elvis já contaminou também Eduardo, filho de Laerte. O garoto tem uma roupa no estilo do cantor e canta suas músicas no caraoquê. "Não forço nada", jura o pai. "Quando ele cresce e a roupa fica pequena, pergunto se ele quer outra. Por enquanto, ele sempre disse que sim."

Disk-Elvis
✉ Não divulga o endereço
☎ 8480-5082
✯ www.elvisdvd.com.br
@ songman@ig.com.br
☞ 24 horas

ELIMINAÇÃO DE ÁCAROS

A **Alergoclean** é uma empresa que tira os ácaros do ambiente. "Fazemos um controle ambiental em recintos fechados, que é um dos pilares para o bem-estar do alérgico", diz o proprietário Edison Mônaco. A limpeza consiste em dois processos: um mecânico, que é a aspiração do ambiente, e um químico, com a aplicação de um produto desnaturante, acaricida e fungicida. Como o ciclo reprodutivo do ácaro é de noventa dias, a empresa recomenda a repetição desse processo regularmente.

Alergoclean
✉ Rua Hayden, 34, Vila Leopoldina
☎ 3021-6802, 2597-8522
✯ www.alergoclean.com.br
@ contato@alergoclean.com.br
☞ seg. a sex. 9h/18h

ENTREGA DE FLORES NO EXTERIOR

A floricultura **Web Flowers Brasil** organiza entregas fora do Brasil. O serviço funciona como um tipo de convênio entre as lojas brasileiras e estrangeiras, e começou a pedido dos próprios clientes. Uma firma antiga e tradicional realiza a distribuição nos outros países; a entrega é garantida e os problemas são raros. As flores enviadas são as da época do lugar e, por isso, variam de país para país. "Assim, temos mais certeza de que sejam as mais bonitas de cada local", conta Maria do Carmo de Oliveira.

Web Flowers Brasil

✉ Largo São Francisco, 187, Sé
☎ 3242-5241 e 3106-2239
✯ www.webflowersbrasil.com.br
@ vendas@webflowersbrasil.com.br
☞ seg. a sex. 7h/18h30; 24 horas para coroa de flores em funerais

ESCULTURAS CLÁSSICAS SOB ENCOMENDA

O argentino **Gustavo Fs Freiberg** chegou ao Brasil em 1976 como exilado político. Por aqui, começou a trabalhar com artesanato em cimento, experiência que o pôs em contato com o universo das esculturas. Autodidata, ele desenvolveu uma linha técnica para esculpir em pedra, bronze e madeira. "No mercado, você não encontra boas reproduções." Essa constatação, aliada ao gosto pessoal pelas obras do período clássico, fez com que ele se dedicasse a copiar fielmente as esculturas. Suas mãos já esculpiram a cabeça do deus grego Apolo, um guerreiro assírio, entre outras figuras. "O cliente pode escolher um trabalho pronto ou encomendar baseado em uma foto ou em uma pesquisa", explica.

Gustavo Fs Freiberg

✉ Rua Teodoro Sampaio, 1.400, Shopping Casa & Móvel, piso Sampaio, Pinheiros
☎ 3032-7744 e 9634-7451
✯ www.esculturasfreiberg.com.br
@ gusfreiberg@gmail.com
☞ seg. a sex. 10h/18h; sáb. 10h/14h

ESFIHAS EM FESTA

Em 1940, o francês George Berberian começou a vender esfihas na rua 25 de Março. Hoje, os dois filhos do imigrante seguem o mesmo ramo e montaram a **Artur Esfihas**. Artur serve suas esfihas na lanchonete do Clube Armênio, no Ibirapuera. Já Charles oferece os quitutes em festas. Carrega um forno semi-portátil de esteira e uma máquina de fazer massa, e monta tudo na hora, enquanto os convidados se divertem. A única coisa que já chega pronta são os recheios, que podem ser de carne, queijo, azeitona chilena, calabresa ou chocolate.

Artur Esfihas

✉ Avenida Professor Ascendino Reis, 1.450, Clube Armênio, Vila Clementino
☎ 8432-8112 e 8578-5759
✯ www.arturesfihas.net
☞ ter. a sex. 17h/22h; sáb e dom. 11h/23h

FAXINA GERAL

Para tirar a poeira que fica após uma obra, é melhor pagar um especialista em vez de ficar horas se esforçando para ver o chão brilhar. Também é comum "dar uma geral" ao chegar em um novo imóvel – ou para deixar o antigo em boas condições para os inquilinos. Na **Masterim**, os serviços são geralmente cobrados por metro quadrado e o preço, calculado com base na quantidade de sujeira.

Masterim Limpeza

✉ Rua Fernão do Porto, 51, Vila Progredior
☎ 2548-4553 e fax: 2548-4539
✯ www.masterimlimpeza.com.br
@ contato@masterimlimpeza.com.br
☞ seg. a sex. 8h/17h

OFERECEM O MESMO SERVIÇO

Limp Serv

✉ Rua Sacadura Cabral, 65, Lapa
☎ 3836-2880, 3836-1108 e 3644-3061
✯ www.limpserv.com.br
@ sac@limpserv.com.br
☞ seg. a sex. 9h/18h

TL

✉ Rua Ferreira Machado, 31, Tatuapé
☎ 2091-1187 e 2091-1189
✯ www.tltecnologiaelimpeza.com.br
@ tl@tltecnologiaelimpeza.com.br
☞ seg. a sex. 9h/18h

FESTA COM PRATO ARMÊNIO

O **Restaurante Carlinhos** vive lotado de segunda a sábado – mas só funciona nesses dias no horário do almoço. Porém, o sócio Fábio Yaroussalian resolveu não descansar quando as portas se fecham. Investiu no maior sucesso do Carlinhos: o arais, criado por seu pai, Missak. O prato é uma kafta com tempero especial, envolvida em um pão sírio. “Tem um segredo para preparar que só eu e meu pai conhecemos”, despista Fábio. “Só passo adiante se um dos herdeiros resolver assumir o negócio”. Fábio abriu também o **Buffet Arais**, que serve o prato que consagrou a casa em festas e eventos. O bufê oferece quatro tipos de arais (tradicional, com queijo, com cogumelo ou com alho), pastas árabes e minidoces. O lugar deve ter churrasqueira e ele só atende nos horários em que o restaurante não funciona. “O Carlinhos, a gente não larga de jeito nenhum”, avisa Fernando.

Restaurante Carlinhos e Buffet Arais

✉ Rua Rio Bonito, 1.641, Brás
☎ 3315-9474
✯ www.carlinhosrestaurante.com.br
☞ seg. a sáb. 11h30/15h

FESTA DE EX-COLEGAS

Desde 1991, a **Convivium** organiza festas e reuniões de ex-colegas de trabalho, de escola e de faculdade. A empresa já ultrapassou a marca de 2.400 encontros de turmas, que podem ser nos mais diferentes e inusitados locais. O proprietário, Maurício Abdala, promove os eventos em hotéis, restaurantes e até dentro de navio. A escolha do local fica a critério do cliente. A Convivium organiza tudo: o bufê, o grupo musical, a decoração, e manda fazer medalhas e placas de homenagem. Abdala organizou até a formatura de uma turma de medicina da USP com 25 anos de atraso. Na época, o paraninfo e os patronos haviam sido cassados. A Convivium reuniu os três únicos professores ainda vivos, e o mestre de cerimônias foi um aluno que se formou oito anos depois, porque estava preso durante o regime militar. Como é a própria empresa que localiza os convidados, os pedidos precisam ser feitos com um mês de antecedência.

Convivium

✉ Rua Groenlândia, 257, Jardim América
☎ 3885-1294
✯ www.convivium.com.br
@ contato@convivium.com.br
☞ seg. a sex. 8h30/18h

FOTOMONTAGEM DE ROSTOS

O bebê é a cara do papai ou da mamãe? Muitos casais não aguentam esperar para saber como será o filho. E procuram o artista plástico italiano Roberto Campabello para matar a curiosidade. Desde 1994, ele realiza um trabalho de fotografia em realidade virtual no seu **Estúdio Persona**. Ele batizou o método de "desenho com luz". Com um vidro especial polarizado – que, segundo Roberto, não é fabricado desde 1975 –, ele funde a imagem de duas pessoas para obter uma única imagem. "Trabalho com um fenômeno óptico muito simples, o reflexo em vidros e uso um jogo de luzes especial." Roberto também funde a imagem da pessoa com a de animais de estimação, quadros famosos (a *Mona Lisa* é muito requisitada) e até paisagens. "A qualidade artística do trabalho é excelente", gaba-se Roberto, que já participou de bienais de arte na década de 1970. "Além disso, tem todo um significado místico."

Estúdio Persona

✉ Não divulga o endereço
☎ 5561-6670
✯ www.persona.fot.br
@ fotopersona@yahoo.com.br
☞ com hora marcada

FUNERAL HOME

O *slogan* do lugar é "Aconchegante como a sua casa". O que você imagina que poderia ser? A empresária Milena Romano trouxe para São Paulo a franquia **Funeral Home**. O conceito foi criado por Frank Campbell, em Nova York. Velórios são realizados em ambientes mais aconchegantes e confortáveis. Aqui, o Funeral Home funciona num casarão de 1928, tombado pelo Condephaat. O local tem quatro espaços diferenciados, com salas de estar conjugadas e terraço. "Damos todo o apoio à família que perde alguém querido", explica a administradora Marta Maria Alcione Pereira. "Fazemos desde a contratação do serviço funerário à entrega da certidão de óbito registrada." O valor inclui serviço de manobrista, bufê e até um livro de condolências. O Funeral Home também oferece, em suas áreas comuns, salas com internet livre, TV de plasma, atendimento aos familiares e capela ecumênica. "A pedido da família, podemos fazer um vídeo com fotos do homenageado para passar durante o velório", explica Marta.

Funeral Home

✉ Rua São Carlos do Pinhal, 376, Bela Vista
☎ 3251-0544 e 3287-0331
✯ www.funeralhome.com.br
@ atendimento@funeralhome.com.br
☞ com hora marcada

GARAGEM DE CARROS ANTIGOS

O consultor de marketing Guilherme Franco coleciona carros antigos desde 2001. O maior problema que sempre enfrentou foi onde guardá-los. "Os estacionamentos comuns não cuidam direito do acervo", afirma. "Quando ia buscá-los para dar uma volta, meus carros estavam sujos, com a bateria descarregada e com pneus murchos. Por isso, em 2005, surgiu a ideia de criar o **Garage**, um estacionamento específico para carros de coleção. "Se o dono vai viajar, por exemplo, pode deixar aqui que cuidamos dele", garante Guilherme. O Garage faz a manutenção, com cuidados específicos para os modelos antigos. A lavagem, por exemplo, é proibida, pois a água pode enferrujar os veículos. "Nós tiramos a poeira com espanador de penas de pavão e finalizamos com cera líquida", explica Guilherme.

Garage

✉ Rua Guaipá, 167, Vila Leopoldina
☎ 3644-6161
☞ seg. a sex. 8h/18h

GRUPO TEATRAL DELIVERY

Sua vida pode agora ser representada em festas, coquetéis ou em reuniões informais por quatro rapazes, já que a história de vida do contratante é o roteiro dos atores. Parece complicado, mas a ideia do **Grupo Tela Viva** é justamente a de criar um diferencial de um telegrama animado. As apresentações duram cerca de meia hora e, no decorrer do espetáculo, o homenageado pode ser surpreendido com uma cena criada na hora.

Grupo Tela Viva

✉ Não divulga o endereço
☎ 8335-6621
✯ www.grupotelaviva.com.br
☞ com hora marcada

GUARDA-MÓVEIS

A **Minidocks** aluga módulos de seu galpão para pessoas ou empresas que precisam de lugar para guardar móveis ou arquivo morto. O cliente fica responsável pela entrega e pela retirada do material, e passa a ter uma chave e uma senha que dão acesso ao depósito.

Minidocks

✉ Avenida Nações Unidas, 22.128, Vila Almeida
☎ 5523-0011
✯ www.minidocks.com.br
@ minidocks@minidocks.com.br
☞ seg. a sex. 7h/18h; sáb. 8h/13h

GUARDA-TUDO

Se pararmos para pensar, não é difícil perceber que de tudo o que temos em casa, não usamos quase nada. O resto fica entulhado em armários, gavetas e dispensas, sem nenhuma utilidade. Há até quem diga que esses objetos estocados atrapalham o fluxo energético do lar. Deixando de lado o feng shui ou alguma outra teoria oriental, de qualquer modo o **Guarda Tudo** pode ser uma boa opção para ganhar espaço dentro de casa ou do escritório. Eles aceitam todo tipo de objeto e oferecem seguro para guardá-los.

Guarda Tudo

✉ Rua Silva Airosa, 120, Vila Ribeiro de Barros
☎ 3832-0183
✯ www.guardatudo.com.br
@ info@guardatudo.com.br
☞ seg. a sex. 8h/19h; sáb. 8h30/13h30

HOSPEDAGEM PARA ORQUÍDEAS

A viagem está marcada e você, preocupado em descobrir quem poderá regar sua orquídea durante o período de ausência. Uma opção é deixá-la no **Orquidário Morumby**, onde a flor é etiquetada – para não ser confundida – e cuidada. Eles hospedam plantas doentes e que precisam de manutenção. Aliás, é bem provável que a sua precise de assistência. "A maior parte dos clientes não sabe que deve trocar o substrato da planta (o lugar onde ela se desenvolve, formado por casca de árvore ou carvão, entre outras substâncias) e adubá-la", afirma Adriana, coordenadora do espaço. Para evitar esse risco, é oferecido o curso Cultivo de Orquídeas, que ensina o que é a espécie, sua estrutura e a função de cada uma das partes, sobre as pragas, doenças e como cuidar. O participante ganha, ao final, duas mudas para treinar o aprendizado.

Orquidário Morumby

✉ Avenida Professor Vicente Ráo, 1.513, Brooklin
☎ 5041-2391 e 7864-5836
✯ www.morumby.com.br
@ contato@morumby.com.br;
☞ ter. a sáb. 9h/19h; dom. 9h/17h

HOTEL PARA BONSAIS

O serviço criado pela **Bonsai Kai** ajuda quem vai viajar por um longo período e não tem ninguém para cuidar de sua arvorezinha. O bonsai é uma técnica que surgiu no século III a.C., na China. Os chineses apanhavam pequenas árvores do alto das montanhas e as levavam para casa. Acreditavam que, assim, estariam mais perto dos deuses. A técnica acabou sendo difundida pelos japoneses. A Bonsai Kai também oferece pronto-socorro e hospital para as plantas que estiverem com praga ou doença.

Bonsai Kai

✉ Rua Miranda Guerra, 1.530, Jardim Petrópolis
☎ 5546-0620
✯ www.bonsaikai.com.br
@ falecom@bonsaikai.com.br
☞ seg. a sex. 9h/18h; sáb. 9h/15h

JORNAL DO MÊS PASSADO

Bancas, lojas e sebos especializados em revistas antigas estão por toda parte. Duro mesmo é encontrar jornais do mês passado, da semana passada ou mesmo do dia anterior ainda à venda. Na **Book Ville & Barroco**, exemplares dos três últimos meses dos jornais *O Estado de S. Paulo*, *Jornal da Tarde* e *DCI* estão à disposição dos clientes. "Nós recebemos diariamente dez edições a mais, que são guardadas para a venda depois da data de publicação", explica Roberto Agenor de Moura, gerente da loja. O jornal antigo é vendido pelo dobro do preço de capa. Os exemplares são armazenados e catalogados pela data. "É importante ressaltar isso, pois alguns clientes chegam perguntando sobre o assunto ou até mesmo pelo título da reportagem. Não dá para lembrar tudo o que foi publicado."

Book Ville & Barroco

✉ Rua Maria Antônia, 230, Consolação
☎ 3256-1315
☞ seg. a sex. 6h/22h; sáb. 7h/17h

LAVANDERIA DE ROUPAS FINAS

O velho ditado (e bota velho nisso!) diz que roupa suja se lava em casa. Pode ser. Mas, se a roupa for muito chique e cara, é melhor não dar sopa para o azar. Alaor Chiodin, dono da rede de lavanderias **Wash**, presta serviços para marcas famosas, como Ermenegildo Zegna, Ricardo Almeida e Salvatore Ferragamo, e acabou virando um especialista na lavagem de roupas finas. Usa até um produto especial para a lavagem a seco, o solvente hidrocarbono. Alaor conta que o que mais leva peças para a sua lavanderia são manchas de gordura e vinho, ou tecidos complicados de lavar em casa, como peças de couro. "O trabalho de lavagem é quase artesanal", explica ele. "Algumas peças são tão delicadas que temos que lavar à mão." Mesmo caras, algumas roupas costumam ficar esquecidas nos cabides da rede. "A cada dois anos, faço uma limpeza aqui na Central e saio catando as peças deixadas pelos clientes", conta

Alaor. "Chego a doar casacos de pele que foram largados aqui para orfanatos e abrigos." Antes de serem doadas, a equipe de 24 funcionários faz uma verdadeira busca aos donos. "Ligamos para todos os telefones que temos e mandamos até carta para as casas deles", explica. "Mas dificilmente encontramos os desmemoriados."

Wash

✉ Alameda Lorena, 1.378, Jardim Paulista (e mais três endereços)

☎ 3061-3773 e 3081-6048

★ www.lavanderiawash.com.br

☞ seg. a sex. 8h/19h; sáb. 9h/13h

LAVANDERIA TRADICIONAL

De uns tempos para cá, começaram a pipocar lavanderias modernas pela cidade. Mas isso não espantou a freguesia fiel de uma lavanderia tradicional. A **Lavanderia San Taio** funciona há 23 anos e tem como clientes o estilista Ricardo Almeida e a consultora de moda Costanza Pascolato, entre outros nomes famosos. O proprietário Kumio Oita tem orgulho de suas máquinas de origens italiana, americana, brasileira e japonesa. Mas o grande xodó é uma máquina de passar camisas (cerca de sessenta por hora), e é única na América Latina. "Não fazemos economia: trabalhamos com as melhores máquinas do mundo e com mais de trezentos aditivos", diz Oita. Há também um aparelho especial de ultrassom que remove manchas das roupas. A San Taio tem 15 funcionários, além de um químico e uma bioquímica, que auxiliam e acompanham os serviços.

Lavanderia San Taio

✉ Rodovia Raposo Tavares, 8.016, quilômetro 18, Jardim Boa Vista

☎ 3782-4846

☞ seg. a sex. 8h/17h; sáb. 8h/12h

MAQUIADORES DE MANEQUINS

Quando chegam da fábrica, os manequins que irão enfeitar as vitrines da cidade não têm expressão nenhuma. Eles só começam a ganhar personalidade quando passam pelas mãos de gente como Raimundo Leandro das Chagas e Fagner Alessandro Melo e Silva, que montaram a **Studio K**. Eles são maquiadores de manequins. Leandro fez até um curso de maquiagem (em gente de verdade) para aprender a técnica e depois usá-la em moldes de plástico e fibra. "Dependendo da sobrancelha, da cor dos olhos e dos traços, posso fazer uma expressão diferente", explica. "Tudo me serve de inspiração, por isso fico olhando as pessoas que vejo no trem, na feira, na rua, para reproduzir isso aqui no estúdio." Em um dia de trabalho eles são capazes de criar até 150 rostos. Alessandro cuida também dos cabelos. "Aplico a tinta e consigo várias possibilidades – encaracolado, liso, com risca, loiro, moreno e até ruivo", enumera. Para aplicar a tintura, que é a mesma usada para pintar carros, eles utilizam um aerógrafo, equipamento de alta precisão. "Os traços precisam ser delicados, assim o boneco fica bem natural", afirma Leandro.

Studio K

✉ Rua João Teodoro, 98 B, sobreloja, Luz

☎ 3311-9557 e 7175-5180

☞ seg. a sáb. 8h/17h

MARKETING OLFATIVO

As roupas que vestimos dizem um pouco sobre quem somos. Simone Donatelli acredita que o cheiro pode transmitir tantas impressões quanto a imagem. Por isso, a empresa **Irisverde**, de sua propriedade, desenvolveu o serviço de marketing olfativo. "Crio aromas personalizados para pessoas ou lugares", diz Simone. Seu trabalho mais recente foi em um laboratório farmacêutico, que mudou a diretoria de Recursos Humanos e decidiu dar uma nova cara ao departamento. "Estou desenvolvendo um trabalho para descobrir o aroma do RH da empresa", explica Simone. "Fizemos um *workshop* de quatro horas, com trinta funcionários, e eles escolheram o aroma do ambiente." Cada aroma pode criar uma sensação diferente: alegria, equilíbrio, estímulo mental, revigorante e até afrodisíaco. Nos aromas personalizados, Simone leva em consideração a data e o horário de nascimento do cliente, a profissão, onde mora. "Para pessoas, o cheiro precisa combinar com a sua personalidade", diz. "No caso das empresas, com o ambiente." Como esse cheiro é espalhado pelo ambiente? Pode ser pelo ar condicionado, com um aromatizador *spray* ou com um aromatizador elétrico. Os aromas pessoais são vendidos em embalagens de 130 e de 250 mililitros. O refil dos aromas utilizados ao longo do tempo é cobrado à parte.

Irisverde
✉ Rua Bruxelas, 62, Sumaré
☎ 3863-9268
✯ www.irisverde.com.br; http://irisverde.wordpress.com
@ contato@irisverde.com.br
☞ com hora marcada

OFERECE O MESMO SERVIÇO

Camaleão
✉ Rua Itapitangui, 83, Pacaembu
☎ 3864-3688
✯ www.olfativemarketing.com.br
@ comercial.camaleao@terra.com.br
☞ com hora marcada

MÉDICO PARA VIAJANTES

Um novo serviço oferecido gratuitamente ainda é pouco conhecido pelos paulistanos. É o **Núcleo de Medicina do Viajante, do Instituto de Infectologia do Hospital Emílio Ribas**. Quem tem viagem programada recebe orientações e medicamentos para se prevenir das doenças comuns dos lugares que serão visitados. No Brasil, algumas regiões do Norte e Nordeste são consideradas de risco. No exterior, a África Subsaariana, a Índia, o Sudeste Asiático, zonas rurais da China e cidades do interior da América Latina merecem atenção. "Áreas tropicais e com baixa cobertura de saneamento básico são os locais que oferecem maior risco de adoecimento", afirma a infectologista Tânia Souza Chaves, responsável pelo núcleo. "Entre as principais moléstias que acometem os viajantes estão a malária e a diarreia, associada à ingestão de água e alimentos contaminados." As consultas no Núcleo (cerca de quarenta minutos cada) devem ser agendadas pelo telefone.

Núcleo de Medicina do Viajante, do Instituto de Infectologia do Hospital Emílio Ribas
✉ Avenida Doutor Arnaldo, 165, Pacaembu
☎ 3896-1200
✯ www.emilioribas.sp.gov.br
☞ seg. a sex. 7h30/18h30

OFERECE O MESMO SERVIÇO

Escola Paulista de Medicina
✉ Rua Sena Madureira, 1.500, 4º andar, Vila Clementino
☎ 5546-4000
★ www.unifesp.br
☞ seg. a sex. 9h/18h

MOTOCICLETAS PERSONALIZADAS

Desde 2001, Fabiano é dono da **F.F. Motorcycles**, oficina especializada em pintura e modificação de motos. "Os clientes chegam aqui com a ideia e quase sempre deixam os 98% restantes nas nossas mãos", conta. Os desenhos mais populares são os de chamas (*flames*) e tatuagens no chamado estilo *old school* (como *pin ups*, por exemplo). Um cliente já pediu que fosse desenhado um brigadeiro em seu capacete e outro saiu de lá com o rosto do cangaceiro Lampião estampado em sua motocicleta. Para as moças, chegaram a pintar margaridas. Os desenhos levam em média uma semana para ficar prontos. "Aí o cliente fica com uma moto exclusiva, com a cara dele", conta Fabiano.

F.F. Motorcycles
✉ Rua Alvorada, 892, Vila Olímpia
☎ 2936-0892
★ www.ffmotorcycles.com.br
@ caju@ffmotorcycles.com.br
☞ seg. a sex. 9h/19h; sáb. com hora marcada

OFICINA DE AFIAÇÃO

A **Oficina de Afiação Soderi** foi fundada por Aurélio Soderi ainda na Itália. A oficina é responsável pelo fio das ferramentas dos principais frigoríficos e restaurantes paulistanos. Além de facas, a Soderi também cuida de machados, de alicates e até mesmo de espadas. Aurélio Soderi chegou ao Brasil em 1870 e instalou seu negócio no bairro do Cambuci. Todos os truques foram ensinados ao filho, Sírio. Depois foi a vez de Sírio ensinar ao filho, Luiz, que hoje é o responsável pela oficina. Para afiar com precisão os objetos que chegam à loja, Luiz explica que são necessários diferentes materiais para cada tipo de metal.

Oficina de Afiação Soderi
✉ Rua Luís Teixeira, 26, Cambuci
☎ 3107-5788
☞ seg. a sex. 9h/18h

PAPARAZZI DE MENTIRINHA

De que adianta um evento cheio de celebridades se os *paparazzi* não aparecerem por lá? Bem, até os fotógrafos especializados em correr atrás de gente famosa podem ser de mentirinha também. A **Scoppio** coloca um batalhão de fotógrafos na porta do evento, clicando os convidados, como se fosse para uma revista mesmo. Nas mãos, levam câmeras que apenas disparam flashes, mas não registram imagens de verdade. "É tudo planejado para dar aquela sensação de glamour", explica o proprietário Marcelo Santos.

Scoppio
✉ Rua Gama Cerqueira, 531, Cambuci
☎ 3368-0444, 7874-4602 e 2864-1210
★ www.scoppio.com.br
@ scoppio@scoppio.com.br
☞ seg. a sex. 9h/18h

PERSONAL CONCIERGE

O serviço é conhecido por quem se hospeda em hotéis sofisticados. É função do *concierge* dar assistência aos hóspedes e atender a seus pedidos, como reservar uma mesa num restaurante badalado ou conseguir ingressos para uma peça de teatro. A relações públicas Luciana Lima criou o serviço de *personal concierge*. Sua empresa, a **Lugadeli**, atende clientes de outros estados ou países em passagem por São Paulo e também moradores da cidade. Várias empresas trazem visitantes para São Paulo e Luciana se encarrega de levá-los para compras e visitas a pontos de interesse turístico. O nome *concierge* vem do francês *comte dês cierges*, o contador de velas. Esse era o nome dado ao funcionário das casas dos nobres na França, responsável por deixar a casa sempre aquecida e iluminada. Com o tempo, esse profissional passou a cuidar de toda a casa.

Lugadeli
✉ Não divulga o endereço
☎ 3458-8734
✯ www.lugadeli.com.br
@ luciana@lugadeli.com.br
☞ com hora marcada

PERSONAL ORGANIZER

Ter afinidade com papéis, pastas e prateleiras é uma característica indispensável para quem quer trabalhar como *personal organizer*, um profissional dedicado a organizar a vida dos outros. Os principais clientes são pessoas que trabalham o dia inteiro e não têm tempo de arrumar a casa ou que não conseguem treinar seus empregados. Mas não para por aí: **Ivo Corradi de Abreu**, por exemplo, é especializado em organizar escritórios e caixas de entrada de e-mails.

Ivo Corradi de Abreu
✉ Não divulga o endereço
☎ 5524-5181 e 9121-5274
✯ www.ibt-pep.com.br
@ ibtbrasil@gmail.com
☞ com hora marcada

OFERECEM O MESMO SERVIÇO

Anna Celidonio
✉ Rua Deputado Laércio Corte, 625, apartamento 81-A, Paraíso do Morumbi
☎ 3755-1414 e 9278-2166
✯ www.organizacaodearmarios.com
☞ com hora marcada

Adriana Saade
✉ Não divulga o endereço
☎ 3284-8097
✯ www.adrianasaade.com.br
@ adrianasaade@saade.com.br
☞ com hora marcada

Eliete Teixeira
✉ Não divulga o endereço
☎ 3522-9711 e 9845-2292
✯ www.organize-se.com
@ contato@organize-se.com; eliett@hotmail.com
☞ com hora marcada

In Ordem
✉ Rua Guararapes, 228, Brooklin Paulista
☎ 8303-2424 e 9727-2177
✯ www.inordem.blogspot.com
@ inordem@gmail.com
☞ seg. a sex. 8h/12h e 14h/18h

Maria Pia Gallucci
✉ Não divulga o endereço
☎ 7871-9482
✯ http://mariapiagallucci.blogspot.com
@ piagallucci@gmail.com
☞ com hora marcada

Organiza Mundi

✉ Avenida Giovanni Gronchi, 6.701, apartamento 64, Vila Andrade
☎ 3742-5060 e 8471-8406
★ www.organizamundi.blogspot.com
@ organizamundi@gmail.com
☞ com hora marcada

Renata Parisotto

✉ Não divulga o endereço
☎ 9540-4379
★ www.tetrisorganiza.com.br
@ renata@tetrisorganiza.com.br
☞ com hora marcada

Time Savers

✉ Não divulga o endereço
☎ 4704-8701 e 9283-2786
★ www.timesavers.com.br
@ servicos@timesavers.com.br
☞ seg. a sex. 8h/18h

Vera Corradi

✉ Não divulga o endereço
☎ 5524-5181 e 9227-6550
@ corradi.vera@gmail.com
☞ com hora marcada

PERSONAL PAQUERA

Dono de uma cara de pau que faz jus ao sobrenome, **Daniel Madeira** se apresenta como *personal* paquera. Sim, desde 2000, ele ganha dinheiro ensinando homens tímidos e inseguros, entre vinte e trinta anos, a conquistar mulheres. "Há também os que ficaram muito tempo fora do mercado, em longos relacionamentos, e agora querem reaprender a conquistar", acrescenta. Madeira aprendeu a técnica num curso que fez nos Estados Unidos. A empresa reúne outros oito instrutores, que também são palestrantes. O primeiro passo é melhorar a autoestima dos alunos com técnicas semelhantes às de livros de autoajuda e liderança. As aulas não ficam apenas na teoria. O *personal* paquera oferece *workshops* que duram três dias (de sexta a domingo), sempre para turmas de três alunos. "Começamos o curso com ensinamentos teóricos, depois partimos para o ataque em baladas ou shoppings", explica. Se o método não funcionar, Madeira promete devolver o dinheiro gasto no curso. Até hoje, garante ele, nunca tiveram reclamações.

Daniel Madeira – Personal Paquera

✉ Não divulga o endereço
☎ 5678-3632 e 8352-3112
★ www.personalpaquera.com.br
@ contato@personalpaquera.com.br
☞ com hora marcada

PESQUISA DE BRASÕES DE FAMÍLIA

Uma hipótese linguística diz que a palavra "heráldica" deriva do inglês *heralds*, nome dado aos homens encarregados de desenhar brasões de famílias nobres – naquela época, os símbolos eram usados para identificar amigos ou inimigos em guerras. Hoje em dia, os desenhos servem para um propósito bem mais pacífico: o de matar a curiosidade das pessoas em relação à origem de seus sobrenomes. Ou simplesmente para enfeitar a sala de casa. Fundado em 1981, o **Instituto Heráldico Americano** realiza um trabalho voltado para a pesquisa dos brasões e já contabiliza 7 milhões de famílias cadastradas. O instituto se mantém graças à venda de trezentos desenhos por mês, impressos ao gosto do cliente. O mais em conta é feito no papel, e traz o símbolo e o significado do sobrenome. Pesquisadora do Heráldico, Elisa Keiko Abe diz que sebos, institutos de genealogia e a internet são poderosos aliados na descoberta de novas famílias. O que eles dizem sobre o sobrenome mais popular do Brasil? "Os Silva são numerosos porque todos os funcionários dos castelos medievais adotavam o nome dos reis."

Instituto Heráldico Americano

✉ Rua Antônio Frutuoso Barbosa, 38, Vila Livieiro
☎ 2332-4026
✯ www.ihabrasoes.com.br
@ pesquisa@ihabrasoes.com.br
☞ seg. a sáb. 8h/18h

PROFESSOR DE DANÇA PARA FESTAS

"Se alguém chega, senta, come e vai embora, essa pessoa foi a uma lanchonete, e não a uma festa", diz, com propriedade, o professor de dança chileno **Guillermo Alfonso Rivera**. O tutor latinoamericano é o inimigo número 1 das festas desanimadas. Ele dá aulas de dança em aniversários, casamentos e festas de empresas com, no máximo, cinquenta pessoas. O professor ensina os passos para que os convidados o imitem no ritmo das músicas.

Guillermo Alfonso Rivera

✉ Não divulga endereço
☎ 9123-6600
@ panchiniki@globomail.com
☞ com hora marcada

PSICÓLOGA PARA TERCEIRA IDADE

Letícia Motta é psicóloga domiciliar e atende pacientes entre oitenta e 94 anos, que têm dificuldade para sair da cama ou de casa. "É diferente do trabalho de consultório", explica ela. "Não é apenas voltado para o paciente, mas também para a família. Algumas não sabem lidar com o idoso. Existe o preconceito porque acham que ele já não serve para nada." Letícia faz um treinamento com os cuidadores, pois eles são os primeiros a estressar por causa das pressões da casa. "Dou dicas de como acordar o idoso para o banho ou para uma refeição, sem reações negativas. Oriento também os filhos, que nem sempre aceitam o envelhecimento dos pais." A psicóloga destaca que o trabalho de prevenção é igualmente importante. Quando um idoso perde a independência, há grandes chances de ele se tornar depressivo.

Letícia Motta

✉ Avenida Paulista, 1.159, conjunto 1.206, Bela Vista
☎ 8352-3390
✯ www.psicomemoria.com.br
@ letícia@psicomemoria.com.br
☞ com hora marcada

RECUPERAÇÃO DE DADOS EM HARD DISK

Se um vírus atacou o seu micro e você perdeu os seus arquivos, amaldiçoar o Bill Gates não vai resolver. A **PC's & Dados** consegue recuperar os arquivos na maioria dos casos. Mesmo se o *hard disk* parou de funcionar, eles resolvem o problema com a ajuda de outro equipamento. Nesses casos, o índice de sucesso é de 70%. Há apenas um cuidado a ser tomado: depois que ocorre o problema, não mexa no micro nem deixe que curiosos o façam.

PC's & Dados
✉ Alameda dos Anapurus, 1.885, Indianópolis
☎ 5535-5000 e 7867-9639
✯ www.pcsedados.com.br
@ falecom@pcesdados.com.br
☞ seg. a sex. 8h30/18h

ROTAÇÃO MÁXIMA

O **Rotação Máxima** é um serviço de entregas rápidas, semelhante ao oferecido pelos *motoboys*, só que realizado por ciclistas. O trabalho pode ser requisitado de duas maneiras: com chamadas avulsas ou contratos fixos, que oferecem um ciclista o dia todo à disposição. A encomenda, que vai dentro de uma mochila, pode pesar no máximo cinco quilos. "O mais forte é entrega de documentos, mas trabalhamos também com presentes, ingressos de teatros e shows, comida para restaurantes...", conta Bernardo de Souza, um dos proprietários. A taxa depende sempre da distância. A diferença, segundo ele, é exatamente o preço, em torno de 40% mais barato que o serviço oferecido pelos *motoboys*. "Além disso, nós garantimos que a entrega seja feita em um prazo máximo de uma hora, dentro do nosso perímetro", completa. O serviço abrange o que se pode chamar de centro expandido de São Paulo, com limites máximos na zona norte (Santana), na sul (Jabaquara), na zona leste (Tatuapé) e na oeste (Morumbi e Butantã).

Rotação Máxima
✉ Rua da União, 127, Vila Mariana
☎ 5081-7763 e 2361-6800
✯ www.classboys.com.br
@ financeiro@classboys.com.br
☞ seg. a sex. 7h30/18h

SALÃO DE CABELEIREIRO DE CORTES RADICAIS

Quem zela por seu cabelo pode se assustar com o nome do salão: **Corte Radical**. Radical como? "Procuramos sair do convencional com cortes contemporâneos, mais modernos", avisa Alexandre Marsiglia, também designer de computação gráfica e um dos três donos do lugar. A sociedade conta com Moshi, faixa preta de caratê e uma das precursoras dos cortes orientais no país, e Juliana Miranda, que deixou a carreira de estilista para empunhar escovas e navalhas. Eles têm uma série de segredinhos: "Aplicar toalha quente facilita a limpeza do couro cabeludo antes do corte e deixa o cliente menos tenso para encarar o fim dos fios", indica Juliana Miranda. O cabeleireiro conta ainda que, no início da nova carreira, chegou a usar os amigos como cobaias para testar as técnicas aprendidas em sala de aula. "Cheguei a pagar para alguns amigos me deixarem cortar o cabelo deles", conta, rindo. "Mas, com o passar do tempo, eles começaram a pedir os cortes e decidi abrir o salão."

Corte Radical
✉ Rua Lisboa, 45, Cerqueira César
☎ 3062-9208
✯ www.corteradical.com.br
☞ com hora marcada

SERENATAS

Tudo começou no Dia dos Namorados de 1990. A jornalista Maída Novaes e o advogado Juca Novaes, filhos de uma ex-cantora de rádio, convidaram dois outros amigos, Valéria Caran e Eduardo Santana, para fundar a **Trovadores Urbanos**. Suas serenatas conquistaram a cidade. Hoje, são trinta músicos, que realizam cerca de 350 apresentações por mês. Eles se vestem com um figurino inspirado nos anos 1920 e são acompanhados de uma banda. O repertório é MPB, com canções antigas e novas. Uma delas é composta especialmente para o homenageado, com características, manias e gostos dele, como uma paródia. Os preços variam conforme o número de integrantes. As opções mais frequentes são o quarteto, o trio e o dueto. Certa vez, o homenageado era um taxista. Os Trovadores solicitaram o seu serviço e o local escolhido foi uma praça, onde o show acabou sendo realizado. Eles já cantaram para um cachorro. As serenatas tradicionais, feitas na janela, dependem da altura do prédio.

Trovadores Urbanos
✉ Rua Aimberê, 651, Perdizes
☎ 3871-2666, 2595-0100
✯ www.trovadoresurbanos.com.br
@ vendas@trovadores.com.br
☞ seg. a sex. 9h/19h

OFERECEM O MESMO SERVIÇO

Menestréis do Amor
✉ Não divulga o endereço
☎ 5011-9375 e 9603-0586
✯ www.menestreisdoamor.com.br
@ menestreisdoamor@uol.com.br
☞ seg. a sáb. 9h/20h

Sonora Garoa
✉ Não divulga o endereço
☎ 3871-2554
✯ www.sonoragaroa.com.br
☞ seg. a sex. 9h/18h

SERRALHERIA ARTÍSTICA

O que é uma serralheria artística? "A especialidade da casa é transformar todas as obras de ferro pensadas pelos clientes em realidade", explica André di Maio, dono da **Serralheria Artística Ferro Battuto**. Ele mantém o processo artesanal e artístico de trabalho em ferro forjado, aprendido com o pai, Giuseppe Maio, que criou o negócio em 1959. A Ferro Battuto fabrica lustres, candelabros, grades, portões, mesas e cadeiras, tudo com exclusividade. O serralheiro cita até um lustre com dois metros de altura e 1,5 metro de diâmetro que fez para uma fazenda do interior de São Paulo. "Sou um dos únicos de São Paulo a manter esse tipo de trabalho", garante. "É caro e trabalhoso, mas fica bem mais bonito que todos os outros processos trabalhados com o metal."

Serralheria Artística Ferro Battuto
✉ Avenida Bandeirantes, 1.008, Vila Olímpia
☎ 3045-1353 e 7755-6475
✯ www.ferrobattuto.com.br
@ contato@ferrobattuto.com.br
☞ seg. a sex. 9h/17h; sáb. 9h/13h

TRANSPORTE DE DEFICIENTES FÍSICOS

Em 1997, Marcelo Vieira e Roque José da Rocha Filho criaram o **Projeto Carona**. A empresa oferece dois tipos de serviços: transporte e lazer. No primeiro, basta ligar e agendar um carro ou fechar contratos, semanais ou mensais. As programações de lazer são criadas por eles e incluem pequenas viagens, acampamentos, almoços em restaurantes. Os roteiros são enviados semanalmente para clientes cadastrados. O Projeto Carona conta com sete carros, sendo três adaptados, em que o deficiente físico pode até ficar na própria cadeira de rodas.

Projeto Carona
✉ Travessa Domingos Assunção, 57, Pinheiros
☎ 3814-4162
✯ www.projetocarona.com.br
@ transporte@projetocarona.com.br; recreação@projetocarona.com.br
☞ seg. a sex. 8h/18h

TRANSPORTE DE OBRAS DE ARTE

Eles já transportaram obras de Aleijadinho, Rodin, Maillol, Camille Claudel, Picasso e tantos outros. A equipe da **Alternativa Transportes** foi treinada pela empresa alemã Schenker, especializada em transporte de obras de arte.

Alternativa Transportes
✉ Avenida Jorge Alfredo Camasmie, 520, Embu
☎ 5641-0822 e fax: 5641-2825
✯ www.a-alternativa.com.br
@ transp@a-alternativa.com.br;
☞ seg. a sex. 8h/17h

OFERECE O MESMO SERVIÇO

Fink
✉ Avenida Cardeal Santiago Luís Copello, 81, Vila Ribeiro de Barros
☎ 3839-5400 e fax: 3835-3366
✯ www.finksp.com.br
@ finksp@fink.com.br
☞ seg. a sex. 8h/18h

TRATAMENTO A LASER PARA FUMANTES

A **Action Laser** faz aplicações de *laser* em pontos de acupuntura que inibem a vontade de fumar. A aplicação dura 45 minutos e há um acompanhamento gratuito de até noventa dias. O paciente ainda é orientado a tomar vitaminas. Segundo a empresa, de 75% a 85% dos clientes deixam de fumar definitivamente.

Action Laser
✉ Rua Sergipe, 401, conjunto 1.207, Higienópolis
☎ 3255-9285
@ higienopolis@actionlaser.com.br
✉ Rua Helena, 280, conjunto 711, Vila Olímpia
☎ 3849-3344
@ vilaolimpia@actionlaser.com.br
✯ www.actionlaser.com.br
☞ seg. a sex. 9h/18h

VACINAS EM DOMICÍLIO

Se você é daqueles que corre para o hospital logo depois de dar um espirro, vai gostar desta novidade. Trata-se do **Cedipi**, uma clínica composta por um corpo médico altamente capacitado, que tem uma enfermeira à disposição para cuidar dos pacientes em casa. Ela leva agulha e vacina os pacientes ali mesmo, no quarto ou na cozinha. Logo depois da visita, um médico informa pelo telefone as possíveis reações alérgicas.

Cedipi (Clínica Especializada em Doenças Infecciosas e Parasitárias e em Imunizações)
✉ Alameda Joaquim Eugênio de Lima, 1.338, Jardim Paulista
☎ 3887-6111 e 3887-7733
✯ www.cedipi.com.br
☞ seg. a sex. 8h/18h; sáb. 8h/15h30

VIAGENS PARA SOLTEIROS

Viajar sozinho pode acabar sendo um aborrecimento sem fim: ou o turista não tem ninguém com quem conversar, ou está no meio de uma turma cheia de famílias e casais. "Os interesses são diferentes. Depois do jantar, o casalzinho vai passear e se curtir, e o solteiro fica lá, querendo uma bela festa para se divertir", explica Yolanda de Oliveira, dona da agência **Terra Azul**, especializada em turismo ecológico. Em 1997, ela criou então os pacotes *Just for Singles*, que só aceitam solteiros. Os grupos têm, em média, quarenta pessoas, e a duração vai de um fim de semana a sete dias. Quase todos os destinos ficam no Brasil, porém a Terra Azul já levou um grupo para Buenos Aires. Yolanda diz que o objetivo da agência não é formar novos casais. "Mas a expectativa, no fundo, todo mundo tem", acrescenta.

Terra Azul

✉ Rua Capote Valente, 969, Pinheiros

☎ 3081-8958 e 3062-3953

✯ www.terrazul.tur.br

@ terrazul@terrazul.tur.br

☞ seg. a sex. 9h/20h; sáb. 9h/14h

SEXO E SEDUÇÃO

AGÊNCIA DE ENCONTROS QUE MARCA ALMOÇO

No exterior, Iona Schechter conheceu o modelo de agências de encontros que reúnem duas pessoas de mesmo perfil para um almoço e criou a **Lunch for Two** em 1993. O processo, que tem sigilo total, exige visita ao escritório da empresa e duas entrevistas com psicólogo. Depois, é só esperar que a agência entra em contato quando encontrar alguém e marca o almoço no dia, hora e local de sua preferência. Se não der certo, tudo bem: o contrato vale por um ano a partir do primeiro almoço e a Lunch For Two procurará novas pessoas.

Lunch for Two

✉ Rua Padre João Manuel, 222, conjunto 11, 1º andar, Cerqueira César

☎ 3063-3354

✯ www.lunch42.com.br

@ lunch42@lunch42.com.br

☞ seg. a sex. 9h/20h; sáb. 10h/14h

AULAS DE STRIPTEASE

O primeiro passo das alunas de Fátima Moura é aprender a trabalhar a sensualidade e a autoestima. "Um *striptease* só pode ser feito quando a mulher estiver segura com o próprio corpo", diz a professora. Além das coreografias, elas aprendem produção de moda (sim, a escolha da *lingerie* é muito importante!), maquiagem e técnicas de massagens sensuais. Depois vêm as noções de dança. As coreografias são variadas, com diferentes tipos de trajes na **Sensual Coach**. "Antes do início das aulas, converso com a aluna para saber se ela se acha bonita, atraente", conta Fátima, autora do livro *Sexo para mulheres casadas* (Panda Books). "Durante o curso, também falamos muito sobre sexo." Há homens que a procuram. Segundo a professora, muitas pessoas fazem isso para procurar emprego como *strippers* profissionais. Mas a maioria quer dar um tempero diferente ao relacionamento. Fátima também dá aulas particulares na residência do aluno.

Sensual Coach

✉ Rua Albuquerque Lins, 94, Santo André

☎ 4994-1019

✉ Calçada Antares, 22, Alphaville

☎ 4153-5399, 9162-7375 e 9329-4006

✯ www.fatimamoura.com.br

@ sensualcoach@fatimamoura.com.br

☞ com hora marcada

BOOK SENSUAL

Transformar mulheres comuns e anônimas em estrelas de ensaios eróticos é o serviço oferecido pelas fotógrafas Darcy Toledo e Jane Walter, proprietárias da **Nude**. Para não inibir as "estrelas", Darcy e Jane só trabalham com mulheres na equipe. O pacote básico inclui sessão fotográfica, cenário para o ensaio, maquiadora, materiais básicos de produção, lanche, fotolivro com vinte páginas e CD com todas as fotos da sessão em alta resolução. O prazo de entrega do produto final é de um mês. E como fica o sigilo das fotos? "Não enviamos fotos por e-mail, só entregamos em mãos", diz Jane. "Depois de seis meses, destruímos o *back-up* das fotos e a cliente fica com a única cópia do material."

Nude

✉ Não divulga o endereço

☎ 9302-8755 e 8221-9341

✯ www.nude.art.br

@ nude@nude.art.br; darcytoledo@hotmail.com

☞ com hora marcada

CANETA COM CARGA COMESTÍVEL

Você não precisa mais ficar com medo que a carga da caneta estoure na sua boca! A **Scarlet** vende as canetas com cargas nos sabores morango, chocolate e doce de leite. A textura é parecida com a do leite condensado e a proposta da brincadeira é usá-la para escrever mensagens no corpo do companheiro ou da companheira.

Scarlet
✉ Rua Comendador Miguel Calfat, 308, Vila Nova Conceição
☎ 2613-1870 e 2985-9440
✯ www.scarletboutique.com.br
@ contato@scarletboutique.com.br
☞ seg. a sex. 10h/19h; sáb. 10h/16h

CHÁ DE LINGERIE

"Chá de cozinha é muito ultrapassado." Quem diz é Luciana Keller, proprietária da butique erótica **Constantine**: "É muito mais legal receber brinquedos eróticos e *lingeries* como presente do que ganhar um monte de utensílios de cozinha", garante. Uma opção para as moças que vão se casar em breve e querem reunir as amigas em um momento descontraído é o chá de *lingerie*. O evento pode ser realizado na casa da cliente ou no salão que fica no local, com ar-condicionado e capacidade para trinta pessoas sentadas em cadeiras de oncinha. As opções de divertimentos incluem dicas de sedução, demonstração de brinquedos eróticos, cursos de massagem, pompoarismo e *striptease*, ou até mesmo show de *gogoboys*.

Constantine
✉ Rua Gaivota, 1.311, Moema
☎ 5082-2760
✯ www.constantine-sp.com.br
@ contato@constantine-sp.com.br
☞ seg. a sex. 10h/20h; sáb. 10h/19h

CLUBE DAS MULHERES

Mulheres de todas as idades liberam suas mais loucas fantasias nas noites de terças e quintas. O **Clube das Mulheres** é um show de *striptease* masculino que se popularizou depois da novela *De corpo e alma*, da Rede Globo, em 1991. Homens musculosos entram fantasiados de gladiador, índio, médico, motoqueiro, dom-juan, Zorro e até rapaz da manutenção. Eles vão tirando a roupa em coreografias bem ensaiadas até sobrar apenas a sunga. As mulheres podem subir no palco para passar a mão no corpo deles.

Clube das Mulheres
✉ Rua Henrique Schaumann, 517, Pinheiros
☎ 3061-1070 e 3085-8458
✯ www.clubedasmulheres.com.br
@ clube@clubedasmulheres.com.br
☞ qua. e qui. 20h/24h

CURSOS DE ARTES SENSUAIS

Nelma Penteado já ensinou artes sensuais para 40 mil mulheres do Brasil inteiro. Os cursos as ensinam a dar mais prazer ao companheiro e a melhorar a vida sexual do casal. São seis cursos diferentes: Massagem Sensual; *Striptease* Sensual; Intimidade; Segredos Masculinos que Toda Mulher Deve Saber; Fantasias Sexuais; e Técnicas Sexuais Avançadas. *Striptease* Sensual e Técnicas Sexuais Avançadas têm oito horas de duração. Os outros, quatro. Nas turmas há entre quarenta e setenta alunas. Nelma só aceita inscrições de mulheres maiores de 18 anos. Ela tem também uma butique feminina, batizada de Espaço Sensual.

Nelma Penteado
✉ Não divulga o endereço
☎ 2451-3000 e 9481-8013
✯ www.nelmapenteado.com.br
@ contato@ndeventos.com.br
☞ seg. a sex. 8h/18h

ENCONTRO ÀS ESCURAS

O **Table for Six** organiza jantares para seis pessoas, reunindo-as de acordo com suas afinidades. A razão é simples: em um jantar a dois a sua chance de encontrar o par ideal é três vezes menor do que em um encontro a seis. O público seleto é recebido por uma *hostess* do clube nos melhores restaurantes de São Paulo, onde já há uma combinação prévia para que o valor da conta venha dividido individualmente.

Table for Six
✉ Não divulga o endereço
☎ 3044-3889
✯ www.tableforsix.com.br
@ suporte@tableforsix.com.br
☞ seg. a sex. 9h30/17h30

HOSPITAL DOS VIBRADORES

"É um brinquedo erótico ou normal?", pergunta o empresário Bartolomeu Queiroz de Alencar para quebrar o gelo com os clientes mais envergonhados. Ele comanda o **Hospital dos Vibradores e Acessórios**, uma assistência técnica especializada em vibradores, estimuladores, bonecas infláveis e outros acessórios sexuais. Bartolomeu dedicava-se a consertar singelos brinquedos quando um rapaz apareceu com um pedido inusitado: consertar um vibrador. O problema teve uma solução bastante simples e Bartolomeu enxergou ali um mercado promissor. Como a maior parte dos brinquedos sexuais é importada, muita gente acaba jogando fora ao primeiro sinal de mau funcionamento. Atualmente, o Hospital dos Vibradores conta com quatro funcionários treinados para resolver todo tipo de pepino. O lugar conserta por volta de quinhentas peças por mês, enviadas e devolvidas pelos Correios. O preço cobrado corresponde em média a 10% do valor do acessório novo.

Hospital dos Vibradores e Acessórios
✉ Rua Deputado Emilio Carlos, 1.304, Osasco
☎ 8754-8118
✯ www.hospitaldosvibradores.com.br
@ hva@psdasbonecas.com.br
☞ seg. a sex. 9h/18h

POMPOARISMO

Essa técnica, em que as mulheres exercitam os músculos vaginais para proporcionar mais prazer a elas e aos parceiros, foi criada no Oriente há milhares de anos. O pompoarismo é citado no *Kama Sutra*, famoso livro com lições de amor, sexo e contorcionismo do século III. A novidade foi trazida a São Paulo pela professora **Stella Alves**. Além de melhorar a vida sexual, os exercícios fortalecem os músculos vaginais e evitam problemas de queda de bexiga e incontinência urinária. Também ajudam as mulheres em partos normais. São necessários no mínimo três meses de exercícios diários, auxiliados por alguns aparelhinhos, para começar a aprender a pompoar.

Stella Alves

✉ Não divulga o endereço

☎ 8315-9733, 2455-6800 e 9214-1234

★ www.pompoarismo.com.br

@ pompoarismo@pompoarismo.com.br

☞ seg. a sex. 9h/18h

PROFESSORA DE SEDUÇÃO

De tanto falar sobre sexo, Rita Gutierrez já teve sérios problemas com a família, católica de carteirinha, e até já foi expulsa de uma igreja. Mas ela continua insistindo porque acredita que o sexo não pode mais ser tratado como um tabu. Por isso, desde 1995, ela se apresenta como "professora de sexo". O curso **Sedução Sem Culpa** ensina técnicas de massagem tailandesa, ginástica íntima, brincadeiras eróticas, uso de vibradores, beijoterapia, e até dá conselhos para melhorar a autoestima. A aula dura cinco horas. "Ensino o lado sensual do sexo, com romantismo, sem culpa e nada de vulgaridade", conta ela. Rita, que é casada há mais de trinta anos com "o mesmo homem", contabiliza já ter atendido 12 mil mulheres. Ela agora quer aumentar também a clientela masculina, ainda muito reservada e reticente. "Muitas mulheres estão encaminhando seus maridos", revela. "Eles estão vendo o sexo com a esposa como uma coisa mais natural, menos pecaminosa."

Sedução Sem Culpa

✉ Avenida Paes de Barros, 1.054, apartamento 74, Mooca

☎ 2389-6072

★ www.ritagutierrez.com.br

@ rgcassia@hotmail.com

☞ com hora marcada

ROUPAS SADOMASOQUISTAS

A loja **Emoções e Prazeres** tem roupas para todo tipo de fantasias sadomasoquistas. As atrações não param por aí. Estão à venda tapa-sexos, cuecas com velcro para *strippers*, roupas para shows eróticos. Os homens que quiserem impressionar na praia encontram, acredite, uma sunga com enchimento que aumenta o volume.

Emoções e Prazeres

✉ Rua 24 de Maio, 116, Galeria Presidente, piso térreo, loja 22 e 23, República

☎ 3361-3711, 3361-3715 e 3361-4450

★ www.emocoeseprazeres.com.br

@ contato@emocoeseprazeres.com.br

☞ seg. a sex. 9h/19h30; sáb. 9h/18h

SHOWS SENSUAIS

Para esquentar um evento, há opções para todos os gostos. Se a ideia é divertir homens e mulheres, uma boa pedida pode ser a contratação de uma *drag queen*. **Paulette Pink** oferece inúmeros personagens e as apresentações duram de trinta minutos a uma hora.

Paulette Pink

✉ Não divulga o endereço

☎ 3104-7308 e 9397-5097

★ www.paulettepink.net

@ paulette_pink@hotmail.com

☞ seg. a sex. 9h/18h

SOM, IMAGEM E AÇÃO

APARELHO CONTRA A GAGUEIRA

A disfluência, conhecida popularmente como gagueira, atinge grande número de brasileiros. O **Grupo Microsom** desenvolveu um aparelho chamado SpeechEasy, que é capaz de acabar com o problema. De acordo com a fonoaudióloga da empresa, Érica Ferraz, o aparelho age no cérebro, desencadeando o "efeito coro", um fenômeno natural que reduz a gagueira. "A voz alcança o cérebro com um ligeiro atraso e com um tom diferente", explica. Além disso, o usuário fica com a sensação de que está falando junto com os outros. Isso explica o fato de a gagueira desaparecer em situações como recitar em coro ou cantar. Utilizado em combinação com o tratamento fonoaudiológico, o SpeechEasy é comercializado desde 2008. O aparelho é portátil, usado na orelha e confeccionado de forma personalizada.

Grupo Microsom
✉ Rua Francisco Marengo, 941/947, Tatuapé
☎ 0800-11-6491 e 2789-2400
✯ www.speecheasy.com.br
@ sac@speecheasy.com.br
☞ seg. a sex. 9h/18h

ARTIGOS FOTOGRÁFICOS

A **Camera Show** é o paraíso para quem tem a fotografia como hobby ou profissão. Lá, os fotógrafos de plantão podem comprar, vender, trocar ou consertar seu equipamento. O proprietário Osmar Calligari começou como vendedor de químicos para revelação e equipamentos, até abrir seu próprio negócio, em 1985. "Eu precisava de um diferencial e passei a oferecer equipamentos que as outras lojas não tinham", relembra Osmar, que não resistiu à era digital e, hoje, entre filmes e máquinas analógicas, oferece cartões de memória digitais, lentes, mochilas, flashes e outros utensílios. Quem quer vender sua câmera pode deixar a peça em consignação ou mesmo negociar uma troca.

Camera Show
✉ Rua Sete de Abril, 111, loja 5, República
☎ 3105-0912, 3107-5749 e fax: 3214-6301
✯ www.camerashow.com.br
@ atendimento@camerashow.com.br
☞ seg. a sex. 8h30/18h30; sáb. 8h30/13h

OFERECEM O MESMO SERVIÇO

Angel Imagem e Som
✉ Rua Sete de Abril, 125, loja 27, 29/31, República
☎ 3259-5450 e 3257-3498
✯ www.angelfoto.com.br
@ vendas@angelfoto.com.br
☞ seg. a sex. 8h30/18h; sáb. 9h/13h

Assistec
✉ Rua Avanhandava, 126, 3º andar, Bela Vista
☎ 3256-8466
✯ www.assistecs.com.br
@ assistec.orc@uol.com.br
☞ seg. a sex. 8h30/17h45

BATERIA E PERCUSSÃO

As aulas da **Batucadas 1000** são individuais e não existe divisão em módulos, para que o aluno aprenda a seu tempo. Cada um dos professores é especializado em estilos variados, como samba, rock e música latina. Os instrumentos são emprestados pela própria escola. Lá também funciona, desde 1996, uma loja de percussão exótica, com instrumentos musicais de regiões como África, Indonésia, Índia e Egito. Os clientes vão desde percussionistas e iniciantes em bateria a musicoterapeutas e contadores de histórias que buscam sons diferentes para seu trabalho.

Batucadas 1000

✉ Rua Teodoro Sampaio, 836, Pinheiros
☎ 3062-2000
✯ www.batucadas1000.com.br
@ batucadas1000@batucadas1000.com.br
☞ seg. a sex. 9h/19h; sáb. 9h/17h

CASTANHOLAS

O instrumento que embala a dança flamenca surgiu no Sul da Espanha e recebeu esse nome porque era feito de raiz de castanho. A **Casa Manon** vende o modelo da marca chinesa Dolphin em três cores: preta, marrom-mogno e rajada.

Casa Manon

✉ Avenida Ibirapuera, 2.956, Indianópolis
☎ 5542-5166 e 5542-5002
✯ www.casamanon.com.br
@ correio@casamanon.com.br
☞ seg. a sex. 10h/19h; sáb. 10h/16h

CASTANHOLAS FEITAS À MÃO

Filho de espanhóis, Francisco Cava Gomes, o **Paquito**, faz castanholas à mão apenas sob encomenda. Ele usa madeira de ipê, a mesma utilizada em assoalhos. Também são usados jácarandá e pau-brasil. São três medidas: para crianças (4,5 centímetros de diâmetro); convencional (6,5 centímetros); e para a dança jota, uma variação do flamenco, mais técnica e dançada por homens (9,5 centímetros).

Paquito

✉ Rua Congonhas, 201, São Bernardo do Campo
☎ 4367-3705
☞ 24 horas

CDs ÁRABES

Desde 1989, a **Together** vende CDs árabes. São mais de cinquenta títulos, internacionais e nacionais, que vão de George Mozayek, um brasileiro que canta em língua árabe, até o popular cantor egípcio Hossam Ranzy. Os principais clientes são bailarinas de dança do ventre e imigrantes árabes. A loja também vende DVDs com shows de cantores árabes.

Together

✉ Avenida Adolfo Pinheiro, 384, loja 20, Santo Amaro
☎ 2366-5292
✯ www.catalogomusical.com.br; www.catalogomusical.net
@ togethercds@terra.com.br
☞ seg. a sex. 10h/19h; sáb. 9h/18h

DVDs RAROS E ORIGINAIS

Quando o boliviano Hernán Morroy chegou em São Paulo, em 1996, havia pelo menos 14 mil locadoras funcionando no país. Na época, o Brasil era um dos maiores mercados de locação de filmes do mundo. Hernán resolveu abrir sua própria locadora na zona norte. Em 2002, quando percebeu que as fitas de VHS já não eram mais retiradas das prateleiras de sua locadora, Carlos resolveu investir em outro negócio. Hoje ele é dono de duas lojas de DVDs no centro de São Paulo. Ao contrário das inúmeras banquinhas espalhadas pela região, Carlos só trabalha com produtos originais e novos, comprados em grandes lotes nas distribuidoras. "Não trabalho com lançamento, porque o preço é muito alto", explica. "Sempre espero um tempinho antes de comprar". Gêneros clássicos, como épicos e faroeste, são os campeões de bilheteria na **Sol**. O filme mais vendido é *Sansão e Dalila*, dirigido por Cecil B. DeMille e lançado em 1950. Já o filme favorito de Carlos é *Coração Valente*, dirigido e estrelado por Mel Gibson em 1995.

Sol

✉ Rua Senador Paulo Egídio, 42, Centro (e mais um endereço)

☎ 3104-3426

☞ seg. a sex. 9h/18h30; sáb. 9h30/14h30

EFEITOS ESPECIAIS

A **Sky Art** oferece uma grande variedade de efeitos especiais: chuva de confetes metalizados, flores, rosas, serpentinas, bolhas, neve, espuma, nuvem de gelo seco, fumaça, essências, show de raio *laser* e muito mais. Pensando na carência do produto no mercado, dois sócios mantêm desde 1995 a empresa, cujo principal objetivo é transformar desde a mais simples reunião até turnês de artistas e grupos musicais renomados em um evento inesquecível.

Sky Art

✉ Rua Gustavo Stach, 39, Vila Ema

☎ 3794-5587, 3794-5481 e fax: 3794-5462

✯ www.skyart.com.br

@ atendimento@skyart.com.br

☞ seg. a sex. 9h/18h

ENCOMENDAS DE JUKEBOX

Ele é técnico em informática. Ela, artista plástica. O casal José Maria de Almeida e Beatriz Afonso Aun decidiu unir os conhecimentos profissionais para realizar um sonho antigo: construir jukeboxes, aquelas máquinas antigas em que uma moeda era depositada para se ouvir uma música. "Percebemos que esse era um sonho de consumo de muita gente, mas o preço era muito caro", afirma José. Aproveitando o talento da esposa para esculpir em acrílico e madeira, ele decidiu recriar os antigos tocadores de som. Criaram, assim, a **Juke Box** e hoje fabricam três modelos. O tradicional, que segue as linhas de 1947; a compacta, de 1941, e a jukebox clássica, de 1938. "O visual é antigo, mas a potência e qualidade...", justifica-se José. "Para acompanhar as transformações tecnológicas, todos os modelos são equipados com tocadores de MP3, entrada auxiliar, sintonizador de rádio AM/FM e gabinete para 12 CDs." Beatriz e José também alugam os tocadores e os fabricam por encomenda, com entrega em até 45 dias.

Juke Box

✉ Avenida Morumbi, 8.397, Santo Amaro

☎ 2839-8899 e 9222-9998

✯ www.jukeboxbrasil.com.br

☞ seg. a sex. 9h/19h

FOTOS À MODA ANTIGA

É como entrar numa máquina do tempo. O cliente escolhe e veste uma das cem peças de roupa antiga à disposição. As mulheres com chapéus, luvas e pomposas sombrinhas. Os homens, com cartolas e bengalas. Todos são posicionados num cenário do final do século XIX e tiram uma photographia, perdão, fotografia. A **Máchina do Tempo** faz um retrato em sépia dessa cena, que parece ter sido tirado há mais de cem anos.

Máchina do Tempo

✉ Shopping Eldorado, 2º subsolo, loja 2.020

☎ 3813-2819 e 9338-1928

✯ www.amachinadotempo.com.br

@ dancastel@terra.com.br

☞ seg. a sáb. 10h/22h; dom. e feriados 14h/20h

FOTOS COLORIZADAS À MÃO

Aquela velha foto de família, guardada no fundo da gaveta, pode ganhar um novo charme. O estúdio **Foto Milo** é especializado em colorizar fotos antigas. A foto original não sofre alterações. O trabalho é feito sobre uma cópia, manualmente, com tintas especiais. A colorização pode levar mais de uma semana para ficar pronta. Também é feita a restauração de fotos e molduras de época. Fotos danificadas pela ação do tempo ou consumidas por fungos e insetos são recuperadas.

Foto Milo
✉ Rua Estela, 283, Vila Mariana
☎ 5571-8854
☞ seg. a sex. 10h/18h30; sáb. 9h30/13h

FOTOS DIFERENTES PARA CASAMENTO

Para quem já se cansou daquelas fotos de casamento tão naturais quanto as flores de plástico da decoração, a fotógrafa **Camila Butcher** oferece uma alternativa. *Closes* menos posados, sorrisos e momentos mais espontâneos, sem a sensação de que cada passo dos noivos diante do fotógrafo foi combinado. "O que eu quero é naturalidade", explica Camila. "Não gosto de ficar interferindo na festa." E essa é a principal diferença: a fotógrafa consegue captar o momento do noivo dançando, já sem paletó, o olhar curioso dos convidados ao ver a noiva entrar, enfim, valoriza também os bastidores do evento. Além de casamentos, ela fotografa outros tipos de eventos, como aniversários e batizados, e faz retratos de família.

Camila Butcher
✉ Rua Tucuna, 1.302, Perdizes
☎ 3865-5401 e 7734-9235
✯ www.camilabutcher.com
@ contato@camilabutcher.com
☞ com hora marcada

OFERECE O MESMO SERVIÇO

Domitilia & D'alessandro Photographya
✉ Avenida dos Carvalhos, 170, Carapicuiba
☎ 4169-7669 e 9141-8919
✯ www.photographya.com.br
@ photographya@uol.com.br
☞ seg. a sex. 9h/18h

GAITA DE FOLE

Embora seja associada à Escócia, a gaita de fole teria nascido nos países árabes banhados pelo Mediterrâneo, junto com a Grécia e o Egito, há muitos séculos. É assim que se explica uma curiosidade que consta do primeiro relato histórico feito no Brasil, a carta de Pero Vaz de Caminha. Ela indica que a gaita de fole portuguesa foi o primeiro instrumento musical europeu tocado no país. A informação está no site de Robles Gregório Luques, um especialista em gaita de fole. Além de pesquisar sobre a história e as variações do instrumento, **Luques** também montou uma oficina em sua casa para fabricar diferentes tipos de gaita de fole. Demorou quatro anos para construir uma que funcionasse. "Aprendi a fabricar e a tocar na pancada mesmo". Luques fabrica de duas a três gaitas por mês – cada uma demora entre dez e 15 dias para ficar pronta. "Tem muita gente que deseja o instrumento por causa do interesse histórico", afirma o *luthier*.

Luques
✉ Rua Carapiranga, 301, Vila Cataguá
☎ 2336-9668 e 8307-9641
✯ www.gaitadefole.com
@ gaitadefole@pop.com.br; rglux@ig.com.br
☞ seg. a sex. 10h/19h

GRAVAÇÃO DE CD

Depois de deixar sua banda de garagem, o músico Guto Campos foi para os Estados Unidos, onde fez um curso de engenharia de som. De volta ao Brasil, montou o **Estúdio Artmix**. Netinho de Paula, Maurício Manieri, as duplas Rio Negro e Solimões e Bruno e Marrone, além da Tribo de Jah, já passaram pelo estúdio de Guto Campos.

Estúdio Artmix
✉ Rua Amambaí, 92, Vila Maria
☎ 2955-7400
✯ www.estudioartmix.com.br
@ contato@estudioartmix.com.br
☞ seg. a sex. 9h/18h

OFERECE O MESMO SERVIÇO

Quórum
✉ Rua Apinagés, 749, Perdizes
☎ 3672-6249
✯ www.estudioquorum.com.br
@ estudioquorum@estudioquorum.com.br
☞ seg. a sex. 10h/24h; sáb. 10h/18h

HOLOGRAFIA

A holografia é uma técnica fotográfica que registra qualquer objeto em mais de uma dimensão. Foi inventada em 1948 pelo húngaro Dennis Gabor. A **Starr** faz holografias bidimensionais (com base em uma arte-final) ou tridimensionais (com base em uma maquete). Elas podem ser impressas em papel adesivo, papel-cartão ou *hot stamp*, material de cartões de crédito. A Holográfica produz ainda holografias em papel destrutível, usadas como selos de segurança em embalagens. A quantidade mínima é de 2 mil unidades, que demoram até sete dias para ficar prontas.

Starr
✉ Rua Barão de Jaguara, 980, Cambuci
☎ 3207-5800
✯ www.starr.com.br
@ starr@starr.com.br
☞ seg. a sex. 8h/18h

INSTRUMENTOS DE PERCUSSÃO SOB ENCOMENDA

Para o luthier José Benedito, o instrumento musical faz parte do corpo de quem o toca. É exatamente como um relacionamento amoroso: "A pessoa deve se identificar com ele, se apaixonar". Mas andar de loja em loja até achar sua cara-metade – aquele tamborzinho que vai fazer seu coração bater acelerado – parece um tanto quanto trabalhoso. Para facilitar, Benedito constrói instrumentos de percussão personalizados, sob encomenda. No **Tambores Zé Benedito**, seu ateliê, Benedito fabrica pandeiros, tamborins, bongôs, cuícas, entre outros instrumentos. O músico pode escolher o tipo de madeira, as cores da amarração e até o tamanho. Por morar perto da Teodoro Sampaio, rua conhecida pelo grande número de lojas musicais, Benedito enfrenta uma grande concorrência. "Mas quem vem comprar aqui é porque quer algo diferente", explica. "Por isso não faço milhares de tambores para vender. É preciso trazer a essência do futuro dono para o instrumento."

Tambores Zé Benedito

✉ Rua João Moura, 1.014, Pinheiros

☎ 3891-1124

✯ www.tamboreszebenedito.com

@ artedegarage@hotmail.com

☞ seg. a sex. 9h/18h; sáb 9h/19h

INSTRUMENTOS MUSICAIS DA IDADE MÉDIA

Trompa marina, cornamusa e saltério. Réplicas de instrumentos musicais da Idade Média são construídas e vendidas pelo ex-arquiteto e *luthier* **Roberto Holz**. "Quem ouve o som de um instrumento autêntico, feito artesanalmente, sente muita alegria", diz ele. Roberto tem uma coleção de duzentos instrumentos. O mais novo é do século XIX. O primeiro passo é pesquisar imagens para descobrir os tamanhos originais. Quando só as encontra em pinturas, deduz as medidas baseando-se em outros elementos do quadro. "Se ficar grave demais, é porque eu deveria ter feito menor", explica. "Aí começo tudo de novo. Depois da quarta ou quinta tentativa, dá certo".

Roberto Holz

✉ Rua Luís César Pannain, 139, Alto da Lapa

☎ 3836-1186

✯ www.holzflutes.blogspot.com

@ holzflutes@gmail.com

☞ seg. a sex. 8h/17h

LOCADORAS DE VÍDEO ÉTNICAS

Quando a vontade não é a de assistir a um lançamento hollywoodiano, mas ver um clássico seriado japonês ou uma novidade do cinema alemão, não adianta recorrer a locadoras de vídeo comuns. Empreendimentos especializados em cinema étnico têm maior variedade de produções de determinados países e são procurados por cinéfilos, pessoas com saudade de seu país de origem ou alunos de idiomas querendo treinar sua compreensão com filmes sem legendas.

Golden Fox

Especializado no aluguel de fitas japonesas.

✉ Rua da Glória, 790, loja 1, Liberdade

☎ 3207-5100

☞ seg. a sex. 11h/21h; sáb. 10h/22h; dom. 11h/19h

Instituto Goethe

Especializado no aluguel de fitas alemãs. Só atende instituições.

✉ Rua Lisboa, 974, Cerqueira César

☎ 3296-7001 e fax: 3060-8312

✯ www.goethe.de/saopaulo

@ info@saopaulo.goethe.org

☞ seg. a sex. 8h/20h15; sáb. 9h/14h15

LOJA DE VINIL

Saudosos e amantes das velhas bolachas de vinil têm endereço certo para comprar LPs do seu artista preferido e encontrar outras quinquilharias dos tempos pré-CDs. Carlos Galdy Silveira tem paixão pela mídia desde criança e resolveu investir nela em 2004, depois que as principais lojas abraçaram o CD. Com cerca de 2 mil LPs, a **Disco 7** tem foco nos clássicos, como Tim Maia, Jorge Ben, James Brown e Miles Davis. O local, procurado por colecionadores e DJs, tem uma vitrola que toca samba o tempo todo, mas também estão à venda álbuns de bandas de rock como os Beatles.

Disco 7
✉ Rua Sete de Abril, 154, Galeria Nova Barão, 1º andar, loja 24, República
☎ 3231-1193
★ www.disco7vinil.com.br
@ disco7vinil@ig.com.br
☞ seg. a sex. 10h/19h30; sáb. 10h/16h

OFERECE O MESMO SERVIÇO

Presentes do Passado
✉ Rua dos Trilhos, 1212, Mooca
☎ 2606-0127, 2645-2808 e 2893-6808
★ www.presentesdopassado.com.br
☞ seg. a sex. 11h/18h; sáb. 9h/16h

LOJAS DE MÚSICA ESPECIALIZADAS

A cidade tem grandes redes de lojas de CDs e discos que oferecem ao mercado apenas os principais lançamentos. Mas elas não conseguem atender aquele cliente que precisa de algo mais personalizado.

All of Jazz
Especializada em jazz, também tem bar e restaurante.
✉ Rua João Cachoeira, 1.366, Vila Nova Conceição
☎ 3849-1345
★ www.allofjazz.com.br
@ allofjazz@allofjazz.com.br
☞ seg. a sáb. 19h30/último cliente

Always Discos
Loja especializada em trilhas de filmes, também vende DVDs.
✉ Rua Augusta, 1.371, loja 104, Jardins
☎ 3285-6677 e fax: 3285-2311
★ www.alwaysdiscos.com.br
@ always@uol.com.br
☞ seg. a sex. 10h/19h; sáb. 10h/17h

Banana Music Store
Especializada em *techno*.
✉ Alameda Lorena, 1.641, Jardim Paulista
✉ Shopping Iguatemi, piso térreo, loja 104
☎ 3085-8877, 3812-9447 e fax: 3064-6500
★ www.bananamusic.com.br
@ carlos@bananamusic.com.br
☞ seg. a sáb. 10h/20h

Baratos Afins
Especializada em CD e vinil.
✉ Avenida São João, 439, lojas 318 e 314, 2º andar, Centro
☎ 3223-3629
★ www.baratosafins.com.br
☞ seg. a sex. 10h/19h; sáb. 10h/15h

Bavária
Especializada em música alemã.
✉ Rua Joaquim Nabuco, 133, Brooklin Paulista
☎ 5044-0520
★ www.bavariasom.com.br
@ bavariasom@bavariasom.com.br
☞ seg. a sex. 9h30/19h30; sáb. 9h30/18h

Discomania
Especializada em discos raros.
✉ Rua Augusta, 1.560, Consolação
☎ 3257-2925
☞ seg. a sex. 10h30/19h; sáb. 10h30/16h30

Eric Discos
Especializada em *long-plays* usados.
✉ Rua Artur de Azevedo, 1.813, Pinheiros
☎ 3081-8252
★ www.ericdiscos.com.br
@ vendas@ericdiscos.com.br; ericdiscos@ig.com.br
☞ seg. a sáb. 10h30/19h

Flórida Laser
Loja especializada em *black music*.
✉ Rua 24 de Maio, 116, loja 7, República
☎ 3223-8359
★ www.floridacd.com.br
@ florida@uol.com.br
☞ seg. a sex. 10h/20h; sáb. 10h/18h

Hellion Records
Especializada em *heavy metal*.
✉ Rua 24 de Maio, 62, Galeria do Rock, loja 280, 1º andar, República
☎ 3223-8855 e fax: 5083-2727
✯ www.hellionrecords.com.br
@ pedidos@hellionrecords.com; loja280@hellionrecords.com
☞ seg. a sex. 10h/19h; sáb. 10h/17h

Johnny B. Good
Especializada em *reggae*.
✉ Rua 24 de Maio, 116, Galeria Presidente, loja 14, República
☎ 3223-3492
✯ www.johnnybgood.com.br
@ jbgood@uol.com.br
☞ seg. a sex. 10h30/20h; sáb. 10h/18h

London Calling
Especializada em música pop.
✉ Rua 24 de Maio, 116, Galeria Presidente, sobreloja, loja 15, República
☎ 3223-5300
✯ www.londoncalling.com.br
@ faleconosco@londoncalling.com.br
☞ seg. a sex. 10h/18h30; sáb. 10h/16h30

Pop's Discos
Especializada em jazz.
✉ Rua Teodoro Sampaio, 763, loja 4, Pinheiros
☎ 3083-2564
✯ www.popsdiscos.com.br
☞ seg. a sex. 10h/19h; sáb. 10h/16h

Tony Hits
Especializada em *black music* e samba-rock.
✉ Rua 24 de Maio, 188, 1ª sobreloja, sala 111, República
☎ 3337-7048
✯ www2.uol.com.br/tonyhits
@ tonyhits@uol.com.br
☞ seg. a sex. 10h/19h; sáb. 10h/16h

MEGAFONE

A **Musical Leo** é uma loja especializada em instrumentos musicais da Zona Leste que começou a vender megafones para o Metrô em 2008. O estabelecimento distribui um modelo da marca CSR que apresenta 25 watts de potência. O alcance do som pode chegar a 650 metros a céu aberto.

Musical Leo
✉ Avenida do Oratório, 2.556, Parque São Lucas
☎ 2211-9614
@ dinhosmusic@hotmail.com
☞ seg. a sáb. 9h/18h

MONÓCULOS COM IMAGENS DE FILMES

Os monóculos – caixinhas em formato de cone com imagens no fundo – são do tempo da vovó. Mas o paulistano Claudemir Lobo, da **Box Collection**, decidiu aproveitá-los para divulgar sua grande paixão: o cinema. "Monóculos são nostálgicos e combinam com a sétima arte", diz. Maquetista e técnico em efeitos especiais para comerciais, ele produziu uma linha de monóculos com cenas de filmes hollywoodianos. *As panteras*, *007 Cassino Royale*, *Hulk*, *X-Men* e *Eu, tu, eles* são algumas das opções.

Box Collection
✉ Não divulga o endereço
☎ 9892-1539 e 7540-1682
@ claulobo8@bol.com.br
☞ sob encomenda

PERSONALIZAÇÃO COM FOTOS

Com tecnologia própria, a **Uniko** imprime fotos em canecas, bichos de pelúcia, aventais, porta-copos, quebra-cabeças, baralhos, babadores e muitos outros objetos. "O que mais vendo são as canecas", diz o proprietário César Tagashira. A entrega leva de três a quatro dias úteis.

Uniko

✉ Rua Joaquim Floriano, 1.077, Itaim Bibi
☎ 3078-1057, 3564-5314 e 3564-5236
✯ www.uniko.com.br
@ atendimento@uniko.com.br
☞ seg. a sex. 9h/18h

RECUPERAÇÃO DE FITAS DE VÍDEO

A fita está mofada, amassada e quebrada. A **Mercado do Vídeo** promete fazer qualquer tipo de recuperação em fitas de VHS, VHS-C e 8 mm. Para incrementar a brincadeira, a empresa também oferece sonorização, dublagem ou legendas para fitas caseiras. Se o problema for falta de espaço, o cliente pode pedir que as imagens em vídeo sejam guardadas em CD-Rom (um disquinho pode receber até 52 minutos de imagens). Há ainda mais uma série de serviços, como transcodificação de fitas europeias; transferência de *slides* e fotos para uma fita com fundo musical; e passagem de filmes antigos em super 8, 16 milímetros, 35 milímetros e 9,5 milímetros para fitas de vídeo. Novidade: o próprio cliente pode editar as suas fitas com o auxílio de um operador.

Mercado do Vídeo

✉ Avenida dos Imarés, 624, Indianópolis
☎ 5533-3290
☞ seg. a sex. 9h/18h; sáb. 9h/13h

REPRODUÇÕES DE PROPAGANDAS ANTIGAS

"Quem bebe Grapette, repete." O anúncio é um dos mais procurados na banca de **Miguel Luis Betti** todos os domingos na Feira de Antiguidades do Masp. Também vale rever propagandas do Gordini, entre outras. O que era uma coleção virou um negócio para este bacharel em Direito. Entre 1990 e 1998, ele vendia óculos antigos na mesma feira da Paulista. Tentou ainda seguir a carreira de designer de móveis. Mas foi com um hobby iniciado em 2002 que ele descobriu um novo filão que vem dando muito resultado. Os pôsteres e cartazetes com propagandas antigas são divididos por temas, como alimentação, transporte e moda. Betti vende também fotos antigas de cidades brasileiras, reproduções de capas da revista *O Cruzeiro* e cartazes de filmes antigos. No total, ele oferece mil tipos diferentes de reproduções. Para encontrar tantas relíquias, ele costuma visitar sebos e outras feiras de antiguidades. Os preços variam de acordo com o tamanho da peça. Os produtos também podem ser comprados pelo site.

Miguel Luis Betti

✉ Avenida Paulista, 1.578, Bela Vista, Feira de Antiguidades do vão do Masp
☎ (13) 3326-2778 e (13) 9741-1770
✯ www.casadoposter.com.br
@ mlbetti@terra.com.br
☞ dom. 10h/17h

SUA HISTÓRIA ANIMADA

Pensa que Roger e Jessica Rabbit são o único casal que se apaixonou num *cartoon*? Aquela retrospectiva que os noivos costumam passar em sua festa de casamento pode se transformar num divertido desenho animado. Quem faz isso é a **Creare Brasil**. "Pegamos as fotos dos noivos e criamos personagens caracterizados", explica a gerente de marketing Cláudia Juan. Para isso, os clientes preenchem um questionário, contando como se conheceram, como foi o pedido de casamento e coisas desse tipo. "O desenho apresenta de duas a cinco situações", diz Cláudia. Os vídeos incluem a voz dos personagens, e não apenas balõezinhos. Alguns noivos insistem até em fazer a dublagem. "Mas não são só os casamentos que entraram na onda dos desenhos. "Acabamos de entregar um filme em homenagem a um empresário, que completou cinquenta anos", conta. A duração dos vídeos varia entre três e cinco minutos.

Creare Brasil
✉ Avenida Guilherme Dumot Vilares, 1.410, Jardim Londrina
☎ 3501-4980
✯ www.crearebrasil.com.br
@ marcelo@crearebrasil.com.br
☞ seg. a sex. 10h30/18h

TRILHAS SONORAS DE FILMES

A **Compact Blue**, com quatro endereços na cidade, tem mesmo 30 mil títulos de CD e 15 mil de DVD. Todos originais. Joel Zalc, um ex-economista, tinha como ideia inicial trabalhar mais títulos de rock. Mas ele se rendeu às preferências da clientela e aumentou seu acervo de trilhas sonoras de cinema – são 4 mil títulos diferentes – e álbuns de jazz. Os CDs estão divididos por tema em armários com grandes gavetões. Dentro destes, os CDs ficam organizados por ordem alfabética. Os CDs nacionais já têm um selo com o preço, enquanto os estrangeiros vêm com um código. Se um título estrangeiro cadastrado estiver em falta, Joel entrega ao cliente em, no máximo, 15 dias.

Compact Blue
✉ Avenida Paulista, 807, loja 69, Bela Vista (e mais 3 endereços)
☎ 3285-1112 e 3251-5248
✯ www.compactblue.com.br
@ cb_paulista@msn.com; cb_augusta@ig.com.br
☞ seg. a sex. 10h/20h

VÍDEOS MÉDICOS

A **TV Med** está presente nos principais congressos médicos do país e grava todas as palestras. Há uma extensa lista de opções para os profissionais da área que não puderam participar e querem se atualizar.

TV Med
✉ Rua Estela, 515, bloco E, 10º andar, Vila Mariana
☎ 5572-5794 e 5089-5794
✯ www.tvmed.com.br
@ vendas@tvmed.com.br
☞ seg. a sex. 8h/20h

SHOPPING CENTERS CITADOS NESTA EDIÇÃO

Anália Franco
✉ Avenida Regente Feijó, 1.739, Tatuapé
☎ 4003-4133 e 2643-4520
★ www.shoppinganaliafranco.com.br
@ sac@shoppinganaliafranco.com.br

Bourbon
✉ Rua Turiassu, 2.100, Perdizes
☎ 3874-5050
★ www.boubonshopping.com.br

Center 3
✉ Avenida Paulista, 2.064, Bela Vista
☎ 3285-2458
★ www.shoppingcenter3.com.br

D
✉ Avenida Cruzeiro do Sul, 1.100, Canindé
☎ 4506-6000 e fax: 4506-6024
★ www.shoppingd.com.br

D&D
✉ Avenida das Nações Unidas, 12.555, Vila Gertrudes
☎ 3043-9000
★ www.dedshopping.com.br

Eldorado
✉ Avenida Rebouças, 3.970, Pinheiros
☎ 2197-7815 e 2197-7810
★ www.shoppingeldorado.com.br
@ sac.eldorado@shoppingeldorado.com.br

Ibirapuera
✉ Avenida Ibirapuera, 3.103, Indianópolis
☎ 5095-2300
★ www.ibirapuera.com.br

Iguatemi
✉ Avenida Brigadeiro Faria Lima, 2.232, Jardim Paulistano
☎ 3816-6112
★ www.iguatemisp.com.br

Jardim Sul
✉ Avenida Giovanni Gronchi, 5.819, Morumbi
☎ 3779-3900
★ www.jardimsul.com.br

Morumbi
✉ Avenida Roque Petroni Júnior, 1.089, Jardim das Acácias
☎ 4003-4132
★ www.morumbishopping.com.br

Pátio Higienópolis
✉ Avenida Higienópolis, 618, Higienópolis
☎ 3823-2300
★ www.patiohigienopolis.com.br

Paulista
✉ Rua 13 de Maio, 1.947, Bela Vista
☎ 3191-1100
★ www.shoppingpaulista.com.br

Tatuapé
✉ Avenida Radial Leste, esquina com a rua Tuiutí
☎ 2090-7400
★ www.shoppingtatuape.com.br

Villa Lobos
✉ Avenida das Nações Unidas, 4.777, Alto de Pinheiros
☎ 3024-3738
★ www.shoppingvilla-lobos.com.br

ÍNDICE REMISSIVO

Marcelo Duarte nasceu em São Paulo em 31 de outubro de 1964. É jornalista desde 1984 e já publicou oito volumes da coleção O Guia dos Curiosos. Apresenta o programa *Loucos por Futebol* na ESPN Brasil e tem programas nas rádios Bandeirantes e BandNews FM. Escreve todas as semanas a página "Curiocidade" em *O Estado de S. Paulo* e no *Jornal da Tarde* e colabora em uma série de publicações.

Agradecimentos

Adriana Sbampato, Alexandre Mercki, Alfredo Ogawa, Ana Paula Corradini, Bruna Fasano, Bruna Ribeiro, Dani-el de Souza Fernandes, Danielle Harrouche, Fernanda Campanelli Massarotto, Fernando Godoy, Grácia Helena Anacleto, Juliana Araújo, Juliana Cardoso, Juliana de Faria, Karin Fusaro, Karina Trevisan, Lívia Vilela, Márcio Campos, Mariana Ferrão, Michelle Alves de Lima, Miriam Castro, Murilo Duarte, Nathalia Jabur, Paula Solferini Rothman, Rita Loiola, Simone Sartori Specian e Tory Oliveira.